청중을 사로잡는

멘트대백과

전승훈 엮음

해피&북스

고기는 바늘로 낚고, 사람은 말로 낚는다!

한 마디의 말이 들어맞지 않으면, 천 마디의 말을 추가해도 소용없다. 성공한 비즈니스맨들과 유명한 강사들은 단 몇 초 만에 상대방과 청중의 마음을 사로잡고 움직인다. 그러기에 핵심을 찌르지 못하는 말이라면, 차라리 침묵함이 더 낫다.

모든 음식은 고유의 맛과 향이 있기 때문에 음식솜씨에 따라 끼니가 되기도 하고 요리가 되기도 한다. 마찬가지로 모든 말도 고유의 느낌과 의미가 있어 말솜씨에 따라 수다(?)가 되기도 하고 어록(?)이 되기도 한다. 멘트는 대화나 강의 또는 행사진행 시, 간단명료하게 강력한 효과를 줄 수 있는 잘 다듬어진 말이다. 따라서 긍정적인 순기능일 때는 언어동력이 되지만, 부정적인 역기능일 때는 언어폭력이 된다. 조심해야 할 일이다.

이 책의 멘트 정보들은 언어동력으로 활용되게끔 주제나 키워드가 '가나다순'으로 정렬되어 있다. 또 한 문장에 두 개의 주제나 키워드가 있다면, 양쪽 모두에 병기되어 있다. 그렇기에 독자는 자신이 처한 입장과 상황과 위치에 따라 적절하게 스토리텔링(이야기식 전개)식으로 찾아 활용하면 좋다. 그리고 반드시 두 번 이상 정독을 권한다. 정독을 두 번 이상 하게 되면, 암기된 문장에서 상황에 어울리는 문장으로 활용이 되는데, 이것은 순발력(애드리브)이 된다. 그리고 같은 말을 반복해서 사용하지 말고, 친숙한 생각을 좀 더 명확하게 전달할 수 있는 새롭고 신선한 말과 문장을 찾아 사용하길 바란다. 훌륭한 연사나 강사나 진행자들 같은 말을 반복하지 않는다.

이 책의 내용은, 처음 보는 것도 있지만 어디서 많이 봄직한 내용들이 꽤 나올 것이다. 그도 그럴 것이 필자의 경험과 가치관에 의해 써진 것도 있지만, 동서고금을 통해 훌륭한 삶을 영위한 세계적인 위대한 사상가들과 존경받는 위인들의 어록과 지혜의 말들, 그리고 각 나라의 전통적인 격언이나 속담 등이 수록 되어 있기 때문이다. 그러기에 어떤 것은 재미있고, 어떤 것은 정신적 양식이 되고, 어떤 것은 용기를 주고, 어떤 것은 시선 집중의 효과를 주고, 어떤 것은 설득의 효과를 주고, 어떤 것은 유리한 협상조건을 만들어 주고, 어떤 것은 자기계발을 위한 촉진제가 되고, 또 어떤 것은 피눈물 나는 호소가 될 것이다.

아울러 일상생활을 하면서 사용할 멘트와 대화의 자료이기에, 내용의 출처나 인용에 대해 일일이 밝히지 못함에 대해 독자들의 양해를 구한다. 어디서 유래된 말이면 어떻고, 언변이 화려하지 않으면 어떠하랴! 중요한 것은 그 말 한마디 한마디가 가진 파급효과이고 에너지이다. 왜냐하면 멘트의 목적은 진리탐구가 아니라 설득과 소통이기 때문이다.

어떤 연유로 이 책을 선택했든 청중을 사로잡는 '멘트대백과'는 독자가 기대하고 상상하는 것 이상으로 쓸모가 있을 것이다.

멘트는 세상을 바꾸는 것이 아니라, 세상을 가꾸는 것이다!

2012년 10월 10일 **전 승 훈**

가정의 단란함이,
이 세상에서 가장
빛나는 기쁨이다!

● **멘트란 무엇인가?**

1. 멘트란?
짧으면서 강한 느낌을 주는 간단명료한 말로서, 주로 아나운서나 사회자나 전문MC 나 강사나 안내원 또는 기계적 자동응답기(내비게이션, ARS) 등에서 자주 듣게 된다.

2. 어원은?
영어의 아나운스먼트(announcement)에서 유래되었다.
'Ment'란 단어는 원래 독립적으로 쓰이는 단어가 아니고 'Announcement'(알림, 발표, 소식) 또는 'Comment'(언급, 논평, 비평)처럼 뒤에 붙어 접미사처럼 쓰이는데, 언어 사용의 편리성과 차별화의 영향을 받아 '먼트'가 아니라 좀 더 강한 어조의 '멘트'로 발음되면서 요즘 들어 널리 사용되고 있다. 특히 교훈적인 내용이 쌓여 문자로 표현될 때 '어록'이라고도 한다.

희망[希望] 앞일에 대하여 어떤 기대를 가지고 바람.

- 갓 태어난 모든 아기는 아직도 신이 인간에 대하여 절망하고 있지 않다는 메시지를 가지고 태어난다.
- 건강을 지닌 사람은 희망을 가지고 있지만, 희망을 가진 사람은 모든 것을 가지고 있다.
- 무지개는 잡을 수 없기에 신비롭고, 세월은 붙들 수 없기에 소중하다. 그래서 오늘은 희망이다.
- 인간의 가슴에서 희망을 떼어 보라. 그는 한 마리의 짐승에 불과하다.
- 지옥이란 인간이 희망을 잃어버린 상태를 말한다.
- 희망은 어둠을 저주하는 것이 아니고, 촛불을 밝히는 것이다.
- 희망은 어려움을 가능으로 만들고, 절망은 어려움을 불가능으로 만든다.
- 희망은 절대로 당신을 버리지 않는다. 다만 당신이 희망을 버릴 뿐이다.
- 희망이 없는 자는 절망도 없다.

가난 살림살이가 넉넉하지 못하여 몸과 마음이 괴로움.

- 가난에서 벗어나는 방법은 두 가지가 있다. 하나는 부자가 되는 것이고 다른 하나는 갖은 것에 감사하고 만족하며 사는 것이다.
- 가난은 가난하다고 생각하는 곳에 있다.
- 가난은 때론 최고의 지혜로움을 준다.
- 가난은 사람을 무기력하게도 하고, 분발하게도 만든다.
- 가난은 수치가 아니다. 그러나 명예라고 생각하지 마라!
- 가난을 이겨내는 자는 많으나 부귀를 이겨내는 자는 적다.
- 가난하다는 말은 너무 적게 가진 사람을 두고 하는 말이 아니라 너무 많이 바라는 사람을 두고 하는 말이다.
- 가난하지 않겠다고 결심하라. 무엇을 가졌든 더 적게 쓰라. 가난

은 행복의 큰 적이다. 그것은 확실히 자유를 파괴하고 약간의 덕
행도 실천할 수 없게 하며 다른 일도 모두 어렵게 만든다.

- 가난할 때 사귄 친구가 친구다.
- 가정의 불화는 가난의 근원이 된다.
- 나는 가난해 본 적이 없다. 단지 돈이 떨어졌을 뿐이다. 가난하다
  는 것은 마음가짐이고, 돈이 떨어졌다는 것은 일시적인 상황일 뿐
  이다.
- 자신의 가난함을 부끄럽게 여기는 일이야말로 정말 부끄러워할
  일이다. 오직 부끄러워 할 일은, 가난을 극복하려고 노력하지 않
  는 것이다.
- 조금밖에 갖고 있지 않은 사람이 가난한 것이 아니라, 많은 것을
  바라는 사람이 가난하다.
- 필요 이상으로 가지기를 원하는 욕심, 그것이 바로 가난이다.
- 사람이 간절히 소망하는 것만으로도 모든 일이 이루어진다면, 이
  세상에 가난뱅이는 하나도 없어야 한다.

가슴   배와 목 사이의 앞부분.

- 받아서 채워지는 가슴보다 주어서 비워지는 가슴이 아름답다.
- 신은 사람을 평가할 때 머리가 아니라 가슴을 본다.
- 가슴(감성)과 머리(이성)는 30cm에 불과하지만 소통하기엔 너무
  먼 거리다.

가정[家庭] 가까운 혈연관계에 있는 사람들의 생활 공동체.

- 가정의 단란함이 이 세상에서 가장 빛나는 기쁨이다. 그리고 자녀
  를 보는 즐거움은 사람의 가장 거룩한 즐거움이다.
- 결혼하기는 쉬워도 가정을 지키기는 어렵다.

- 사람은 피곤에 지친 몸을 편하게 쉬게 해 주는 가정이 없으면 밖으로 나간다.
- 인간은 자기가 갖고 싶은 것을 찾아 세상을 돌아다니지만, 집에 돌아왔을 때 비로소 그것을 찾아낸다.
- 좋은 집보다 좋은 가정을 만들고, 호화주택에서 싸우며 사는 것보다 오막살이에서 사이좋게 사는 것이 행복이다.
- 한 가정을 원만하게 다스리기는 한 나라를 통제하기보다 더 어렵다.
- 행복해지려거든 가정부터 바꾸자. 어떻든 사회생활과 가정생활은 조화로워야 한다.
- 가정의 행복이 곧 기업의 경쟁력이다.
- 유머는 가정의 행복지수를 높여준다.

가족 ↗

가족[家族] 혼인 또는 부모자식과 같이 혈연으로 이루어지는 집단.

- 승진을 못하고, 합격하지 못하고, 실적을 더 올리지 못했다고 해서, 인생의 마지막 순간에 후회하지는 않는다. 그러나 배우자와 자녀, 부모와 더 많은 시간을 갖지 못했다면 그 점은 반드시 후회하게 될 것이다.
- 시대가 어려울수록 사람에게는 사람밖에 없다는 것을 실감하게 된다. 가족의 얼굴을 한 번 더 보게 되고, 사랑하는 사람의 얼굴을 더욱 사무치게 바라보게 된다.
- 친구는 선택할 수 있어도 가족은 선택할 수 없다.
- 당신이 어떤 위험을 감수하나를 보면, 당신이 무엇을 가치 있게 여기는지를 알 수 있다.

가치 ↗

가치[價値] 사물이 지니고 있는 쓸모.

- 당신이 현재 소유하고 있는 것이 아니라 당신이 현재 가지고 있는

것으로 무엇을 하는지에 따라서 당신의 진짜 가치가 결정된다.

- 사람의 가치는 타인과의 관계로서만 측정될 수 있다.
- 오늘날 사람들은 모든 사물의 값을 알고는 있지만 가치는 전혀 모르고 있다.
- 자기의 가치가 얼마라고 떠벌리는 사람일수록 대개 그 이하의 가치밖에 없다.
- 한 인간의 진정한 가치는 그가 추구하는 목적으로 평가 된다.

각오[覺悟] 앞으로 해야 할 일이나 겪을 일에 대한 마음의 준비.

- 가시에 찔리지 않고는 장미를 모을 수 없다.
- 계획이 없다면, 그리고 각오 없다면 세상처럼 따분한 곳도 없을 것이다.
- 백 리를 가는 사람은 구십 리를 절반으로 생각한다.
- 사자와 악어가 싸우면? 이겨야 겠다고 강하게 마음먹은 놈이 이긴다.

감동[感動] 크게 느끼어 마음이 움직임.

- 달변보다는 진실한 한마디가 더 감동을 준다.
- 사람은 작은 일에 감동을 받는다. 작은 것이지만, 그 안에는 커다란 마음이 들어 있기 때문이다.
- 좋은 말보다 진솔한 말이 감동을 준다.
- 현대인은 현란한 말보다는 오히려 소박하고 진심 어린 말에 감동을 받는다. 허세부리지 않고 자신을 솔직하게 드러내 보임으로써 타인의 감동을 불러일으킨다.

감사[感謝] 고맙게 여김. 또는 그런 마음.

- 가장 쉬우면서도 어려운 것은 감사하는 일이다.

- 감사는 가장 싼 원가지만 비싸게 팔리는 보상이다.
- 감사는 사시사철 내내 사용되는 조미료이다.
- 감사는 최고의 항암제요 해독제요 방부제이다.
- 감사의 양과 행복의 양은 같다. 감사하자!
- 감사하는 가슴의 밭에는 실망의 씨가 자랄 수 없다.
- 감옥과 수도원은 고립이란 점에서 비슷하지만, 그 내용에 있어서 엄청난 차이가 있다. 수감된 죄수가 수도자와 같은 감사의 마음을 가질 땐 감옥은 수도원으로 승화될 것이고, 반면에 수도자가 불평의 마음을 가질 땐 수도원은 감옥으로 전락할 것이다.
- 갖고 있지 않은 것을 한탄하지 말고 갖고 있는 것에 감사할 줄 아는 사람이 지혜로운 사람인 것이다.
- 나에게 애써준 사람 보다 내가 애써준 사람들을 더 만나고 싶어 한다. 이는 감사하기보다는 감사를 받기를 좋아하기 때문이다.
- 내가 신발이 없어졌음으로 화를 내고 밖으로 나가보니, 발 없는 장애인이 거기 있었다.
- 모욕은 잊어버리고, 친절은 결코 잊지 마라!
- 이기주의자는 고마움을 모르고, 감사할 줄 모른다.
- 작은 것과 갖고 있는 것에 감사하면 마음이 편해진다.
- 피해는 모래 위에, 은혜는 대리석에 써 넣어라!
- 하루 한 번 감사하는 습관은 부가 당신에게 흘러갈 통로로 작용한다.
- 항상 즐겁게 사는 비결은 사소한 일에 얽매이지 않으면서도 작은 것에 감사하며 사는 것이다.

감옥

감옥[監獄] 죄인을 가두어 두는 곳.

- 가장 고약한 감옥은 닫힌 마음이다.
- 건강한 육체는 사랑방이지만, 병든 육체는 감옥이다.
- 창살을 금으로 만들어도 감옥은 감옥이다.

감정[感情] 어떤 현상이나 일에 일어나는 마음이나 느끼는 기분.

- 사람의 몸은 생각하는 데로 반응한다. 생각을 다스리면 감정이 조절된다.
- 상대방의 논리보다 감정을 이해해야 한다.
- 태도가 감정을 조절하고, 감정은 행동을 조절한다.
- 한 때의 분한 감정일랑 참아라. 그러면 백일의 근심을 모면할 것이다.

강사[講師] 모임에서 강의를 맡은 사람.

- 의사는 몸을 치료하지만, 강사는 마음을 치료한다.
- 자신의 감정과 개인에게 일어나는 상황에 따라 강의에 기복이 심한 강사라면 그 강사는 강단에 설 자격이 없다.
- 전문 강사로서 돈을 벌 생각이 없다면, 사람들을 웃길 필요가 없다.

강요[強要] 억지로 또는 강제로 요구함.

- 강요된 것이 아닌 윤리가 진정한 윤리이다.
- 상대방은 내가 아니므로 나처럼 되라고 말하지 마라!
- 새 두 마리를 묶으면 네 개의 날개를 가지겠지만, 결코 날 수 없다. 사랑도 내 방식을 강요하면 네 개의 날개는 가지겠지만, 절대로 날 수 없다.

강의[講義] 학문, 기술의 일정한 내용을 체계적으로 설명해 가르침.

- 이미 사용한 어휘를 동일한 청중에게 반복하지 않는 강의가 명강의다.
- 지루하거나 재미를 느끼지 못한다면 강의 효과는 떨어진다.

- 청중의 마음을 움직이지 못하는 강의는 죽은 강의다.

강자

강자[強者] 힘이나 세력이 강한 사람이나 생물 및 그 집단.

- 강한 것이 오래가는 것이 아니라 오래 사는 것이 강한 것이다.
- 강한 사람이란 자신을 억누를 수 있는 사람과 적을 벗으로 바꿀 수 있는 사람을 말한다.
- 강한 자는 남이 못하는 일을 하고, 약한 자는 남이 하는 일을 못한다.
- 남을 이기는 것은 힘이고, 나를 이기는 것은 강함이다.
- 사람들은 약자를 좋아하지만, 강자만을 따른다.
- 현명한 사람이란 어떤 사람인가? 모든 것에서 배우는 사람이다. 강자란 어떤 사람인가? 자기를 이기는 사람이다. 부자란 어떤 사람인가? 자기의 운명에 만족하는 사람이다.

개선

개선[改善] 잘못된 것이나 부족한 것, 나쁜 것을 고쳐 좋게 만듦.

- 오늘 잘못된 일을 내일 고치지 아니하고, 아침에 후회하던 일을 저녁에 다시 고치지 못하면 잘못된 일만 커질 뿐이다.
- 책임을 묻기 전에 개선방향을 찾아라!
- 최선을 다한 일에도 아직 개선의 여지가 있다.
- 컴퓨터에서 업그레이드가 안 되면 외면당하듯이 사람도 업그레이드가 안 되면 외면당한다.

개성

개성[個性] 다른 사람이나 개체와 구별되는 고유의 특성.

- 개성은 무언의 소개장이다. 자신의 첫인상을 염두에 두지 않는다는 것은 자기를 소중히 여기지 않으며 상대방에 대한 배려가 없는 것과 마찬가지다.
- 개성적인 아름다움은 다른 어떤 소개장보다도 더 훌륭한 추천장

이다.

- 열 사람이 같은 거리를 걷는다고 해도 저마다 집중하는 대상이 다르다.
- 예전에는 나라 전체가 하나의 목표를 정해놓고 오로지 생산성 향상만을 위해 노력했다. 하지만, 지금은 개성 없는 사람은 발붙일 곳이 점점 사라지고 있다.
- 인간에게 개성이란 무엇일까? 꽃에 향기가 있는 것과 마찬가지다.

개혁[改革] 제도나 기구 따위를 새롭게 뜯어고침.

- 네 인생이 못마땅하다면, 바꿔도 좋다!
- 모방은 누구나 할 수 있지만, 남보다 먼저 개혁하는 것은 아무나 할 수 없다.
- 세계는 각 사람이 자기의 행위를 개선시킴으로써 더 좋은 세상이 된다. 그러므로 어떤 개혁도 한꺼번에 되는 것이 아니다.

거래[去來] 주고받음. 또는 사고팖.

- 거미와 파리 사이에는 거래가 성립하지 않는다.
- 교역을 아예 안 한다는 것은 낙하산 없이 스카이다이빙을 하는 것이다. 운명에 스스로 종지부를 찍는 것과 다름없다.
- 교역을 하라. 싫으면 그냥 가난하게 살아라!
- 수출을 하지 않으면 수입할 돈이 어디서 생기겠는가? 매출을 하지 않으면 매입할 돈이 어디서 생기겠는가?

거만[倨慢] 잘난 체하며 남을 업신여기는 데가 있음.

- 남자는 호주머니에 돈이 많을 때 거만해지고, 여자는 예쁘다는 말을 들을 때 거만해진다.

개혁

거래

거만

- 사람에게는 그다지 많은 결점이 있는 것은 아니다. 거만한 태도를 고쳐라. 그러면 많은 결점이 저절로 고쳐지리라!
- 정상은 거만을 허락하지 않는다.

거울   빛의 반사를 이용하여 물체의 모양을 비추어 보는 물건.

- 거울과 친해질수록 집안일과는 멀어진다.
- 거울은 모양을 비추고, 술은 본심을 비춘다.
- 거울을 보면, 그곳에는 세상을 바꿀 위인이 보인다.

거절

거절[拒絕]   상대편의 요구, 제안, 선물, 부탁을 물리침.

- 거절은 정중해야 한다. 진심으로 부탁을 들어주지 못해 미안하다는 마음을 먼저 전하고 예의바르게 거절을 해야만 상처를 남기지 않는다.
- 나란히 앉는 경우, 중간에 물건을 두는 것은 거절이나 어색함을 나타낸다.
- 마음에 없는 승낙보다 우정에 찬 거절이 낫다.
- 사람이 거절할 줄 아는 것은 인생의 커다란 처세술이다.

거지

거지   남에게 빌어먹고 사는 사람.

- 거지가 밥술이나 먹게 되면 거지들에게 밥 한 술 안 준다.
- 거지는 백만장자를 부러워하지 않는다. 자신보다 조금 돈이 많은 거지를 부러워할 뿐이다.
- 거지는 파산의 염려가 없다.
- 당신이 거지라고 해도 머리 위에 푸른 하늘이 있다면 당신은 중요한 모든 것을 가진 사람이다.
- 일하지 않고 먹는 것은 도둑과 거지뿐이다.

거짓   사실과 어긋난 것. 또는 사실이 아닌 것을 사실처럼 꾸민 것.

- 거짓은 단거리를 달리지만, 진실은 마라톤을 달린다.
- 과장은 거짓과 흡사하다.
- 믿어주지 않으면 거짓에 익숙해진다.
- 속여 빼앗은 곡식은 입에 달다. 하지만 나중에 그 입에 모래가 가득 찬다.
- 우리는 다른 사람의 거짓에 대해서는 엄하게 꾸짖으면서 정작 자신이 내뱉은 거짓에 대해서는 두려워하지 않는다.
- 원수의 거짓된 키스보다 친구에게 얻어맞는 것이 낫다.
- 진리를 드러내는 가장 확실한 증거는 단순함과 명백함이다. 거짓은 항상 복잡하고 소란스러우며 말이 많다.

거짓말   사실이 아닌 것을 사실인 것처럼 꾸며 대어 말을 함.

- 거짓말 한마디 하면 지탄을 받지만, 거짓말 한 권 하면 작가가 된다.
- 거짓말로 몸을 지킬 수는 없다. 도금이 벗겨지면 위장하거나 때운 자리가 드러나기 때문이다.
- 거짓말은 그 자체가 죄이며, 정신까지 더럽힌다.
- 거짓말은 꽃은 피우지만, 열매는 맺지 못한다.
- 거짓말은 눈사람과 같아서 굴리면 굴릴수록 더 커진다.
- 거짓말은 도둑질의 시작이다.
- 거짓말은 속이기 위한 의사소통이다.
- 거짓말을 정말처럼 하려면 좋은 기억력이 필요한 것은 물론이다. 그러므로 거짓말 재주를 가진 사람은 언제나 이중의 고통을 지니기 마련이다.
- 거짓말을 한 그 순간부터 뛰어난 기억력이 필요하게 된다.
- 거짓말쟁이에게 주어지는 최대의 벌은, 그가 진실을 말했을 때도 사람들이 믿지 않는 것이다.

- 거짓말하는 사람은 무심코 입이나 코를 만지는 동작이 많다.
- 대사(大使)란 국가를 위해서 해외에서 거짓말을 하도록 파견된 가장 정직한 인물이다.
- 들은 대로만 옮기고 그 이상 보태서 꾸밀 줄 모르는 앵무새에게서 우리 누구나 배울 점이 많다.
- 모호한 말은 반 거짓말이다.
- 사람이 살아가면서 실패한 이유를 안다는 것은 거짓말이며, 그 보다 더 큰 거짓말은 다시는 실패하지 않을 거라 말하는 것이다
- 사실을 말해도 남이 믿어주지 않는 다는 것은 그 사람은 이미 거짓말쟁이가 되어버렸기 때문이다.
- 세상에 영원한 거짓말은 없다.
- 애매한 말은 거짓말의 시작이다.
- 정말 나쁜 사람은 '나 나쁜 놈 이예요!' 하고 말하지 않는다. 착하다고 광고하고 다니는 놈 치고 착한 놈 없듯이……
- 한 가지 거짓말은 거짓말이고, 두 가지 거짓말도 거짓말이나, 백가지 거짓말은 정치이다.
- 허풍쟁이와 거짓말쟁이는 서로 사촌간이다.

걱정   안심이 되지 않아 속을 태움.

- 걱정은 결코 위험을 제거한 적이 없다.
- 걱정한다고 해서 수명이 늘어나지는 않는다. 오히려 줄어든다.
- 떨어질 걱정만 하고 있다면, 영원히 날 수 없다.
- 어떤 이는 비 오는 날에 너무 치중한 나머지 오늘의 햇빛을 즐기지 못한다.
- 위장병은 당신이 먹는 음식 때문에 생기는 것이 아니라, 당신을 먹어치우는 걱정, 근심 때문에 생긴다.
- 해결될 일이라면 걱정을 안 해도 되고, 해결되지 않을 일이라면 걱정할 필요가 없다.

건강[健康] 정신적으로나 육체적으로 아무 탈이 없고 튼튼함.

- 건강과 장수를 위해서는 돈을 아끼지 마라!
- 건강은 실제로 웃음의 양에 달려있다.
- 건강은 재물보다 앞선다.
- 건강을 위해 축배 하는 것은 질병을 위해 축배 하는 것이다.
- 건강을 유지하는 것은 자기 자신에 대한 첫째 의무이다.
- 건강을 유지하려면 일을 하라!
- 건강을 잃은 성공은 아무 의미가 없다.
- 건강이 없는 재물은 무용지물이다.
- 건강한 사람은 건강을 모르고 병자만이 이를 안다.
- 건강한 신체에 건강한 정신이 깃든다.
- 늙어서 생긴 병은 모두 젊었을 때 축적된 것이다.
- 돈은 물건을 사고, 건강은 생명을 산다.
- 돈은 잠시 맡아두고 있는 것이고, 권력은 흩어지면 없어지는 것이다. 건강. 이것을 지켜라!
- 돈이 많아 원하는 물건을 뭐든 살 수 있다면 좋지만, 어쩌다 한번은 돈으로 살 수 없는 것을 잃어버리지 않았는지 점검할 필요가 있다.
- 머리는 빌릴 수도 있다. 하지만 건강은 빌릴 수 없다.
- 백병의 약보다 야식을 삼가하라!
- 병 든 뒤에야 비로소 건강의 가치를 알게 된다.
- 삶에 있어 건강이 목적이 될 순 없지만, 삶의 가장 큰 조건이다.
- 삶이란 생존하는 것이 아니라, 건강함을 말한다.
- 생명과 건강은 돈 주고 살수 없다.
- 성공하려면 건강 하라. 건강하지 않음은 곧 실패의 예고이다.
- 웃음은 전염된다. 웃음은 감염된다. 이 둘은 건강에 좋다.
- 육체적 우위가 예상 외로 심리적 우위를 만들어 낸다.
- 제일의 부는 건강이다.
- 질병은 느낄 수 있지만 건강은 전혀 느껴지지 않는다.

- 평생 쓰는 것은? 내 몸이다. 따라서 건강관리를 해야 한다.
- 행복은 무엇보다 건강 속에 있다.

검소[儉素] 사치하지 않고 꾸밈없이 수수함.

- 자기 자신에 대해서 박하게 대하는 것은 검소이고, 남에 대해서 박하게 대하는 것은 인색이다.
- 부자 치고 구두쇠 아닌 사람 없고, 가난뱅이 치고 씀씀이가 헤프지 않은 사람 없다는 말이 있다. 이 말 안에는 간과할 수 없는 중요한 교훈이 있다. 바로 검소한 생활에 관한 것이다. 부자들의 수입과 지출의 패턴이 이를 잘 말해 준다.
- 자기 자신이 열심히 절약하고 모으면, 우선 큰 부자는 못 되어도 작은 부자는 될 수 있다.

게으름 행동이 느리고 움직이거나 일하기를 싫어하는 태도나 버릇.

- 가만히 앉아서 홈런을 치겠다는 허황된 꿈은 버려야 한다.
- 가만히 있는 물은 냄새가 난다.
- 가장 돋보이는 게으름은 별거 아닌 일로 바쁜 것이다.
- 게으르기 때문에 뒤지는 사람은 모든 일에 뒤진다.
- 게으른 사람의 혀가 게으름을 피우는 것을 본 일이 없다.
- 게으른 사람이란 옛날과 내일 얘기를 주로 하는 사람이다.
- 게으른 천재보다 꾸준한 굼벵이가 더 많은 일을 한다.
- 게으름 속에는 영원한 절망만 있다.
- 게으름에 대한 하늘의 보복은 두 가지가 있다. 하나는 자신의 실패요, 다른 하나는 그가 하지 않은 일을 한 옆 사람의 성공이다.
- 게으름에 붙는 세금만큼 비싼 것은 없다.
- 게으름은 녹과 같아서 닳아 없어지는 것보다 훨씬 빠른 속도로 인생을 고갈시킨다.

- 게으름은 매우 천천히 걷기 때문에 얼마 못가 가난이 따라잡는다.
- 게으름은 쇠붙이의 녹과 같다. 노동보다도 더 심신을 소모시킨다.
- 게으름은 일종의 자살행위이다.
- 굶주림은 일하지 않고 빈둥거리는 자의 길동무이다.
- 느린 것은 죄가 아니다. 그러나 게으른 것은 죄다.
- 대부분의 죄는 게으름이 뿌린 씨앗이다.
- 만일 마귀가 무위도식하는 자를 본다면, 곧 그를 자신의 현장에 채용할 것이다.
- 빈둥거리는 목동보다 감시하는 개가 낫다.
- 빈둥거리는 자는 쉬는 재미도 없다.
- 사탄은 항상 어떤 범죄를 일으키기 위하여 게으른 사람을 찾는다.
- 성공의 여신은 게으른 자를 찾아가지 않는다.
- 우리들은 스스로 원해서 인생의 대부분을 사용하고 있다. 그러니 게으름뱅이가 뜻을 이루는 법은 절대로 없다.
- 지금이란 말은 성공을 여는 행운의 열쇠이고, 다음이란 말은 실패와 동의어이다.

격려[激勵] 용기나 의욕이 솟아나도록 북돋워 줌.

- 슬퍼하지 말아요. 당신은 눈물보다 웃음이 어울리는 사람이에요.
- 어제는 실패했어도 오늘은 성공할 수 있다. 상황은 1초마다 달라지는 법이니까…….
- 오늘로서 내일을 빛내라!
- 책망 후의 격려는 소나기 후의 태양과 같다.

결단[決斷] 결정적인 판단을 하거나 단정을 내림. 또는 그런 판단.

- 결단은 빠를수록 좋다.
- 결단을 내리지 않는 것이야말로 최대의 해악이다.

- 결정을 내리기 전에 모든 것을 완벽하게 알고자 고집하는 사람은 결코 결단을 내리지 못한다.
- 성공한 기업은 예외 없이 누군가 한 때 용기 있는 결단을 내렸다는 것을 알 수 있다.

결백 [潔白] 행동이나 마음씨가 깨끗하여 아무런 허물이 없음.

- 동기가 결백하다면 두려울 것이 없다.
- 말이 느려도 결백한 사람에게는 웅변의 길이 트인다.
- 공기 중에 어느 정도 불순물이 있어야 더욱 아름다운 노을이 생긴다.

결심 [決心] 할 일에 대하여 어떻게 하기로 마음을 굳게 정함.

- 가난하지 않겠다고 결심하라 무엇을 가졌든 더 적게 쓰라. 가난은 행복의 큰 적이다. 그것은 확실히 자유를 파괴하고 약간의 덕행도 실천할 수 없게 하며 다른 일도 모두 어렵게 만든다.
- 많은 사람이 재능의 부족보다 결심의 부족으로 실패한다.
- 사람이 얼마나 행복하게 될 것인지는 자기 결심에 달려있다.
- 사흘마다 작심삼일을 반복하라. 작심삼일이 목적지에 닿는 데 큰 도움이 된다.
- 우리는 사도(使徒)의 결심에 대해선 들은 바 없다. 다만 사도의 행적만을 들어왔다.

결점 [缺點] 잘못되거나 부족하여 완전하지 못한 점.

- 가장 나쁜 결점은 자신의 결점을 모르는 것이다.
- 결점이 없는 말을 타고 가려는 자는 걸어가야 한다.
- 결점이 있는 곳에서 아이디어가 나온다.
- 몇 가지 결점만 고치면 더 큰 인물이 될 수 있다. 평범한 사람도 작

은 결점만 고치면 큰 인물이 될 수 있다.

- 몸에 익숙해진 결점은 파리와 같다. 아무리 쫓아도 반드시 다시 날라 와서 한층 더 괴롭힌다.
- 사람에게는 그다지 많은 결점이 있는 것은 아니다. 거만한 태도를 고쳐라. 그러면 많은 결점이 저절로 고쳐지리라!
- 사랑하는 사람의 결점도 아름답게 생각 하지 않는 자는 사랑하지 않는 자이다.
- 어떤 사람은 괴상한 것으로 눈에 띈다. 이는 특출한 장점이 아니라 결점이다.
- 완전무결한 사람은 질투와 미움을 받는다. 결점이 조금 있는 사람이 도리어 사랑을 받는다.
- 우리가 조그마한 결점을 떨어뜨려놓는 것은 오직 큰 결점을 가지고 있지 않다는 것을 사람들에게 믿게 하기 위함이다.
- 위인의 결점은 바보들의 위안거리이다.
- 자신의 결점을 찾아내는데 힘쓰는 사람은 남의 결점을 찾지 않으며, 남의 결점만 찾아내는 사람은 자기 결점을 찾지 못한다.
- 전혀 결점을 보이지 않는 인간은 바보가 아니면 위선자이다.
- 타인의 결점은 좋은 교사이다.

결정[決定] 행동이나 태도를 분명하게 정함.

- 결정을 내리는 것을 기피하기보다는 그릇된 결정이라도 내리는 쪽이 낫다. 잘못은 정정할 수 있다. 그러나 우유부단은 긴장을 오래 끌게 하고 끝내는 지쳐 버리게 한다.
- 결정을 내릴 때 시장조사에만(여론) 의존하는 것은 백미러만 들여다보면서 운전을 하는 것과 같다.
- 늦은 의사결정은 실패를 되돌릴(오류수정) 시간을 주지 않는다. 애매하면 아무렇게나 해 놓고 고쳐 가는 것도 방법이다.
- 중요한 결정을 내리기 전에 반드시 사실을 제대로 파악하라!

결혼[結婚] 성인 남녀가 정식으로 부부 관계를 맺음.

- 결혼 전에는 두 눈을 커다랗게 뜨고 보라. 그리고 결혼 후에는 한쪽 눈을 감으라!
- 결혼 후 3주 동안 서로 연구하고, 3개월 동안 사랑하고, 3년 동안 싸우고, 30년 동안 참는다.
- 결혼, 그것은 한 권의 책이다. 그 제 1장은 시로 쓰여 있으나 나머지 장은 산문이다.
- 결혼으로 한 남자를 교정하고자 하면 안 된다. 그건 교도소가 할 일이다.
- 결혼은 겁쟁이도 할 수 있는 유일한 모험이다.
- 결혼은 골라인이 아니라 스타트 라인이다.
- 결혼은 기업 합병이 아니다. 사람과 사람이 만나야지 조건과 조건이 만나면 안 된다. 혼수 적다고 아내 쫓아낸 저명인사를 보며……
- 결혼은 뚜껑을 덮어 놓은 음식이다.
- 결혼은 새장과 같은 것이다. 밖에 있는 새들은 부질없이 들어가려고 하고, 안의 새들은 부질없이 나가려고 애쓴다.
- 결혼은 외교와도 같기 때문에 칭찬에 능숙하게 될 때까지 결혼해서는 안 된다.
- 결혼을 하면 후회가 막심하지만, 안 하면 후회가 극심하다.
- 결혼의 성공은 적당한 짝을 찾는데 있는 것보다도 적당한 짝이 되는 데 있다.
- 결혼이 남자에게는 일반적으로 몸을 한곳에 매이도록 하는 데 비해, 여자에게는 한 남자의 사랑에 몰두하도록 만든다.
- 결혼이란 가족과 더불어 지상 최고의 안식처가 된다.
- 결혼이란 권리는 반으로 줄이고 의무는 두 배로 늘어남을 뜻한다.
- 결혼이란 남자주인과 여자주인 그리고 두 사람의 노예로 이루어지는 작은 공동사회이다. 그러나 아무리 세어 봐도 인원은 두 사

람 뿐이다.

- 결혼이란 어떤 나침반으로도 항로를 발견할 수 없는 거친 바다의 항해이다.
- 결혼하기 전에 열 번, 스무 번, 백 번 생각하라. 결혼은 남녀의 단순한 만남이 아니라 자신의 인생과 상대방의 인생이 연결되는 매우 중요한 일이다.
- 결혼하기는 쉽지만 결혼생활을 계속하기는 어렵다. 평생 행복한 결혼생활을 한다는 것은 단연 최고의 예술에 속한다.
- 결혼하지 않은 사람이 결혼한 사람 보다 정신병으로 입원할 가능성이 7배나 된다.
- 결혼행진곡은 전투에 나가는 병사의 행진곡을 떠올리게 한다.
- 구애를 할 땐 꿈을 꾸지만, 결혼하면 잠을 깬다.
- 내가 이룬 업적 가운데 가장 빛나는 것은, 아내를 설득해서 나와 결혼하는데 동의하게 만든 일이다.
- 다만 돈만을 위하여 결혼하는 것보다 더 서글픈 일은 없으며, 단지 사랑만을 위하여 결혼하는 것보다 더 어리석은 일은 없다.
- 돈으로 결혼하면 낮이 즐겁고, 육체로 결혼하면 밤이 즐겁고, 마음으로 결혼하면 밤낮이 즐겁다.
- 만약 단단한 정조관을 지니고 있다면, 그것으로 지참금은 충분하다.
- 미개한 사회에서는 신부를 돈을 주고 사지만, 문명사회에서는 돈을 지불하고 아내와 헤어진다.
- 바다로 갈 때는 한 번 기도하라. 전쟁터로 갈 때는 두 번 기도하라. 그러나 결혼식장으로 나갈 때는 세 번 기도하라. 의미심장한 말이다. 좋은 배우자를 만나면 일생이 풍작이요, 그렇지 않으면 일생이 흉작이다.
- 사람은 잘 태어났어도 결혼을 잘못하면 모든 것이 허사이다.
- 사랑은 탐색이다. 결혼은 정복이다. 이혼은 심판이다.
- 사랑이 없는 결혼이 있다면, 결혼이 없는 사랑도 있다.

- 사십 세가 지나면 인간은 자신의 습관과 결혼해 버린다.
- 상대방의 문제가 결혼 후에 고쳐질 거라 생각하지 마라. 변해야할 것은 상대방이 아니라 바로 자신이다. 어찌 내 배우자만 변하는 행운이 있겠는가?
- 성공적인 결혼생활을 하려면 여러 번 사랑에 빠지되, 항상 상대는 같은 사람이어야 한다.
- 어울리는 결혼을 원한다면 대등한 사람과 하라!
- 어쨌든 결혼해라. 양처를 얻으면 행복할 것이고, 악처를 얻으면 철학자가 될 테니까…….
- 여자는 결혼 전에 울고, 남자는 결혼 후에 운다.
- 여자는 남자의 사업에서 커다란 어려움이다. 여자를 사랑하면서 무엇을 하려함은 힘든 일이다. 그러나 그런 지장 없이 여자를 사랑할 수 있는 방법이 꼭 하나 있다. 그것은 결혼이다.
- 연애는 사람을 장님으로 만들고, 결혼은 시력을 되찾게 된다.
- 연애는 자유로운 여행이나, 결혼은 어쩔 수 없이 적응해야 되는 이민이다.
- 왜 춘향전 이후 결혼이야기는 없을까? 결혼이야기까지 하면 해피엔딩이 안 되니까…….
- 이상적인 결혼은 눈먼 여자와 귀머거리 남자와의 결혼이다.
- 자녀가 태어나기 전부터 자녀를 갖기에 족할 만큼 성숙한 사람이 어디 있겠는가? 결혼의 가치는 어른들이 자식을 만들어 내는 데 있지 않고 아이들이 어른을 만들어 내는 데 있다.
- 정말로 결혼이 해피엔딩이라고 한다면, 많은 기혼자들은 좀 더 밝은 얼굴을 하고 있어야 할 것이다.
- 하늘이 맺어준 인연이라도 그걸 깨지지 않게 지키는 것은 인간의 의무이다.
- 행복한 결혼의 비결은 간단하다. 그것은 가장 절친한 친구들을 대할 때처럼 서로 예절을 지키는 것이다.
- 행복한 결혼이야말로 이 세상에서 가장 값진 계약이다.

- 허니문honeymoon은, 달나라에 가서 꿀을 먹고 오는 것이다.
- 혼수 때문에 부모들은 혼수상태에 빠진다.

겸손[謙遜] 남을 존중하고 자기를 내세우지 않는 태도가 있음.

- 겸손은 속옷과 같다. 입기는 입되 남에게 보이게는 입지 마라!
- 겸손의 이면에는 칭찬받고 싶은 욕구가 있는 경우가 많다.
- 겸손이 없어지면, 덕의 울타리가 무너져 버린다.
- 겸손해 져라. 그것은 다른 사람에게 가장 불쾌감을 주지 않는 자신감이다.
- 권세가 있을 때 권세를 부리면 원수를 만나고, 겸손하면 친구를 만난다.
- 능력 있는 매는 발톱을 감춘다.
- 먼저 겸손을 배우려 하지 않는 자는 아무것도 배우지 못한다.
- 사람들에게 좋은 평을 듣고 싶다면, 자신의 우수한 점을 내세워 말하지 마라!
- 사람은 모두 땅으로 돌아간다는 사실을 기억하고, 겸허하고 부드러운 사람이 되라!
- 사람이 자신이 느끼는 것만큼 젊은 것은 사실이지만, 자신이 생각하는 것만큼 중요한 인물은 아니다.
- '아마 나의 잘못일 겁니다!'라고 말하면 귀찮은 일이 생겨날 염려는 절대로 없다.
- 알면서도 알지 못한다고 하는 것이 최상이고, 알지 못하면서도 안다고 하는 것은 최하이다.
- 알아도 모른척하면 호감을 얻는다. 자기를 낮추고 상대를 높여주라!
- 약간의 겸손이 당신을 완벽하게 만든다.
- 얼굴, 인종, 장소, 계통, 은혜를 자랑하지 마라!
- 용맹이 여자를 꺾듯, 겸손도 여자를 사로잡는 무기다.

- 원래 겸손한 사람일수록 칭찬을 좋아하는 법이다. 칭찬을 받고 싶어서 일부러 겸손하게 행동하기 때문이다. '저는 아직 멀었습니다. 운이 좋았을 뿐입니다.'하며 입을 열 때마다 겸손하게 말하는 사람이 있는데, 그런 사람일수록 칭찬에 기쁨을 감추지 못하는 법이다.
- 인생은 겸손에 대한 오랜 수업이다.
- 자신이 남보다 뛰어나다고 생각하는 사람일수록 다른 사람에게 엄격하고, 겸손한 사람일수록 다른 사람에게 화내지 않는다.
- 지나친 겸손과 사양은 부담만 준다.
- 지나친 겸손은 일종의 자만이다.

경솔[輕率] 말이나 행동이 조심성 없이 가벼움.

- 경솔한 사람은 업신여김을 당한다.
- 사람은 손안에 있는 것은 경멸하고, 손에 잡히지 않는 것을 탐낸다.
- 사연을 듣기 전에 대답하는 자는 미련하여 욕을 당한다.
- 자기보다 못한 사람을 비웃고 경멸하면 결국 스스로 고독해진다.
- 경영에서 가장 큰 실수는 직원들을 충분히 칭찬해 주지 않는 것이다.
- 경영은 변화에 대한 대응력이다. 변화에 대한 대응력이 없으면 발전할 수 없다. 10년 전과 같은 관심이라면 세상을 따라가지 못한다.
- 경영자는 부하에 대한 봉사자이기도 하다. 상사 대하듯 부하를 대하면 많은 부하를 얻는다.
- 골 빈 의자를 없애면 회사가 산다.
- 기술의 발전은 해고를 만들어 낸다.
- 기업에서 현금은 총알과 같은 것, 총알이 있어야 전쟁에서 승리한다.
- 기업의 경우에도 내부고객(종업원)을 만족시키는 회사가 외부고

객(소비자)도 만족시킬 수 있다.

- 기업의 업무절차가 잘못되면 자기가 친 거미줄에 자기가 걸린다.
- 기업의 최종 목적은 경쟁에서의 승리가 아니라 이윤의 증대이다. 나는 100% 시장을 다 먹고, 상대방은 0%로 지리멸렬하는 것이 마케팅이 아니다. 상대방도 기업이다. 둘이서 경쟁할 때, 60%면 만족이고, 셋이서 경쟁하면 40%로 족하다.
- 기업이 총론을 망각하고 각론에 빠지게 되면 그 기업은 그 날부터 쇠퇴의 길을 걷게 되어 있다. 부분적 사고는 기업을 좀먹는다.

경영[經營]   기업이나 사업 따위를 관리하고 운영함.

- 내 인생을 비참하게 만드는 사람은 내가 해고한 사람이 아니라 내가 해고하지 않은 사람이다.
- 당신보다 더 똑똑한 사람을 채용하라!
- 모든 위대한 사업에도 최초에는 불가능한 일이라고 했던 것들이다.
- 부하에게 너무 많은 서류를 무리하게 요구해서, 업무를 시작하기도 전에 의욕을 꺾어 버리는 일은 없는가? 너무 많은 회의를 열고, 회의석상에서 결정된 일은 회의가 끝남과 동시에 무위로 돌아가게 하지는 않는가? 너무 많은 모임에 가입되어 재충전할 시간을 허비하지 않는가?
- 브랜드는 기업의 거의 유일한 자산이다.
- 사고 없이도 해낼 수 있는 단순한 반복 작업은 로봇화의 대상이다.
- 사람을 부리는 것이 쉬운 일이 아니다. 그러기에 주인은 그 집의 가장 큰 고용살이를 하는 사람이다.
- 사소한 일들이 큰일만큼이나 차이를 만들어 낼 수 있다.
- 사운을 걸지 말고, 초기 투자비용을 줄여라!
- 사장의 연두사나 경영방침을 단순한 작문으로 생각하고 마는 기

업은, 간부를 비롯하여 전 사원의 의욕이 저하되어 있는 징조다.
- 성공적인 조직을 만들려고 한다면 바로 나를 대신할 수 있는 사람들을 채용하라!
- 세계화는 전 세계의 비즈니스들을 결합하는 것이다.
- 손님은 왕, 단골은 황제이다.
- 쓸데없는 돈을 쓰는 것과, 쓸데없는 일을 시키는 것은 같은 것이다.
- 아랫사람들이 할 수 있는 결정을 당신이 자신이 하지 마라!
- 오늘날의 경영자들은 의사결정 독점을 상실하고 있다. 자동화가 관료체제의 전복을 가져오게 된다.
- 음료 제조 회사가 백화점 사업에 진출하고, 세제 제조 회사가 식품 식업에 투자하는 것은 적절한 사업 다각화가 아니다. 모험이 많고 투자 회수가 어렵기 때문이다.
- 의심스러운 사람은 쓰지 말고, 사람을 썼거든 의심하지 마라!
- 이윤은 기업 내부에서는 생겨나지 않는다. 외부의 고객과 시장에서 생긴다.
- 일을 주고 월급을 준다는 오만함. 이런 인식과 태도는 저소득사회에서만 통용되는 것이다.
- 적어도 일 년에 두 번은 예고 없이 현장 사무소에 찾아가라!
- 적어도 한 달에 한 번은 당신 회사의 대표 전화번호를 누르고 당신을 바꿔달라고 해봐라!
- 제안 제도가 히트 상품을 만든다.
- 종업원은 주인이 아니다. 따라서 종업원에게는 어떤 경우라도 고객만족보다는 자기만족이 더 중요하다.
- 종업원이 만족해야 고객을 만족시킨다.
- 직원과 오너의 차이는, 직원은 오너가 있을 때 굳은 일을 하지만 오너는 직원이 없을 때도 굳은 일을 한다. 직원 중에 오너가 없어도 굳은 일을 하는 사람이 있다면, 그는 미래의 오너이다.
- 차세대 경영의 화두는 이제 리더십이 아니다. 파트너십이다. 서로가 서로에게 힘이 되는 공생적 파트너십이 답이다.

- 참모진이면 실무진과 같이, 실무진이면 참모진과 같이 시간을 보내길 즐겨야 한다.
- 특별한 산책. 적어도 하루에 한번은 사무실 주위를 걸어 다녀보아라!
- 패션용품은 타이밍을 놓치면 판매가 불가능하다. 정보기술을 이용한 스피드 경영과 윤리 경영이 성공요인이다.
- 피곤하다 피곤하다를 연발하는 간부는 일의 능률도 신통치 않을 뿐 아니라 주위 사람들까지 피곤케 한다. 제일 먼저 그만 두게 할 대상이다.
- 한 달에 한번 정도는 고객이 되어서 물건을 사려는 것처럼 전화를 해서 이것저것 물어보라!
- 현명한 경영자는 자기의 라이벌에게서도 배운다.
- 호황일 때도 불황일 때처럼 관리하라!
- 회사 마크 찍힌 차 몰고 다니면서 교통위반을 하지 마라. 그 회사 욕 엄청나게 먹는다.
- 회사에 전화를 거는 소비자는 입소문을 내는 커넥터이다. 이들을 잘 대해주면 회사를 선전하는 최고의 단골손님이 될 것이다.

경쟁[競爭] 같은 목적에 대하여 이기거나 앞서려고 서로 겨룸.

- 가장 잘 할 수 있는 것에 집중하면 경쟁력이 생긴다. 이것이 전략적 사고이다.
- 경쟁은 누군가에게 상처를 주는 것이 아니라 당신의 차별성을 강조하는 것이다.
- 경쟁자를 친구로 삼는 것은 통쾌한 일이다.
- 닭 두 마리를 동시에 곡식이 쌓여 있는 마당에 풀어놓으면, 한 마리씩 풀어놓는 것보다 세 배나 더 많은 곡식을 먹는다.
- 라이벌이 있음을 고맙게 여겨라. 그로인해 나의 칼이 녹슬지 않으니까…….

경쟁력[競爭力] 경쟁할 만한 힘. 또는 그런 능력.

- 모든 사람을 경쟁자로 여겨 투쟁하는 건, 스스로를 외로움으로 몰아가는 것이다.
- 비전이 클수록 의외로 경쟁자가 줄어든다.
- 상상력은 핵심 경쟁력이다.
- 승진을 못한 건 재수가 없어서가 아니다. 개인의 경쟁력이 떨어졌기 때문이다.
- 원만한 가정생활이야말로 경쟁력의 근본이다.
- 최고의 경쟁력은 열정이다.

경제[經濟] 인간의 생활에 필요한 재화나 용역을 생산, 분배, 소비하는 활동.

- 가장 나쁜 돈은 쓰지 않는 돈이다.
- 가장 부유한 사람은 절약가이고, 가장 가난한 사람은 수전노이다.
- 경제적 자립이 인격적 자립의 기초이다.
- 비즈니스도 가정도 건전한 경리가 기본이다. 원가 의식을 갖고 있지 않으면 곧 펑크가 난다.
- 삶을 위한 경제이지, 경제를 위한 삶이 되면 안 된다.
- 저개발국에서 가장 부족한 것은 경제 분야의 지식이다.

경청[傾聽] 귀를 기울여 들음.

- 끊임없이 들어라. 속마음까지 들어라!
- 남의 말을 다소곳이 귀 기울여 들어 주는 사람 치고 말에 서툰 사람이 없다.
- 남의 말을 잘 듣는 것은 하나의 기술이다.
- 남의 이야기를 많이 듣는 사람은 공짜로 많은 정보를 얻을 수 있

다. 그러니 성공하지 못할 이유가 없다. 성공하는 사람은 어떠한 경우에도 말을 독점하지 않는다.

- 남의 조언에 귀를 기울이지 않는 자는 구제가 불가능한 어리석은 자이다.
- 다른 사람들의 이야기 속에는 그들의 경험과 지식, 상상이 녹아 있으므로 흘려들어서는 안 된다.
- 대부분의 사람들이 얼마나 자신을 표현하고 싶어 하는지를 생각해보면, 경청은 사람의 마음을 열고 의미 있는 관계를 맺는데 필요한 전부일 것이다.
- 대화는 합이 100이다. 말 수를 줄이면 들어오는 것이 많다.
- 둘이서 동시에 노래할 수는 있으나, 동시에 지껄일 수는 없다.
- 듣기를 잘 하는 사람은 지성을 드러내고 있으며, 항상 떠들썩하게 자기주장을 하는 자는 어리석음을 나타낸다.
- 뛰어난 비즈니스맨은 백이면 백 모두 상대방의 말을 잘 듣는 사람이다.
- 말 잘하는 사람이란 곧 남의 말을 잘 듣는 사람을 뜻한다.
- 말주변이 없는 사람은 자신의 마이너스를 역이용하여 플러스로 만들면 된다. 여기서 플러스란 상대의 말을 잘 들어주는 것이다. 달변가보다는 잘 들어주는 사람이 더 말을 잘하는 사람이다. 달변형보다는 잘 들어주는 형이 더 호감을 산다.
- 말하는 것 두 배는 남에게서 들어야 한다.
- 말하는 것은 씨를 뿌리는 것이고, 듣는 것은 수확을 하는 것이다.
- 반대 의견에 귀를 기울이면 더 좋은 방법과 묘안이 생긴다. 대인은 듣기를 힘쓰고 소인은 말하기에 힘쓴다.
- 비즈니스에 있어 경청은 매우 중요한 전략이 된다.
- 사랑의 으뜸가는 의무는 상대방의 말에 귀를 기울이는 일이다.
- 선배의 실패담을 모으는 것은 커다란 전략을 세우는 것이다.
- 성공하려면 귀는 열고, 입은 닫아라!
- 성공한 사람, 성공하고자 하는 사람은 말하기보다 듣기를 더 좋아

한다. 그러나 실패를 목표로 세상을 사는 사람은 남의 말에 귀를 기울이지 않는다.

- 아름다운 대화는 듣기에서 시작된다.
- 인간은 입이 하나, 귀가 두 개있다. 이는 말하기보다 듣기를 두 배 더 하라는 뜻이다.
- 자기 의견을 먼저 말하는 쪽이 불리하고 패배한다.
- 잘 경청하는 것은 제 2의 유산이다.
- 훌륭한 사람이 아랫사람의 말을 듣고, 노인이 젊은이가 말하는 것에 귀를 기울이는 세상은 축복 받은 것이다.

경험[經驗] 자신이 실제로 해 보거나 겪어 봄.

- 가장 유용한 도구는 사람의 경험이다.
- 강물을 거슬러 올라가는 사람만이 강물의 세기를 알 수 있다.
- 경험은 실수를 거듭해야만 서서히 알게 된다.
- 경험은 최고의 교사이다. 다만 수업료가 지나치게 비싼 게 흠이다.
- 경험을 쌓아 올린 사람은 점쟁이보다 더 많은 것을 알고 있다. 경험이 쌓일수록 말수가 적어지고, 지혜를 깨우칠수록 감정을 억제하는 법이다.
- 경험을 함께 나누는 것만큼 동질감을 느끼게 하는 것이 없다.
- 경험이 풍부한 사람은 곤란한 일이 닥쳤을 때 서둘지 말고 내일까지 기다리라고 말한다. 그들은 하루가 지나면 사정이 달라질 수도 있다는 것을 알기 때문이다. 그것이 곧 시간의 비밀이다.
- 공장출신 관리자 1명이 법대출신 관리자 10명과 맞먹는다.
- 과거의 불행은 하나의 재산이다.
- 많은 경험은 곧 많은 스승을 만났다는 것이다.
- 모든 사람은 자신의 경험밖에는 믿지 않는다.
- 무엇이든지 경험을 쌓지 않으면 진정한 지식이라고는 부를 수 없다.

- 비즈니스의 세계에서는 누구나 두 종류의 화폐로 지불받는다. 곧 현금과 경험이다. 먼저 경험을 취하라. 현금은 뒤따라오기 마련이다.
- 상상력은 경험의 산물이다. 경험이 없이 상상력은 만들어질 수 없다.
- 상처가 많은 물고기는 아무리 좋은 미끼가 들어와도 입질은 하지 않는 법이다.
- 신발이 어디가 끼는지는 신고 있는 사람만이 안다.
- 실수를 두려워하면 경험을 얻지 못한다.
- 한 번 개한테 물리면 다음은 조심한다.

계획[計劃] 앞으로 할 일의 절차, 방법, 규모를 미리 헤아려 작정함.

- 10년 후의 나와 대화해 보라. 10년 후의 계획을 세우면 눈앞의 계획도 쉽게 보인다.
- 계획 없는 업무 때문에, 이것도 저것도 못하고 일손만 딸린다.
- 계획은 실행을 위해 세우는 것이다. 실천 가능한 것으로, 적정한 것으로 목표는 크고 구체적으로 세운다.
- 계획은 여유 있게 세운다. 그리고 여유가 있다고 생각될 때 총력을 기울인다. 여유가 있을 대 더욱 박차를 가해 여유를 많이 가져야 한다.
- 계획을 세우지 않은 목표는 한낱 꿈에 불과하다.
- 계획이 없다면 그리고 간절함이 없다면 세상처럼 따분한 곳도 없을 것이다.
- 계획이란 미래에 관한 현재의 결정이다.
- 내일 무엇을 해야 할지 모르는 사람은 불행하다.
- 년 초 1년 계획을 세우고 1년이 다 지나서 다시 1년 계획을 세우지 말고 1월이 지나면 내년 1월의 계획을 세워야 효과적이다.
- 다른 사람의 계획이 아무리 그럴듯해 보여도 내게 맞지 않으면 그

림의 떡일 뿐이다.
- 돈이 전부는 아니지만 많은 부분을 차지한다. 지금의 어려운 상황에서 정확히 얼마면 행복해 질 수 있겠는가? 그리고 그 돈을 마련할 계획은 있는가?
- 변화는 원하나 계획이 없고, 계획은 있으나 실천하지 않으면 평생 꿈만 꾸다 가는 인생이다.
- 사람이 먼 일을 생각하지 않으면, 바로 앞에 슬픔이 닥치는 법이다.
- 입사 첫날 승진계획을 세워라!
- 진정한 의미의 계획이란 돌발적인 사태가 발생했을 경우라도 곧 수습이 가능한 것이어야 한다. 사고 발생까지도 계산된 계획표야말로 진짜 계획표이다.
- 치밀한 사전계획을 세우는 것이 훌륭한 사후대책을 세우는 것보다 경제적이다.
- 확실한 계획을 세우면 확실한 방법이 나온다.

고객

고객[顧客] 상점 따위에 물건을 사러 오는 손님.

- 결국 임금지불은 회사가 하는 것이 아니라 고객이 하는 것이다.
- 상인에게는 고객만이 자기편이다. 고객이 기꺼이 사 준다면 다른 얼간이가 뭐라고 해도 관계가 없다.
- 이겨서 1등이 아니다. 1등은 고객이 만들어 주는 것이다.
- 일류 식당에 가면 음식을 팔지 않고 고객만족을 판다.
- 항의 전화를 받았을 때 변명을 자제하라. 그 한통의 전화가 결정적인 프로젝트나 창의적인 아이디어가 될 것이다.
- 회사에 전화를 거는 소비자는 입소문을 내는 커넥터이다. 이들을 잘 대해주면 회사를 선전하는 최고의 단골손님이 될 것이다.

고난[苦難]　괴로움과 어려움을 아울러 이르는 말.

- 고난은 인간의 진가를 증명하는 것이다.
- 고난을 정신적으로 성장할 수 있는 기회로 본다면 괴로움은 사라질 것이다.
- 고난이 클수록 더 큰 영광이 다가온다.
- 사람은 많은 고난을 당할수록 아는 것도 많아진다.

고독[孤獨]　세상에 홀로 떨어져 있는 듯이 매우 외롭고 쓸쓸함.

- 고독은 고립과 완전히 다른 것이다. 고독은 우리의 생각과 배움에 집중할 기회를 만들어 준다. 사람들로부터 떨어져 있는 시간은 남아도는 시간이 아니다.
- 사람에겐 친구와 고독이 아울러 필요하다. 여름과 겨울, 낮과 밤, 운동과 휴식이 필요하듯이……
- 우리는 모두 한데 모여 북적대며 살고 있다. 그러나 우리는 너무나 고독해서 죽어가고 있다.
- 자기보다 못한 사람을 비웃고 경멸하면 결국 스스로 고독해진다.
- 풍요로움 속에서도 고독을 느끼는 것이 인간이다.
- 제대로 된 사회라면 공동체 의식이 있어야 한다. 공동체는 고독감을 없애주며 사람들에게 꼭 필요한 소속감을 심어준다.

고민[苦悶]　마음속으로 괴로워하고 애를 태움.

- 고민에 대적할 줄 모르는 사업가는 일찍 죽는다.
- 고민을 가볍게 하는 가장 훌륭한 치료법은 믿는 사람에게 자기의 고민을 이야기하는 것이다.
- 대다수의 사람들의 고민은 어떤 일을 시작한 데서 비롯되기 보다는 할까 말까 망설이는 데서 더 많이 비롯된다.

- 선택을 빨리하면, 고민이 그만큼 빨리 사라진다.
- 아무리 엄청난 고민도 모기에 물린 순간 다 잊어버리게 된다.
- 이 세상에 영원한 것은 없다. 고민도 마찬가지이다.
- 지금부터 1년만 지나면, 나의 현재의 고민 따위는 도무지 시시하고 보잘 것 없는 것이 된다.

고백

고백[告白] 마음속에 생각하고 있는 것, 감추어 둔 것을 숨김없이 말함.

- 가장 즐겁게 고백하는 것은 남의 죄이다.
- 고백하면 죄는 반감된다.
- 세상에서 가장 행복한 것은 사랑하고, 그 사랑을 고백하는 것이다.
- 어느 누구하고도 말할 기회를 갖지 못한 채 지금 운명을 하게 된다면, 그 누군가에게 말하지 못해서 가장 후회될 것은 무엇이겠는가? 왜 아직까지 그것을 말하지 않았는가?
- 털어 놓고 고백한 죄는 이미 그 힘을 다 잃어버리는 것이다. 그것은 이미 죄로 드러나서 심판을 받은 것이다.

고생

고생[苦生] 어렵고 고된 일을 겪음. 또는 그런 일이나 생활.

- 고생보다 더 중요한 교육은 없다.
- 고생은 사람을 만들고 안일은 괴물을 만든다.
- 고생해서 얻는 수확일수록 더 소중한 것이다.
- 고용안전이란 없다. 당신의 재능, 기술, 상황에 대한 적응력과 경쟁력에 달려있을 뿐이다.

고용

고용[雇用] 삯을 주고 사람을 부림.

- 당신의 고용주는 당신이다.
- 사람들은 고용되었을 때 최상의 만족을 느낀다.

- 주인은 그 집의 가장 큰 고용살이를 하는 사람이다.

고정관념[固定觀念] 잘 변하지 않고 행동을 결정하는 확고한 의식.

- 습관에 갇히면 창의성이 상실된다. 카네기가 성공할 수 있었던 이유는 보통 사람들이 가지고 있는 고정관념을 창조적으로 이용했기 때문이다. 가난하고 대학을 못나왔지만 기계적인 사람이 되지 않으려 노력했다.
- 지금까지의 성적을 내는 방식은 틀려서는 안 된다는 고정관념에 사로잡히게 되어있다.
- 직장 경력이 길수록 고정관념의 벽 속에 갇혀있다.
- 참신하고 독특한 아이디어는 대부분 정신적 휴식상태에서 나온다. 그 이유는 마음이 무방비 상태가 되고, 정신이 고정관념의 틀에서 벗어나 법칙이나 현실성, 또는 잘못해서는 안 된다는 강박관념의 구애를 받지 않기 때문이다.

고집[固執] 자기의 의견을 바꾸거나 고치지 않고 굳게 버팀.

- 고집스럽게 사업 확장에 열을 올리고 있을 때는 남의 말은 귀에 들어오지 않는 법이다.
- 고집을 부리는 것은 자신이 소인배라는 것을 폭로하는 것이다.
- 모든 고집은 정신의 군살이고 분쟁의 씨앗이다. 그들은 매사에 승리만을 거두려 하지 평화의 교제를 모른다. 이런 종류의 괴물들은 피해 가는 수밖에 없다.
- 세상에는 쓸데없이 고집을 부려 스스로 세상을 좁게 만들면서 살아가는 사람이 있다. 이러한 사람은 스스로 불행의 무덤을 파고 사는 사람이다.
- 욕망이 강한 사람은 고집도 세다.

고통[苦痛] 몸이나 마음의 괴로움과 아픔.

- 견디기 힘든 고통이란 것은 견딜 수 없는 고통의 반대말이다.
- 고통 없이 승리 없으며, 가시밭길 없이 성공도 없다.
- 고통은 천진난만한 자에게도 거짓말을 강요한다.
- 고통을 감수하지 않는 것은 인간이 되기를 거부하는 것이다.
- 나를 죽일 수 없는 고통은 나를 더 강하게 할 뿐이다.
- 생활의 기술은 고통을 제거하는 것이 아니라, 고통과 함께 성장하는 것이다.
- 세상은 고통으로 가득하지만 한편 그것을 이겨내는 일로도 가득차 있다.

곤경[困境] 어려운 형편이나 처지.

- 곤경에 빠졌을 때의 친구야말로 참다운 친구이다.
- 계속되는 곤경은 승리의 기회이다.
- 곤경에 처해 있을 때야말로 그 사람의 진가를 알 수 있는 좋은 기회이다.

공멸[共滅] 함께 사라지거나 멸망함.

- 원수를 위하여 화로를 뜨겁게 하다가 당신 자신이 먼저 데이기 쉽다.
- 원수에게 보복하려고 하지 마라. 만일 보복을 하면 원수에게 상처를 입히는 것보다 더 많은 상처를 자기 자신에게 주는 것이기 때문이다. 자기가 싫어하는 사람에 대하여 생각하는 데는 1분도 허비하지 마라!
- 진흙탕 싸움의 문제는, 아무리 이긴다 하더라도 여전히 진흙 속이라는 사실이다.

공부[工夫] 학문이나 기술을 배우고 익힘.

- 공부만 하고 놀지 않으면 아이는 바보가 된다.
- 내가 침을 흘리고 자는 동안, 내 경쟁자는 그 침으로 책장을 넘긴다.
- 목표가 없는 공부는 가로막대가 없는 높이뛰기와 같은 것으로, 힘을 다 내게 할 수 없다.
- 식욕 없는 식사가 건강에 해롭듯이, 의욕이 동반되지 않은 공부는 기억을 해친다.
- 지금 자면 꿈을 꾸지만, 지금 공부하면 꿈을 이룬다.

공짜 힘이나 돈을 들이지 않고 거저 얻은 물건.

- 공짜로 받는 것보다 비싼 것은 없다.
- 공짜점심은 오직 쥐덫에서만 찾을 수 있다.
- 사람의 됨됨이를 알아보는 한 가지 좋은 방법은 공것을 주었을 때 어떤 태도를 취하는지를 관찰하는 것이다.
- 세상에 공짜는 없다. 돈 버는 과정에는 수고와 노력이 필요하다. 카지노, 복권으로 돈 벌겠다는 환상은 속히 사라져야 한다. 가난한 사람들에 대한 일종의 착취이며, 행운을 조장한 불행의 사신이다.

공포[恐怖] 두렵고 무서움.

- 공포를 가지는 사람은 고생을 면치 못한다. 실제로 사람은 공포를 가지는 순간부터 고생하기 시작한다.
- 공포심은 아이디어를 죽이는 주범이다. 조롱받거나 처벌받거나 직장을 잃을 것을 겁내면 기술혁신은 이룰 수 없다.
- 깜깜한 침실 속의 모기 한 마리. 이는 누구나 다 겪어 본 공포이다.
- 무서운 것은 죽음 그 자체가 아니고 죽음에 대한 공포다.

- 상대방에게 공포를 주기 위해서는 한 가지 조건이 필요하다. 공포를 가하는 사람이 반드시 우위에 있어야 한다는 것이다.
- 위험에 대한 공포는 위험 그 자체보다 천 배나 더 무겁다.

과 거 ↗

과거[過去] 이미 지나간 때.

- 과거를 기억하고 미래를 상상하는 것은 현재 더 나은 결정을 내리기 위함이다.
- 과거를 생각할 수 없는 자는 과거를 되풀이하도록 운명 지어져 있다.
- 과거에 대해 시시비비를 가리지 않고 덮어두는 것이 진정한 용서와 화해의 길이 아니다. 응어리진 한을 남기게 된다.
- 내일에 아무런 도움이 되지 않는다면, 당신의 과거는 쫓아버려라!
- 미래가 무서운 속도로 다가오고 있고, 그 만큼 과거가 떠나가고 있다.
- 미래의 가장 좋은 예언자는 과거이다.
- 우리에게 무엇이 잘못되었을 때, 그것은 갑자기 일어난 일이 아니고, 이미 우리가 걸어온 과거 속에 씨앗이 뿌려졌던 것이다.
- 인생에 보탬이 되는 사람은 미래를 말하는 사람이고, 인생을 해치는 사람은 과거를 들추는 사람이다.

과 로 ↗

과로[過勞] 몸이 고달플 정도로 지나치게 일함.

- 과로로 죽는 사람들은 누구를 막론하고 자기 자신밖에 탓할 사람이 없다. 인생에서 하고많은 멋진 일을 놔두고 죽도록 일만 하는 정신 나간 사람들에게는 전혀 동정이 가지 않는다.
- 실제로 많은 일 중독자들은, 해고당하는 것으로 직장생활을 마감한다. 일과 놀이 양쪽을 즐기는 성취인 들이 보다 효율적인 근로자들이다.

- 죽도록 일하는 것이 가장 확실한 투자이다. 왜냐하면 당신이 죽고 난 다음 재혼하는 아내의 남편 될 사람에게 좋은 일 시켜 주니까…….

과욕[過慾] 욕심이 지나침. 또는 그 욕심.

- 금괴 200파운드를 넣은 띠를 몸에 두른 채 해저에 가라앉아 있는 사람이 발견되었다. 과연 그가 금을 가지고 있었다고 말할 수 있을까?
- 누구나 다 즐겁게 해주려면, 결국 아무도 즐겁게 해줄 수 없다.
- 씹을 수 있는 것 보다 더 많이 베어 먹어서는 안 된다. 과욕은 금물이다.
- 어떤 일에도 쓸모없는 것은 불행하다. 그러나 모든 일에 쓸모 있으려고 하는 것은 더 큰 불행이다.

과학[科學] 보편적인 진리나 법칙의 발견을 목적으로 한 체계적인 지식.

- 과학은 광신과 미신의 독성에 대한 해독제이다.
- 과학은 사실의 집합이 아니다. 과학은 종종 흐트러지고 비연속적인 아이디어를 시험하는 과정이다. 결과는 재현이 가능해야 한다.
- 과학은 아무리 발달해도 지혜가 아니고 상식이다. 지혜란 지식과 판단력과 통찰력이 조화된 것이다.
- 과학의 힘으로 세균이 어떻게 번식하는가를 설명할 수 있을는지는 몰라도, 눈물이 나오는 이유는 아직도 못 밝히고 있다.
- 종교가 없는 과학은 절름발이요, 과학이 없는 종교는 맹인이다.

관심[關心] 어떤 것에 마음이 끌려 주의를 기울임.

- 그 사람의 관심사를 살펴보면 그가 얼마나 가치 있는 사람인지 알

수가 있다.

- 사람에게 관심을 가져라. 인간은 자신에게 관심을 가져주는 사람에게 마음의 문을 열어 호감을 나타내게 된다.
- 소인은 특별한 것에 관심이 많고, 위인은 평범한 것에 관심이 많다.
- 쓸데없는 관심은 공해가 된다.
- 낙관론자와 비관론자는 모두 사회에 기여한다. 낙관론자는 비행기를 만들고 비관론자는 낙하산을 만들어 내니까……

관점 [觀點] 사물이나 현상을 관찰할 때, 보고 생각하는 태도나 방향.

관점

- 상대방의 관점에서 보려고 노력하면 풀리지 않는 일은 없다.
- 성공한 사람은 같은 이야기를 해도 새로운 관점에서 말한다. 누구나 다 아는 이야기를 꺼내 놓는 것처럼 싱거운 일은 없다.
- 인생에서 가장 중요한 것이 돈 있는 사람은 사랑이나, 가난한 사람들은 돈이다.
- 자신과 같은 유형의 사람만을 사귀다보면 편협한 견해만 강화되어 간다. 자신과 정반대되는 견해나 사고방식을 갖는 사람과의 접촉은 그렇게 즐거운 일이 아닐지도 모른다. 그러나 그것이 자신에게 새로운 관점을 가져다준다.

교만 [驕慢] 잘난 체하며 뽐내고 건방짐.

교만

- 교만은 잘 알지 못하고 성숙하지 못한 사람에게서 발견된다.
- 교만은 정신적인 암이다. 만족감, 사랑, 상식을 좀 먹는 것이다.
- 교만이 오면 욕도 따라 온다.
- 교만이란 많은 사람이 미끄러지는 젖은 대리석이다.
- 교만한 이는 항상 내려다보는 사람을 말하는데, 내려다보는 자가 어떻게 위의 것을 볼 수 있겠는가?
- 교만한 자의 인간관계와 마음은 늘 가난하다.

- 마음이 없는 겸손은 교만을 싹트게 한다. 진심으로 겸손 하라!
- 사람은 타인을 무시함으로 자신이 오를 수 있을 것으로 여기고 있다.
- 사람의 성품 중에 가장 뿌리 깊은 것은 교만이다. 나는 지금 누구에게나 겸손할 수 있다고 자랑하고 있는데, 이것도 하나의 교만이다. 겸손을 의식하는 동안에는 아직 교만의 뿌리가 남아있는 증거이다.
- 알면서도 알지 못한다고 하는 것이 최상이고, 알지 못하면서도 안다고 하는 것은 최하이다.
- 유리하다고 교만하지 말고, 불리하다고 비굴하지 마라!
- 임금님에게 벼슬을 내리려고 한다.
- 자기가 최고임을 자처하는 자는 창조의 순서로 따지면 모기가 자기보다 연장자임을 알아야 한다.

교양[教養] 학문, 지식, 사회생활을 바탕으로 이루어지는 품위.

- 가난하며 원망하지 않기 어렵고, 부자이면서 교만하지 않기 또한 쉬운 일이 아니다.
- 거북은 아무도 몰래 수천 개의 알을 낳지만, 암탉이 알을 낳을 때면 온 동네가 다 안다.
- 교양이란 화를 내지 않고 그러면서도 자신의 신념을 잃지 않은 채 어떤 얘기라도 들을 수 있는 능력을 말한다.
- 박하게 베풀고 후하게 바라는 자는 보답이 없고, 귀해져서 천한 것을 잊는 자는 오래 가지 못한다.

교육[教育] 지식과 기술 따위를 가르치며 인격을 길러 줌.

- 가르치는 것은 나의 지식과 경험을 남에게 나누어 주는 것이다.
- 가르치는 것은 두 번 배우는 것이다.

- 가족 간의 위임은 자녀의 독립심을 길러준다.
- 교육은 그 회사의 직원들의 노동력의 질을 높이기 위해서 하는 것이다.
- 교육은 기계를 만드는 것이 아니라 사람을 만드는 데 있다.
- 교육은 의무이지만 성적은 의무가 아니다. 어린이를 잘 교육받게 할 의무는 있지만, 어린이가 반드시 좋은 성적을 받아야 할 의무는 없다.
- 교육을 받지 않는 것은 태어나지 않느니만 못하다. 왜냐하면, 무식은 불행의 근원이기 때문이다.
- 교육의 목적은 일생을 통하여 공부하는 자세를 갖게 하는 것 이다.
- 교육의 최대 목표는 지식이 아니고 행동이다.
- 꾸지람 뒤의 격려는 소나기 뒤에 나오는 태양 같은 것이다.
- 나 자신을 선생이 아니라 단지 학생들의 잠재력을 열어주는 캔 오프너can opener라고 생각하라!
- 나무는 어릴 때 휘어잡아야 한다.
- 나무에 가위질을 하는 것은 나무를 사랑하기 때문이다. 사람도 역경에 단련된 후에야 비로소 제값을 한다.
- 남보다 뛰어난 아이보다 남과 다른 아이로 키우라!
- 남을 가르치는 일은 스스로 배우는 일이다.
- 당근은 채찍보다 백 배정도 더 효력이 있다. 그리고 반격에 대한 부담도 없다.
- 동기부여하기 가장 힘든 존재는 아내이다. 친밀할수록 교육 효과가 떨어진다.
- 매를 아끼면 자식을 망친다.
- 머리 큰 것은 흉이 아니고, 그 안에 아무것도 들어있지 않은 것이 흉이다.
- 모진 고생보다 더 나은 교육은 없다.
- 묻는 걸 겁내는 사람은 배우는 걸 부끄러이 여기는 사람이다.
- 밭이 있어도 갈지 않으면 창고가 비고, 책이 있어도 가르치지 않

으면 자손이 어리석다.

- 벌을 주고 난 후에는 꼭 안아줘라. 벌을 줄 때도 애정표현을 잊지 않는다.
- 본보기란 말없이 우리들을 가르쳐 인도하는 명교사다.
- 부모가 침대머리에서 책 읽어 주고, 식탁에서 수수께끼 하나를 낼 수 있으면 좋은 부모이다.
- 사람들을 때려서 지도할 수는 없다. 그것은 폭력행사이지 지도력의 발휘는 아니다.
- 사람의 잘못을 책망함에 너무 엄하지 마라!
- 사랑을 베푸는 보호자 밑에서 자란 어린이는 더 선량하고, 더 건강하고, 더 행복한 성인으로 성장하게 된다.
- 아들에게 일하는 것을 가르치지 않는 아버지는 아들에게 도둑질을 가르치는 것이다.
- 아버지가 항상 께름칙하게 여기는 속담이 있다. 그건 바로 '자식교육에 있어서 가장 좋은 교훈은 부모가 손수 모범을 보이는 것이다'라는 말이다.
- 아빠와 함께 가사를 분담하는 아이들이 동료들하고 관계가 원만하고, 친구도 잘 사귀며, 나아가 학교에서 문제를 일으키거나 기가 죽을 확률도 적다.
- 아이가 상상할 수 있는 범위를 넘어서지 마라. 이해할 수 있는 단계까지만 설명한다.
- 아이는 어릴 때 엄하게 꾸짖고, 크게 자라면 꾸짖지 마라!
- 아이들과 놀며 즐길 수 있는 사람만이 교육자가 될 권리가 있다.
- 아이들도 인생의 파트너이다. 따라서 부담만 느끼고 눈치 살필게 아니라 상황을 설명하고 협조를 구해야 한다.
- 아이들을 가르친다는 것은 백지에 무엇을 그리는 것과 같고 노인에게 가르친다는 것은 이미 많이 쓰인 종이에 여백을 찾아서 무엇을 그리는 것과 같다.
- 아이를 꾸짖을 때에는 한 번만 따끔하게 꾸짖고, 언제나 잔소리로

계속 꾸짖어서는 안 된다.

- 아이를 사람답게 자리잡아주는 말은? '잘했어!'이고 봄비처럼 사람을 쑥쑥 키워주는 말은 '네 생각은 어때?'이다. 어린 자녀를 대화상대로 인정하라.

- 아이를 어여삐 여기거든 회초리를 많이 주고, 아이를 미워하거든 밥을 많이 주라!

- 아홉 개의 약점을 버리고 한 가지 강점을 키워라!

- 어른들이 계속해서 짜증을 받아주고 요구를 들어주면, 이런 아이들은 커서도 본인의 위력이 대단한 것으로 착각하며 살기 쉽다.

- 어린이를 불행하게 하는 가장 확실한 방법은 원하는 것을 언제든지, 무엇이라도 손에 넣을 수 있게 해주는 것이다.

- 우리는 젊었을 때 배운 것을 나이가 들어서 이해하게 된다.

- 이상이 없는 교육은 미래가 없는 현재와 같다.

- 자녀들에게 독립해서 살아가는 법을 가르쳐주는 것이 부모들의 가장 중요한 과업이다.

- 자녀들의 교육 내용에 지나치게 간섭한 대가는 부모보다 우둔한 자손이 생겨나는 것이다.

- 자녀를 협박해서는 안 된다. 벌을 주든지. 아니면 용서를 하든지 둘 중 하나를 선택해야 한다. 아이를 위협하는 행위는 용서하는 것도 아니고 벌을 주는 것도 아니다. 위협은 아이를 불안하게 하여 그늘지게 만들고 건강하지 못한 요소를 갖게 할 뿐, 아무런 득이 없다.

- 자녀에게 회초리를 쓰지 않으면 자녀가 아비에게 회초리를 든다. 자녀를 정직하게 기르는 것이 교육의 시작이다.

- 자식에 대해 의심 많은 부모는 교활한 아이를 만들고, 매사에 자신이 없는 아이를 만든다.

- 자식에게 보호자가 되지 말고 코치가 되어라!

- 잘못된 길로 접어든 사람에게 필요한 것은 속도를 높이는 것이 아니라 방향을 바꾸는 교육이다.

- 잘못을 고쳐주는 것도 좋은 일이지만, 잘하도록 북돋우는 것은 더욱 효과가 있다.
- 정직하고 즐겁게 살며, 사욕을 버리고 조국을 사랑하도록 자식들에게 가르쳐라. 그들이 모두 다 워싱턴 같은 위인은 못 될지라도 틀림없이 워싱턴 같은 사람을 그들의 통치자와 지도자로 선택하는 그런 사람들은 될 것이다.
- 지극한 즐거움 중 책 읽는 것에 비할 것이 없고, 지극히 필요한 것 중 자식을 가르치는 일 만한 것이 없다.
- 태어나는 것보다 더 어려운 것은 사람이 되는 것이다.
- 한국의 교육은 암기와 기억력 위주에 평준화를 특성으로 한다.
- 행동이 없는 교육은 무의미하고, 교육이 없는 행동은 위험하다.
- 현재 우리나라 교육은 대학이라는 골인 지점을 향해 모두가 똑같은 조건으로 붕어빵 교육을 하며 똑같은 조건에서 시험을 본다.
- 황금 천 냥이 자식 교육만 못하다.

교제[交際] 서로 사귀어 가까이 지냄.

- 거위들은 자연적으로 함께 모인다. 그러나 사람들의 교제는 경작되어야 한다.
- 뛰어난 인물이 되려면, 누구와 교제해야 할 것인가를 깊이 숙고해야 한다. 얼마나 아느냐 보다 누구를 아느냐가 더 실용적이다.
- 세력으로 교제하는 사람은 세력이 기울면 끊어지고, 이익을 위하여 교제하는 사람은 이익이 궁하면 끊어진다.
- 입술은 열려 있는데, 지갑이 닫힌 사람을 주의하라!
- 훌륭한 인격자와의 교제는 만 권의 책보다 낫다.

교통[交通] 자동차, 기차, 비행기 따위를 이용하여 사람이 오고 감.

- 운전(말)을 잘 하는 사람은 언제 액셀러레이터를 밟고, 언제 브레

이크(강약, 완급)를 밟아야 하는지를 잘 알고 있다.
- 가장 필요한 조기 교육은 외국어나 예체능이 아니고 교통안전 교육이다.
- 속도위반 딱지 많이 떼었다고 카레이서가 되는 것 아니다.
- 우선멈춤을 외면하면, 생명은 평생 멈춤!
- 적어도 고등학교까지 교통안전 교육이 실시되어야 한다. 교통교육은 학생들에게 교통사고 예방 능력을 키워 줄뿐만 아니라, 그들이 머지않아 교통사고 가해자가 되는 것을 막는 유일한 방법이다.

권력

권력[權力] 남을 복종시키거나 지배할 수 있는 공인된 권리와 힘.

- 권력은 더 큰 권력 앞에서가 아니면 절대 뒷걸음치지 않는다.
- 권력은 부패하는 법이며, 절대 권력은 절대 부패한다.
- 사랑이 지배하는 곳에 권력욕은 존재하지 않는다. 권력이 득세하는 곳에는 사랑이 없다. 양자는 서로의 천적이다.

권리

권리[權利] 일 또는 타인에 대하여 당연히 요구할 수 있는 힘이나 자격.

- 국가가 국민에게 매력을 잃는 것은, 위정자들이 자기들은 국민의 노동을 이용할 권리를 갖고 있다고 제멋대로 생각하고 있기 때문이다.
- 할 권리가 있다고 해서 하는 일이 꼭 옳은 것은 아니다.
- 호의를 명령처럼 말하지 마라. 호의는 주는 쪽의 권리가 아니라 받는 쪽의 자유이다.

권위

권위[權威] 남을 지휘하거나 통솔하여 따르게 하는 힘.

- 권위적인 사람일수록 자기보다 나이가 어리고 지위가 낮은 사람에게 절대복종을 요구하고 이것이 받아들여지지 않으면 이성을

잃고 고함을 친다.

- 상대방을 설득시키기 위해서는 고전 같은 권위있는 학설이나 책을 인용하라!
- 이제 유머는 새로운 형태의 권위이다.

권한[權限] 어떤 사람이나 기관의 권리나 권력이 미치는 범위.

권한 ↗

- 권한이 없는 책임은 결코 부여하지 마라!
- 모든 사람들에게 골고루 권한을 주면 훨씬 더 효율적인 판단이 나온다.
- 진정한 리더는 비전을 창조하고 모범을 보이며 다른 이들이 목표를 성취하도록 권한을 부여하는 사람이다.

규칙[規則] 여러 사람이 다 같이 지키기로 작정한 법칙.

규칙 ↗

- 사람들은 직관을 믿을 수 없기 때문에 규칙을 만든다.
- 시간의 절약은 생명의 연장이다. 시간을 버는 가장 좋은 방법은 규칙 있게 일하는 것이다.
- 인간은 무리 지어 살 수 밖에 없다. 따라서 어떠한 형태로든 규칙이 필요해지게 마련이다.

극기[克己] 자기의 감정이나 욕심, 충동을 이성적 의지로 눌러 이김.

극기 ↗

- 새벽에 일어나서 운동하고 공부하며 노력하는데도 인생에서 좋은 일이 일어나지 않는다고 말하는 사람을 본적이 없다.
- 세계를 움직이려는 자는 먼저 자신을 움직여야 한다.
- 싸움에 있어서는 한 사람이 천 사람을 이길 수도 있다. 그러나 자기에게 이기는 자야말로 가장 위대한 승리자다.
- 어떤 일도 하루아침에 잘 될 리는 없다. 끝까지 해내겠다는 자기

통제력과 인내가 없이는 어떤 일도 성취할 수 없다.

- 자신을 다스리지 못하는 사람은, 자신을 위해 어떤 행동도 할 수 없다.
- 자신의 욕망을 극복하는 사람이 강한 적을 물리친 사람보다 위대하다.
- 진정한 성공이란 물질을 소유하는 데 있는 것이 아니고, 자신과의 싸움에서 이기는 데 있다.
- 큰일을 이루기 원한다면 우선 자기를 이겨라. 자신을 이기는 것이 가장 큰 승리이다.
- 훌륭한 인간의 두드러진 특징은 쓰라린 환경을 이겼다는 것이다.

극복

극복[克服] 악조건이나 고생 따위를 이겨 냄.

- 극복할 어려움이 없다면, 위대해질 수도 없다.

근면

근면[勤勉] 부지런히 일하며 힘씀, 매우 부지런하다.

- 근면과 성실로 재산을 모은 것은 신의 섭리에 어긋나지 않는다.
- 근면은 돌에서 불을 얻게 한다.
- 근면은 습관이다.
- 근면은 태만, 불성실, 빈곤의 세 가지 부끄러움을 쫓아준다.
- 근면하지 않으면 요행으로 사는 삶이다.
- 근면한 것만으로 성공할 수 있다는 얘기는 아니다. 그러나 역시 근면한 것은 성공을 이루게 되는 기본 조건임에 분명하다.
- 근면한 사람에겐 정지팻말을 세울 수 없다.
- 근면한 자만이 휴식의 진미를 안다
- 근면한 자에겐 모든 것이 쉽고, 나태한 자에겐 모든 것이 어렵기만 하다.
- 낮에는 너무 바빠서 걱정할 틈이 없고, 밤에는 너무 졸려서 걱정

할 틈이 없는 사람은 축복받은 사람이다.

- 바쁜 사람에게는 나쁜 버릇을 가질 시간이 없는 것처럼 늙을 시간이 없다.
- 부자가 되려면 5시에 일어나라. 부자가 되었다면 7시에 일어나라. 부자도 아니고 될 생각도 없으면 11시에 일어나라!
- 손에 못이 박이지 않은 사람들이 근면의 미덕을 가장 큰 소리로 찬양한다.
- 예민한 두뇌와 근면한 손만 있으면 도처에 황금이 있다.

근본[根本] 사물의 본질이나 본바탕.

- 근본을 변화시키지 않고서는 그 결과를 바꿀 수 없다. 태도나 행동만 바꾸려고 한다면 이는 마치 나뭇잎만 잘라내는 격이다.
- 산양이 수염이 있다 하여 랍비가 될 수는 없다.
- 뿌리를 바꿔야 열매가 바뀐다.

근심 해결되지 않은 일 때문에 속을 태우거나 우울해함.

- 근심은 세월을 거치지 않고 백발과 노령을 가지고 온다.
- 안심하면서 먹는 한 조각 빵이 근심하면서 먹는 잔치보다 낫다.
- 위장병은 당신이 먹는 음식 때문에 생기는 것이 아니라, 당신을 먹어치우는 걱정과 근심 때문에 생긴다.

긍정[肯定] 그러하다고 생각하여 옳다고 인정함.

- 긍정적인 사람은 긍정적인 단어를 많이 사용하고 부정적인 사람은 부정적인 단어를 많이 사용한다.
- 느림보를 대범하고 침착하다고 말을 바꾸고, 인색한 사람을 경제적 센스가 좋다로 바꾸면 플러스로 변한다.

- 대학 시험 칠 때 연필이 떨어지면 불길하게 생각하는데, 그것은 연필이 땅에 붙었다고 생각하면 된다.
- 대화 시, 가급적 '예스!'라는 대답이 나오도록 질문을 하라. '노!'라는 대답은 신체의 각종 분비선, 신경, 근육 따위의 모든 조직이 일제히 거부태세를 갖게 된다.
- 동일한 파도가 사람에 따라 즐겁게 하거나 절망적이게 할 수 있다. 바다 자체는 선의도 악의도 갖고 있지 않다.
- 루돌프 사슴 코는 왕따였다. 산타가 단점을 장점으로 활용하자, 다른 사슴들이 그를 모두 사랑했다. 반짝이는 코가 안개 낀 성탄절에는 적격이니까…….
- 마음가짐으로 불운도 행운으로 바뀐다.
- 마음만 먹으면 매일 매일 축제이고 잔칫날이다.
- 무슨 일이든 할 수 있다고 생각하는 사람이 해내는 법이다.
- 문제는 자신의 진면목을 보여줄 수 있는 절호의 기회이다. 문제가 발생하면 두 손을 들고 환영하라!
- 벽에 부딪친 사람은 행복한 사람이다. 벽까지 가보지도 못한 사람이 얼마나 많은가?
- 병에 반만 차 있다고 투덜대지 말고, 병 속에 아직 반이나 남아있는 것을 기뻐하라!
- 사랑스런 눈을 갖고 싶으면 사람들에게서 좋은 점을 보라!
- 세상 살기가 참 힘들지요? 그래도 같이 가는 길이니 즐겁게 가자고요…….
- 세상엔 염세주의자를 위해 세운 기념관은 하나도 없다.
- 안경을 쓴 사람에게 왜 안경을 쓰느냐? 라고 물어보면 대개가 안 보여서, 눈이 나빠서 쓴다고 대답한다. 그러나 진짜 이유는 잘 보기 위해서 쓰는 것이다.
- 애드리브에는 반드시 긍정적인 의도가 담겨야 한다. 절대 비꼬고나 냉소적이어선 안 된다.
- 어느 정도의 반대를 받는 것은 우리에게 큰 도움이 된다. 연이 바

람을 받아야 높이 뜨는 것처럼…….

- 우리의 눈은 더럽고 나쁜 것을 발견하기 위해서 있는 것이 아니라, 아름답고 좋은 것을 발견하기 위해서 있는 것이다.

- 우울하고 어두운 사람은 호감을 사지 못한다. 밝고 쾌활한 사람 주변에 사람들이 몰리게 되어 있다.

- 운이 나쁘다고 불평을 하지 마라. 살아 있는 것만으로 충분히 운이 좋으니까…….

- 운이 좋은 자를 위해서는 수탉도 알을 낳아 준다.

- 울어야 할 이유가 100가지라면, 웃을 이유가 101가지임을 잊지 마라!

- 유머가 좋은 점은 사람을 긍정적으로 만든다는 것이다.

- 자꾸 죽겠다는 말 하지 마라. 저승사자가 자기를 부르는 줄 알고 진짜 찾아온다.

- 잘못을 고쳐주는 것도 좋은 일이지만, 잘하도록 북돋우는 것은 더욱 효과가 있다.

- 전구를 발명한 토마스 에디슨은 수천 번도 넘는 실패를 하면서도 기도했다. "하나님, 감사합니다. 이제 제가 찾아가야하는 길이 하나 줄었습니다."

- 전철을 타면 우산을 놓고 내릴 정도로 집중력을 가져라. 우산을 놓고 내린다는 것은 무엇인가에 집중하고 있다는 증거다. 반대로 말해서 우산을 잊지 않고 내렸다는 것은 지금 하고 있는 일에 대한 집중력이 부족하다는 증거라고 할 수 있다.

- 전혀 빈둥거리지 않는 것보다는 빈둥거리는 편이 창의력에 있어서는 더 낫다.

- 좋은 소식인가 나쁜 소식인가? 선택은 당신에게 달려 있다. 나쁜 소식은 '병에 걸렸다.' 하지만, 좋은 소식도 있다. '빨리 발견해서 다행이다.'

- 좋은 일은 바위 위에 새기고, 나쁜 일은 물에 흘려보내라!

- 지금 최악이라고 생각한다면, 이 이상 나빠질 것이 없다.

- '할 수 없다!'는 아무것도 성취하지 못했지만, '해보자!'는 기적을 만들어 냈다.
- '할 수 없다!'와 '하지 않겠다!'는 같은 뜻이다. '할 수 없다!'라는 말은 욕설이나 거짓말보다 더 많은 해를 끼친다.
- 할 수 있다고 믿는 사람이 승리한다.
- 할 수 있다고 생각하면 할 수 있다. 할 수 없다고 생각하면 할 수 없다. 그 생각이 옳다.
- 호랑이를 왜 만들었냐고 신께 투정하지 말고, 호랑이에게 날개를 달아 주지 않은 것에 감사하라!

기대[期待] 어떤 일이 이루어지기를 바라고 기다림.

- 늘 똑같이 행동하면서 다른 결과를 기대하지 마라!
- 부하는 신뢰받고 있다고 느끼면, 반드시 기대에 보답한다.
- 삶의 목표에 관한 한 불효자가 되어라. 부모의 기대에 부응하다 보면, 부모 인생의 일부가 된다.
- 어떤 사람이든 당신이 선량한 사람이라고 해주면, 실제로는 그렇게 선량한 사람이 아닐지라도 앞으로는 선량한 사람이 되려고 한층 더 노력할 것이다.
- 친구들에게서 기대하는 것을 친구들에게 베풀어야 한다.
- 행복을 발견하는 유일한 방법은 감사를 기대하지 말고, 주는 기쁨을 위해서 베푸는 것이다.

기도[祈禱] 인간보다 능력이 뛰어나다고 생각하는 절대적 존재에게 빎.

- 기도는 하나님을 변화시키는 것이 아니다. 그것은 기도하는 사람을 변화시키는 것이다.
- 기도는 혀보다는 가슴을 더 많이 요구하는 것이다.
- 다른 사람을 사랑할 줄도 모르면서 기도만 한다면 나 자신의 욕심

만 채우는 것이다.

- 당신의 짐을 가볍게 해 달라고 기도하지 말고 차라리 바른길로 인도해 달라고 기도하라!
- 복을 받기 위해 신을 섬기는 사람은 신이 아닌 자신을 섬기는 것이다.
- 우리는 흔히 신의 뜻대로 이루어지기를 바라서가 아니라 우리 뜻대로 되기를 바라서 기도를 한다.

기록[記錄]　주로 후일에 남길 목적으로 어떤 사실을 적음.

- 기록은 지식을 지혜로 만든다.
- 기록은 한마디로 저축이다.
- 독서는 완성된 사람을 만들고, 담론은 재치 있는 사람을 만들며, 기록은 정확한 사람을 만든다.
- 마음속으로 기억하는 것보다 말을 하는 것의 힘이 더 크고, 말로 하는 것보다 글로 쓰는 것의 힘이 더 강하다. 기록은 행동까지도 지배한다.
- 총명한 머리가 무딘 연필만 못하다.

기만[欺瞞]　남을 속여 넘김.

- 사람들은 알지 못하는 사람을 믿는 경향이 있는데, 그 이유는 알지 못하는 사람은 우리를 기만한 일이 한 번도 없었기 때문이다.
- 세일 가격에 차이가 많이 날수록 소비자들은 싸게 사서 이익을 많이 보았다고 생각하지만, 사실은 가격차이가 클수록 정찰제가 속임수였다는 증거가 드러나는 것이다.
- 속이려 드니까 매사에 당당하지 못하다.

기
쁨
↗

기쁨 욕구가 충족되었을 때의 즐거운 마음이나 느낌.

● 가정의 단란함이 이 세상에서 가장 빛나는 기쁨이다. 그리고 자녀를 보는 즐거움은 사람의 가장 거룩한 즐거움이다.

● 그대가 존재하는 것만으로도 내게 큰 기쁨입니다.

● 받는 기쁨은 짧고 주는 기쁨은 길다. 늘 기쁘게 사는 사람은 주는 기쁨을 가진 사람이다.

● 세상이 자신을 행복하게 해 주지 않음을 불평하고, 배 아파하며, 열병을 앓고 있는 이기적인 고깃덩어리는 진정한 기쁨을 얻을 수 없다.

● 우리는 남의 기쁨에서 자신의 슬픔을 뽑아오고, 같은 식으로 남의 슬픔에서 우리의 기쁨을 얻어온다.

● 타인에게 기쁨을 가져다주는 사람은, 자기 자신도 그것을 통해 기쁨과 만족을 얻는다.

● 한번 분노할 때 마다 한 살씩 늙고, 한 번 기뻐할 때마다 한 살씩 젊어진다. 이것은 신이 인간에게 내린 최악의 형벌이자 최고의 선물이다.

● 항상 기뻐하라. 그래야 기뻐할 일이 줄줄이 따라온다.

기
술
↗

기술[技術] 사물을 잘 다룰 수 있는 방법이나 능력.

● 기술자가 수직선이면 디자이너는 수평선이다. 이 둘이 조화를 이뤄야 한다.

● 기술자들은 전문적인 것에 얽매어 기발한 발상을 하지 못한다.

● 달리는 기술만큼 서는 기술도 있어야 한다.

기
억
↗

기억[記憶] 이전의 인상이나 경험을 의식 속에 간직하거나 생각해 냄.

● 남자는 여자의 생일을 기억하되 나이는 기억하지 말고, 여자는 남

자의 용기는 기억하되 실수는 기억하지 말아야 한다.

● 모든 것을 다 기억한다면, 아무것도 기억하지 못하는 것과 마찬가지로 살아가기가 힘들다.

● 자기의 기억력에 자신이 없는 자는 거짓말을 할 생각일랑 아예 마라!

● 좋은 명함보다 좋은 사람으로 기억되어야 한다.

기업[企業] 영리를 얻기 위해 재화나 용역을 생산하고 판매하는 조직체.

● 기업은 쓰러지기 쉬운 존재이다. 의사결정이 단 한번만 잘못되어도 쓰러져 버릴 수 있는 존재이다. 이 세상에 영원한 기업은 없다. 기업의 평균수명은 23.5년이다.

● 기업의 3대 요소는 자본, 노동, 기술. 그리고 하나 더 소비자이다.

● 정직과 신용을 잃은 기업은 자본금 모두를 상실한 기업과 다름없다.

기적[奇跡] 상식으로는 생각할 수 없는 기이한 일.

● 기적은 가끔 일어난다. 그러나 기적이 일어나게 하자면 피눈물 나는 노력이 있어야 한다.

● 기적을 바라는 것은 좋지만, 그 기적에 의지해서는 안 된다.

● 기적이 일어나지 않는다고 해서 기분 나빠할 것도 없고, 만약 일어난다면 그것도 나쁠 건 없다.

● 사랑은 우주가 단 한 사람으로 좁혀지는 기적이라고 생각한다. 나에게 우주는 내 남편(아내) 한 사람뿐이다.

기초[基礎] 사물이나 일 따위의 기본이 되는 토대.

● 건강은 모든 성공의 기초다. 건강하지 않음은 곧 실패의 예고가 된다.

- 기초를 소홀히 하면 바탕이 무너진다.
- 피라미드는 정상부터 만들어지지 않았다.

기
회

기회[機會] 어떠한 일을 하는 데 적절한 시기나 경우.

- 기회가 두 번 문을 두드린다고 생각지 말아라. 기회는 폭풍과 같아서 일단 지나가면 두 번 다시 돌아오지 않는다.
- 기회는 누구에게나 있다. 다만 포착하지 못할 뿐이다.
- 기회는 미꾸라지 같아서 자꾸 빠져나가려고 한다.
- 기회는 반드시 찾아온다. 준비가 안 된 자에겐 잠자고 있을 때 오고, 준비가 된 자에겐 눈을 부릅뜨고 있을 때 온다.
- 기회는 사람을 기다리지 않는다.
- 기회는 새와 같은 것, 날아가기 전에 꼭 잡아라!
- 기회는 수동적인 사람들에게는 오지 않는다.
- 기회는 준비된 자를 돕는다.
- 기회란 계획성 있는 낙관이다. 요행이 아니다.
- 기회를 포착하는 것이 지혜. 기회가 없으면 만들면 된다.
- 기회와 시간은 밧줄로 묶어 두지 못한다.
- 다음이라는 말이 당신을 성공에서 멀어지게 만든다. 다음이라는 말을 없애면 당신의 꿈은 실현된다.
- 민주주의 하에서는 제일 약한 자도 제일 강한 자와 똑같은 기회를 획득한다.
- 변화는 기회를 대변한다.
- 사람이 성공하는 비결은 능력만을 가지고 하는 시대는 끝났다. 기회를 잘 포착하는 것이야말로 성공의 지름길이다
- 얻기 어려운 것은 시기요, 놓치기 쉬운 것은 기회이다.
- 위기는 위험과 기회를 합친 말이다.
- 위대한 사람은 결코 기회가 부족하다고 불평하지 않는다.
- 인생에는 실제로 단 두 가지 움직임만 있다. 시련과 기회. 이것은

추락하게 할 수도 있고 비상하게 할 수도 있다.

- 착각하지 말자, 기회는 찾아오는 것이 아니라 찾아내는 것이다.
- 최고의 기회는 행운이 아니라 노력으로 만든다.
- 투기꾼에게는 남의 위기가 바로 더 없는 기회이다.
- 현명한 사람은 기회를 발견하는 것이 아니라 스스로 만든다.

긴장[緊張] 마음을 조이고 정신을 바짝 차림.

- 긴장은 습관이다. 휴식 또한 습관이다.
- 결정을 내리는 것을 기피하기보다는 그릇된 결정이라도 내리는 쪽이 낫다. 잘못은 정정할 수 있다. 그러나 우유부단은 긴장을 오래 끌게 하고 끝내는 지쳐 버리게 한다.
- 유머가 없는 대화는 일종의 범죄행위이다. 그 이유는 사람을 긴장된 상태로 있게 하여 건강을 해치기 때문이다.
- 인간은 긴장감에서 해방되었을 때 물건을 잊어버리기 쉽다.

길 사람, 자동차 등이 지나갈 수 있게 땅 위에 낸 일정한 너비의 공간.

- 길이 없으면 길을 찾고, 찾아도 없으면 길을 닦아나가야 한다.
- 길이 있어서 내가 가는 것이 아니다. 내가 감으로 길이 생기는 것이다.
- 이미 닦여진 길을 따라 갈수 있는 곳은 가지 마라. 길은 없지만 발자취를 남길 수 있는 곳을 찾아 가라!
- 제 갈 길을 아는 사람에게 세상은 길을 비켜준다.

꾸준함 한결같이 부지런하고 끈기가 있음.

- 느리지만 꾸준한 사람이 경주에서 이긴다.
- 세계위인의 73명 중 우등생은 19명뿐이었다. 결국 자신의 길을 꾸

준히 걷는 자가 성공 한다.

- 하루아침에 모든 걸 만회하려는 성급함보다는 천리 길도 한 걸음부터라는 생각으로 꾸준히 나아가는 사람이 결국 성공한다.
- 한 번에 한 장씩 벽돌을 쌓으면 결국에는 벽이 된다.

꿈

꿈 잠자면서 깨어 있을 때와 마찬가지로 각성하는 정신 현상.

- 과거로 인도하는 것은 우리의 기억이고, 미래로 인도 하는 것은 우리의 꿈이다.
- 그대의 꿈이 한 번도 실현되지 않았다고 해서 스스로 안타깝고 서글프게 생각해서는 안 된다. 정말로 안타깝고 서글픈 것은 한 번도 꿈을 꾸어보지 않았던 사람들이다.
- 꿈과 목표를 설정할 때 반드시 기한을 정하라!
- 꿈은 망설임과 친하지 않다. 꿈은 시작과 친하다.
- 꿈을 꾸는 한 청춘이다. 청춘은 연령이 아니라 마음의 상태이다.
- 꿈을 단단히 붙들어라. 꿈을 놓치면 인생은 날개가 부러져 날지 못하는 새가 된다.
- 꿈을 버리는 순간 인생은 그것으로 끝이다.
- 꿈을 향한 과정을 즐기라. 꿈을 이루려면 그 과정을 즐길 줄 알아야 한다. 단지 목표 지향적이 되어서 그 과정을 지겹게 여기거나 의무로 여기면 중도에 포기하기 쉽다.
- 꿈이 없는 사람은 생명 없는 인형과 같다.
- 꿈이 없다면 목표도 없다. 목표가 없으면 계획도 없다. 계획이 없으면 준비도 없다. 준비할 것이 없으면 지금 할 일이 없다. 단지 무료할 뿐이다. 그리고 뒤늦게 서두르게 될 것이다. 시간을 원망하면서…….
- 내가 꿈을 이루면, 나는 다른 사람의 꿈이 된다.
- 목표가 명확할수록 꿈은 빨리 실현된다.
- 사람은 자신이 간직한 꿈이 얼마나 절실한가에 따라 성공하게도

되고 실패하게도 되는 것이다. 당신의 꿈은 당신에게 얼마나 절실한가?

● 술에 취하면 헛것이 보이지만, 꿈에 취하면 미래가 보인다.

● 지금 자면 꿈을 꾸지만, 지금 공부하면 꿈을 이룬다.

● 혼자 꾸는 꿈은 꿈이지만, 100명이 꾸는 꿈은 희망이 되고, 다함께 꾸는 꿈은 현실이 된다.

끈기   쉽게 단념하지 아니하고 끈질기게 견디어 나가는 기운.

● 대부분의 사람들은 성공하기 직전에 포기한다. 그들은 게임의 마지막 순간에 포기한다.

● 똑같은 카드를 찾아내는 비결은 수많은 카드를 뒤집어 보는 것이다.

● 사람들은 모두 성공의 정기예금에 가입해 있다. 그런데 왜 만기 전날에 해약을 하는가?

● 성공은 가장 끈기 있는 사람에게 돌아간다.

● 열 번 찍어 안 넘어가는 나무 없다지만, 그래도 안 넘어가는 나무도 있다. 이럴 때는 열한 번 찍는 것이다. 이때 나무가 쓰러진다면 마지막 한 번 더 찍어 넘어간 것이 아니라 그 앞의 열 번이 있었기 때문이다.

끝   시간, 공간, 사물 따위에서 마지막 한계가 되는 곳.

● 끝을 맺기를 처음과 같이 한다면 실패할 일이 없다.

● 당신이 노력을 멈추지 않는 한, 아무 것도 진정으로 끝난 것은 없다.

● 애벌레가 세상의 끝이라고 말하는 것을 우리는 나비라고 부른다.

MEMO

나이 먹는 것 외엔, 저절로 되는 일이란 아무 것도 없다!

● 멘트의 분류

1. 위치에 따른 분류

같은 말이라도 먼저 해야 효과적인 것과, 나중에 해야 효과적인 것이 있다.

1) 앞부분 : 시선집중, 개회, 선언, 기대효과…….
2) 중간부분 : 분위기전환, 내용전환, 진행연결…….
3) 뒷부분 : 피드백, 메시지강조, 새로운 시작알림…….

2. 용도에 따른 분류

1) 일반적 멘트 : 순서에 입각한 정보제공.
2) 시사적 멘트 : 풍자를 곁들인 정보제공.
3) 코믹 멘트 : 웃음이 묻어있는 정보제공.

나눔 <small>하나를 둘 이상으로 가름.</small>

- 시간을 내어 일하라! 그것은 성공의 대가이다. 생각하라! 그것은 힘의 근원이다. 놀아라! 그것은 영원한 젊음의 비결이다. 나누어라! 인생은 이기적이기에 너무 짧다. 웃어라! 웃음은 영혼의 음악이다.

- 신께서는 저희에게 양손을 주셨다. 하나는 받기 위해, 다른 한쪽은 나눠주기 위해. 우리는 물을 저장하기 위한 물탱크가 아니다. 물을 나눠주는 수로이다.

- 우리인생의 결과는 얼마나 쌓아 놓고 죽었느냐가 아니라 얼마나 베풀었느냐에 따라 결정된다.

- 중요한 것은 덧셈, 뺄셈이 아니라 나누어 먹는 것이다.

- 한 사람의 인간이 불필요한 것을 잔뜩 안고 있다면, 다른 많은 인간들이 필요한데도 부족한 생활을 하고 있는 것이다.

나무 <small>줄기나 가지가 목질로 된 여러해살이 식물.</small>

- 1년간의 행복을 위해서는 정원을 가꾸고, 평생의 행복을 원한다면 나무를 심어라!

- 나무를 심는 사람은 자기 이외에 남들도 사랑하는 사람이다.

- 좋은 나무가 되면 좋은 열매는 저절로 맺게 되는 법이다.

- 한 세대가 나무를 심으면, 다음 세대는 그늘을 얻는다.

나이 <small>사람이나 동, 식물 따위가 세상에 나서 살아온 햇수.</small>

- 나이 먹는 것 외엔 저절로 되는 일이란 아무 것도 없다.

- 나이는 사랑과 같아 숨길 수가 없다.

- 나이를 먹는 법을 아는 것은 지혜로운 일이다. 그것은 생활 기술 중에서 가장 어려운 것이다.

- 나이를 먹었다고 해서 현명해지는 것은 아니다. 조심성이 많아질 뿐이다.
- 나이를 먹으면 아름다움을 잃는 다는 생각은 나쁜 마법이다.
- 나이를 먹으면 여자는 화장에 의존하게 되고, 남자는 유머에 의존하는 경향을 보인다.
- 노력하지 않아도 그대로 굴러오는 것은 나이뿐이다.
- 모두 오래 살고 싶지만, 나이를 먹고 싶지는 않다.
- 사람은 나이가 들면 대접받고 싶어 한다. 하지만 그런 생각이 오히려 마음을 늙게 만든다. 마음의 나이는 자기하기 나름이다.
- 사람은 나이답게 살아가는 것이 제일 아름답다. 나이에 맞지 않게 옷을 입었거나 나이에 맞지 않게 화장을 했을 땐 어색하다.
- 사람은 나이를 먹는 것이 아니라, 좋은 포도주처럼 익는 것이다.
- 사람은 누구나 어른이 되지 않는다. 다만 아이로서 나이를 한살씩 먹을 뿐이다.
- 사람은 차츰 나이를 먹어 가고 있다고 생각하는 그 자체가 사람을 한층 더 늙게 한다.
- 살아 있는 영혼에게는 죽음이 없듯이 사랑하는 사람에게는 나이가 없다.
- 좋은 20대를 보낸 사람만이 좋은 30대를 보낼 수 있다.
- 현재 자신의 나이를 실감하는 데는 약 10년이 걸린다.

나태[懶怠]   행동, 성격 따위가 느리고 게으름.

- 나태에 대한 벌로서는, 자신의 실패 이외에 타인의 성공이 있다.
- 몸보다 정신이 나태해지는 것이 훨씬 더 무섭다.
- 세상에서 가장 무서운 것은 가난도 걱정도 병도 아니다. 그것은 삶에 대한 나태이다.
- 자율을 빙자한 나태함을 조심하라!
- 한가한 것과 돈이 너무 많은 것, 좋은 일이 너무 많은 것은 사람을

나태하게 만든다.

낙관

낙관[樂觀] 인생이나 사물을 밝고 희망적인 것으로 봄.

- 낙관적이어서 해로울 것은 없다. 나중에 얼마든지 울 수 있으니까…….
- 낙관주의는 삶의 방패이다
- 비가 오면 비관주의자는 땅이 질척거릴 거라 말하고, 낙관주의자는 먼지가 가라앉을 거라 말한다. 낙관주의자는 살아 있는 것이 기쁘다고 하고, 비관주의자는 죽어야 하는 것이 슬프다 말한다.
- 비관론자는 매번 기회가 찾아와도 고난을 본다. 낙관론자는 매번 고난이 찾아와도 기회를 본다.

남녀

남녀[男女] 남자와 여자를 아울러 이르는 말.

- 남녀 간에 비판하는 것이 많으면 많을수록 사랑하는 것이 적어지게 된다.
- 남녀가 동일하다는 것은 정치적 혹은 도덕적 문제는 될 수 있을지 몰라도 결코 과학적, 신체적인 문제는 될 수 없다.
- 남녀는 다른 가치관과 규칙 체계를 가진 다른 세계를 살고 있다.
- 남녀의 사랑은 찬란한 이해에서 출발하여 참담한 오해로 끝나는 에피소드이다.
- 남성은 공격형이고 여성은 수비형이다. 공격이 최선의 방어라지만, 무모한 공격은 착실한 방어에 맥을 못 추는 법이다.
- 남자 아이는 사물과 사물의 작동구조에 관심이 많고, 여자아이는 사람과 인간관계에 관심이 많다. 여자는 인간관계를, 남자는 일을 중시한다.
- 남자 친구에게 여자가 생기면 친구가 하나 느는 것이고, 여자 친구에게 남자가 생기면 친구 하나를 잃는 것이다.

나

- 남자가 많은 곳에서 여자는 여왕이 되지만, 여자가 많은 곳에서 남자는 파김치가 된다.
- 남자가 여자를 여왕처럼 섬길 때, 그 여자는 남자의 시종이 된다.
- 남자는 100m 주자이고, 여자는 마라톤 주자이기 때문에 연애의 후반과 결혼에 이르면 남자는 경주에 뒤쳐져 있다.
- 남자는 누드에 약하고, 여자는 무도에 약하다.
- 남자는 눈으로 사랑하고, 여자는 귀로 사랑에 빠진다.
- 남자는 목욕하고 나서 친해지고, 여자는 친해지고 나서 목욕한다.
- 남자는 성격으로 외모를 커버하려하고, 여자는 외모로 성격을 커버하려 한다.
- 남자는 섹스를 원하지만, 여자는 로맨스를 원한다.
- 남자는 순발력은 강하지만, 지속력은 여자에게 떨어진다.
- 남자는 아는 것을 말하고, 여자는 남에게 칭찬 받을 만한 것을 말한다.
- 남자는 어깨로 걷고, 여자는 힙으로 걷는다.
- 남자는 여자가 스트레스를 받을 때 말로써 풀려고 한다는 것을 알아야 한다. 따라서 이 경우 남자는 해결안을 제시하려 들지 말고 그냥 들어주어야 한다.
- 남자는 여자를 잊으려고 술을 마시고, 여자는 남자를 생각하려고 술을 마신다.
- 남자는 여자에게 보여주기 위해 옷을 입고, 여자는 자신의 만족을 위해서 옷을 입는다.
- 남자는 여자에게 자신이 첫 남자이길 바라고, 여자는 남자에게 자신이 마지막 여자이길 바란다.
- 남자는 영화배우 같은 여자와의 사랑을 원하고, 여자는 영화와 같은 사랑을 원한다.
- 남자는 인정을 받고 싶어 하고, 여자는 관심을 받고 싶어 한다.
- 남자는 자기 애인을 친구 애인과 비교하고, 여자는 자기 애인을 아버지와 비교한다.

- 남자는 자기 자신의 비밀보다는 타인의 비밀을 한층 굳게 지킨다. 여자는 그와는 반대로 타인의 비밀보다는 자기 자신의 비밀을 더욱 잘 지킨다.
- 남자는 해결책을, 여자는 공감을 원한다.
- 남자들은 누군가가 자기를 필요로 한다고 느낄 때 힘이 솟구치고 마음이 움직이고, 여자들은 누군가가 자기를 사랑하고 있다고 느낄 때 힘이 생기고 마음이 움직인다.
- 남자들은 문제를 해결함으로써 그 긴장이 해소되는 반면, 여자들은 자신이 느끼는 문제들은 이야기함으로써 한결 기분이 나아질 수 있다.
- 남자들은 어떤 주제에 대해 몇 시간이고 이야기 할 수 있다. 여자들은 아무런 주제 없이도 몇 시간이고 이야기 할 수 있다.
- 남자란 크게 자라난 어린애이다. 여자란 지나치게 자라난 어린애이다.
- 남자를 분해하면 육체와 출세욕으로 분해되고, 여자를 분해하면 육체와 질투로 분해된다.
- 남자에게 사랑은 에피소드이고 여자에게 사랑은 하나의 역사이다.
- 남자에게 조언이 도움이 되는 때는 오직 그가 먼저 청했을 경우이다.
- 남자에게는 하루만의 방랑에 지나지 않는 일이, 여자에게는 일생을 좌우한다.
- 남자의 얼굴은 이력서이고, 여자의 얼굴은 청구서이다.
- 만약 운전을 하다가 길이 헷갈리면 여자는 차를 세우고 길을 물을 것이다. 그러나 남자는 결코 물어보지 않는다. 그것은 허약함의 표시이고 자존심 문제이기 때문이다.
- 보드라운 흙으로 빚은 남자를 기쁘게 하는 것이, 딱딱한 뼈로 빚은 여자를 기쁘게 하는 것보다 쉽다.
- 사랑하는 여자와 갈등이 생겼을 때 여자를 이치로 따져 설득할 수는 없다. 남자가 위로해 주거나, 침묵을 지키거나, 참으면 된다.

- 여자가 배나오면(임신) 여왕대접을 받지만, 남자가 배 나오면 환자 취급받는다.
- 여자가 하는 말은 시시하다. 하지만 그 말을 듣지 않는 남자는 제정신이 아니다.
- 여자가 화장을 하는 동안 남자는 환장을 한다.
- 여자는 관계 지향적이고, 남자는 목표 지향적이다.
- 여자는 사랑이란 말을 들을 때 희생, 희망, 가정, 정열, 안식 등을 떠올리지만, 남자는 침대, 호텔, 유혹, 빨간 전구, 콘돔 등을 생각한다.
- 여자는 사랑하는 이를 위해 모든 것을 주고, 남자는 알아주는 이를 위해 모든 것을 준다.
- 여자와 싸우는 것은 우산을 받쳐 들고 샤워하는 것과 같다.
- 여자의 가슴은 바스트라 부르고, 남자의 가슴은 하트라 부른다.
- 여자의 구속은 처음엔 거미줄처럼 가볍지만, 나중에는 밧줄처럼 튼튼해진다.

남용[濫用] 일정한 기준이나 한도를 넘어서 함부로 씀.

- 낭비와 과소비는 자신의 재산을 도둑질하는 것이다.
- 의사의 아들은 병에 안 죽고 약에 죽는다.
- 전화의 남용도 시간을 도둑질 하는 것이다.

남자[男子] 남성으로 태어난 사람.

- 남자는 결혼하든 안 하든 평생 6살짜리 아이로 살아간다.
- 남자는 두 볼 사이와 두 다리 사이에서 명성이 결정된다.
- 남자는 뒤쫓던 여자가 자기를 좋다고 하는 순간부터 도망치려고 한다.
- 남자는 자기 여자가 어머니가 되어 주길 바란다.
- 남자는 자기 여자의 영웅이 되고 싶어 한다.

- 남자는 자기가 관심을 둔 여자의 마음을 못 끌 경우, 그 여자를 헐 뜯고 다니는 것이 여자랑 다르다.
- 남자는 자기가 알고 있는 단 한 명의 여자를 통해 세상여자들을 다 아는 것처럼 말하는 우를 범한다.
- 남자는 항상 자신이 제일이기를 바라는 동물이며 특히 아내에 대해서는 자신이 우위에 서지 않으면 만족하지 못한다.
- 남자들은 동정 받는 것을 몹시 싫어한다. 지나친 보살핌은 그를 숨 막히게 한다.
- 남자들은 승리와 패배에 대한 철학을 갖고 있다. 나는 승리를 원하고 너의 패배는 내가 알바가 아니라는 게 바로 그것이다.
- 남자들의 사회는 약육강식의 정글이다.
- 남자란 말하며 접근할 때는 봄이지만 결혼해 버리면 겨울이다.
- 남자란 여자를 사랑하게 되는 날에는 그 여자를 위해서 라면 무엇이든지 해주지만, 단 한 가지 해주지 않는 것은 영원히 사랑해 주는 일이다.
- 남자란 태어나면서부터 뭔가 맞지 않는 옷을 입도록 강요당하는 집단이다.
- 남자를 남자답게 만드는 것은, 싸움도 아니고 군대도 아닌 한 여자의 손길이다.
- 대부분의 남자들은 아무나 할 수 있는 것을 자기만 하는 것처럼 뽐내는 두 가지가 있는데, 하나는 술 취하는 것이고 다른 하나는 아이의 아버지가 되는 것이다.
- 만일 모든 여성이 같은 얼굴과 같은 성질과 같은 마음을 갖고 있었더라면 남성은 절대로 부정한 행동을 안 할뿐더러 연애도 하지 않을 것이다.
- 어떤 여자를 제 것으로 만들 수 없는 기간 동안만 남자는 그 여자에게 열광한다.
- 이상적인 남자는 남자의 강인함과 여자의 부드러움을 함께 갖고 있다.

낭비[浪費] 시간이나 재물 따위를 헛되이 헤프게 씀.

낭비

- 낭비가 없으면 부족함도 없다.
- 낭비한 시간에 대한 후회는 더 큰 시간 낭비이다.
- 돈은 없으면서 백만장자의 취향을 지니고 있다.
- 필요하지 않는 물건을 사는 사람은 스스로 도둑질을 하고 있는 것이다.

내일[來日] 오늘의 바로 다음 날.

내일

- 내일 무엇을 해야 할지 모르는 사람은 불행한 사람이다.
- 내일이란 오늘의 다른 이름일 뿐이다.
- 미루지 마라, 내일은 더 바쁜 날이다.

노력[努力] 목적을 이루기 위하여 몸과 마음을 다하여 애를 씀.

노력

- 10초를 달려서 금메달을 받는 사람을 보고 고작 10초밖에 일하지 않았다고 비난하는 사람은 없다. 왜냐하면 10초를 위해 10년 이상을 노력한 사람이기 때문이다.
- 가장 바쁜 사람이 가장 많은 시간을 갖는다. 부지런히 노력하는 사람이 결국 많은 대가를 얻는다.
- 가장 위대한 예술가도 한때는 초심자였다.
- 간절한 염원만으로도 모든 일이 이루어진다면, 이 세상에 가난뱅이는 하나도 없어야 한다.
- 강한 사람은 태어나는 것이 아니라 만들어지는 것이다.
- 굳은 인내와 노력이 없었던 천재는 이 세상에 존재하지 않았다.
- 기관차는 기차에 속도가 붙었다고 객차를 떼어내지 않는다. 속도가 있어도 계속 끈다. 부단한 노력과 전진만이 최고를 유지할 수 있다.

- 노력을 그만 두는 것은 치명적인 잘못이다.
- 노력을 중단하는 것보다 더 위험한 것은 없다. 그것은 습관을 만든다. 습관은 버리기는 쉽지만 다시 들이기는 어렵다.
- 노력하지 않고 얻는 것은 주름살과 뱃살뿐이다.
- 노력하지 않아도 그대로 굴러오는 것은 나이뿐이다.
- 노력한 사람이 모두 성공한 것은 아니다. 그러나 성공한 사람들은 모두 노력했다.
- 누구나 나름대로 성공과 실패를 거듭하고 있다. 단지 승률을 높이고자 열심히 노력하고 있을 뿐이다.
- 당신의 인생이 못마땅하다면, 바꿔도 좋다. 당신의 노력으로!
- 당신이 노력을 멈추지 않는 한, 아무 것도 진정으로 끝난 것은 없다.
- 매일이 축적된 노력이 열매를 맺는다.
- 모든 삼진아웃은 홈런으로 가는 길이다.
- 무슨 일이든 조금씩 차근차근 해 나가면 그리 어렵지 않다.
- 무엇인가 한 가지 생각을 머리에 담아두고 자나 깨나 그렇게 살려고 노력하면 이윽고 그것은 신체의 일부가 된다.
- 바라기만 하는 것으로도 소망이 이루어진다면, 가난뱅이도 부자가 될 수 있다.
- 성공은 밤낮 없이 거듭되었던 작고도 작은 노력들이 한데 모인 것이다.
- 성공은 우연히 성공한 것이 아니라 꾸준한 노력으로 성공한 것이다.
- 성공을 위한 당신의 노력을 멈추지 마라!
- 수많은 사람들이 인생에서 출세하지 못하는 이유는, 기회가 문을 두드릴 때 뒤뜰에 나가 네잎 클로버를 찾고 있었기 때문이다.
- 실패가 두려운 것이 아니라 노력하지 않는 것이 두려운 것이다.
- 어떤 사람이든 당신이 선량한 사람이라고 해주면, 실제로는 그렇게 선량한 사람이 아닐지라도 앞으로는 선량한 사람이 되려고 한층 더 노력할 것이다.

- 위대한 업적들은 처음엔 불가능하다고 했던 것들이다.
- 인간은 완전하게 될 순 없으나 점점 나아질 수는 있다.
- 재능엔 한계가 있지만, 노력엔 한계가 없다.
- 재주가 비상하고 뛰어나더라도 노력하지 않으면 아무 쓸모가 없다.
- 착한 일을 하기 위해서는 노력이 필요하다. 그러나 나쁜 일을 하지 않기 위해서는 그보다 몇 배는 더 노력해야 한다.
- 최고의 기회는 행운이 아니라 노력으로 만든다.
- 평범함과 비범함의 차이는 노력을 조금 더 기울이느냐 기울이지 않느냐에 따라 결정된다.
- 한 방울의 물도 쌓이면 호수가 된다.
- 행복을 원하면서 노력은 하지 않고 희망만 품는 것처럼 사람을 나약하게 만드는 것은 없다.

노예[奴隸] 남의 소유물로 되어 부림을 당하는 사람.

- 나는 노예가 되고 싶지 않은 것처럼 주인도 되고 싶지 않다.
- 돈의 노예가 되지 말자. 그러나 돈은 필요한 것이다.
- 부자는 그 재산의 노예다.
- 아무에게나 도움을 받으려고 하지 마라. 그렇게 되면 세상 모든 사람의 노예가 되어 버린다.

노인[老人] 나이가 들어 늙은 사람.

- 나는 가끔 아이들이 없다면 이세상은 얼마나 우울한 세상이 될 것인지, 그리고 노인들이 없다면 이 세상은 얼마나 비인간적인 세상이 될 것인가에 대해서 상상해 본다.
- 노인들과 가까워지려면 용돈을 자주 드리고, 젊은이들과 가까워지려면 유머를 자주 하라!
- 노인은 과거에 살고, 젊은이는 미래에 산다.

- 노인을 공경하지 않는 젊은이의 노후는 결코 행복할 수 없다.
- 노인이 된다는 것은 피부를 나무 옷으로 바꿔 입는 것과 같은 것이다.
- 세상의 도덕윤리가 타락할수록 천대받는 건 노인뿐이다.
- 아름다운 청년들은 자연의 산물이다. 그러나 아름다운 노인은 인생의 뛰어난 걸작이다.
- 열정을 상실한 사람은 노인과 같다.
- 준비된 노년은 무엇보다 큰 축복이지만, 준비되지 않은 노년은 큰 재앙이다. 그것은 기업과 국가에도 마찬가지다.
- 집 안에 노인이 하나도 없다면, 한 사람 빌려와라!
- 필요한 존재가 되지 못한다는 것은 노인에게 있어서 천천히 찾아오는 죽음과도 같다.

논리

논리[論理] 말이나 글에서 사고나 추리를 이치에 맞게 이끄는 과정, 원리.

- 논리가 세워지지 않으면 허사다.
- 무엇을 증명하려면 논리가 필요하지만 무언가를 발견하자면 직관이 필요하다.
- 바르게 설명한 논리보다는 생활에 밀착된 이미지가 더 설득력을 가지게 된다.
- 중요하지도 않은 말을 몇 번씩 되풀이하는 사람은 계획이 없고 결단력도 없는 사람이다. 하고 싶은 말을 논리 정연하게 하는 것도 처세의 한 방법이다.

논쟁

논쟁[論爭] 이견을 가진 사람들이 자기의 주장을 말이나 글로 논하여 다툼.

- 긴 논쟁은 쌍방이 다 옳지 않다는 증거다.
- 논쟁은 사람을 설득하는 가장 불리한 방법이다. 사람들의 의견은 못과 같아서 때릴수록 깊이 들어가 버린다.
- 모든 논쟁에는 양면이 있고, 논쟁이 영원히 지속되는 것은 흔히

그 양면 때문이다.

- 심사가 뒤틀린 논쟁을 좋아하면 아무리 토론을 해도 남는 것이 없다.
- 어떤 문제를 놓고 논쟁하기 시작하면, 대부분의 부부들은 5분도 채 안되어 서로의 말꼬리를 잡고 늘어지게 된다.

놀이　여러 사람이 모여서 즐겁게 노는 활동.

- 놀이는 그것을 즐기는 것으로 받아들이기 때문에 즐거운 것이며, 일은 안 하면 안 되는 것으로 받아들이기 때문에 하기 싫은 것이다.
- 실제로 많은 일 중독자들은 해고당하는 것으로 직장생활을 마감한다. 일과 놀이 양쪽을 즐기는 성취인 들이 보다 효율적인 근로자들이다.
- 일 년 내내 노는 날이 지속된다면, 놀이도 일과 마찬가지로 따분한 것이 된다.
- 제대로 놀 줄 알아야 제대로 일한다.
- 필요가 발명의 어머니라면, 놀이는 발명의 아버지라 할 수 있다.

뇌물[賂物]　사람을 매수하여 이용하기 위해 건네는 부정한 돈이나 물건.

- 공직자가 뇌물을 주고받는 건 그 사회의 순결을 짓밟는 거와 마찬가지다.
- 뇌물로 얻은 충성은 뇌물로 정복된다.
- 뇌물을 꿀단지로 착각하는 공직자들은 부자가 될 자격도 없고 결코 부자가 될 수도 없다.

늙은이　나이가 많아 중년이 지난 사람.

- 늙은이는 두 번째 어린이다.

- 늙은이는 잊어 먹기 잘 하고, 젊은이는 분별이 없다.
- 오래 살았다는 것밖에는 남긴 것이 없는 늙은이보다 더 불명예스러운 것은 없다.

늙음 ↗

늙음 나이가 많아 중년이 지난 상태가 됨.

- 노화를 재촉하는 네 가지 원인은 공포, 분노, 아이들, 그리고 악처이다.
- 내 젊음이 내 노력으로 받은 상이 아니듯, 내 늙음도 내 잘못으로 받은 벌이 아니다.
- 세월이 가는 것만으로는 사람은 늙지 않는다. 열정을 잃었을 때 비로소 늙는다.

능력 ↗

능력[能力] 일을 감당해 낼 수 있는 힘.

- 기업에는 '원가절감형'과 '개발형'이 있다. '원가절감형'은 특징이 없는 하청기업에 많다.
- 기업은 명문대 출신의 우수한 인재보다 어느 분야이든 그 분야의 전문가이거나 능력을 지닌 능력 있는 사람들을 필요로 한다.
- 두 자루의 칼을 사용할 때, 사용하는 사람이 솜씨 있게 효과적으로 사용하면 절대적인 힘을 발휘할 수 있다. 그러나 서투르게 사용하면 자기가 상처를 입는다.
- 말을 잘 하는 능력은 어떤 직업에 있어서나 중요한 일이다. 더구나 그것은 배울 수가 있는 것이다.
- 우리는 국어, 수학, 과학 등 모든 성적이 서로 다르다. 노래나 주량으로 사람을 평가하지 마라!
- 인생에 있어서 중요한 일은 크나큰 목표를 세우는 것과 동시에 그것을 이룩할 수 있는 능력과 체력을 갖는 일이다.
- 진정한 부자는 돈을 많이 가지고 있다고 말하지 않는다. 돈을 많

이 가지고 있다는 자랑하는 사람은 아직 부자라고 할 수 없다. 뛰어난 재능을 가지고 있는 사람은 자신의 재능을 과시하지 않는다. 사회에 나가면 보이지 않는 학력이 보이는 학력을 뛰어넘는다.

● 화술은 중요하나 화술만이 능사가 아니다. 제 1은 능력이고, 제 2가 화술이다.

MEMO

다른 사람을 흄보면서, 당신을 칭찬하는 사람 의 말은 절대 귀담아 듣지 마라!

● 멘트의 목적

멘트의 목적은 소통(Communication)이다.

강아지가 앞발을 드는 것은 반가움의 표시이고, 고양이가 앞발을 드는 것은 공격 자세이다. 그래서 강아지와 고양이는 사이가 좋을래야 좋을 수가 없다. 소통이 안 되기 때문이다.

'갑돌이와 갑순이'는 한 마을에 살았고, 서로 사랑했지만 결혼하지는 못했다. 이유는 갑돌이가 '프러포즈'를 안했기 때문이다. 마음은 굴뚝같았는데, 겉으로는 오히려 안 그런 척 했던 것이다. 결국엔 갑돌이와 갑순이는 결혼하지 못하고, 원하지 않은 결혼을 하게 되었고, 갑돌이는 장가간 날 첫날밤에 달을 보고 한없이 울었다. 이것은 결국 소통의 부재가 만들어낸 비극인 것이었다.

사람과 말(言)이 통하지 않으면, 말과 소에 옷을 입힌 것이다. 정당간의 정쟁, 노사의 분규, 가족의 집안싸움……. 모두가 소통의 부재이기 때문이다.

소통이 잘되면 탄탄대로이지만, 그렇지 않으면 병목현상에 지체와 정체의 연속이다. 멘트의 목적은 소통(Communication)이다. 소통이 안 되면 고통이 따라온다!

다수[多數] 수효가 많음.

- 결정을 내릴 때 여론에만 의존하는 것은 백미러만 들여다보면서 운전을 하는 것과 같다.
- 다수란, 때로는 바보들이 한쪽에 많이 몰려 있기 때문에 형성되는 것이다.
- 여러 사람이 우기면 평지에서도 숲이 나고, 날개 없이도 날 수 있다.

단련[鍛鍊] 몸과 마음을 굳세게 함.

- 괴로울 때가 있고, 혹은 즐거울 때가 있다. 이렇게 고락이 서로 만나고 교체하는 가운데 사람의 몸과 마음은 단련되어 가는 것이다.
- 금과 은은 불에 달궈진 다음에야 빛을 낸다.
- 슬픔과 기쁨을 동일한 자세로 받아들일 수 있도록 단련하라!
- 추위에서 자란 모피가 더 윤기가 있다.
- 현재의 고생은 즐거운 것은 아니다. 그러나 고생이 없는 인생은 가치 없는 인생이다. 쇠와 강철의 차이점은 불에 달려있다. 그래서 항상 쇠보다는 강철이 더 비싸다.

단어[單語] 분리하여 자립적으로 쓸 수 있는 말.

- 긍정적인 사람은 긍정적인 단어를 많이 사용하고 부정적인 사람은 부정적인 단어를 많이 사용한다.
- 단어 하나의 차이가 남극과 북극의 차이가 된다.
- 단어의 뜻을 정확히 모르면서 함부로 말해 왔다면, 화약을 등에 지고 다니는 것과 같다. 그러므로 애매한 단어는 그 의미를 명확하게 알고 사용해야 한다.
- 고기는 바늘로 낚고 사람은 말로 낚는다. 긍정적이거나 감동적인 단어를 사용하라!

단점[短點] 잘못되고 모자라는 점.

다점

- 개인이든 집단이든 단점을 들추면 소극적이 되고 장점을 들추면 적극적이 된다.
- 단점을 찾기는 쉽지만 그것을 고치는 것은 어렵다.
- 자신의 단점을 깊숙이 숨겨두지 말고 들어내어 햇볕을 쏘이게 하라. 그래야 그 단점이 광합성을 하여 꽃을 피울 수 있다.

대가[代價] 노력이나 희생을 통하여 얻게 되는 결과.

- 대가가 기쁨일 땐 값을 논하지 마라!
- 대가를 바라고 하는 선행은 진정한 선행이 아니다.
- '선지불법칙'이란? 무슨 일이든 성공하기 위해서는 먼저 대가를 치러야 한다는 법칙이다. 성공하고 싶다면 먼저 그에 상응하는 대가부터 지불하라!
- 진정한 사랑은 깨어지는 일이 없다. 그러나 대가를 바라는 사랑은 그 기대한 만큼의 대가를 받을 수 없을 때 그 사랑이 깨졌다고 말하는 것이다.
- 진정한 즐거움은 고통의 대가를 지불하여 얻은 것이다.

대답[對答] 부르는 말에 응하여 어떤 말을 함.

- 대답이 너무 빠르면, 상사는 화낼 시간이 부족해서 더 화를 낸다.
- 사연을 듣기 전에 대답하는 자는 미련하여 욕을 당한다.
- 질문은 전부 현명하다. 다만 어리석은 대답만 있을 뿐이다.

대중[大衆] 수많은 사람의 무리.

- 관대하면 대중을 얻는다.

- 당신이 대중을 구원하려고 노력하는 것보다, 문제가 있는 한 사람에게 전념하는 것이 보다 고귀한 일이다.
- 대중은 변덕이 심하고, 기억력이 없기로 정평이 나 있다.

대화[對話] 마주 대하여 이야기를 주고받음.

- '예, 아니오!'로 대답할 수 있는 질문은 피하라. 이런 질문은 대화의 장애가 될 소지가 많고 대화의 연결을 방해한다.
- 과묵하다는 건 말을 참는 게 아니라 필요한 말을 하되 간결하고 명료하게 말하고 사족을 달지 말라는 뜻이다.
- 귀가 두 개고 입이 하나인 이유는, 많이 듣고 말하면 좋기 때문이다.
- 남과 다툴 때 화를 내기 시작하면 그때는 벌써 진리를 위한 다툼이 아니라 자기 자신을 위한 다툼이 되고 만다.
- 남에게 설명하는 가운데 생각은 차츰 정리되고 뚜렷해지는 법이므로, 혼자서 고독 속에 깊이 생각하는 것보다 여러 사람과 이야기하는 것이 훨씬 나은 결과를 가져온다.
- 낯선 사람도 내가 먼저 말을 걸면 십년지기가 된다.
- 눈동자가 움직이는 대로 얼굴도 같이 움직여야 한다. 사람이 제일 싫어하는 것은 자신을 곁눈질하는 것이다.
- 다른 사람들이 우리에게 보이는 겉치레 말은 흔히 우리가 그들에게 한 겉치레말의 메아리이다.
- 다른 사람을 흉보면서 당신을 칭찬하는 사람의 말은 절대 귀담아 듣지 마라!
- 다양한 문화를 인정하면 대화는 저절로 잘 된다.
- 달변보다는 진실한 한마디가 더 감동을 준다.
- 대화 사이사이에 유머라는 이완상태를 집어넣는 것이 상대와 대화를 부드럽고 원활하게 풀어나가는 요령이다.
- 대화 시, 가급적 '예스!'라는 대답이 나오도록 질문을 하라. '노!'라는 대답은 신체의 각종 분비선, 신경, 근육 따위의 모든 조직이 일

제히 거부태세를 갖게 된다.

- 대화 시, 상대를 주제로 해야 한다. 자신을 화제로 삼으면 반드시 손해를 본다. 자책은 진실로 받아들여지고 자찬은 흘려듣는다.
- 대화 시, 상대의 눈높이를 맞추는 사람은 지식이 풍부한 사람이다.
- 대화가 상대방과 경험을 나누고 공유하는 것이 아니라 일방적인 고백이 되면, 그것은 듣는 사람을 고문하는 것이다.
- 대화는 말로 시작 되는 것이 아니라 두 사람 사이의 관계에서 시작 된다.
- 대화는 사상의 배출구일 뿐 아니라 성품의 배출구이다.
- 대화는 쌍방통행이다. 말할 기회를 줘야 한다.
- 대화는 합이 100이다. 말수를 줄이면 들어오는 것이 많다.
- 대화란 것은 가슴에서부터 우러나오지 않으면 자음과 모음의 조합일 뿐이다.
- 대화란 어느 한쪽이 억울하다는 생각이 들면 이뤄지지 않는다. 말을 독점하면 안 된다.
- 대화란 의견이 다르면서도 토론이 계속될 수 있음을 뜻한다.
- 대화란 이질적인 사고를 가진 사람과의 만남이다. 그리하여 생각하는 것이 같으면 안심하고 다르면 불안해하는 것이 인지상정이다.
- 대화를 잘하는 으뜸가는 비결은 다음 어떤 말이 나올지 아무도 알아차리지 못하게 만드는 것이다.
- 대화의 1, 2, 3 법칙. 그것은 1분 말하고, 2분 듣고, 3번 응수하는 것이다.
- 대화의 계기를 만드는 데는 유머는 거의 절대적이다.
- 대화의 시작은 호칭부터 시작해야 한다.
- 대화의 질서는 새치기 때문에 깨진다.
- 독불장군식의 말투는 인간관계를 망치는 첫 걸음이다.
- 둘이서 동시에 노래할 수는 있으나, 동시에 지껄일 수는 없다.
- 들을 준비가 전혀 되지 않은 사람에게 이야기하는 것은 혼자 떠드

는 것과 마찬가지다.
- 마음에서 나온 말이 마음으로 들어간다.
- 말은 가슴에 대고 하라!
- 맞장구는 반응하는 말을 자꾸 바꿔야 한다.
- 몇 번 만나 이야깃거리가 바닥나는 사람은 왕따 당한다.
- 모르는 것은 모른다고 말해야 인정받는다.
- 무엇을 말해야 좋을지를 아는 일은 대단한 일이다.
- 물고기는 언제나 입으로 낚인다. 인간도 역시 입 때문에 걸려든다.
- 별을 밤하늘에서 빼놓을 수 없듯이, 대화에 있어서도 유머를 빼놓을 수 없다.
- 보통 사람들은 다른 사람으로부터 지위, 일, 재산에 관한 이야기보다는 약간의 사생활을 밝히는 쪽에 친밀감을 느낀다.
- 사연을 듣기 전에 대답하는 자는 미련하여 욕을 당한다.
- 상대가 말하고 싶은 화제는 단 한 가지뿐이다. 그것은 단적으로 말해 자기 자신에 관한 것이다.
- 상대가 원하는 당근을 제공하라. 훌륭한 낚시꾼은 물고기처럼 생각하는 사람이다
- 상대를 설득시키고자 할 때는 상대에게 충분히 말하도록 하는 것이 좋다. 대개 성공한 사람들은 젊었을 때 그가 걸어온 가시밭길을 회상하는 것을 좋아한다.
- 상대방의 논리보다 감정을 이해해야 한다.
- 상대방의 말속에 거의 답이 들어있다.
- 상대방의 진가를 인정하라. 이것만으로도 소통이 된다.
- 상대방이 듣고 싶어 하는 말을 해주어라!
- 상대방이 못마땅할 때, 불평을 하는 대신에 대안을 제시하라!
- 상대의 말에 질문을 한다는 것은 경청의 표시이다.
- 성난 말에 성난 말로 대꾸하지 말 것. 말다툼은 언제나 두 번째의 성난 말 때문에 비롯된다.
- 슬픔은 남에게 터놓고 이야기함으로써 완전히 가시지는 않지만

누그러질 수 있다.

- 식사시간에 다른 오락거리를 끌어들여서는 안 된다. 식사시간에는 텔레비전을 보지 않는다. 식사시간은 가족들이 대화하는 소중한 시간이다.
- 아름다운 대화는 듣기에서 시작된다.
- 어린 자녀를 대화상대로 인정하라!
- 연장자와 이야기를 나누는 경우 자기가 알고 있는 지식을 과시하려고 한다거나 말을 앞질러 나가는 버릇은 상당히 무례한 행동이다.
- 영원한 사랑은 50년 남짓이다. 그래도 아날로그 식으로 '영원한 사랑'이라고 말해야 한다. '당신을 50년 동안만 사랑하겠소!'라고 디지털식으로 한다면…….
- 예절이 바르다는 것은 자기의 마음속에 있는 말 중에서 어떤 것을 선택해서 해야 할지를 아는 기술이다.
- 올바르게 칭찬해 주는 것이 비난하는 것보다 어렵다.
- 우둔한 사람들 앞에서 현명한 체 하는 것은 별로 도움이 안 된다. 그러니 누구에게나 그 사람의 맞는 언어로 이야기를 하라!
- 유쾌한 대화는 상처를 치유하는 마법의 샘물이다.
- '인격어'나 '인격문'이 많은 문장일수록 사람들에게 친근감을 주며 호소력이 있다.
- 입 두고 말하지 않는 것도 벙어리다.
- 자기 PR을 할 때는 약점을 먼저 말하고 장점을 말하는 기술이 필요하다. 사람들은 남의 약점을 들을 때 마음을 열기 때문이다. 그렇다고 약점을 강조할 필요는 없다. 가볍게 지나가는 식으로 말하고 약점을 통해 장점을 강조한다.
- 자기 좋은 대로 말하는 사람은, 자기가 좋아하지 않는 말을 듣게 된다.
- 자신이 잘 모르는 화제일지라도 상대의 이야기 중 일부만 반복해 보라. 그것만으로도 아주 적절한 맞장구가 될 것이다.

- 재치 있게 지껄일 수 있는 위트도 없고, 그렇다고 해서 침묵을 지킬 만큼의 분별력도 가지지 못한다는 것은 커다란 불행인 것이다.
- 적절한 비유로 대화를 윤택하게 시각적인 언어를 구사하라. 사람은 정보를 접했을 때 시각이 83%, 청각이 11%, 촉각이 3%, 미각이 2%, 후각이 1% 감지한다. 즉 설명이 아니라 묘사를 해야 한다. 평소 시각적인 언어를 사용하는 훈련을 꾸준히 하라!
- 조직구성원들에게 가장 인기 있는 사람은 바로 '말이 통하는' 사람이다. 의사소통이 가능한 리더는 조직을 성공으로 이끌 수 있다.
- 줄곧 깎고 있으면 칼날이 무디어진다. 줄곧 지껄이고 있으면 지혜도 무디어진다.
- 화가 난 윗사람 말을 맞받아치지 마라!

도구[道具] 일을 할 때 쓰는 연장을 통틀어 이르는 말.

- 가장 유용한 도구는 사람의 경험이다.
- 문자는 시공을 초월하는 소통 도구이다.
- 부는 사용하기 위한 도구에 불과하며, 숭배하기 위한 신이 아니다.
- 인간은 반드시 유형과 무형의 도구를 만들어 사용한다.
- 폭력은 어리석은 자들이 자신의 추종자들에게 강제로 일을 시키기 위한 도구에 지나지 않는다.

도덕[道德] 사회의 구성원들이 마땅히 지켜야 할 행동이나 규칙.

- 도덕성이 없는 열정은 성난 황소에 불과하다.
- 부도덕의 근원은 나만은 예외라고 생각하는 버릇이다.
- 세상의 도덕윤리가 타락할수록 천대받는 건 노인뿐이다.

도둑 남의 물건을 훔치거나 짓. 또는 그런 짓을 하는 사람.

● 게으름 속에는 가난이 도둑처럼 찾아온다.

● 꾸물대고 있는 것은 시간을 도둑맞는 일이다.

● 도둑맞으면 어미 품도 뒤져본다.

● 도둑을 잡으려면 도둑을 부려라!

● 좀 도둑은 만개의 자물쇠가 있으면, 만개의 열쇠를 필요로 한다.
  그러나 큰 도둑은 한 개의 열쇠로 만개의 자물쇠를 열 수 있다

● 호미 빌려간 놈이 감자 캐간다.

● 훔칠 기회가 없었던 도둑은 자신을 정직한 사람이라고 생각한다.

도망[逃亡] 피하거나 쫓기어 달아남.

● 도망칠 곳은 있어도 숨을 곳은 없다.

● 술이 들어가면 지혜는 도망친다.

● 죄를 범한 자는 아무도 쫓아오지 않는데도 도망친다.

도박[賭博] 돈이나 재물 따위를 걸고 서로 내기를 하는 일.

● 도박꾼은 결코 상대방이 기대하는 패를 내놓지 않는다.

● 도박은 자기의 주머니를 소매치기 하는 것이다.

● 도박은 확률적으로나 경험적으로나 도박판을 개설한 자만 유리
  한 약탈행위다. 그럼에도 사람들은 나만 예외라는 근거 없는 확신
  으로 불구덩이에 뛰어든다.

● 도박을 즐기는 모든 인간은, 불확실한 것을 얻기 위해서 확실한
  것을 걸고 내기를 한다.

● 도박이란 칼 대신 카드를 들고 남의 돈을 교묘히 빼앗아 가는 것
  이다.

● 사람은 자기 일이나 정치는 하찮게 여기지만 노름판은 결코 하찮

게 여기지 않는다.

도전[挑戰] 정면으로 맞서 싸움을 걺.

- 과감한 도전은 도박과 다르다. 과감하게 도전하되 도박은 절대 하지 마라!
- 땀 흘리지 않는 운동은 효과가 없으며 풀기 쉬운 문제는 도전할 의미가 없다.
- 모든 위대한 사업에도 최초에는 불가능한 일이라고 했던 것들이다.
- 불가능, 그것은 도전할 수 있는 가능성을 의미한다.
- 살아 있는 물고기는 물결을 타고 올라가고, 상한 물고기는 물결을 따라 내려간다.
- 실패한 사실이 부끄러운 것이 아니다. 도전하지 못한 비겁함은 더 큰 치욕이다.
- 아무런 장애도 없는 길이 있다면, 그 길은 틀림없이 아무 데로도 뚫리지 않은 길이다.
- 안전하기 위해 도전하라. 안전하기 위해 변화하라. 그렇지 않으면 낙오자가 된다.
- 자신에게 도전하라. 자신에게 명령하지 못하는 사람은 남의 명령을 들을 수밖에 없다.
- 자신의 통제범위 바깥에 있는 모험은 하지 말아야 한다. 도박과 도전은 다르다.
- 젊은이들은 타산적일 만큼 많이 알지 못한다. 그래서 젊은 세대는 노상 불가능한 일에 도전하며 그것을 이룩한다.
- 죽을 수는 있어도 질 수는 없다.
- 진정한 지도력은 사람들의 환심을 사는 데 있는 것이 아니라 그들에게 도전하도록 하는 데 있다.
- 현재의 능력보다 약간 높은 목표를 두어 그것에 도전하라. 각기

자기 능력 이상의 일을 맡게 되면 회사는 항상 현재보다 커질 준비가 되어 있는 셈이 된다. 설비만 확장한다고 참다운 발전을 이룰 수 있는 것은 아니다.

독립[獨立] 다른 것에 예속하거나 의존하지 아니하는 상태로 됨.

다
독립

- 가족 간의 위임은 자녀의 독립심을 길러준다.
- 남에게 의지하면 실망하는 수가 많다. 새는 자기의 날개로 날고 있다. 따라서 사람도 스스로 자기의 날개로 날아야 한다.
- 자녀들에게 독립해서 살아가는 법을 가르쳐주는 것이 부모들의 가장 중요한 과업이다.
- 작대기에 기댈망정 사람에겐 기대지 마라!

독서[讀書] 책을 읽음.

독서

- 독서가 정신에 미치는 영향은 운동이 육체에 미치는 영향과 다름 없다.
- 독서에서 중요한 것은 빨리 읽는 것이 아니라 읽지 않아도 좋은 것을 결정하는 일이다.
- 독서와 마음의 관계는 운동과 육체의 관계와 같다.
- 독서의 즐거움은 관능을 만족시키는 데 있는 게 아니라 지성을 만족 시키는 데 있다.
- 독서처럼 값싸고 영속적인 것은 없다.
- 무엇이든 하루에 다섯 시간 독서하라. 그러면 당신은 곧 박식하게 될 것이다.
- 사색 없는 독서는 소화되지 않는 음식을 먹는 것과 같다.
- 우리는 우리가 읽는 것으로 만들어 진다.
- 저자는 그의 전부를 책 한 권에 담는다. 그런 책을 읽는다는 것은 저자의 인생을 단돈 얼마에 통째로 사는 것과 마찬가지다. 미안하

기까지 하다…….

- 주머니에 돈을 넣는 것보다 머릿속에 생각을 넣는 것이 더 좋다.
- 책을 고를 때는 친구 고르듯 신중히 하라!
- 훌륭한 경영자로 알려진 사람들은 그 학력에 상관없이 비교적 열심히 책을 읽는 독서가이다.

돈 사물의 가치, 상품교환, 재산축적의 대상으로도 사용하는 물건.

- 가난한 자는 돈을 가질 수 없다고 불평하고, 부자는 돈을 지킬 수 없다고 불평한다.
- 가장 나쁜 돈은 쓰지 않는 돈이다.
- 가장 부유한 사람은 절약가이고, 가장 가난한 사람은 수전노이다.
- 같은 돈은 없다. 네 돈과 내 돈은 성질이 다르다.
- 거스름돈은 내 돈이 아니다. 정중하게 다루어라!
- 결국에 가서는, 볼일이 없고 영양가 없는 의리가 돈의 의리일 것이다.
- 남에게 돈을 주는 것을 보면 그 사람의 정신건강을 진단할 수 있다. 후한 사람 치고 정신질환이 있는 사람은 드물다.
- 남의 돈 천 냥보다 내 돈 한 냥이 낫다.
- 남편 주머닛돈은 내 돈이요, 아들 주머닛돈은 사돈 네 돈이다.
- 내 돈이 아니라고 생각하면 돈에 대한 개념이 무너지기 쉽다. 내 돈으로 밥을 먹을 때는 싼 것만을 찾지만, 회사에서 회식을 할 때는 비싼 것만을 고르는 것은 보면 안다.
- 내일 아침에 내가 아침 식사를 거르지 않아도 된다는 기대는, 빵을 굽는 사람의 자비 때문이 아니라 그의 금전욕 때문이다.
- 돈 많은 사람 많이 안다고 해서 내 주머니 두둑한 것 아니다.
- 돈 받고 집안일을 하는 여자는 가정부이고, 봉사로 일하는 여자는 아내이다.
- 돈 빌려달라는 것을 거절함으로써 친구를 잃는 일은 적지만, 반대

로 돈을 빌려줌으로써 친구를 잃는 일은 많다.

- 돈 없는 것과 사랑하는 것은 못 감춘다.
- 돈 있고 점심 굶으면 안 슬픈데, 돈 없고 점심 굶으면 서글프다. 뱃속으로 밥 안 들어가는 것은 마찬가진데…….
- 돈자랑은 결국에 가서 돈으로 살 수 있는 가장 비싼 것을 사게 된다.
- 돈과 명예와 쾌락을 사랑하는 사람은 인간을 사랑할 수 없다.
- 돈과 물건에 집착하면, 그 돈과 물건이 인간 존재보다 훨씬 중요한 것이 된다.
- 돈과 사랑은 사람을 철면피로 만든다.
- 돈과 시간은 인생에 있어서 가장 무거운 짐이다. 그리고 살아 있는 사람들 중에서 가장 불행한 사람은 돈과 시간을 사용할 줄 모르는 사람이다.
- 돈만큼 중요한 것은 없다. 그러나 동시에 이것만큼 인간을 비이성적으로 만드는 것은 없다. 따라서 돈은 운용할 자격이 있는 사람만이 가져야 한다.
- 돈에 관한 한 통제가 잘 안 된다. 없을 때는 정말 돈에 쪼들려서 쩔쩔 매다가 돈이 좀 생기면 곧 기분파가 되어 외식도 즐기고 선물도 잘한다.
- 돈에 대한 이야기, 돈에 대한 생각, 돈을 버는 방법들은 살아 갈 때뿐인 것이고 어느 시절에는 벗어두고 떠날 짐들이다.
- 돈에 대해 맺고 끊는 것이 분명하지 못하다는 것은 사회인으로서 실격이다. 일을 할 때 아무리 유능하다 하더라도 돈에 관해 분명치 못하면 신용을 얻을 수 없기 때문이다.
- 돈으로 산 충성심과 친절은 돈과 같이 사라진다.
- 돈으로 집은 사지만 행복은 못산다. 돈으로 지위는 사지만 명예는 못산다. 돈으로 시계는 사지만 시간은 못 산다. 돈으로 침대는 사지만 숙면은 못 산다. 돈으로 약은 사지만 건강은 못 산다. 돈으로 섹스는 사지만 사랑은 못 산다. 돈으로 책은 사지만 지식은 못 산다.

- 돈으로 해결되지 않는 문제가 별로 없다고 말하면 기발하기보다 불경스럽다.
- 돈은 또 하나의 에너지이다. 인간은 출산비용부터 장례비용까지 돈이라는 에너지를 쓴다.
- 돈은 말을 하는데 특히 '안녕히…….'라는 말을 자주 한다.
- 돈은 모든 일의 원동력이 되기도 하고 기회를 만들어 준다.
- 돈은 바닷물과 같다. 그것은 마시면 마실수록 갈증이 더 난다.
- 돈은 바르게 쓸 줄 아는 사람이 돈의 주인이다. 돈을 모을 줄밖에 모르는 사람은 돈지기이며, 돈을 사랑하는 사람은 그 하인이며, 돈을 숭배하는 사람은 그 노예이다.
- 돈은 벌기는 쉽다. 하지만 돈을 제대로 쓰기는 어렵다.
- 돈은 블랙홀과 같다. 영예도, 양심도, 의리도 다 그 속에 빠지고 만다.
- 돈은 비료와 같다. 뿌리면 도움이 되지만, 한 군데 쌓아 두면 지독한 냄새가 난다.
- 돈은 빌려 주지도 말고 빌리지도 마라. 빌린 사람은 기가 죽고, 빌려 준 사람도 자칫하면 그 본전은 물론 그 친구까지도 잃게 된다.
- 돈은 사람에게 주어진 다섯 가지 감각을 쓸 수 있는 여섯째 감각이다.
- 돈은 수치로 보지 말고 가치로 봐야 한다. 돈 몇 만원에 직장을 이리저리 옮기는 사람은 성공을 할 수 없다.
- 돈은 좋은 사람에게는 좋은 것을 가져오게 하고, 나쁜 사람에게는 나쁜 것을 가져오게 한다. 돈 그 자체가 인간성을 결정하지 않는다.
- 돈은 좋은 하인이지만, 섬기면 난폭한 폭군이 된다.
- 돈은 지금까지 어느 누구도 진정한 부자로 만들지 못했다.
- 돈은 지독한 주인이면서 우수한 종이다.
- 돈은 천하를 돌고 돈다. 다만 언제나 나를 피해 지나가는 것이 마음에 안 든다.

- 돈은 화장실과 닮았다. 더럽다고 알려진 점과 그러면서도 없이는 못 산다는 점에서 똑같다. 어차피 필요한 것이면 가까이 놓고 깨끗이 관리하는 것이 얼마나 현명한 일인가?
- 돈을 가장 잘 쓰는 것은 빚을 갚는 일이다.
- 돈을 가지고 노크를 하면 문은 저절로 열린다.
- 돈을 갖지 않고도 행복하게 지내는 것은, 돈을 버는 것과 같은 가치가 있다.
- 돈을 모으느라 자신의 인생을 파괴해서는 안 된다.
- 돈을 모을 때까지는 돈을 쓰지 마라. 이 마음가짐만 있으면 빚만은 피할 수가 있다.
- 돈을 버는 것은 계단을 올라가는 일과 같고, 돈을 쓰는 일은 엘리베이터를 타고 내려오는 일과 같다.
- 돈을 버는 것은 기술이고, 돈을 쓰는 것은 예술이다.
- 돈을 번다는 것은 매출을 올린다는 것과 비용을 적게 한다는 양면의 조절에 의해 달성된다.
- 돈을 벌고 나서 할 일은 한가지 밖에 없다. 돈을 쓰는 일이다.
- 돈을 벌려고 안달이 나야 돈을 번다.
- 돈을 빌려달라는 청을 거절함으로써 친구를 잃어버리는 일은 전혀 없겠지만, 반대로 돈을 빌려주면 흔히 친구를 잃기 쉽다.
- 돈을 빌려주고서 돌려받는 일은 과히 예술이 아닐 수 없다. 특히 이자가 높을수록 돌아올 확률은 더욱 적어진다.
- 돈을 빌리면 절약하는 마음은 무디어진다. 빚을 낼 정도로 곤궁하다고 해도 정작 빌릴 수가 없으면 그냥 견딜 수밖에 없다. 필사적으로 절약하면서 일도 하고 지혜도 짜내야 한다.
- 돈을 사랑하는 자는 성장하지 않는다.
- 돈을 잘 벌어도 재산이 모아지지 않는 것은 뒷박질하는 손이 크기 때문이다.
- 돈의 가치는 선택권을 갖는 것이다. 돈이 있는 사람은 선택의 자유를 누리지만 돈이 없으면 선택권이 좁아진다.

- 돈의 가치를 알아보고 싶거든 남에게 돈을 꾸어 달라고 요청해 보아라!
- 돈이 공격할 수 없을 만큼 강한 요새는 거의 없다.
- 돈이 당신을 대부호로 만드는 것은 아니다. 왜냐하면 건강이니 행복이니 안전이니 하는 것은 돈으로 살 수 없기 때문이다. 대부호는 행복한 사람들을 말하는 것이다.
- 돈이 돈을 낳는다. 사람이 사람을 낳고, 개가 강아지를 낳듯이……. 돈을 벌고 싶으면 돈을 쓰지 말아야 한다. 사업에 투자하려고 해도, 시설을 만들어 거기에서 보다 많은 수익을 올리려고 해도 먼저 돈이 있어야 한다.
- 돈이 많아 원하는 물건을 뭐든 살 수 있다면 좋지만, 어쩌다 한번은 돈으로 살 수 없는 것을 잃어버리지 않았는지 점검할 필요가 있다.
- 돈이 말을 할 때 진리는 침묵을 지킨다.
- 돈이 모이는 장소는 사람이 모이는 곳이고, 사람이 많이 모이면 땅값이 비싸진다.
- 돈이 부족하다는 것을 부끄러워 말고, 돈만 남겨 놓고 죽는 어리석은 부자가 되지 말아야 한다.
- 돈이 없는 것은 슬픈 일이다. 하지만 돈이 남아도는 것은 두 배로 슬픈 일이다. 여건이 충분한데도 아까워서 쓰지 못했다면, 그 것은 더욱 슬픈 일이다. 돈에 집착하면 돈을 잃어버리고, 사람에 집착하면 사람을 잃어버리기 쉬운 게 인생이다.
- 돈이 유일한 목표라면, 결코 장기적인 삶의 성공을 거둘 수 없다.
- 돈이 있어도 처녀 불알을 못산다. 돈이 전부라는 생각은 버려야 한다.
- 돈이 있으면 걱정이 되고, 돈이 없으면 슬퍼진다.
- 돈이 있으면 재앙이 있다. 그러나 돈이 아주 없으면 최대의 재앙이 온다.
- 돈이 좀 있는 사람들은 인생에서 가장 중요한 것은 사랑이라고 말

한다. 그러나 가난한 사람들은 인생에서 가장 중요한 것이 돈임을 아주 잘 알고 있다.

- 돈이 지나치게 많으면 젊은 사람을 망친다.
- 돈이란 벌기 힘들며, 가지고 있긴 더욱 힘들고, 현명하게 쓰기는 정말로 힘들다.
- 돈이란 빌릴 때는 신 같고 돌려줄 때는 악마 같은 것이다.
- 돈이란 선인에게는 좋은 것을, 악인에게는 나쁜 것을 안겨준다.
- 돈이란 악함도 저주도 아니며, 인간을 축복하는 것이다.
- 돈이란 인정 없는 주인이기도 하지만, 반면 유익한 심부름꾼일 수도 있다.
- 돈이란 훌륭한 하인이기도 하지만, 나쁜 주인이기도 하다.
- 돈이면 뭐든지 다 된다고 말하는 사람은 틀림없이 돈이 없는 사람이다.
- 두툼한 지갑은 그다지 훌륭한 것이 못된다. 그러나 빈 지갑은 나쁘다.
- 두툼한 지갑은 마음을 가볍게 한다.
- 땀 흘려 번 돈이 인생을 살찌운다.
- 마음에서 돈을 벌어야 한다고 생각은 항상 하지만, 막연히 돈벌이할 길이 없을까 하고 기웃거렸을 뿐이다.
- 만일 선한 사마리아 사람이 선한 생각만 가졌다면, 그를 별로 기억치 못할 것이다. 그는 돈도 가지고 있었다.
- 모든 것을 감안할 때 돈이란 벌기보다 지키기가 더 어렵다.
- 모로 가도 서울 가면 된다는 잘못된 말이다. 돈 벌 때도 정당해야 하고, 쓸 때에는 더욱 현명하게 써야 마음과 영혼이 평화롭게 된다.
- 목돈이 손에 잡히면 인간성의 본질이 유리알처럼 드러난다.
- 몸은 형제라도 돈은 형제가 안 된다.
- 무거운 돈지갑을 무겁다고 생각하는 사람은 아무도 없다.
- 백 달러를 백십 달러로 만들기 위해서는 일을 해야 한다. 그러나 1

억 달러를 1억 1천 달러로 만드는 일은 저절로 되는 것이다.
- 백짓장은 맞들면 가볍지만, 돈은 맞들면 싸움 난다.
- 벌 수 있는 데까지 벌고, 저축할 수 있는 데까지 저축하고, 줄 수 있는 데까지 주자!
- 부유하니 교만하고, 가난하니 아부한다.
- 부유해도 가난을 잊지 마라!
- 부자는 돈 쓰는 맛에 살고, 가난한 사람은 돈 모으는 맛에 산다.
- 부자를 칭송하는 사람은, 그 부자보다는 돈을 칭송하는 것이다.
- 사람에게는 이렇게 하고 싶다 또는 저렇게 하고 싶다는 욕망이 있다. 그 욕망이 호주머니 사정과 맞아떨어질 때 비로소 행동이 발생한다.
- 사람으로서 돈이 없는 것은 새에 날개가 없는 것과 같다.
- 사람을 상처 입히는 것이 세 개 있다. 번민, 말다툼, 텅 빈 지갑. 그 중에서 사람을 가장 크게 상처 입히는 것은 텅 빈 지갑이다.
- 사람의 일생은 시간과 돈을 쓰는 방법에 의하여 결정된다.
- 사람이 돈으로 모든 것을 할 수 있는 것은 아니지만 많은 부분이 해결된다.
- 사람이 돈을 다루는 것은 자기의 인격에 대한 최종적인 시험이다. 그러므로 그는 돈을 어떻게 벌어서 어떻게 써야할지를 알아야 한다.
- 사람이 돈을 쫓아가면 '돈독 오른 사람'이 되고, 소유하면 '자본가'가 된다.
- 사람이 사람답게 살기 어려운 세상에서 돈이 어찌 돈답게 살아갈 수 있겠습니까?
- 세 가지 충실한 벗이 있는데, 그것은 조강지처, 함께 늙은 개, 그리고 현금이다.
- 악의 근원을 이루는 것은 돈 바로 그것이 아니라 돈에 대한 애착인 것이다.
- 우리 사회는 아직까지도 돈 얘기는 뭔가 치사하고, 공공연하게 하

면 안 된다고 생각한다. 더군다나 아이 앞에서 돈 얘기를 한다는 것은 더욱 터부시 되고 있다. 그 결과, 아이들의 마음속에는 돈이라는 존재가 희박해지고 돈의 본질을 이해하지 못한다.

- 은행의 돈은 치약을 짜는 것과 같다. 나오긴 쉽고 집어넣긴 힘들다.
- 이상스러운 것은 어떤 물건이나 돈으로 묶으면 잘 묶인다는 것이다.
- 이유 없는 돈을 받으면 화를 당한다.
- 이자가 높을수록 원금이 돌아오기는 어렵다.
- 인류에 있어서 어떤 정연한 논리보다 돈이 가장 강한 설득력이 있다.
- 인생에서 가장 중요한 것 가운데는 큰돈이 필요치 않는 것이 많다.
- 인생에서 가장 중요한 것이 돈 있는 사람은 사랑이나, 가난한 사람들은 돈이다.
- 자신의 포켓 속의 잔돈은 남의 포켓이 큰 돈 보다도 크다.
- 잔돈푼 턱턱 쓰면 잔돈푼에 울게 된다.
- 재물은 많은 벗이 모이게 하고, 가난한 자는 그 벗이 멀어진다.
- 재산은 그것을 가지고 있는 사람의 것이 아니고, 그것을 즐기는 사람의 것이다.
- 재산은 현명한 사람에게는 종이 되고, 어리석은 사람에게는 주인이 된다.
- 재산이 많은 사람이 그 재산을 자랑하고 있더라도, 그 돈을 어떻게 쓰는지 알 수 있을 때까지는 그를 칭찬하지 마라!
- 적을 만들고 싶거든 돈을 빌려주고, 가끔 재촉하는 것이 좋다.
- 적정 임금이란 당신이 그것을 주는 사람이냐 받는 사람이냐에 따라 달라진다.
- 정보와 돈은 조국을 모른다.
- 조개 입는 칼로 열고, 변호사의 입은 돈으로 연다.
- 죽을 때 후회하지 말고, 가진 돈 몽땅 쓰자. 단 멋있고 가치 있게…….

- 중년이 되어서도 가난한 것은 불행이다. 젊음은 원인이며, 중년은 결과이기 때문이다. 돈은 부족하지 않은 정도가 가장 좋다.
- 지갑이 가벼우면 마음이 무겁다.
- 친구 사이에는 채권자도 채무자도 되지 마라. 돈은 종종 돈과 함께 친구를 잃게 한다.
- 친구를 잃어버리는 것은 돈을 빌려주지 않아서가 아니라 돈을 빌려주어서 잃는다.
- 친구에게서 돈을 빌리거나 꾸어줄 때, 친구와 돈 중 어느 것이 더 중요한지를 생각하라!
- 하고 싶지 않은 일을 하지 않아도 될 만큼, 여유 돈이 있어야 인생은 피크닉이다.
- 해외여행 시, 국제적 언어는 영어가 아니고 돈이다.
- 형제 사이도 돈에 있어서는 남이다.
- 황금의 사슬은 쇠사슬보다 강하다.
- 황금의 열쇠로 안 열리는 것은 거의 없다.
- 황금이 말하면 모든 혀는 조용해진다.
- 황금이 말하면 진실은 입을 다문다.

동기[動機] 어떤 일이나 행동을 일으키게 하는 계기.

- 동기가 결백하다면 두려울 것이 없다.
- 성취동기가 너무 강한 사람은 주변사람들에게 피해를 주거나 힘들게 한다.
- 인생은 스쳐지나가는 사람의 말 한 마디에 의해서 크게 달라지는 법이다.

두뇌[頭腦] 중추 신경 계통 가운데 머리뼈 안에 있는 부분.

- 능률이 좋다. 활동적이다. 하는 것은 몸을 부지런히 움직이는 것

만으로 이루어지는 것은 아니다. 중요한 것은 머리의 회전이며 신경의 예민성이다.

- 비즈니스에서는 두뇌의 힘이 근육의 힘보다 더 강해야 한다.
- 예민한 두뇌와 근면한 손만 있으면 도처에 황금이 있다.
- 유머는 인간 두뇌의 가장 뛰어난 활동이다.

두려움 두려운 느낌.

- 당신이 두려워하고 있는 일을 실천하라. 그러면 그 두려움이 사라질 것이다.
- 두려움 때문에 갖는 존경심만큼 비열한 것은 없다.
- 두려움보다 더 두려워할 것은 없다.
- 두려움에서 미움에 이르는 길은 매우 짧다.
- 두려움은 언제나 무지에서 샘솟는다.
- 목표가 없는 자는 실패의 두려움도 없다.
- 무식한 자는 아무 것도 두려운 것을 모른다.
- 집요한 것은 피해자가 아니라 가해자다. 왜냐하면 보복 당할 두려움이 있으니까……. 삼대를 뿌리 뽑아 후환을 없애려는 집념, 바로 가해자들의 습성이다.
- 희망이란 두려움을 대신하는 완곡한 표현이다.

뜻 무엇을 하겠다고 속으로 먹는 마음.

- 내가 하고 있는 일이 하찮아서 뜻을 펼칠 수 없는 것이 아니라, 내가 보잘 것 없는 뜻을 가졌기 때문에 지금의 일이 하찮게 보이는 것이다.
- 뜻을 세우는데 너무 늦었다는 법은 없다
- 소년이 아니라도 좋다. 큰 뜻을 품어라!

MEMO

라이벌이 있음을 고맙게
여겨라! 그로인해 나의
칼이 녹슬지 않는다!

● 멘트와 카피

멘트(Ment)와 카피(Copy-광고)는 모두 언어형식을 갖고 있는데, 사람의 언어는 양방통행의 언어와 일방통행의 언어가 있다.

양방통행의 언어는, 대화(對話)를 통해 서로의 생각과 입장을 정리하고, 공감대를 형성하기도 하고 때로는 수다를 통해 스트레스도 푼다.

일방통행의 언어는, 발표식의 담화(談話)와 상명하복(上命下服)식의 명령이 있다.

멘트와 카피는 양방통행의 언어와 일방통행의 언어 중간에 있다. 그 이유는 일방통행의 형식을 갖추었으나, 상대(소비자)의 반응을 꼼꼼히 따져가며 말을 해야 하기 때문이다.

멘트와 카피의 공통점은 언어를 다듬고 공을 들인다는 것이지만, 차이점은 다듬어지고 공을 들인 멘트를 상업적(商業的)으로 쓰게 되면 카피가 된다는 것이다.

라이벌[rival]　이기거나 앞서려고 서로 겨루는 맞수.

- 라이벌이 있음을 고맙게 여겨라. 그로인해 나의 칼이 녹슬지 않으니까…….
- 상어보다 더 수영을 잘할 필요는 없다. 경쟁자보다 잘만 하면 된다.
- 상품을 파는데 있어서 최대의 라이벌은 무엇일까? 그것은 타 회사가 아닌 바로 시대의 변화이다.
- 새로운 사업을 시작할 때는 항상 경쟁 상대가 나오더라도 버티어 나갈 수가 있겠는가 여부를 생각하면서 일에 착수해야 한다.
- 수산물 운반 차량에 문어 1마리를 넣으면 활어의 생존율을 높일 수 있다. 이는 천적을 이용한 고기들의 긴장상태는 생명력을 키워준다. 적당한 스트레스와 긴장은 건강에 도움을 준다. 라이벌도 자기발전에 기여한다.
- 진정한 라이벌은 자기 자신임을 잊지 마라. 무슨 일이든 자신의 생각에 따라 이길 수도 질 수도 있는 것이다.
- 화장지 제조사의 경쟁상대는 유사업종이 아니라 비데회사이다. 질레트의 경쟁사는 제모제 판매회사이고, 코닥은 디지털 카메라, 나이키는 닌텐도이다. 따라서 새로운 점을 찾아 새로운 싸움의 방법을 찾아야 한다.

리더[leader]　조직이나 단체에서 전체를 이끌어 가는 위치에 있는 사람.

- 리더는 부하의 잠재력을 키우고 같이 성장한다.
- 스스로 불타지 않으면 다른 사람에게 불을 붙일 수 없다. 리더에겐 그 누구보다도 회사를 사랑하는 불타는 신념이 있어야 한다. 그렇지 않으면 대상들은 제대로 따라오지 않는다.
- 예측결과가 5% 이상 차이가 나면 리더로서의 자격이 없는 것이다.

리더십[leadership] 무리를 다스리거나 이끌어 가는 지도자로서의 능력.

- 1리터의 물보다도 한 방울의 꿀이 더 많은 파리를 잡게 한다.
- 가진 것을 깡그리 빼앗아 버렸을 때는, 그 사람을 더 이상 다스릴 수가 없다. 그는 자유민이기 때문이다.
- 각각의 약점을 찾아내는 것이 사람들의 의지를 조정하거나 격려하는 방법이다.
- 감독이란 다른 사람의 홈런으로 돈을 버는 직업이다.
- 거북이는 여하한 강압적인 방법으로도 목을 밖으로 끌어낼 수는 없다. 그러나 거북이를 불 가까이 놓으면 온 몸의 따뜻함에 스스로 머리를 내놓는다.
- 공은 부하에게 양보하고 책임은 자기가 맡는 것이 상사가 취할 양심이다.
- 관리는 남의 노력에 의해서 성과를 낳게 한다는 책무가 있다.
- 기자가 독일 히틀러에게 청중을 이끈 마력을 묻자 그의 세 가지 비결은, "단순하게 하라, 자주 말하라, 그것으로 불태우라!"고 답했다.
- 끊임없이 비전을 주지 않으면 100미터 달리기식의 인생마라톤을 견뎌내기 힘들다.
- 나를 돕는 사람들의 성공이 나의 성공의 연료이다.
- 남의 지식이라든가 아이디어에 관심을 갖지 않게 되면 지도자로서의 수명이란 장래가 뻔하다.
- 당신이 만약 지도자라면 당신의 승리는 당신 팀의 승리라는 결과를 통해서만 올 것이다.
- 돈에 낭비가 없는 간부는 안심은 되지만, 재미있는 맛이 없다는 불만이 있다.
- 리더가 된다는 것은 영향력을 미치는 사람이 되는 것을 의미한다.
- 리더가 부하에게 호소할 때는 정직하게 그리고 진심으로 호소해야 하며, 성공했을 때에는 진심으로 감사해야 한다.

- 리더나 지휘자가 간곡한 부탁을 하면 신임을 잃는다. 리더는 반 강제 반 독재적인 것이 효과적일 때가 많다.
- 리더는 문제를 해결하는 사람이 아니라 문제를 부여하는 사람이다.
- 리더는 스스로가 뛰어나다는 점을 굳이 입증하려 할 필요가 없다. 출중한 부하들에게 능력을 마음껏 펼칠 수 있도록 기회만 만들어 주면 된다. 유능한 부하들과 일한다는 것 자체가 뛰어난 리더라는 점을 증명한다.
- 리더라면 부하를 믿어야 한다. 믿으면 일단 맡겨야 한다.
- 리더로서 이룰 수 있는 가장 큰 성취는 팀원들의 존경과 신뢰를 얻는 것이다.
- 리더십에는 정답이 없다.
- 리더십은 말만 해서는 제대로 발현되지 않는다. 태도와 행동으로 발현된다.
- 리더십은 상사가 부하의 능력을 끄집어내는 것이다.
- 리더십은 소통을 하는 것이지 호통을 치는 게 아니다.
- 리더십이란 모범을 보이는 것이다.
- 리더십이란 여러 멤버들의 에너지를 한 방향으로 집중시키는 힘이다.
- 망나니는 망나니를 통제하는 직위를 주라!
- 멍청한 중역들이란 자기주장이 설득력을 갖게 하기보다는 목소리를 높이는 데 더 많은 에너지를 소비하는 사람이다.
- 부하를 신뢰하고 쓸데없이 간섭하지 마라!
- 부하에게 너무 많은 서류를 무리하게 요구해서, 업무를 시작하기도 전에 의욕을 꺾어 버리는 일은 없는가? 너무 많은 회의를 열고, 회의석상에서 결정된 일은 회의가 끝남과 동시에 무위로 돌아가게 하지는 않는가? 너무 많은 모임에 가입되어 재충전할 시간을 허비하지 않는가?
- 부하의 결점을 꼬치꼬치 캐는 간부는 아마추어. 남의 결점을 캐기

시작하면 한이 없고, 반대로 장점을 캐기 시작해도 한이 없다.

- 부하의 공을 마치 자신의 것인 양 가로채는 상사, 실수를 절대로 감싸주지 않는 상사 밑에는 좋은 부하가 모이지 않는다. 어떤 일이 생겼을 때, 부하를 위해 책임지는 상사가 진정으로 능력 있는 상사이다.

- 부하의 능력을 신뢰하고 그 능력을 적절하게 활용할 수 있는 상사, 그가 바로 능력 있는 상사이다. 그런 상사라면 부하 직원은 목숨까지 바칠 각오로 일할 것이다

- 부하직원들을 인간적으로 대우하라 그러면 회사는 저절로 굴러갈 것이다.

- 부하직원을 나보다 못한 사람으로 취급하지 마라!

- 부하직원의 성공에 늘 관심을 가져라. 그러면 당신도 따라서 성공하게 될 것이다.

- 부하직원이 허가 없이 자기를 건너뛰었다고 모욕을 느끼는 중간관리자가 있다면, 그런 사람은 즉시 위아래 모두에게서 존경을 상실하게 될 것이다.

- 사람들이 그들의 가장 바람직한 모습이 될 수 있도록 도와주어라. 그리고 그들이 이미 가장 바람직한 모습이 된 것처럼 대하라!

- 사람은 10명 정도는 누구나 통솔할 수가 있다. 그러나 인원이 100명 정도 되면 침식을 같이 하면서 직접지도, 격려하지 않는 한 물리적으로 불가능하다. 그러므로 이럴 때는 자기의 분신을 만들어야 한다. 자기의 신념에 공감하여 같은 사업목표를 향하여 매진하고 노력하는 사람이 필요하기 때문이다.

- 사람은 행복할 때(즐거울 때) 더 능률적이다.

- 사람을 소중히 여기는 조직은 강한 경쟁력을 가진다.

- 사람을 의심하려거든 쓰지 말고, 사람을 쓰면 의심하지 마라!

- 사자가 이끄는 토끼부대가, 토끼가 이끄는 사자부대를 이길 수 있다.

- 아랫사람들이 할 수 있는 결정을 당신이 자신이 하지 마라!

- 어떤 리더십이 옳은 것인지에 대한 정답은 없다. 회사마다 처한

상황이 다르기 때문에 가장 좋은 리더십 형태는 없고 다만 자사에 맞는 리더십을 개발하는 것이 중요하다.

- 열등감이나 무능함을 자극하지 마라. 상대방의 단점보다는 장점을 부각하라!
- 열정은 전염병이다. 리더 스스로가 불타고 있어야 상대를 불지를 수 있다.
- 위엄을 너무 내세우면 부하가 실력을 발휘하지 못하고, 위엄이 너무 적으면 부하를 통솔하지 못한다.
- 일을 주고 월급을 준다는 오만함. 이런 인식과 태도는 저소득사회에서만 통용되는 것이다.
- 장사꾼이 아닌 참된 지도자 상을 갖고 있어야 한다.
- 적절한 지시를 내리지 못하면 리더가 아니다.
- 좋은 경영자란 자신의 경력을 염려하는 사람이 아니다. 오히려 부하의 경력에 더욱 신경을 쓰는 사람이다.
- 좋은 차일수록 브레이크가 좋다. 좋은 리더일수록 자기 컨트롤을 잘 한다.
- 지도자는 남으로 하여금 일을 할 기분이 되도록 해 주어야 한다.
- 지도자는 장애물을 치워주고, 지침과 방향을 제시하며, 정서적인 온도조절 장치를 설치한다. 지도자는 사람들이 최대한 능력을 발휘하도록 돕는다.
- 지도자는 진실을 말해주는 사람이어야 한다.
- 진정한 리더는 비전을 창조하고 모범을 보이며 다른 이들이 목표를 성취하도록 권한을 부여하는 사람이다.
- 진정한 리더십은 리더가 자리에 없을 때 발휘된다.
- 진정한 지도력은 사람들의 환심을 사는 데 있는 것이 아니라 그들에게 도전하도록 하는 데 있다.
- 통제력(타율)을 리더십(자율)으로 착각하지 마라!
- 포용력을 갖춘 리더로 거듭나면 사람들이 모여든다.
- 학식이 있는 것과 리더십은 별개의 것이다.

마케팅은 결국 품질 경쟁이다!

● 멘트 전 준비

웃고 죽은 돼지가 5,000원 더 비싸다?

말하는 사람의 표정은, 내용보다 9배 더 중요하다?

말하는 사람의 정확한 발음은 멘트의 전부이다?

위의 3가지 물음에 긍정을 하는 사람은, 이미 훌륭한 스피커(Speaker)이다.

표정관리는 꾸준히 노력해야 하지만, 정확한 발음을 위해서는 안면근육 80개를 유연하게 해주면 바로 해결 된다.

목소리를 아무리 크게 하여 외친다고 해도, 발음이 정확하지 않다면 소음에 불과하다.

멘트 전, 나무젓가락이나 볼펜을 어금니 깊숙이 밀어 넣어 가볍게 깨문 다음에 좋아하는 시나 즐겨 부르는 노래를 읊거나 불러본다. 3번 정도 반복하고 나면 본인도 감동할 정도로 작지만 또렷하게 멀리까지 의사전달이 된다.

생각만 하고 있는 것과 실제로 해보는 것은 차이가 매우 크다.

마음[우리말] 사람이 본래부터 지닌 성격이나 품성

- 가장 고약한 감옥은 닫힌 마음이다.
- 과거는 어쩔 수 없다. 문제는 이제부터다. 우리가 통제할 수 있는 시간은 현재와 미래다. 어떻게 만들어 갈 것인가는 전적으로 자신에게 달려있다. 생각보다 훨씬 긴 시간이 남아있다. 모든 것은 마음먹기에 달려있다.
- 내 마음이 고약하면 남의 말이 고약하게 들린다.
- 넘겨짚으면 듣는 사람 마음의 빗장이 잠긴다.
- 눈에서 멀어지면 마음에서도 멀어지는 법이다.
- 대부분의 사람들은 자기가 마음먹은 만큼 행복하다.
- 두 마음으론 한 사람도 얻지 못하나, 한 마음으로는 백 사람을 얻을 수 도 있다.
- 마음가짐을 바꿀 수 있다면 세상 모든 것을 바꿀 수 있다.
- 마음에 없으면 보아도 안보이고, 들어도 들리지 않는다.
- 마음은 자기 마음을 다스리지 않는 자에게 적과 같이 행동한다.
- 마음은 천국을 만들 수도 있고 지옥을 만들 수도 있다.
- 마음은 팔수도, 살 수도 없는 것이지만 줄 수 있는 보물이다.
- 마음을 분산 시키는 것을 끊어라. 두 가지 일을 함께 하면 주의력이 떨어진다.
- 마음을 수양하는 데는 욕심을 적게 함보다 더 좋은 방법은 없다.
- 마음의 무게를 가볍게 하라. 마음이 무거우면 세상이 무겁다.
- 마음이 맞으면 삶은 도토리 한 알을 가지고도 허기를 면할 수 있다.
- 마음이 변하면 태도가 변한다. 태도가 변하면 습관이 변한다. 습관이 변하면 인격이 변한다. 인격이 변하면 인생이 변한다.
- 마음이 유쾌하면 종일 걸을 수 있고, 괴로움이 있으면 십리 길에도 지친다.
- 마음이 작은 사람에게는 큰마음이 들어갈 자리가 없다.
- 마음이 즐거우면 발도 가볍다.

- 말이 통하면 마음도 통한다.
- 미(美)는 눈을 즐겁게 해주지만 고운 마음씨는 영혼을 매혹시킨다.
- 바닷물이 마르면 마침내 그 밑을 볼 수 있으나, 사람은 죽어도 그 마음은 알지 못한다.
- 사람은 안심 속에서 마음을 연다.
- 사람을 침묵시켰다고 해서 그의 마음을 변화시킨 것은 아니다.
- 사람의 마음도 아이스크림 같아서 너무 기다리게 하면 녹아버린다.
- 선한 마음은 모든 음식에 들어가는 양념과 같다. 아무리 훌륭한 성품도 선한 마음이 없으면 가치가 없다.
- 신은 인간의 마음을 먼저 보고, 그 다음 그의 두뇌를 본다.
- 외모로 사람의 마음은 끌어들일 수 있지만, 마음을 붙잡아 두는 것은 우리의 내면이다.
- 웃음이 가면 마음도 같이 간다.

마지막 날

- 하루하루를 자기 인생의 마지막 날같이 살아라. 언젠가는 그 날들 가운데 진짜 마지막 날이 있을 테니까…….

마케팅[marketing] 제품을 생산자에게서 소비자로 이전하기 위한 기획 활동.

- 결국 판매량은 재구매자 수에 의해 결정된다.
- 고객 만족은 궁극적으로 매출 증대, 비용 감소를 위한 경영 기법 중 하나이다.
- 고객 만족의 첫걸음은 고객에 대한 관심이다.
- 고객에게서 불만의 편지를 한 통 받을 때마다 편지를 쓰지 않은 고객이 스무 명은 더 있다고 생각하라!

- 고객은 기대하지 않은 서비스에 감동한다. 왜냐하면 인간은 뿌리지 않은 것까지도 가져가려 하기 때문이다.
- 고객은 무조건 옳다. 그러나 무식한 고객은 가르쳐라!
- 고객은 북적대는 가게를 좋아한다.
- 고객은 웃고 싶어 하고, 유머는 고객의 주의를 끈다. 유머를 활용하면 관심을 끌 수 있다.
- 고객은 제자리에 머물지 않는다. 항상 움직이며 마음은 수시로 변한다. 흐름의 맥을 잡는 것이 성공의 지름길이다. 일시적 유행보다는 깊은 흐름의 줄기trend를 잡는 마케팅이 성공한다.
- 고객은 판매원이 접근하지 않는 가게를 선호한다. 구입결정에 압박을 안 받으니까…….
- 고객을 대할 때는 무슨 말을 어떻게 하건 일관성이 있어야 한다. 그러므로 정직하게 대하는 게 더 쉽고 더 현명한 방법이다.
- 고객을 웃길 수 있으면, 그 고객의 지갑을 열 수 있다.
- 고객을 쥐고 있어야지, 제품을 쥐고 있으면 죽는다. 고객을 알아야 한다.
- 고객이 물건을 샀다는 것은 우리에게 자신의 노력과 수입을 던졌다는 것이다. 단골을 등한시 하는 습성을 버려라. 새로운 것만 찾아가면 안 된다.
- 광고는 적어도 만드는 제품만큼 좋아야 한다.
- 광고를 하지 않고 비즈니스를 하는 것은 어둠 속에서 예쁜 여자에게 윙크를 하는 것이다.
- 광고를 할 만한 제품만 광고해야 한다.
- 국내 다국적 기업의 가장 큰 고민이 유통이다. 유통 조직이 없는 기업은 자칫 종이호랑이가 되기 쉽다.
- 기업을 움직이는 것은 결국 전략이다. 그 중에서도 마케팅 전략이 21세기 첨단 기업의 미래를 움직이게 될 것이다.
- 단골 고객은 고객 만족을 외친다고 만들어지는 것이 아니다. 친절하다고 해서 고객이 감동받지 않는다.

- 단골은 신규 고객보다 10배 더 소중한 손님이다.
- 데일 카네기는 딸기와 크림을 좋아 하지만, 낚시를 가면 딸기를 미끼로 쓰지 않는다.
- 마케팅에서 중요한 것은 가격price이 아니라 비용cost이다.
- 마케팅은 결국 품질 경쟁이다.
- 마케팅은 종합 학문과 같은 것이기 때문에 전공을 가릴 필요가 없다.
- 마케팅은 책이 아니라 사람과 사람의 관계 속에 있다.
- 마케팅은 판매자 위주가 아니라 소비자 위주이다.
- 마케팅의 핵심은 소비자를 이끄는 것이다.
- 만드는 사람이 진실 되고, 제품이 진실 되고, 마케팅이 진실 되면 굳이 광고를 하지 않아도 성공할 수 있다.
- 만족했던 고객은 세 사람에게 얘기하고, 불만을 품은 고객은 열 사람에게 말한다.
- 매출 증대, 비용 감소가 되지 않는 고객 만족은 의미가 없다.
- 모든 고객은 차별적 대우를 원한다.
- 무엇을 팔던 간에 우선 질이나 가치성을 말하고 그 다음에 가격을 말하라!
- 물건을 열심히 내다 파는 것은 마케팅이 아니다. 이렇게 생각하면 마케팅을 그저 물질적인 프로세스로만 여기게 된다.
- 물건을 잘 파는 사람을 잘 관찰해 보면 무엇이건 잘 판다는 것이 아니라 무엇이 잘 팔리는가를 잘 터득하고 있다.
- 물건이 저절로 팔려나가도록 하는 것이 마케팅이다. 따라서 소비자 연구가 중심이 된다.
- 사람들은 물건을 구입하는 것이 아니라 그 물건이 제공해주는 서비스를 구입하는 것이다.
- 사람들의 요구를 뒤쫓아 가기만 해서는 히트 상품을 만들어내기가 어렵다. 지금은 소비자의 감성을 재빨리 파악하여, 그것을 자기 자신의 감성을 바탕으로 소비자가 깜짝 놀랄 수 있는 상품과 점포를 만들어야 한다.

- 사람을 게으르게 해줄 수 있는 모든 것은 상품이 되고 팔려나간다.
- 사람이 무엇에 가치를 두는지 알면 그 때부터 소비자를 이해할 수 있다.
- 상대의 필요를 알아야 거래가 생긴다.
- 새로운 기술력을 가진 경쟁 제품이 나올 때까지 고가격 전략을 유지하는 것이 이윤 증대의 길이다.
- 세계적 기업들은 국적을 정하기가 힘들다. 그 회사들은 자국 깃발이 아니라 고객들의 깃발을 날리고 있기 때문이다.
- 세계적인 브랜드는 백년 이상의 역사를 갖고 있다. 브랜드는 쉽게 만들고 쉽게 버리는 것이 아니다. 브랜드는 자식과 같은 것이다.
- 신세대의 평가기준은 '좋다, 나쁘다'가 아니고 '좋다, 싫다'라는 감성적 개념이다.
- 앞으로 마케팅은 '얼마나 팔릴 것인가?'가 아니라 '왜 팔렸을까? 무엇이 팔릴 것인가?'에 있다.
- 애국심에 호소하는 마케팅은 너무 쉽게 먹으려는 안이한 발상이다. 제품보다는 애국심이 광고의 주제가 되어 고객에게 진정으로 전하려는 메시지의 초점이 흐려질 수 있다.
- 애매모호한 내용이나 실생활과 거리가 먼 경험, 현실과 동떨어진 광범위한 내용은 버려라!
- 외관은 품격을, 기능은 만족을 준다.
- 우수한 마케팅 부서를 만들자면 첫째로 유능한 마케터가 있어야 한다. 대학에서의 전공은 별로 중요하지 않다.
- 이윤은 기업 내부에서는 생겨나지 않는다. 외부의 고객과 시장에서 생긴다.
- 이제 상대를 따라잡기 위해 벤치마킹을 하는 시대는 끝났다. 완전히 새롭고 유일한 것, 전폭적인 것만이 살아남는다.
- 제품이나 이름을 붙일 때 소비자들이 발음하기 어려운 제품은 사지 않는다는 사실을 명심하라!
- 주변의 잡담 속에 시장이 있다.

- 지루하면 팔리지 않는다. 지루하면 사람을 끌 수가 없다.
- 한 달에 한번 정도는 고객이 되어서 물건을 사려는 것처럼 전화를 해서 이것저것 물어보라!
- 한 두 명의 고객과 긴밀히 협조해서 일할 때 가장 큰 성과가 나타난다. 서둘러 우리끼리만 타당성을 검토하고 표준제품을 시장에 내놓으려 할 때는 성공하지 못한다.
- 회사가 만든 제품을 고객이 원하게 만드는 것이 바로 마케팅인 것이다.

만남 만나는 일.

- 슬기로운 사람과 어울리면 슬기로워지고, 어리석은 사람과 어울리면 화를 입는다.
- 좋은 만남이 좋은 운을 만든다. 좋은 인연을 소중히 생각하라!
- 첫눈에 반하기란 쉽지만, 기적이 이루어지는 것은 두 사람이 여러 해 동안 마주 보고난 뒤의 일이다.
- 한 번 만나면 우연, 두 번 만나면 인연, 세 번 만나면 필연, 그 후에 또 만나면 운명이다.
- 함께 했던 시간이 짧아도 영원히 마음에 남는 사람과, 긴 만남 속에서도 금세 잊혀지는 사람이 있다.
- 헤어진 모습 이대로 만나면 안 된다. 다음에 만날 땐 지금 보다 훨씬 나아진 자아를 갖고 만나야 한다.

만족[滿足] 마음에 흡족함.

- 나만이 나를 변화시키고 만족시킬 수 있다.
- 날아다니는 꿩보다 잡은 참새가 낫다. 지금 내 것을 소중히 여겨라!
- 남의 돈 천 냥보다 내 돈 한 냥이 낫다.

- 따지고 보면 우리는 스스로 만족하는 것보다 훨씬 많은 것을 갖고 있다. 그런데도 그것을 망각하고 더 많은 것을 갈망한다.
- 만족의 비결은 가질 수 없는 것에 대한 모든 욕망을 버리고 가진 것을 즐기는 것이다.
- 만족할 줄 아는 사람은 가난하고 천해도 즐겁지만, 만족할 줄 모르는 사람은 부하고 귀해도 근심한다.
- 만족할 줄 아는 사람은 진정한 부자이고, 탐욕스러운 사람은 진실로 가난한 사람이다.
- 만족할 줄 알면 부자보다 낫다.
- 부자의 큰 행복은 남을 도울 수 있다는 여유일 것이다. 성공해서 만족하는 것이 아니라 만족하고 있기 때문에 성공한 것이다.
- 사람들은 고용되었을 때 최상의 만족을 느낀다.
- 사람들은 행복을 찾아 세상을 헤맨다. 그런데 행복은 누구의 손에 든지 잡힐 만한 곳에 있다. 그러나 마음속에 만족을 얻지 않으면 행복을 얻을 수 없다.
- 사람들이 더 많은 선택권을 가지면 가질수록 더 많은 만족감을 느낄 수 있다는 개념을 모토로 삼는다.
- 사랑하는 것을 가질 수 없을 때는 가진 것을 사랑하라!
- 성공해서 만족하는 것이 아니라 만족하고 있기 때문에 성공한 것이다.
- 이 세상에서 사람이 즐길 수 있는 최대의 축복은 만족한 마음이다.
- 자기가 가진 것으로 만족하지 않는 사람은 자기가 바라던 것을 가지게 되어도 역시 만족하지 않는다.
- 풍족한 사람이란 자기가 갖고 있는 것으로 만족할 수 있는 사람이다.

말 생각이나 느낌 따위를 표현하고 전달하는 데 쓰는 음성 기호.

- 가벼운 근심은 말이 많고, 무거운 근심은 말이 적다.

- 가슴이 꽉 채워지면 오히려 입은 말이 없다.
- 가장 많이 말하는 사람은 항상 가장 적게 행동하는 사람이다.
- 같은 말을 반복해서 사용하지 마라. 친숙한 생각을 좀 더 명확하게 전달할 수 있는 새롭고 신선한 말과 문장을 계속해서 찾아보라!
- 격렬한 말은, 이유가 박약하다는 것을 증명하고 있는 것이다.
- 계속해서 유창하게 말한다 해서 자동적으로 설교가 지겨움에서 벗어나는 것은 아니다.
- 고기는 바늘로 낚고 사람은 말로 낚는다. 긍정적이거나 감동적인 단어를 사용하라!
- 내 말 한마디에 누군가의 인생이 바뀌기도 한다.
- 내뱉은 말에는 지우개가 없다.
- 노인은 자기가 이미 한 일을 말하고, 젊은이는 자기가 현재 하고 있는 일을 말하며, 어리석은 자는 하려고 마음먹은 일을 말한다.
- 다른 사람들과 더불어 행복하게 살려면 서로 사랑해야 한다. 그러나 가시 돋친 말 한마디로 그 사랑을 깨뜨리지 않게 조심하라!
- 다정하고 조용한 말은 힘이 있다.
- 단어의 뜻을 정확히 모르면서 함부로 말해 왔다면, 화약을 등에 지고 다니는 것과 같다. 그러므로 애매한 단어는 그 의미를 명확하게 알고 사용해야 한다.
- 달콤한 말 잘하는 사람 치고 가장노릇 잘하는 사람 드물다.
- 당나귀는 긴 귀로 구별할 수 있으며, 어리석은 자는 긴 혀로 구별할 수 있다.
- 당신의 친구는 친구를 가지고 있고, 그 친구에게는 또 친구가 있고 또 친구가 있다. 그러므로 친구에게 말을 할 때는 조심해서 해야 한다.
- 당신이 말을 빨리 한다면 천천히 말하는 사람보다 더 신용 있는 사람으로 평가받을 수 있다.
- 당신이 무엇으로 바쁜지 얘기해 주면, 당신이 어떤 인물의 사람인

마

지 나는 곧 알아맞힐 수 있다.

- 대충 말하면 대충 듣는다.
- 따뜻한 말 한마디가 엄동설한을 녹인다.
- 말 많은 사람은 훌륭한 실천가가 되지 못한다.
- 말 안 하면 귀신도 모른다.
- 말 잘하는 사람이란 곧 남의 말을 잘 듣는 사람을 뜻한다. 그런 사람 앞에서는 그만 자신도 모르게 진심을 토로하게 되고 만다.
- 말 한마디로 사람들의 마음을 모을 수도 있고 분열시킬 수도 있다.
- '말발'은 '글발'에 죽는다. 말은 순간, 글은 영원하니까……
- 말수가 적을수록 남들이 더 귀를 기울이는 법이다.
- 말실수가 위험한 것은 또다시 실수를 저지를까봐 전전긍긍하게 된다는 데 있다.
- 말에 의한 상처는 칼에 의한 상처보다 더 깊고 심하다.
- 말에는 자기 최면 효과가 있다.
- 말은 가슴에 대고 하라!
- 말은 간결할수록 훌륭한 웅변이 된다. 간결한 어법이야말로 웅변이다.
- 말은 공급이 수요를 초과하기 때문에 값이 싸다.
- 말은 마음의 초상이다.
- 말은 생각을 형성하고, 생각은 행동을 결정하며, 행동은 인생을 만들어 간다.
- 말은 인류에 의하여 사용된 가장 강력한 약품이다.
- 말은 입을 떠나면 책임이라는 꼬리표가 달린다.
- 말은 하기 쉽게 하지 말고, 알아듣기 쉽게 해라!
- 말을 독점하면 적이 많아진다.
- 말을 안 해서 후회하는 일보다는 말을 해버렸기 때문에 후회하는 일이 더 많다.
- 말을 잘 하는 능력은 어떤 직업에 있어서나 중요한 일이다. 더구나 그것은 배울 수가 있는 것이다.

- 말을 잘하는 사람은 실은 자신이 듣고 싶은 이야기를 해주는 사람을 가리킨다. 자신이 듣고 싶은 이야기라면 관심이 솟구치는 것은 당연하고, 자신과 생각이 똑같다면 상대방의 말에 맞장구를 치면서 고개를 끄덕이지 않을 수 없기 때문이다.

- 말을 하는 게 어려울까, 안 하는 게 어려울까? 답은 안하는 게 더 어렵다. 말은 1년 만에 배웠는데, 안 하는 것은 아직도 못 배웠으니까……

- 말을 하는 데 자신이 없으면 연습을 하라. 말을 하는 데 자신 있어도 연습하라!

- 말을 할 때는 짧게 하라. 말이 길면 아무도 주의를 기울여 주지 않는다.

- 말을 해야 할 때 하지 않으면 백 번 중 한 번 후회하지만, 말을 하지 말아야 할 때 하면 백 번 중 아흔아홉 번 후회한다.

- 말이 있기에 사람은 짐승보다 낫다. 그러나 바르게 말하지 않으면 짐승이 그대보다 나을 것이다.

- 말이 통하면 마음도 통한다.

- 말주변이 없는 사람은 자신의 마이너스를 역이용하여 플러스로 만들면 된다. 여기서 플러스란 상대의 말을 잘 들어주는 것이다. 달변가보다는 잘 들어주는 사람이 더 말을 잘하는 사람이다.

- 말하는 것 두 배는 남에게서 들어야 한다.

- 말하는 것은 씨를 뿌리는 것이고, 듣는 것은 수확을 하는 것이다.

- 말하는 데는 능변보다 사려분별이 더 중요하다.

- 말하는 사람은 조언이라고 할지 모르겠지만, 듣는 사람에게는 참견일 뿐이다.

- 말할 때 말하고 침묵할 때 침묵한다. 잘 아는 것만 말하고 모르는 것은 말하지 않는다. 천박한 화제의 대화는 가급적 피한다.

- 말해야 할 때를 아는 사람은 침묵해야 할 때도 안다.

- 멋있게 말하지 말고, 맛있게 말하자. 말이 쉬워지면 설득도 쉬워진다. 상대가 관심 있어 하는 내용, 상대가 알아듣기 쉬운 말로 다

가가라!
- 몸과 표정은 입 이상으로 말을 한다. 귀로 보이게끔 말을 구사하라!
- 무시당하는 말은 바보도 알아듣는다.
- 무식한 자는 말싸움에서 지지 않는다.
- 범과 늑대보다 사람의 입이 더 무섭다.
- 보이는 것만으로 판단해서 말하면 큰 낭패를 본다.
- 불이 물로 다스려지듯이 화는 순한 말로 다스려진다.
- 사람과 말이 통하지 않으면 말과 소에 옷을 입힌 것이다.
- 사람들은 총알이 장전된 총을 조심스럽게 다뤄야 하는 것은 알면서도 말을 조심스럽게 해야 한다는 것은 알지 못한다.
- 사람은 그 언어에 의해서 자기 평가를 받는다.
- 사람은 남한테서 백만 마디 말을 들어가며 중상모략 당하는 것보다 친구들한테서 들은 무심한 한마디 말에 더 크게 마음의 상처를 입는다.
- 사람은 대부분 남을 위하는 척하면서 자기실속만 챙기는 말들을 많이 한다.
- 사람은 모두 입안에 도끼를 가지고 태어난다. 어리석은 사람은 말을 함부로 하여 그 도끼로 자신을 찍고 만다.
- 사람은 비수를 손에 들지 않고도 가시 돋친 말속에 그것을 숨겨둘 수 있다
- 사람의 마음에 상처를 줄 만한 심한 말을 하는 것은 정신적인 살인행위이다.
- 사람의 인격은 말로 나타난다.
- 사람이 만났을 때 가장 강한 카리스마는 표정이나 옷맵시가 아닌 말이다.
- 사실을 말해주면 더 이상 의문을 품지 않는다.
- 상처를 주거나 모욕하는 말은 받기를 사양하자. 쓸데없는 물건은 주어도 받지 않듯이……

- 새장으로부터 도망친 새는 붙잡을 수가 있으나, 입에서 나간 말은 붙잡을 수가 없다.
- 생동감 있는 말이 호기심을 자극한다. 적절한 허풍과 과장은 단순한 말에 생동감을 불어넣는다.
- 성난 말에 성난 말로 대꾸하지 말 것. 말싸움은 언제나 두 번째의 성난 말 때문에 비롯된다.
- 성실한 한마디의 말은 백만 마디의 헛된 찬사보다 낫다.
- 세상에 대충은 없다. 오해를 부르는 애매하고 추상적인 말을 경계하라!
- 속 시원하게 해준 말은 남의 마음을 사로잡는다.
- 속 시원한 말은 속 시원한 사람을 만든다.
- 쉽게 말하는 것이 기억에 남는다.
- 승자가 자주 쓰는 말은 '다시 한 번 해 보자!'이고 패자가 자주 쓰는 말은 '해 봐야 별 수 없다!'이다.
- 쓴 소리는 단맛으로 포장하라!
- 아는 자는 말하지 않는다. 말하는 자는 알지 못한다.
- 앞에서 말할 수 없는 말은 뒤에서도 하지 마라!
- 어느 누구하고도 말할 기회를 갖지 못한 채 지금 운명을 하게 된다면, 그 누군가에게 말하지 못해서 가장 후회될 것은 무엇이겠는가? 왜 아직까지 그것을 말하지 않았는가?
- 여자가 하는 말은 시시하다. 하지만 그 말을 듣지 않는 남자는 제정신이 아니다.
- 우리에게 필요한 말은 미사여구가 아니다. 화려한 수식어도 아니다. 그저 지친 마음을 달래줄 수 있는 위로와 격려의 말 한마디, 생활에 활력을 불어넣어줄 수 있는 즐거운 말 한마디면 된다. 당신은 사랑하는 사람과 이웃을 위해 어떤 말을 해주었나?
- 이미 낡아버린 기존의 속담은 피하라. 새로운 비유적 표현을 창조해야 한다.
- 인간은 말하는 것을 배우기는 1년이 지나면서 시작하는데, 말 안

하는 것을 배우기는 평생 걸려도 못한다.
- 인간은 생각하는 것이 적으면 적을수록 더욱 더 말이 많아진다.
- 인생은 스쳐지나가는 사람의 말 한 마디에 의해서 크게 달라지는 법이다.
- 자기 말만 하면 다른 사람들은 지루해진다는 점을 꼭 명심하라!
- 자꾸 죽겠다는 말 하지 마라. 저승사자가 자기를 부르는 줄 알고 진짜 찾아온다.
- 자신의 말은 결국 자신에게 되돌아온다.
- 재능 가운데 가장 소중한 재능은, 한 마디면 될 말을 두 마디로 말하지 않는 재주이다.
- 좋은 말만 한다고 해서 좋은 사람이라고 평가받는 것은 아니다.
- 좋은 말보다 진솔한 말이 감동을 준다.
- 좋은 말을 남에게 베푸는 것이 비단 옷을 입히는 것보다 더 따뜻하다.
- 지능이 뛰어나도 말이 많으면 안 좋다.
- 첫 한마디에 정성이 실려야 한다.
- 친절한 말은 효과가 크며 밑천이 안 든다.
- 침묵하지 못할 바에는 침묵보다 더 나은 말을 하라!
- 피로를 만드는 것은 일이 아니라 피곤하다는 말이다. 말만큼 무서운 것이 없다.
- 하는 일마다 안 된다고 떠벌리는 사람은 인생의 뿌리가 썩어들어간다.
- 한마디의 말이 들어맞지 않으면, 천 마디의 말을 더 해도 소용이 없다. 그러기에 중심이 되는 한 마디를 조심해서 해야 한다. 중심을 찌르지 못하는 말이라면 차라리 입 밖에 내지 않느니만 못하다.
- 한쪽말만 듣고 말을 옮기다 보면 바보 되기가 쉽다.
- 혀를 조심하자. 말은 적게 할수록 좋다. 단 집 안에서는 그 반대다.
- 현대인은 현란한 말보다는 오히려 소박하고 진심 어린 말에 감동을 받는다. 허세부리지 않고 자신을 솔직하게 드러내 보임으로써

타인의 감동을 불러일으킨다.

- 현명해지기란 무척 쉽다. 그저 머릿속에 떠오른 말 중에 바보 같다고 생각되는 말을 하지 않으면 된다.
- 화살은 심장을 관통하고, 매정한 말은 영혼을 관통한다.
- 훌륭한 사람이 아랫사람의 말을 듣고, 노인이 젊은이가 말하는 것에 귀를 기울이는 세상은 축복 받은 것이다.

마

말투 말을 하는 버릇이나 본새.

말투

- 독불장군식의 말투는 인간관계를 망치는 첫 걸음이다.
- 말투는 내용의 3배 위력을 갖고 있다.
- 자신이 중요하길 바라는 사람의 말투 때문에 세상 말썽의 대부분이 야기된다.

망상[妄想] 이치에 맞지 아니한 망령된 생각을 함.

망상

- 가짜 인맥에 속지 마라. 같은 회사, 동창, 동향 사람이 인맥의 전부라는 망상에서 벗어나야 한다. 높은 자리에 있을 때는 많은 사람이 몰려오지만 그 자리에서 떨어질 때는 아무도 찾지 않는 다면 그런 사람은 진정한 인맥이라고 할 수 없다.
- 상상에는 세 가지 종류가 있다. 이루어 질 수 있는 일을 상상하는 이상. 못 이룰 일이지만 상상하는 공상. 이루어 질 리가 없는데도 멋모르고 상상하는 망상이다.
- 실현 불가능한 목표는 목표가 아니라, 망상에 불과하다.

메모[memo] 말을 전하거나 자신의 기억을 돕기 위하여 짤막히 글로 남김.

메모

- 기록은 지식을 지혜로 만든다.
- 메모는 자기 경영의 출발점이다.

- 느닷없이 떠오르는 생각이 가장 귀중한 것이며, 보관해야 할 가치가 있는 것이다. 메모하는 습관을 갖자!
- 대개 아이디어를 잘 내는 사람들은 메모를 잘 하는 사람들이다.
- 독서는 완성된 사람을 만들고, 담론은 재치 있는 사람을 만들며, 메모는 정확한 사람을 만든다.
- 메모가 하버드대 졸업장보다 낫다.
- 메모는 남에게 보여주기 위해 하는 것이 아니므로 잘 그릴 필요가 전혀 없다.
- 메모는 자기 경영의 출발점이다.
- 명령을 할 때는 메모지에 적어서 하는 것이 좋다. 만약 세 사람이 있으면 이야기도 세 가지로 들리기 때문이다.
- 문제점을 명확하게 하는 하나의 방법이 있다. 그것은 메모지에 적는 일이다. 메모지에 기록하게 되면 문제점은 저절로 클로즈업되기 마련인 것이다.
- 스치는 생각을 잡고, 자투리 시간을 모아라. 골똘히 하는 생각은 주관적이고, 스치는 생각은 객관적인 것이다.
- 실수하기 싫으면 기록하라. 메모란 잃어버린 기억을 찾아주는 신비한 마술이다.
- 실패 기록은 전진하기 위한 보고이다.
- 지금 중요해 보이는 것도 시간이 지나면 생각조차 나지 않는다.
- 침대 옆에 메모지와 연필을 준비해 두어라!

명랑[明朗] 흐린 데 없이 밝고 환함.

- 명랑한 기분은 보약이다.
- 명랑한 성격은 재산보다 귀하다.
- 명랑한 아내는 생애를 즐겁게 한다.
- 명랑한 표정은 밥상을 진수성찬으로 만든다.
- 명랑해지는 첫 번째 비결은 명랑한 척 행동하는 것이다.

- 밝은 성격은 어떤 재산보다도 귀하다.

명성[名聲] 세상에 널리 퍼져 평판 높은 이름.

- 가장 어려운 일은 명성을 얻는 것이고, 다음으로 어려운 것은 명성을 유지하는 것이고, 그다음으로 어려운 일은 명성을 죽은 이후에도 유지하는 것이다.
- 부유함은 바닷물과 같다. 마시면 마실수록 목이 더 마르는 것이다. 명성에 대해서도 같은 말이 적용된다.
- 부재함으로써 자신의 평판을 유지하라. 자리에 있으면 명성이 줄고 자리에 없으면 명성이 늘게 된다. 실제 얼굴을 대할 때 보다 상상력이 평판을 더 좌우한다.
- 불법적 이익보다 명성을 택하라!

명예[名譽] 세상에서 훌륭하다고 인정되는 이름이나 자랑.

- 남의 명예를 깎아 내리면 내 명예는 땅으로 곤두박질 처진다.
- 명예는 밖의 양심이며, 양심은 안의 명예다.
- 명예는 정직한 수고에 있다.
- 명예롭지 못한 성공은 양념을 하지 않은 요리와 같은 것. 그건 배고픔을 면하게 해주지만 맛은 없다.
- 명예를 하찮게 여기라고 책에 쓰는 사람들도 자기이름은 꼭 그 책에 쓴다.
- 명예와 거울은 입김만으로도 흐려진다.
- 우리는 정직으로부터 쾌락보다 더 많은 이익을 얻는다. 명예를 무시하고 돈을 번 사람들은 종종 그들의 명예를 회복하기 위해서 많은 돈을 지불해야 한다.
- 허영의 가장 고상한 형태가 명예욕이다.

모방[模倣] 다른 것을 본뜨거나 본받음.

- 모방보다 적용이 더 중요하다.
- 모방에 의해서 위대하게 된 사람은 아직 한 사람도 없었다.
- 예술은 모방이 끝나는 것에서 시작된다.

모욕[侮辱] 깔보고 욕되게 함.

- 가장 분한 시간은 모욕을 당하는 시간이며, 가장 비굴한 시간은 변명을 늘어놓는 시간이다.
- 깊은 강은 돌멩이가 빠졌다고 물결이 거세지지 않는다. 사람도 마찬가지다. 모욕을 당했다고 화를 낸다면 그 사람은 강이 아니라 개울이다.
- 인간의 나쁜 짓은 용서받을 수 있다. 그러나 인격적인 모욕은 용서받을 수 없다. 인간은 누구에게나 자존심이 있어 상대에게 모욕당한 사실은 무덤까지 가져간다.

모험[冒險] 위험을 무릅쓰고 어떠한 일을 함.

- 20세기가 논리의 시대라면 21세기는 상상과 모험의 시대다. 여행과 모험을 즐겨라!
- 결혼은 겁쟁이도 할 수 있는 유일한 모험이다.
- 위대한 업적은 대개 커다란 위험을 감수한 결과이다.
- 인생은 모험을 통해서만 성장할 수 있다.
- 자신의 통제범위 바깥에 있는 모험은 하지 말아야 한다. 도박과 도전은 다르다.

목적[目的] 실현하려고 하는 일이나 나아가는 방향.

- 목적이 없이 사는 것은 과녁 없는 활을 쏘는 것이다.
- 목적이 있으면 죽음도 비껴간다.
- 문제는 목적지에 얼마나 빨리 가느냐가 아니라 그 목적지가 어디냐는 것이다.
- 수단이 비열하다면 결코 목적은 정당화될 수 없다.
- 인간은 재주가 없어서라기보다는 목적이 없어서 실패한다.
- 인생은 여행과 같아서 목적지를 정하지 않으면 방랑자가 된다.
- 전연 목적이 없는 것보다는 사악한 목적이라도 있는 것이 낫다.
- 한 인간의 진정한 가치는 그가 추구하는 목적으로 평가 된다.
- 항구에 정박해 있는 배는 안전하다. 그러나 배는 항구에 묶어 두려고 만든 것이 아니다.

목표[目標] 목적을 이루려고 지향하는 실제적 대상.

- 100미터 경기에 있어서도 빨리만 뛴다고 승리자가 되는 것이 아니다. 반대 방향과 결승점 밖으로 아무리 빨리 뛰었더라도 그것은 헛수고일 뿐이다.
- 갖고 싶은 것, 하고 싶은 것, 되고 싶은 것의 목표를 만들어라!
- 계획을 세우지 않은 목표는 한낱 꿈에 불과하다.
- 공부에는 노하우와 함께 의욕이 필요하다. 목표가 있으면 의욕이 솟는다.
- 과녁이 선명해야 명중률이 높듯이, 뚜렷한 목표를 세워야 성공한다. 명확한 목표를 향해 나아가는 것, 그것이 바로 성공의 지름길이다.
- 꿈과 목표를 설정할 때 반드시 기한을 정하라!
- 달을 겨냥하는 자는 나무를 맞추려는 자보다 훨씬 더 높이 쏜다.
- 당연히 부정적이고 나쁜 습관을 줄여야 한다. 성공한 사람과 실패

한 사람의 차이는 근소하며 젊은 시절 글로 쓴 목표가 있느냐 없느냐의 차이 밖에는 없다.

- 동서고금의 발명, 발견, 개발, 성공……. 이 모든 것에는 공통점이 있다. 그것은 그 발명과 발견과 개발과 성공을 한 사람들이 명확한 목표를 지니고 있었다.

- 마음속으로 목표를 정하자. 목적지를 알아야 도착할 수 있다.

- 목표 없는 인생은 방랑자와 같다.

- 목표가 너무 고상하거나 난해하면 없는 것이나 마찬가지이다. 회사의 목표란 사원 모두가 쉽게 이해할 수 있도록 구체적이고 명확하게 설정되어야 하는 것이다.

- 목표가 명확할수록 꿈은 빨리 실현된다.

- 목표가 없는 공부는 가로막대가 없는 높이뛰기와 같은 것으로, 힘을 다 내게 할 수 없다.

- 목표가 없는 사람들은 목표가 있는 사람보다 장수하지 못한다.

- 목표가 없는 사람은 목적지도 모르고 배를 출항시키는 선장과 같다.

- 목표가 없는 사람은 목표가 있는 사람 밑에서 일하게 될 것이다.

- 목표가 없는 자는 실패의 두려움도 없다.

- 목표가 의욕을 낳는다.

- 목표가 있는 삶은 생산적인 삶이요, 목표가 없는 삶은 소비적인 삶이다.

- 목표는 구체적으로 숫자화 시켜야 의욕이 높아진다.

- 목표를 낮추면 실패하고, 목표를 높이면 성공한다.

- 분명한 목표가 없이 이루어지는 행동은 거의 대부분 엉뚱한 결과를 낳는다.

- 사진작가의 명작 품의 공통점은 초점이 뚜렷하다는 것이다. 성공한 사람의 공통점도 목표가 뚜렷하다는 것이다.

- 성공한 사람들에게는 목표가 있고, 평범한 사람들에게는 소망만 있을 뿐이다.

- 성공한 사람들의 공통점은 그들은 모두 목표가 있었다는 것이다.
- 수익을 내는 것이 사업에 있어서 주요 목표인 것은 분명하지만 유일무이한 목표는 아니다.
- 슬럼프에 빠지게 되는 원인에는 두 가지가 있다. 하나는 목표를 분명히 정할 수 없을 때, 또 하나는 목표와 현실이 너무 떨어져서 전망이 흐릴 때이다.
- 실현 불가능한 목표는 목표가 아니라, 망상에 불과하다.
- 야심이 있으면 뭐하나, 훈련이 안되어 있는데……. 목표가 있으면 뭐하나, 실천이 없는데…….
- 움직임과 행동을 혼동하지 마라. 움직임은 동물이 하는 것이고, 행동은 사람이 하는 것이다. 움직임은 의도되지 않은 것이고, 행동은 의도된 것이다. 행동은 목표와 결부되어 있다. 그렇지 않으면 막연한 움직임일 뿐이다.
- 이미지를 동반한 목표는 대단히 구체적이 된다.
- 인생의 목표는 좀 더 나은 사람이 되는 것이다.
- 자신이 나아갈 분명한 방향과 목표를 알고 있는 것에서부터 성공은 시작된다.
- 작은 목표로부터 하나씩 이루라. 단번에 최고가 되려는 욕심을 갖기 보다는 작은 목표를 세워 나가라!
- 해답의 열쇠는 목표에 있다. 무조건 마시멜로의 유혹을 참는 것과 왜 참아야 하는지 알고 참는 것은 완전히 다르다. 목표가 희미해졌다면 재조정해야 한다.
- 해바라기를 향해 쏜 화살보다 태양을 향해 쏜 화살이 더 멀리 날아간다.
- 현대인들 사이에 정말 뜻밖의 사실은 자신의 소원이 무엇인가를 구체적으로 알고 있는 사람은 백 명 중에 한 사람 꼴이다. 목표는 자신의 의지가 들어가 있는 것을 말한다. 그렇지 않으면 단지 희망일 뿐이다. 목표와 희망은 다르다.
- 현재의 능력보다 약간 높은 목표를 주어 그것에 도전하라. 각기

자기 능력 이상의 일을 맡게 되면 회사는 항상 현재보다 커질 준비가 되어 있는 셈이 된다. 설비만 확장한다고 참다운 발전을 이룰 수 있는 것은 아니다.

무관심[無關心] 관심이나 흥미가 없음.

- 사랑의 반대말은 무관심이다.
- 세상은 인자하지도 않지만 적대적이지도 않다. 세상은 우리에게 그저 무관심할 뿐이다.
- 지나친 침묵은 무관심이다.

무능[無能] 능력이나 재능이 없음.

- 무능함은 시간이나 장소와는 아무 관계가 없다.
- 사람이 좋아 보이는 웃음은, 무능력을 감추려는 가면에 불과하다.
- 유능한 사람이 되는 길은, 무능한 짓을 하지 않는 것이다.
- 패션 회사의 문제는 재고 압박이 아니라 시대에 맞는 유행을 창조하지 못하는 무능함인 것이다.

무덤 송장이나 유골을 땅에 묻어 놓은 곳.

- 모든 인생행로는 무덤에서 끝난다. 무덤은 무(無)의 입구이다.
- 무덤까지 가져가기로 한 비밀을 털어놓는 것은 무덤을 파는 일이다.
- 무덤에서는 후회할 수 없다.
- 사랑을 없애면 우리가 사는 지구는 무덤이다.
- 세상에는 쓸데없이 고집을 부려 스스로 세상을 좁게 만들면서 살아가는 사람이 있다. 이러한 사람은 스스로 불행의 무덤을 파고 사는 사람이다.

무사안일[無事安逸] 큰 탈이 없이 편안하고 한가로움.

- "나중에 할게요!"라는 말은, 평생 안 하겠다는 말이다.
- 늘 그런 식으로 해 왔으니까요……. 라고 말하는 직원은 경쟁사로 보내라!
- 무사안일주의는 무엇을 성취하는데 최대의 적이다.

무시[無視] 사물의 존재 의의나 가치를 알아주지 아니함.

- 남을 무시한 자기만족은 초라한 자기 위안일 뿐이다.
- 무시당하는 말은 바보도 알아듣는다.
- 사람은 타인을 무시함으로 자신이 오를 수 있을 것으로 여기고 있다.
- 창조의 모든 행위는 기존 것의 무시나 파괴에서 시작이 된다.

무식[無識] 배우지 않은 데다 보고 듣지 못하여 아는 것이 없음.

- 무식한 사람이 지도자가 되거나, 소신을 갖거나, 부지런하면 주위 사람들이 피해를 본다.
- 무식한 자는 말싸움에서 지지 않는다.
- 무식한 자는 아무 것도 두려운 것을 모른다.
- 묻지 않는 자는 무식으로 끝난다.
- 활동적인 무식보다 무서운 것은 없다.

무지[無知] 아는 것이 없음.

- 무지, 권력, 교만은 가장 치명적 배합이다.
- 무지는 또 하나의 악이다.
- 발견을 저해하는 최대의 장애는 무지가 아니라 알고 있다고 착각

하는 것이다.
- 사람들은 가마 타는 즐거움만 알고 가마 메는 고통은 알지 못한다.

문명

문명[文明] 인류가 이룩한 물질적, 기술적, 사회 구조적인 발전.

- 문명이란 근로의 산물이다.
- 문명이란 전달이다. 표현할 수 없는 것은 존재하지 않는 것이나 마찬가지다.
- 미개한 사회에서는 신부를 돈을 주고 사지만, 문명사회에서는 돈을 지불하고 아내와 헤어진다.
- 한 문명의 질을 판가름하는 최상의 테스트는 여가(餘暇)의 질이다.

문제

문제[問題] 해답을 요구하는 물음.

- 가장 중요한 것은 문제를 거론하는 것이 아니라 해결 하는 것이다.
- 개미구멍이 커져 제방이 무너진다는 속담이 있다. 무슨 일이든지 문제점이 발견되면 그 자리에서 처리하는 습관이 중요하다.
- 땀 흘리지 않는 운동은 효과가 없으며, 풀기 쉬운 문제는 도전할 의미가 없다.
- 리더는 문제를 해결하는 사람이 아니라 문제를 부여하는 사람이다.
- 문제 해결에 도움이 되지 않는 사람이라면, 그 역시 문젯거리인 사람이다.
- 문제는 자신의 진면목을 보여줄 수 있는 절호의 기회이다. 문제가 발생하면 두 손을 들고 환영하라!
- 문제를 바르게 파악하면 절반은 해결한 것이나 마찬가지이다.
- 문제를 제기할 때는 해결책도 함께 제시하라. 그러면 승진으로 가는 길을 닦을 수 있다.
- 문제의식 없이 기회를 잡을 수는 없다.
- 문제점보다 해결책에 초점을 맞추는 것이야말로 성공을 자석처

럼 끌어당기는 힘이 된다.

- 문제점을 명확하게 하는 하나의 방법이 있다. 그것은 메모지에 적는 일이다. 메모지에 기록하게 되면 문제점은 저절로 클로즈업되기 마련인 것이다.
- 변호사가 돈을 버는 것은 해결책을 제시해서라기보다는 문제가 발생했기 때문이다.
- 우리는 힘든 일, 어려운 일을 피하려고 한다. 그러나 피해서 성공하는 법은 있을 수 없다. 후퇴하면서 승리하는 전쟁이란 이 세상 어디에도 있을 수 없는 것이다.
- 작은 문제가 있다면, 작은 상태일 때 빨리 해결하는 습관을 들여야 한다.
- 중력의 법칙을 믿지 않는 다고해서 떨어질 때 엉덩방아를 찧지 않을 수 없는 것과 마찬가지로 파도를 못 본 척 한다고 해서 파도가 물러가게 할 수는 없다.

문화[文化] 자연 상태에서 벗어나 이상을 실현하고자 습득된 양식이나 소득.

- 가능한 한 많이, 다른 사람들의 입장에 설 줄 아는 사람이 바로 문화인이다.
- 다양한 문화를 인정하면 대화는 저절로 잘 된다.
- 조직문화는 구호가 아닌 실천이다.
- 조직문화의 성패는 소통communication에 있다.

미래[未來] 앞으로 올 때.

- 10년을 투자해야 이룰 수 있는 일을 시작하라. 평생을 걸쳐 해도 완성되지 못하는 것은 20대에 시작하라!
- 과거를 기억하고 미래를 상상하는 것은, 현재 더 나은 결정을 내

리기 위함이다.

- 나의 관심은 주로 미래에 있다. 여생을 거기서 보낼 것이니까…….
- 미래가 무서운 속도로 다가오고 있고, 그 만큼 과거가 떠나가고 있다.
- 미래는 과거의 반복이라는 생각이 지배적이었기 때문에 구관이 명관이라는 생각이 바탕에 깔려있다.
- 미래는 예측하는 것이 아니라 창조하는 것이다.
- 미래는 이미 시작되었다. 미래란 내일이 아니라 바로 오늘이다.
- 미래는 정지된 표적이 아니라 움직이는 목표물이다. 럭비공처럼 변화무쌍하게 움직인다.
- 미래는 준비하는 사람의 것이다.
- 미래는 현재에 의해 얻어지고, 오늘은 어제의 시작이다.
- 미래란 다른 문을 통해 돌아오는 과거이다.
- 미래를 두려워하고 실패를 두려워하는 사람은 그의 활동을 제한받아 손발이 묶여 있는 것과 마찬가지다.
- 미래를 알고 싶으면 이미 지난 일들을 먼저 살펴라!
- 미래를 읽지 못하면, 늘 남을 따라다니기만 한다.
- 미래의 가장 좋은 점은 한 번에 하루씩만 온다는 것이다.
- 변화에 둔감하면 절대로 미래를 읽을 수 없다.
- 인생에 보탬이 되는 사람은 미래를 말하는 사람이고, 인생을 해치는 사람은 과거를 들추는 사람이다.
- 흘러간 물은 물레방아를 돌릴 수 없다.

미련[未練] 깨끗이 잊지 못하고 끌리는 데가 남아 있는 마음.

미련

- 물건을 버리면 물건의 창고가 생기고, 미련을 버리면 시간의 창고가 생긴다.
- 미련한 사람처럼 매력 없는 사람은 없다.
- 사연을 듣기 전에 대답하는 자는 미련하여 욕을 당한다.

- 현재 가지지 못한 것에 미련을 가지고 집착하는 것은 시간 낭비이고 에너지 낭비일 뿐이다.

미소[微笑] 소리 없이 빙긋이 웃음.

- 마치 미소는 음악과 같은 것이다. 웃음의 멜로디가 있는 곳에 재앙이 다가오지 못한다.
- 말 한마디가 아니라, 미소로 천 냥 빚을 갚는다.
- 미소는 세계 어디에서나 통하는 언어이다. 미소는 경계심을 풀게 하고, 많은 말보다 더 많은 것을 말한다.
- 미소는 전기 값보다 싸게 먹히면서도 빛은 더 환하다.
- 미소는 최고의 무기다. 배우지 못했어도 미소 진 얼굴은 윤활유 역할을 하지만, 박사학위를 받았어도 미소가 없는 사람은 성공하기 힘들다.
- 미소를 띤 얼굴에는 적이 없다.
- 옷에는 신경 쓰면서 표정에 신경을 안 쓰면 반쪽짜리 성공이다.
- 외모를 따지지 마라. 그대를 현혹시킬 수 있다. 재산에 연연하지 마라. 언젠가는 모두 사라진다. 그대를 미소 짓게 할 수 있는 사람을 선택하라. 미소는 우울한 날을 밝은 날로 만들어 준다.
- 우리 사무실이 빛나는 건 다 여러분의 미소 때문이라는 거 아세요?
- 의기소침해지지 않게 만드는 최고의 무기는 미소이다.
- 찌푸리는 것 보다 미소를 짓는 것이 더 많은 친구를 얻는다.

미움 미워하는 일이나 미워하는 마음.

- 모든 뛰어난 것은 괄목대상이면서 미움의 대상이 된다.
- 미움으로는 이길 수 없다. 오직 자신만 파괴할 뿐이다.
- 미움은 미움으로 정복되지 않는다. 미움은 사랑으로 정복된다. 이는 영원한 법칙이다.

- 미워하는 자에게 앙갚음함은 불 위에 석유를 붓는 것이다.
- 사람을 미워하면 그를 이해할 수 없다.
- 좋아하는데 아무런 이유가 없다고 하면, 미워하는 데도 이렇다 할 근거가 없을 것이다.

미치광이

미치광이 정신이상이 생겨 말, 행동이 보통사람과 다른 사람을 낮춰 이른 말.

- 나이 먹은 미치광이는 젊은 미치광이보다 더 미치광이이다.
- 사람은 누구나 그 마음속에 미치광이가 있다. 그러기 때문에, 그 미치광이가 날뛰지 않게 조심해야 한다.
- 사람은 미치광이라는 말을 들을 정도가 아니면 아무것도 이룰 수 없다.

믿음

믿음 어떤 사실이나 사람을 믿는 마음.

- 믿어주지 않으면 거짓에 익숙해진다.
- 믿음을 갖는 것은 곧 날개를 다는 것이다.
- 사냥개는 때로는 호랑이나 곰까지도 사냥을 한다. 물론 든든한 주인이 있기 때문이다.
- 사람들은 신의 뜻을 믿고 있다고 생각하지만 사실은 다른 사람들이 믿는 것을 맹목적으로 믿는 경우가 많다.
- 이스라엘에게 골리앗은 너무 커서 죽일 수 없는 존재였지만, 다윗에게 골리앗은 너무 커서 빗나갈 수 없는 과녁이였다.

바늘로 찔러도 피한 방울 안 나올 사람과 빈틈 없는 사람은 다르다!

멘트의 훈련 1

반복된 훈련이 선수를 만들고, 반복된 노력이 천재를 만든다!

처음부터, 태어나면서부터 잘 하는 사람은 없다. 우리 모두 달릴 수는 있지만 선수가 될 수는 없다. 선수는 동영상 분석을 많이 하고, 보약을 많이 먹은 사람이 되는 것이 아니다. 금메달의 영광은 연습량이 말을 해준다.

다음의 예문을 빠르게 반복적으로 연습하면 큰 효과를 볼 수 있다. 나무젓가락이나 볼펜을 어금니에 가볍게 물고한다면 갑절의 효과가 있다.

1) 간장공장 공장장은 강 공장장이고, 된장공장 공장장은 공 공장장이다.
2) 저기 있는 저분이 박 법학박사이시고, 여기 있는 이분이 백 법학박사이시다.
3) 저기 가는 저 상장사 새 상장사냐, 헌 상장사냐?
4) 저기 있는 저 말뚝이 말 맬 말뚝이냐, 말 못 맬 말뚝이냐?
5) 한양 양복점 옆 한영양복점, 한영 양복점 옆 한양양복점.
6) 사람이 사람이라고 사람인줄 아는가? 사람이 사람구실을 해야 사람이지!
7) 들에 콩깍지는 깐 콩깍지냐 안 깐 콩깍지냐? 깐 콩깍지면 어떻고 안 깐 콩깍지면 어떠하냐? 깐 콩깍지나 안 깐 콩깍지나 콩깍지는 콩깍지인데……

바름 겉으로 보기에 비뚤어지거나 굽은 데가 없음.

- 얼굴이 잘생긴 것은 몸이 건강한 것만 못하고, 몸이 건강한 것은 마음이 바른 것만 못하다.
- 바른 말만 하는 사람은 귀여움도 못 받고 환영도 못 받는다.
- 바른 말은 내안의 또 다른 변론이다.
- 바른 행동도 예의가 뒷받침해 주지 않으면 존경을 받을 수 없다.

바보 지능이 부족하여 정상적으로 판단하지 못하는 사람을 낮잡아 이른 말.

- 가끔씩 바보가 되면 세상이 아름다워 질 때가 있다.
- 공부만 하고 놀지 않으면, 아이는 바보가 된다.
- 바보가 없었으면 똑똑한 자도 없었다.
- 바보는 방황을 하고, 현명한 사람은 여행을 한다.
- 바보들은 항상 남의 탓만 한다. 바보들은 행운이 와도 잡을 줄 모른다. 바보들은 항상 문제가 뭔지도 모른다. 바보들은 항상 바쁘다고만 한다.
- 부지런한 바보만큼 이웃을 괴롭히는 자가 없다.
- 사랑을 하면 바보가 되지만, 못하면 병신이다.
- 어른이 되지 않고 나이를 먹는 방법과, 자기계발을 하지 않고 밥을 먹는 방법은 똑같이 바보를 만든다.
- 없는 것을 있는 것처럼 애쓸 필요는 없다. 자기 실력 이상의 일을 하려고 애쓰지 말고 차라리 바보가 되는 것이 더 효과적일 수가 있다.
- 자기 자신을 현명하나 똑똑하다고 생각하는 인간은 그야말로 바보이다.
- 전혀 결점을 보이지 않는 인간은 바보가 아니면 위선자이다.

반대[反對] 두 사물이 모양, 위치, 방향, 순서 따위에서 등지거나 서로 맞섬.

- 반대 의견에 귀를 기울이면 더 좋은 방법과 묘안이 생긴다. 대인은 듣기를 힘쓰고 소인은 말하기에 힘쓴다.
- 적당한 반대는 큰 도움이 된다. 연이 바람을 타고 나는 것이 아니라 바람을 거슬러 날아오르는 것처럼……
- 반론을 무력화시키려면 예상 반론을 먼저 언급하라!
- 타인의 결점은 좋은 교사이다.

반복[反復] 같은 일을 되풀이 함.

- 꾸준히 하는 반복이 천재를 낳는다.
- 똑같은 카드를 찾아내는 비결은 수많은 카드를 뒤집어 보는 것이다.
- 사흘마다 작심삼일을 반복하라. 반복이 목적지에 닿는 데 큰 도움이 된다.
- 성공하고 싶다면 끈임 없이 반복하라!
- 열 번 찍어 안 넘어가는 나무 없다지만, 그래도 안 넘어가는 나무도 있다. 이럴 때는 열한 번 찍는 것이다. 이때 나무가 쓰러진다면 마지막 한 번 더 찍어 넘어간 것이 아니라 그 앞의 열 번이 있었기 때문이다.
- 인간은 ~한 척하는 흉내를 내다가 결국 그처럼 되어버리는 경향이 비일비재하다.
- 작심삼일도 100번 모이면 300일 된다.
- 작심삼일도 반복하다보면 성과를 얻을 수 있다. 작은 실패를 두려워하지 마라!

발견[發見] 미처 찾아내지 못한 사물이나 현상, 사실 따위를 찾아냄.

- 상상은 발명이 아니라 발견이다.
- 우리의 눈은 더럽고 나쁜 것을 발견하기 위해서 있는 것이 아니라, 아름답고 좋은 것을 발견하기 위해서 있는 것이다.
- 자신의 일을 발견한 사람은 이미 대단한 은혜를 입고 있는 사람이다.

발명[發明] 아직까지 없던 기술이나 물건을 새로 생각하여 만들어 냄.

- 발명은 다른 사람들과 같은 사물을 보고도 뭔가 다르게 생각할 때 가능하다.
- 실수 없이 큰 발명을 한 사람은 없다.
- 화난 사람은 발명을 못한다. 반면 웃는 사람은 발명을 한다.
- 기술자들은 전문적인 것에 얽매어 기발한 발상을 하지 못한다.

발상[發想] 어떤 생각을 해냄.

- 발상의 전환이 혁신의 기적을 만든다.
- 팔리는 상품은 게으른 자의 발상에서 나온다.

발전[發展] 더 낫고 좋은 상태나 더 높은 단계로 나아감.

- 인간은 완전하게 될 순 없으나 점점 나아질 수는 있다.
- 천사의 장점은 결점이 없다는 것이다. 그러나 천사의 단점은 결점이 없기 때문에 발전이 안 된다는 것이다.
- 최상의 행복은, 1년이 지난 뒤에 연초의 자기보다 더 좋아졌다고 느끼는 것이다.

방해[妨害] 남의 일을 간섭하고 막아 해를 끼침.

- 불가능한 일 때문에 가능한 일까지 방해받지 마라!
- 생각 없는 도움은 오히려 방해다.
- 우리의 위대한 인생 계획을 방해하는 두 가지가 있다. 하나는 어떤 일도 끝내지 않는 것이며, 다른 하나는 어떤 일도 시작하지 않는 것이다.
- 자신이 할 수 없는 일이, 할 수 있는 일을 방해하게 해서는 안 된다.

방향[方向] 어떤 방위(方位)를 향한 쪽.

- 100미터 경기에 있어서도 빨리만 뛴다고 승리자가 되는 것이 아니다. 반대 방향과 결승점 밖으로 아무리 빨리 뛰었더라도 그것은 헛수고일 뿐이다.
- 문제는 목적지에 얼마나 빨리 가느냐가 아니라 그 목적지가 어디냐는 것이다.
- 방향감각이 없으면 엄마가 아들 손잡고 남자 화장실로 들어간다.
- 어느 항구로 가고 있는지 모르는 항해사에게는 아무리 순풍이 불어도 소용없다.
- 어느 항구를 향해 갈 것인지 생각하지도 않고 노를 젓는다면 바람조차 도와주지 않는다.
- 자신이 나아갈 분명한 방향과 목표를 알고 있는 것에서부터 성공은 시작된다.
- 중요한 것은 우리가 현재 있는 곳이 아니라 우리가 나아가고 있는 방향이다.

배려[配慮] 도와주거나 보살펴 주려고 마음을 씀.

- 남보다 한 걸음 늦게 차지하려는 아량이 다른 사람의 신뢰와 신망

- 을 얻는 바탕이 된다.
- 남에게 자부심을 심어주는 2가지는, 머리와 돈이 부족하다는 것을 느끼게 해 줬을 때이다.
- 남을 위하는 마음은 궁극적으로 자기 자신을 위하는 것이다.
- 다른 사람이 성장하지 못하도록 막으면 우리 자신도 성장하지 못한다. 이를 주의할 때 자신의 가치가 높아진다.
- 당신이 숙녀라서 문을 열어주는 것이 아니고, 내가 신사라서 열어주는 것이다.
- 받아서 채워지는 가슴보다 주어서 비워지는 가슴이 아름답다.
- 배려는 귀먹은 사람이 들을 수 있고, 눈먼 사람이 볼 수 있는 언어이다.
- 배려는 만기가 정해지지 않는 저축과도 같은 것이다.
- 배려는 상대가 원하는 것을 주는 것이고, 받기 전에 먼저 주는 것이다. 배려는 사소하지만 위대하다.
- 사람에게 관심을 가져라. 인간은 자신에게 관심을 가져주는 사람에게 마음의 문을 열어 호감을 나타내게 된다.
- 아무리 보잘것없는 사람도 공평하게 대하라!
- 영국 속담에 'give and take'라는 말이 있다. 아이들은 'take and take'이고, 약간 성숙하면 'take and give'이고, 사회인으로서 성숙하면 'give and take'가 된다. 여기서 한 발 더 전진하면 'give and give'가 된다.
- 인생은 짧다. 그러므로 어서 서둘러 당신과 함께하는 이들의 마음을 기쁘게 하도록 노력하라!
- 장미의 향기는 그 꽃을 준 사람의 손에도 머물러 있다.
- 친절은 사소한 배려에서 나타난다.

배우자

배우자[配偶者] 부부의 한쪽에서 본 다른 쪽.

- 남의 취향에 맞는 배우자가 아니라, 자신의 취향에 맞는 배우자를 구하라!

- 바다로 갈 때는 한 번 기도하라. 전쟁터로 갈 때는 두 번 기도하라. 그러나 결혼식장으로 나갈 때는 세 번 기도하라. 의미심장한 말이다. 좋은 배우자를 만나면 일생풍작이요, 그렇지 않으면 일생의 흉작이다. 좋은 배우자를 만나면 백만 대군을 얻은 것처럼 마음이 든든하다.
- 상대방의 문제가 결혼 후에 고쳐질 거라 생각하지 마라. 변해야 할 것은 상대방이 아니라 바로 자신이다. 어찌 내 배우자만 변하는 행운이 있겠는가?

배움 새로운 지식이나 교양을 얻음.

- 배우기를 멈추지 마라!
- 배우는 마음이 있으면 모든 생명체는 스승이 된다.
- 배우는 한, 마음은 결코 메마르지 않는다.
- 배운 뒤에 부족함을 안다.
- 배움을 멈추는 자는 나이에 상관없이 늙은 사람이다. 반면에 끊임없이 배우는 자는 누구나 젊다.
- 배움이 없는 자유는 언제나 위험하며, 자유가 없는 배움은 언제나 헛된 일이다.
- 살아 있는 한 부지런히 배우라. 세월이 지혜를 가져다주기를 기다리지 말라!
- 어진 사람은 적에게서 많은 것을 배운다.
- 우리는 소에게 배워야 할 일이 한 가지 있다. 즉, 그것은 다시 되새기는 일이다.
- 우린 여러 면에서 견해가 서로 다르다. 그건 서로 배울게 많다는 뜻이 된다.
- 유능한 사람은 언제나 배우는 사람이다.
- 이 세상에서 제일 좋은 것은 배운다는 것이다. 돈이란 잃거나 도둑맞을 수가 있고, 건강과 정력은 약해질 수가 있다. 그러나 머릿

속에 넣어둔 것은 영원히 당신의 것이다.
- 현명한 사람은 알기 위해 배운다. 하지만 우매한 사람은 사람에게 알려지기 위해서 배운다.

버릇 ↗

버릇 오랫동안 자꾸 반복하여 몸에 익어 버린 행동.

- 괴롭다고 입버릇처럼 말하는 사람은 조금도 괴롭지 않다.
- 아이들의 버릇을 고치려면, 남들에게 아이들 칭찬을 하되 아이들이 엿듣게 하라!
- 화내는 버릇, 남의 장점을 외면하는 버릇은 안 좋은 버릇이다.

벌 ↗

벌[罰] 잘못하거나 죄를 지은 사람에게 주는 고통.

- 만약 병사와 노동자들이 일이 고되다고 불평한다면 아무 일도 하지 않는 벌을 주어라!
- 벌을 주고 난 후에는 꼭 안아줘라. 벌을 줄 때도 애정표현을 잊지 마라!
- 자녀를 협박해서는 안 된다. 벌을 주든지, 아니면 용서를 하든지 둘 중 하나를 선택해야 한다. 위협은 아이에게 불안을 일으켜 건강하지 못한 요소를 갖게 할 뿐, 아무런 득이 없다.

범죄 ↗

범죄[犯罪] 법규를 어기고 저지른 잘못.

- 범죄는 은밀성이 보장될 때 활개를 치게 된다.
- 범죄에 대한 최대의 동기는 벌을 피하려는 희망이다.
- 현대인이 저지르기 쉬운 3가지 정신적 범죄는, 모르면서 배우지 않는 것. 알면서도 가르치지 않는 것. 할 수 있는 데도 하지 않는 것이다.

법[法] 국가의 강제력을 수반하는 사회 규범.

법

- 가장 민주적이면서도 가장 비민주적인 말은? 법대로 합시다!
- 모두가 찬성하는 정책이나 법은 이미 정책이나 법이 아니다.
- 법은 거미줄과 같아서 파리는 잡히고 하늘소는 찢어내듯이, 가난한 사람들은 들볶이고 부자들은 그 법을 지배한다.
- 법은 물리력을 갖춰야 한다. 법은 순화된 폭력이다.
- 우리는 자유롭기 위해서 법에 묶여 사는 것이다.
- 죄 없는 사람을 죄인으로 선고하기보다는 차라리 죄인을 풀어주는 위험을 무릅쓰는 편이 낫다.
- 하나의 법이 생기면 하나의 죄도 생긴다.

바

법률[法律] 국회 의결을 거쳐 대통령이 서명 공포함으로써 성립하는 국법.

법률

- 부패한 사회에는 많은 법률이 있다.
- 사랑이 있으면 법률이 필요치 않다.
- 실행할 수 없는 법률은 없느니만 못하다.

변명[辨明] 어떤 잘못이나 실수에 대하여 구실을 대며 그 까닭을 말함.

변명

- 가장 분한 시간은 모욕을 당하는 시간이며, 가장 비굴한 시간은 변명을 늘어놓는 시간이다.
- 변명 중에서도 가장 어리석고 못난 변명은 '시간이 없어서…….'라는 변명이다.
- 불가능이란 비겁한 자의 변명이다.
- 잘못을 정당화하다 보면 잘못이 갑절로 늘어난다.
- 죄를 짓고 변명하는 것보다 참회의 눈물을 머금는 것이 훨씬 낫다.
- 죄를 짓는 것은 사람이지만, 그 죄를 변명하는 것은 악마의 소행이다.

변화[變化] 사물의 성질, 모양, 상태 따위가 바뀌어 달라짐.

- 강한 자가 살아남는 것이 아니다. 현명한 자가 살아남는 것도 아니다. 변화하는 자가 살아남는다.
- 계속 행복이나 지혜를 얻기 원하는 사람은 계속 자기 자신을 변화시켜야 한다.
- 나만이 나를 변화시키고 만족시킬 수 있다.
- 대화를 잘하는 으뜸가는 비결은 다음 어떤 말이 나올지 아무도 알아차리지 못하게 만드는 것이다.
- 무엇보다 내가 변해야 주위를 변화시킬 수 있다.
- 바보와 죽은 자만이 변화하지 않는다.
- 반창고와 소독약만을 사용한 응급처치식 방법은 오래가지 못한다. 참된 변화는 내면에서부터 시작되어야 한다.
- 변치 않는 벗을 구하려는 자여. 그대는 묘지로 가라!
- 변하는 것만이 영원할 수 있다.
- 변화가 필요하기 전에 변하라!
- 변화는 기회를 대변한다.
- 변화라는 것은 미래가 우리 생활에 침투하는 과정이다.
- 변화를 가로막는 가장 큰 장애는 나이가 아니라 변화를 거부하는 당신의 마음가짐이다.
- 변화를 거부하는 자, 그는 죽은 자이다.
- 변화를 계획하지 않는 것은 실패를 계획하는 것과 같다.
- 변화를 못 본 척 하지 마라. 무조건 대항하지도 마라. 그것을 수용하고 그 물결을 타는 법을 배우라!
- 변화에 둔감하면 절대로 미래를 읽을 수 없다.
- 상품을 파는데 있어서 최대의 라이벌은 무엇일까? 그것은 타 회사가 아닌 바로 시대의 변화이다.
- 세상을 변화시키려는 사람은 많다. 그러나 자기 자신을 변화시키려는 사람은 많지 않다.

- 술과 친구는 오래될수록 그 진가를 발휘하지만, 사회과학적 지식은 항상 새로운 탈바꿈을 한다.
- 시대를 변화시킬 만큼 큰 인물이 아니거든 시대를 따라 변하라!
- '십 년이면 강산도 변한다.'는 말이 지금은 '일주일이면 강산도 변한다.'라고 바꿔야 할 만큼 변화의 스피드는 종잡을 수 없다. 이런 급격한 변화에 대응할 수 있는 가장 효과적인 방법은 '변화에는 변화'라는 지극히 간단한 것이다.
- 안전하기 위해 도전하라. 안전하기 위해 변화하라. 그렇지 않으면 낙오자가 된다.
- 애벌레가 세상의 끝이라고 말하는 것을 우리는 나비라고 부른다.
- 언제나 신선한 달걀로 남을 수는 없다. 병아리로 부화되든지 곪든지 해야 한다.
- 여행과 변화를 사랑하는 사람은 생명이 있는 사람이다.
- 오늘 아무 것도 하지 않으면, 내일 거둘 열매는 없다. 오늘 변하지 않으면 내일은 달라지지 않는다. 내일 달라지지 않으면, 당신의 운명도 달라질 수 없다.
- 오늘날 고속 변화는 고속 의사결정을 요구한다.
- 위험은 변화하지 않는 자들에게만 찾아온다.
- 이 세상에서 변하지 않는 단 한 가지의 진실이 있다. 그것은 모든 것은 변한다는 것이다.
- 자기 사상의 밑바탕을 바꿀 수 없는 사람은 결코 현실을 바꾸지 못한다.
- 직원 한사람의 실천이 기업을 변화시킨다.
- 최후까지 살아남는 사람들은 가장 힘이 센 사람이나 영리한 사람들이 아니라 변화에 가장 민감한 사람들이다.

병[病] 생물체에 이상이 생겨 괴로움을 느끼게 되는 현상.

바

병

- 내 병을 고칠 수 있는 건 의사가 아니라 바로 나 자신이다.

- 병을 고치는 것은 환자 자신이 가진 자연 치유력뿐이다. 의사는 그것을 방해해서는 안 된다. 또한 병을 고쳤다고 해서 약이나 의사 자신의 덕이라고 자랑해서도 안 된다.
- 병을 숨기는 자에게는 약이 없다.
- 병원침대란 정지해 있는데도 요금미터기가 마구 돌아가는 택시와 같은 것이다.
- 웃고 있는 사람은 절대 병자가 없다. 그래서 병원에는 웃고 있는 사람이 별로 없나보다…….

보상[補償] 남에게 끼친 손해를 갚음.

- 어려운 일을 기피하면 돌아오는 것은 빈약한 보상이다.
- 용서하는 것이 어렵고, 사과하는 것이 어렵고, 충고를 받아들이는 것이 어렵고, 실수를 인정하는 것이 어렵고……. 그러나 이 어려운 것들을 이룰 수만 있다면 반드시 그 보상이 따른다.
- 칭찬과 보상이 승리의 역사를 만든다.

복권[福券] 추첨을 통하여 일치하는 것에 대해 상금이나 상품을 주는 표.

- 거액의 복권이 당첨된 당첨자 100명 중 90명은 오히려 더 불행해졌고, 5명은 간신히 당첨 전 상황을 유지하고 있고, 나머지 5명은 연락이 안 된다.
- 세상에 공짜는 없다. 돈 버는 과정에는 수고와 노력이 필요하다. 카지노, 복권으로 돈 벌겠다는 환상은 속히 사라져야 한다. 가난한 사람들에 대한 일종의 착취이며, 행운을 조장한 불행의 사신이다.
- 어디에도 복권 당첨으로 인생의 행운을 찾거나 대박난 사람이 없다.

복장[服裝] 옷차림.

- 깨끗한 복장은 좋은 소개장이다.
- 복장은 인간의 신분까지 달라 보이게 한다. 육체적 정신적 건강을 유지하는 첫째 조건이다.
- 우울할 때는 화려한 복장, 스포티한 차림을 하면 마음이 상쾌해진다.

봄 한 해의 네 철 가운데 첫째 철.

- 봄이란 구두가 온통 진창에 푹푹 빠지더라도 휘파람을 불고 싶은 기분이 저절로 샘솟는 계절이다.
- 얼음이 그토록 두껍다고 하지만, 한 입김 같은 봄바람에 절로 녹기 마련이다
- 한 송이 꽃으로 봄이 될 수는 없다.
- 겨울이 따뜻했던 해의 봄꽃은 아름답지 않다. 겨울이 추운 해일수록 봄에 피는 꽃이 아름답다.

봉사[奉仕] 국가, 사회, 남을 위해 자신을 돌보지 아니하고 힘을 바쳐 애씀.

- 남을 도와주는 손이 기도하는 입술보다 더 성스러운 것이다.
- 봉사는 내가 지구상에서 사는 특권에 대해 지불해야 하는 일종의 세금이다.
- 사람의 가치는 타인에 봉사하는 것에 따라 판명된다.
- 세상에는 평생 다른 사람을 위해서 살다가 삶에 마침표를 찍는 사람이 너무도 많다.
- 우울증을 고치는 가장 좋은 방법은 자기 몸을 잊고 남의 몸에 관심을 갖는 것이다.
- 일과 봉사는, 7 대 3 이 좋다. 봉사는 돈독이 해독되는 일이다.

- 자원봉사는 양보다 질이 중요하다.

부

부[富] 넉넉한 생활.

- 부는 사용하기 위한 도구에 불과하며, 숭배하기 위한 신이 아니다.
- 부는 훨씬 더 우량한 권력의 수단이다. 두둑한 돈지갑은 훨씬 더 융통성이 있다.
- 부란 바닷물과 비슷하다. 마시면 마실수록 목구멍에 갈증이 오는 것이다.
- 부란 분뇨와 같아서 그것이 축적되면 악취를 내고, 뿌려지게 되면 땅을 비옥하게 한다.
- 부의 재분배보다는 기회의 재분배가 더 중요하다.

부귀

부귀[富貴] 재산이 많고 지위가 높음.

- 가난을 이겨내는 자는 많으나 부귀를 이겨내는 자는 적다.
- 동시에 두 주인을 섬길 수 없는 것과 같이, 신과 부귀영화를 동시에 섬길 수는 없다.
- 부귀를 우습게 여기는 사람은 상당히 많다. 그러나 그것을 남에게 줄줄 아는 사람은 별로 없다.

부끄러움

부끄러움 부끄러워하는 느낌이나 마음.

- 모르는 것은 부끄럽거나 나쁜 것이 아니다. 모르면서 아는 척하는 것이 더 부끄럽고 나쁘다.
- 부끄러움처럼 아픔을 주고 부풀어 올라 당황케 하는 것도 없다.
- 부끄러워해야 할 것은 잘못이 아니고, 잘못을 고치지 못하는 것이다.
- 실수를 범함을 부끄러워하라. 그러나 실수를 바로잡는 것은 부끄

러워 마라!

- 우리들 대부분은 초라한 옷차림과 엉터리 가구들을 부끄럽게 여기지만, 그보다는 초라한 생각과 엉터리 철학을 부끄럽게 여길 줄 알아야 한다.

부드러움 닿거나 스치는 느낌이 거칠거나 뻣뻣하지 않음.

부드러움 ↗

바

- 부드러운 설득은 강한 위협보다 강하다.
- 이상적인 남자는 남자의 강인함과 여자의 부드러움을 함께 갖고 있다.
- 천하의 지극히 부드러운 것이 천하의 강한 것을 지배한다.

부모[父母] 아버지와 어머니를 아울러 이르는 말.

부모 ↗

- 남의 밥을 먹어봐야 부모의 은덕을 안다.
- 부모가 신념을 가지고 체벌할 때 가녀가 올바로 자란다. 자녀를 사랑한다면 매로 징계하라!
- 부모가 자식에게 남겨줄 수 있는 가장 귀중한 유산은 날마다 그들과 잠깐이라도 시간을 함께하는 것이다.
- 부모가 자식의 모든 문제를 해결해주지는 못한다. 훌륭한 부모가 되고 싶다면 통제하는 대신 따라오게 해야 한다. 가장 중요한 것은 아이들에게 어떤 상황에서도 행복해질 수 있다는 믿음과 용기를 심어주는 일이다.
- 부모가 침대머리에서 책 읽어 주고, 식탁에서 수수께끼 하나를 낼 수 있으면 좋은 부모이다.
- 부모가 흔들리거나 일관성이 없으면 제대로 교육할 수 없다.
- 부모란 하나의 중요한 천직이다. 그렇지만 지금까지 자식을 위해 이 천직의 적성검사가 행하여진 적은 없다.
- 부모에게 죄를 지으면 빌 곳이 없다.

- 야심이 있으면 뭐하나, 훈련이 안되어 있는데……. 목표가 있으면 뭐하나, 실천이 없는데……. 효심이 있으면 뭐하나, 부모가 안 계시는데…….
- 자식들이 아버지에게 예속되어 있는 것은, 자신들을 보호하는 데에 필요한 기간뿐이다.

부부[夫婦] 남편과 아내를 아울러 이르는 말.

- 귀머거리 남편과 장님의 아내는 언제나 행복한 부부이다.
- 남편의 사랑이 지극할 때 아내의 소망은 조그맣다.
- 명랑한 아내는 생애를 즐겁게 한다.
- 부부 사이에 누가 이기고 있습니까? 라는 질문은 어리석기 짝이 없다. 왜냐면 결혼생활에서는 둘 다 이기지 않으면 둘 다 지는 결과가 되기 때문이다.
- 부부가 헤어지면 남이 된다. 남남이면 그나마 다행이고 상당수는 원수가 되어 버린다.
- 부부금실이 좋은 사람은 신뢰해도 좋다.
- 부부는 2개의 원이 모여서 맞물리어 돌아가는 톱니바퀴이다. 따라서 자신을 깎고 희생하는 노력이 없으면 돌아갈 수가 없다. 자신을 고집하면 영원한 원이 되어 헛돌거나 겉돈다.
- 부부는 가위와 같아서 둘이 떨어진다면, 송곳으로도 못쓰고 칼로도 못쓴다.
- 부부란 사슬로 결합된 발이다. 그러므로 부부는 발을 맞추어 걸어야 한다. 그렇지 않으면 사슬에 마음이 쏠려 걸을 수가 없게 된다.
- 부부애가 전우애로 발전 되는 수도 있다. 이런 점에서 결혼은 싸움이 없는 정전이 아니라 항상 휴전상태이다.
- 아내가 없으면, 남자는 지붕이 없는 집이다.
- 아내와 남편의 유일한 공통점은 그들이 같은 날 결혼했다는 것이다.

- 아내의 잔소리는 명심보감으로 알고 살면 이혼 당하지 않는다.
- 아담이 외로울 때 하나님은 그를 위해 열 명의 친구를 만들어 주지 않고 한 아내를 만들어 주었다.
- 암수가 구별된 은행나무는 가장 가까이 있는 나무만 사랑할 수밖에 없다. 아무리 저 멀리 멋지고 근사한 상대가 있어도 오로지 곁에 있는 나무만을 짝으로 삼아야 하는 운명이다. 사람도 마찬가지다.
- 어떤 여성에게도 가장 좋은 남편이란 고고학자이다. 아내가 나이가 들수록 흥미를 가져 줄 테니까…….
- 좋은 아내는 남편이 비밀로 하고 싶어 하는 사소한 것들을 항상 모른 체 한다. 그것이 결혼생활의 예의의 기본이다.
- 좋은 아내는 좋은 남편을 만든다.
- 침실에서 업무를 생각하는 사람은 부부생활을 망칠 가능성이 아주 높다.

부자[富者] 재물이 많아 살림이 넉넉한 사람.

- 돈 많은 사람을 부러워하지 마라. 그가 사는 법을 배워라!
- 벼락부자, 벼락거지 된다.
- 부자가 되는 길은 두 가지가 있는데, 더 버는 것과 욕심을 덜 내는 것이다.
- 부자가 되려면 5시에 일어나라. 부자가 되었다면 7시에 일어나라. 부자도 아니고 될 생각도 없으면 11시에 일어나라!
- 부자가 되었다가 가난해지는 것보다는 가난했다가 부자가 되는 것이 좋다.
- 부자는 10대부터 결정된다고 볼 수 있으며, 평생 습관이 일생을 좌우한다.
- 부자는 쓰는 일에 절도가 있다.
- 부자로 죽기 위해 가난하게 산다는 것은 미쳐도 이만 저만 미친

게 아니다. 부자로 죽지 말고 부자로 살아라!

- 부자를 칭송하는 사람은 그 부자보다는 돈을 칭송하는 것이다.
- 부자에게 있어서 다른 사람들이 얼마나 빈곤한가를 살펴보는 것만큼 어려운 일은 없다.
- 부자에게는 자녀가 없다. 오직 상속자만 있을 뿐이다.
- 부자의 잘못은 돈으로 덮을 수 있고, 의사의 잘못은 흙으로 덮을 수 있다.
- 부자치고 게으른 사람 없다. 사람들이 탐내는 것을 갖으려고 부지런하다.
- 빈자는 이 모진 세상이라 하고, 부자는 이 풍진 세상이라 한다.
- 빈자는 잘살아 보려고 땀 흘리고, 부자는 잘 사는 것을 보이려고 땀 흘려 돈을 쓴다.
- 아끼는 사람은 가난해 보이면서 알부자가 되고, 헤픈 사람은 부자로 보이면서 가난해 진다.
- 아직 줄 수 있는 것이 남아 있다면 부자이다.
- 자신이 좋아하는 일을 하는 사람이 부자다.
- 진정한 부자는 돈을 많이 가지고 있다고 말하지 않는다. 돈을 많이 가지고 있다는 자랑하는 사람은 아직 부자라고 할 수 없다. 뛰어난 재능을 가지고 있는 사람은 자신의 재능을 과시하지 않는다. 사회에 나가면 보이지 않는 학력이 보이는 학력을 뛰어넘는다.
- 착한 아들을 원하면 좋은 아빠가 되고, 좋은 아빠를 원하면 좋은 아들이 되어야 한다. 세상을 바꾸는 단 한 가지 방법은 바로 자신을 바꾸는 것이다.
- 참다운 부자가 되지 못하는 것은 자신의 능력도 모르고 목표도 세우지 않기 때문이다. 세상일을 너무 쉽게 낙관하고 내일이란 선물의 시간 관리에 실패했기 때문이다.
- 현자란 어떤 사람인가? 모든 것에서 배우는 사람이다. 강자란 어떤 사람인가? 자기를 이기는 사람이다. 부자란 어떤 사람인가? 자기의 운명에 만족하는 사람이다.

부정[否定] 긍정과 대립되는 말.

- 긍정적인 사람은 긍정적인 단어를 많이 사용하고 부정적인 사람은 부정적인 단어를 많이 사용한다.
- 부정적인 감정은 학습된 것이다.
- 어떤 사람은 방에 들어서기만 해도 방안의 공기가 흐려지는 사람이 있다. 그 사람은 늘 우울하고 어두운 얼굴을 하고 있고 불평을 늘어놓고, 험담을 즐기고 있는 사람이다.
- 자신은 할 수 없다고 생각하고 있는 동안 사실은 그것을 하기 싫다고 다짐하고 있는 것이다. 그러므로 그것은 실행되지 않는 것이다.
- '할 수 없다!'고 생각하는 것은 '하기 싫다!'고 다짐 하는 것과 같다.

부지런함 꾸물거리거나 미루지 않고 꾸준하게 열심히 하는 태도.

- 늦게 일어나는 자는 온종일 총총걸음을 걸어야 한다.
- 손을 주머니에 집어넣은 채로 당신은 성공의 사다리를 오를 수 없다.
- 이 세상에 천성이 부지런한 사람은 아무도 없다. 단 부지런하게 행동하는 사람이 있을 뿐이다.

부채[負債] 남에게 빚을 짐.

- 국민 1인당 외채가 몇 백 만 원이라니……. 태어나자마자 아이가 우는 이유를 알겠다.
- 돈을 모을 때까지는 돈을 쓰지 마라. 이 마음가짐만 있으면 빚만은 피할 수가 있다.
- 말 한마디가 아니라, 미소로 천 냥 빚을 갚는다.
- 부채가 많은 기업은 파산하고, 부채가 많은 인간은 실패한다.

- 빚은 자유인을 노예로 바꿔놓는다.
- 작은 빚은 총알이고, 큰 빚은 대포알이다. 작은 빚은 어디든 날아 올 수 있기 때문에 피하기 어렵다. 대포는 소리는 크지만 위험은 작다. 작은 빚부터 잡아야 한다.

분노[憤怒] 분개하여 몹시 성을 냄. 또는 그렇게 내는 성.

- 극심한 분노보다 인간을 빨리 좀먹는 것은 없다.
- 당신이 분을 품는 매 시간마다 행복을 동시에 잃게 된다.
- 만일 당신이 당신의 적에게 불같은 화를 낸다면, 종종 당신의 적 보다 당신이 더 많은 화상을 입는다.
- 분노는 상대를 쓰러뜨리는 것이 아니라 내 영혼의 에너지를 소진 시켜 나를 지치게 만든다.
- 분노를 억제하지 못하는 것은 수양이 부족하다는 표시이다.
- 분노보다 용서가 훨씬 경제적이다. 미움의 상처를 씻어주고, 보복 의 파멸을 막아주고, 영혼의 손실을 방지하기 때문이다.
- 용서는 인생길을 순하게 하지만 분노는 생애를 격하게 만든다.
- 한번 분노할 때 마다 한 살씩 늙고, 한 번 기뻐할 때마다 한 살씩 젊어진다. 이것은 신이 인간에게 내린 최악의 형벌이자 최고의 선 물이다.
- 해로운 것은 숨겨진 분노이다.

분발[奮發] 마음과 힘을 다하여 떨쳐 일어남.

- 7전 8기라는 말이 있지만 일곱 번이나 실패하면 그것으로 인생은 끝장이다. 실패는 이번 한 번으로 끝내자!
- 가난은 사람을 분발하게 한다.
- 가장 위대한 에너지원 가운데 하나는, 자기가 하는 일에 대한 긍 지를 갖는 것이다.

- 가장 하기 힘든 일은 아무 일도 안하는 것이다.
- 개구리도 처음엔 올챙이였고 황소도 어릴 적엔 송아지였다. 지금은 서툴고 덜 익었지만 꾸준히 노력하다 보면 베테랑이 된다. 빨리빨리 많은 실패를 해야 한다.
- 공부벌레를 비웃지 마라. 언젠가는 그 사람 밑에서 일할 날이 올 것이다.
- 과거는 어쩔 수 없다. 문제는 이제부터다. 우리가 통제할 수 있는 시간은 현재와 미래다. 어떻게 만들어 갈 것인가는 전적으로 자신에게 달려있다. 생각보다 훨씬 긴 시간이 남아있다. 모든 것은 마음먹기에 달려있다.
- 과거에 배우고, 현재에 살고, 미래에 준비하라!
- 그 일을 하는 데 최고의 날은 오늘이고, 그 일을 하는 데 최악의 날은 내일이다.
- 꾸물대고 있는 것은 시간을 도적맞는 일이다.
- 끝을 맺기를 처음과 같이 한다면 실패할 일이 없다.
- 남보다 먼저 앞질러 가면 길이 열린다.
- 내가 하고 있는 일이 하찮아서 뜻을 펼칠 수 없는 것이 아니라, 내가 보잘 것 없는 뜻을 가졌기 때문에 지금의 일이 하찮게 보이는 것이다.
- 내가 하는 일에 대해서 나보다 더 잘하는 사람이 없게 하라!
- 당신만이 못 느끼고 있을 뿐……. 당신은 매우 특별한 사람이다.
- 당신이 잠자리에서 일어나든 안 일어나든 하루는 시작된다.
- 당신이 하는 일이 남과 다를 바 없다면, 그것은 은퇴할 시기가 되었다는 표시다.
- 더 이상 물러설 곳이 없다는 절실함을 가져라!
- 떨어질 걱정만 하고 있다면, 영원히 날 수는 없다.
- 먹는 데는 걸신! 노는 데는 귀신! 일하는 데는 등신! 아이디어는 빙신!
- 모든 삼진아웃은 홈런으로 가는 길이다.

- 배고픈 표범은 배부른 사자를 잡아먹는다.
- 세상은 고통으로 가득하지만, 한편 그것을 이겨내는 일로도 가득 차 있다
- 어떤 일을 하고 싶은 사람은 1만 명, 그 일을 시작하는 사람은 1백 명, 그 일을 계속해서 성공하는 사람은 1명이다.
- 오늘 걷지 않으면 내일 뛰어야 한다.
- 인생은 메이저리그와 마이너리그로 나누어져있다. 그 중간은 없다.
- 자신을 다스리지 못하는 사람은, 자신을 위해 어떤 행동도 할 수 없다.
- 자신의 생각대로 살아야 한다. 그렇지 않으면 결국 자기가 사는 대로 생각하게 된다.
- 지금까지 우리에게 가장 큰 피해를 끼친 말은 바로 '지금껏 항상 그렇게 해왔어!'라는 말이다.
- 최고의 강적은 자기 자신이다.
- 프로 권투에선 은메달이 없다. 오직 세계 챔피언만이 있다.
- 한발만 앞서라. 모든 승부는 한 발자국 차이이다.

분별[分別] 세상 물정에 대한 바른 생각이나 판단.

- 개는 날아 온 돌을 보고 화를 내고, 던진 사람에게 화낼 줄 모른다.
- 검은 고양이든 흰 고양이든 쥐만 잘 잡으면 좋은 고양이이다.
- 고주망태에게 맛없는 술은 없고, 장사꾼에게 더러운 돈은 없으며, 색광에게 추녀는 없다.
- 급히 뛰어 가는 자는 길을 잃는다.
- 길거리를 지나다가 빈 지갑을 주운 나그네가, 돈이 없다고 투덜거리는 격이다.
- 깃발이 높을수록 요동이 심하고, 탑이 높을수록 무너지기 쉽다.
- 까마귀는 아무리 씻어도 희어지지 않는다.
- 날 잡은 놈은 자루 잡은 놈을 당하지 못한다.

- 내가 세계의 중심일 수 없다. 모든 사람의 사랑을 독차지하려고 하지 마라!
- 내가 헤아리는 만큼 그도 나를 헤아린다.
- 너무 멀리 보는 사람은 자신 앞에 펼쳐져 있는 초원을 보지 못하는 법이다.
- '늦었다고 생각한 때가 가장 빠른 때입니다.'라는 표현은 상투적인 이야기지만, 맞는 말이다.
- 다른 사람이 입은 밍크코트를 본다고 따뜻해지는 것은 아니다.
- 다이아몬드도 숯이나 석탄 같은 탄소의 응결체이다. 다른 점이 있다면 서로 다른 압력 아래 이루어졌다는 것일 뿐이다.
- 당신을 욕하고 비난하는 사람을 보면 기뻐하고, 당신을 칭찬하고 갈채를 보내는 사람을 경계하라!
- 도둑질로 잘사는 사람도 있으나, 잘사는 사람이라고 모두 도둑질한 것은 아니다. 또한 청렴해서 가난하게 사는 사람도 있으나, 가난한 사람이 다 청렴한 것은 아니다.
- 독수리는 파리를 잡지 않는다.
- 두통을 멈추기 위해서 머리통에다 총을 쏜 격이다.
- 라면을 끓일 도구가 없어서 생라면을 먹는 사람과 라면을 끓이기 귀찮아서 생라면을 먹는 사람을 똑같이 취급하면 안 된다. 그러나 때로 세인들은 보이는 현상만으로 두 사람을 똑같이 취급한다.
- 많은 사람들이 그 의견을 지지한다고 해서 그 의견이 옳은 것은 아니다.
- 말 앞에 수레를 놓을 수는 없다.
- 말을 탄 대장을 쓰려거든 먼저 말을 쏘아라!
- 매일 맑은 날만 계속된다면, 이 세상은 온통 사막이 되었을 것이다.
- 멀리 뛰기로 태평양을 건너겠다고 생각하는 격이다.
- 모두가 원하는 일만 하다 보면 어리석은 일을 하고도 좋은 일을 했다고 착각하게 된다.
- 모든 것은 나로부터 시작된다.

바

- 목마른 사람에겐 물을 줘야지 빵을 주면 안 된다.
- 문(門)을 높이는 자는 망한다.
- 문제는 얼마나 바쁘냐에 있는 것이 아니라 왜 바쁘냐에 있다. 벌은 칭찬을 받지만 모기는 손바닥으로 얻어맞는다.
- 미용사가 여러 명 있으면 신부는 대머리가 된다.
- 바늘로 찔러도 피한 방울 안 나올 사람과 빈틈없는 사람은 다르다.
- 바다가 잔잔하고 청명한 날씨에는 능숙한 뱃사공의 솜씨가 안 나타난다.
- 바둑에서 한 번도 지지 않는 가장 확실한 방법은 아예 두지 않는 것이다.
- 바둑을 둘 때도 몇 수 앞을 내다보고 두는 사람이 이긴다. 당장 눈앞에 이익에 연연하다보면 크게 손해 보는 일이 생기게 마련이다.
- 바쁜 바보, 게으른 꾀보. 둘 다 최악이다.
- 방이 천간이나 되는 대궐일지라고 하룻밤을 자는 데는 방한간이면 되고, 만석의 땅을 가졌을 지라도 하루 먹는 데는 쌀 한 되면 된다.
- 배가 부르면 슬픔도 그 만큼 덜해진다.
- 배부르고 따뜻하면 음탕한 욕구를 생각하며, 주리고 추우면 도심(道心)을 일으킨다.
- 배(船)를 즐기는 자는 빠지고, 말(馬)을 즐기는 자는 떨어진다.
- 별것도 아닌 일에 심각해 하는 사람들은, 정작 심각한 일을 별것도 아닌 듯 생각한다.
- 보여준 것보다는 더 많이 갖고 있어야 하고, 아는 것보다는 덜 말해야 하고, 지니고 있는 것보다는 덜 빌려 주어야한다.
- 부드러운 말로 상대를 정복 할 수 없는 사람은 큰 소리로도 정복할 수 없다.
- 부자가 되는 것보다 부유한 영혼을 가지는 편이 낫다.
- 분별력이 좋아도 나쁜 의지와 결합되면 그 결과는 언제나 실패이다.

- 불분명한 태도로 거래하는 사람을 주의하라!
- 비록 비단 옷을 입고 있어도 원숭이는 원숭이다.
- 사람이 눕지 않으면 아무도 밟고 지나갈 수 없다.
- 상대가 말하고 싶은 화제는 단 한 가지뿐이다. 그것은 단적으로 말해서 자기 자신에 관한 것이다.
- 상대방의 말속에 거의 답이 들어있다.
- 새장에 갇힌 새는 자유를 갈망한다. 그러나 하늘을 나는 새는 자유를 보상받은 만큼 많은 시련을 견뎌내야 한다는 것을 알아야 한다.
- 세계 최고의 칼잡이는 세계 두 번째 칼잡이를 절대 두려워하지 않는다. 그가 두려워하는 사람은 칼을 한 번도 잡아본 적이 없는 무지한 적이다.
- 세상이 날 버렸다고 생각하지 마라. 세상은 너를 가진 적이 없다.
- 소가 마신 물은 젖이 되고, 뱀이 마신 물은 독이 된다.
- 슛을 쏘지 않고는 절대 골인을 넣지 못한다. 슛과 킥은 다르다.
- 썩은 백합은 썩은 잡초보다 고약하다.
- 쓰고 있는 열쇠는 항상 빛난다.
- 어느 프랜차이즈 선전에 높은 월수입과 마진을 보장한다면, 결국 손님이 비싸게 먹는다는 얘기다. 이런 집 가지 말자!
- 어디든 사람을 만난 곳이 회의실이고, 일을 하는 곳이 일터이다.
- 어떤 민족을 이해하고 싶거든 그들의 민속춤을 보고 민요를 들어라. 결코 그들의 정치인들이 떠드는 소리에 귀 기울이지 마라!
- 어떤 사람에겐 양식인 것이 다른 사람에겐 무서운 독약일 수도 있다.
- 어떻게 해도 오리를 독수리로 만들 수는 없지 않은가?
- 여러 사람의 조언에 따라 집을 세우면, 완성된 집은 대개 기우뚱하다.
- 영양분이 많다고 해서 치즈와 돼지고기와 양파를 썰어 넣고 밥을 하면 못 먹을 음식이 된다.
- 옷이 날개라는 말은 훌륭한 의상을 걸치면 훌륭한 사람으로 보인

다는 것이다. 이와 반대로 사람은 겉보기와 다르다는 말도 된다.

- 요즘의 스펙 열풍? 왜 죽도록 노력해서 남과 똑같아지려 하는가?
- 우리 세대는 편할 때가 없다. 우리가 어렸을 적에는 어른을 존경해야 한다더니 이제 와서는 젊은 세대를 존중하라고 하니…….
- 우리는 보이지 않는 수많은 선에 묶여 있다. 법, 체면, 양심, 핸드폰, 피시, TV, 신문…….
- 우아하게 떠 있는 백조 같지만, 수면 아래서는 쉴 새 없이 움직이는 갈퀴의 움직임이 있다.
- 음식의 최상의 조미료는 굶는 것이고, 음료의 최상의 그것은 갈증이다.
- 이익으로 분열되고, 범죄로 뭉쳐진다.
- 인간은 바나나 껍질을 내동댕이치고, 바나나껍질은 인간을 내동댕이친다.
- 인간이 이 세상에 존재하는 것은 부자가 되기 위함이 아니라 행복하게 살기 위해서이다.
- 일단 무엇에 빠져 들었다 하면, 감기처럼 나을 때가 되어야만 끝나는 법이다.
- 임금을 알려면 먼저 그의 신하를 보고, 그 사람을 알려면 먼저 그의 친구를 볼 것이며, 그 아비를 알려면 먼저 그의 자식을 보라!
- 잊지 마라. 세상 어떤 일이든 깃털 한 개의 무게가 결정적인 역할을 할 수 있다는 사실을…….
- 자격증을 절대적인 것으로 취급하거나 과잉신뢰하지 마라!
- 자기 나라의 말을 아직 배우기 전에 어떤 나라를 여행하는 것은 학교에 가는 것이지 여행하는 것이 아니다.
- 자기 자신에 대해서 모두 알고 있는 사람은 다른 사람에 대해서도 모두 알고 있다.
- 자기를 굽히는 사람은 중요한 일을 잘 처리하고, 이기기를 좋아하는 사람은 반드시 적을 만난다.
- 자동차를 갖기 위해 자동차를 만들 필요는 없다. 사면된다.

- 자신이 나눈 성을 드러내 놓고 밝히는 것은 결코 아름다운 일이 아니다. 성이 추한 것이어서가 아니다. 사랑하는 사람끼리 나누도록 해 놓은 은밀한 성을 왜 남들에게 밝히는 것일까?

- 작은 일을 털어놓는 자를 경계하라. 당신에게서 커다란 이야기를 빼내기 위한 것이다.

- 잔치 집에 가서는 축하 곡을 불러주고, 상갓집에 가서는 장성 곡을 불러줘야 한다.

- 잠이 오지 않는 사람에게는 밤이 길고, 다리 아픈 사람에게는 5리 길도 멀다.

- 장난감을 놀이기구로 정의하느냐 아니면 유아교육기구로 보느냐가 싸구려 딸랑이와 세계적 상품 '레고'의 갈림길이 된다. 같은 원재료는 같지만 가격은 수십 배 차이난다. 사업에 대하여 올바르고 시대에 걸맞은 트렌드를 정립해 나가야 한다.

- '젊게 보입니다!'라는 말은 늙었다는 증거이다.

- 젊은 사람 치고 자신도 언젠가는 죽는다고 믿고 있는 사람은 거의 하나도 없다.

- 친구의 이마에 있는 파리를 잡으려고 도끼를 쓰지 마라!

- 타이어를 갈 때가 됐는지를 타이어 판매원에게 묻지 마라!

- 픽션이란 성형미인이고, 논픽션이란 그 여자의 자식이다.

- 하루를 길게 보내는 방법은 먹을 것이 없어 굶어 보면 안다.

- 헤엄 잘 치는 자는 결국 물에 빠진다.

분석[分析] 얽혀 있거나 복잡한 것을 풀어서 개별적인 요소나 성질로 나눔.

- 숫자를 다루는 능력은 필수 과목이다. 계산은 컴퓨터가 하지만 분석은 사람이 한다.

- 신문지를 50번 접으면 그 두께는 얼마나 될까? 우린 대충 짐작으로 1m 나 10m 정도라고 답한다. 그러나 정확한 수학적인 계산을 동원하면(0.1mm를 2의 50승) 112,150,186km나 된다. 이것은 지구

와 달 사이를(384,304km) 146번이나 왕복할 수 있는 거리이다. 감
각 보다는 분석이 강조되는 말이다.

- 펀드매니저들의 분석결과, 자기 분수 것 사는 게 더 좋다는 결과
를 얻었다.

불가능

불가능[不可能] 가능하지 않음.

- 불가능, 그것은 나약한 사람들의 핑계에 불과하다.
- 불가능, 그것은 도전할 수 있는 가능성을 의미한다.
- 불가능, 그것은 사실이 아니라 하나의 의견일 뿐이다.
- 불가능, 그것은 영원한 것이 아니라 일시적인 것이다.
- 불가능이란 비겁한 자의 변명이다.
- 불가능한 일 때문에 가능한 일까지 방해받지 마라!
- 우리는 불가능 한 것을 위해 한없이 애를 쓸 필요는 없다.

불만

불만[不滿] 마음에 들지 않아 못마땅하며 마음에 차지 아니함.

- 당신이 갖고 있는 것이 당신에게 불만스럽게 생각된다면, 세계를
소유하더라도 당신은 불행할 것이다.
- 불만이 많은 동료와 함께 일하지 마라!
- 여유가 생기면 불만을 찾기 시작한다.

불명예

불명예[不名譽] 명예스럽지 못함.

- 사람이 넘어지는 것은 불명예가 아니다. 그가 넘어졌을 때 그대로
누워서 원망하는 것이 바로 불명예이다.
- 어리석은 사람은 결코 중후한 인품을 가질 수 없다. 인간적 결함
은 치욕적인 불명예이다.
- 오래 살았다는 것밖에는 남긴 것이 없는 늙은이보다 더 불명예스

러운 것은 없다.

바

불성실[不誠實] 정성스럽고 참되지 아니함.

- 불성실한 친구는 입에 꿀을 바르고 가슴에 칼을 품는다.
- 불성실한 친구를 가질 바에야 차라리 적을 가지는 편이 낫다.
- 진지한 사과는 감정계좌에 신뢰를 예입시키는 것이다. 그러나 반복되는 사과는 불성실한 것으로 받아들여져 신용에 대한 인출이 된다.
- 현대인의 최대의 정신적 범죄는 자기 자신에 대해서 불성실한 것이다.

불평[不平] 못마땅한 것을 말이나 행동으로 드러냄.

- 대기를 오염시키는 가장 나쁜 것은 스모그가 아니라 사람들이 내뱉는 불평들이다.
- 불평을 말하고 험담을 입에 올리는 사람이 성공한 사례는 없다.
- 위대한 사람은 결코 기회가 부족하다고 불평하지 않는다.
- 인생에 대해서 불평하는 사람들은 거의 항상 인생으로부터 불가능한 것을 요구하는 사람이다.

불행[不幸] 행복하지 아니함.

- 과거의 불행은 하나의 재산이다.
- 나쁜 사람으로부터 은혜를 받게 되는 것은 참을 수 없는 불행이다.
- 나의 일생은 끔찍한 불행으로 가득 차 있으리라 믿었으나, 그 대부분은 결코 일어나지 않았다.
- 내일 무엇을 해야 할지 모르는 사람은 불행한 사람이다.
- 당신이 갖고 있는 것이 당신에게 불만스럽게 생각된다면, 세계를

소유하더라도 당신은 불행할 것이다.

- 불행은 일단 우리의 앞을 막으면서, 새 길을 열어주고 있다.
- 불행은 진정한 친구가 아닌 자를 가려 준다.
- 불행한 사람들은 또 다른 불행한 사람들에 의해 위로를 받는다.
- 세상에 부자이기 때문에 얻은 불행보다 더 큰 불행은 없다.
- 신중한 사람은 같이 일하는 동료들에게 자신의 불행을 말하지 않는다.
- 어떠한 행복 속에도 불행은 숨어있다. 반대로 어떠한 불행 속에도 행복은 숨어있다.
- 언제까지나 계속되는 불행이란 없는 법이다. 가만히 견디고 참든지, 용기를 내어 쫓아버리든지, 이 둘 중의 한 가지 방법을 취해야 한다.
- 인생이란 학교에는 '불행'이라는 훌륭한 스승이 있다. 스승 때문에 우리는 더욱 단련된다.
- 재치 있게 지껄일 수 있는 위트도 없고, 그렇다고 해서 침묵을 지킬 만큼의 분별력도 가지지 못했다는 것은 커다란 불행인 것이다.
- 행복이 가지는 불행은 부족함이 없다는 것이고, 불행이 가지는 행복은 희망을 가질 수 있다는 것이다.
- 행복한 사람은 가진 것을 사랑하고, 불행한 사람은 가지지 못한 것을 사랑하는 사람이다.

불효[不孝] 어버이를 효성스럽게 잘 섬기지 아니하여 자식된 도리를 못함.

불효

- 몇 백 년 된 골동품은 집에다 모시려고 하고, 백 년도 안 된 부모님은 집에서 모시지 않으려고 한다.
- 부모에게 지은 죄는 용서받을 곳이 없다.
- 삶의 목표에 관한 한 불효자가 되어라. 부모의 기대에 부응하다 보면 부모 인생의 일부가 된다.

브랜드[brand] 상표.

- 브랜드는 기업의 거의 유일한 자산이다.
- 세계적인 브랜드는 백년 이상의 역사를 갖고 있다. 브랜드는 쉽게 만들고 쉽게 버리는 것이 아니다. 브랜드는 자식과 같은 것이다.
- 자신의 브랜드부터 관리하라. 주위의 1인자를 닮으려고 노력해서 나중에는 그 사람을 넘어설 수 있는 가능성을 키워보자!

비교[比較] 사물을 견주어 유사점, 차이점, 일반 법칙 따위를 고찰하는 일.

- 비교는 친구를 적으로 만든다.
- 비교하지 마라 설탕이 더 단지, 소금이 더 짠지를…….
- 비닐하우스에서 키운 과일은 크고 모양새가 좋고, 거칠고 험한 자연 환경 속에서 자란 과일은 작고 못생긴 것이 많다. 하지만 그 맛과 영양분은 비교할 수 없다.

비굴[卑屈] 용기나 줏대가 없이 남에게 굽히기 쉬움.

- 유리하다고 교만하지 말고, 불리하다고 비굴하지 마라!
- 자기 가치를 낮춰 생각하는 것은 비굴이다.
- 자기의견을 말하지 않는 것은 공손한 것이 아니라 비굴한 것이다.

비난[非難] 남의 잘못이나 결점을 책잡아서 나쁘게 말함.

- 많은 사람들이 마음에 들어 하는 것을 간단히 비난하지 마라!
- 비난은 사람이 유명하게 되었을 때 대중에게 바치는 세금이다.
- 비난하기 전에 원인부터 알아내라!
- 조소나 비난으로는 결코 상대의 의견을 바꾸게 할 수는 없다.

비밀

비밀[秘密] 숨기어 남에게 드러내거나 알리지 말아야 할 일.

- 누구에겐가 너의 비밀을 말해 주는 것은 그에게 너의 자유를 맡기는 것이다.
- 말 안 하면 귀신도 모른다.
- 무덤까지 가져가기로 한 비밀을 털어놓는 것은 무덤을 파는 일이다.
- 비밀을 지킬 생각이 없는 사람만큼 비밀을 좋아하는 사람은 없다.
- 비밀이 없는 가슴은 공개된 편지와 같다.
- 사람이 비밀이 없다는 것은 재산 없는 것처럼 가난하고 허전한 일이다.
- 사랑은 아무도 이해할 수 없는 둘만의 비밀이다.
- 이건 너한테만 얘기하는 비밀인데……. 라는 말은, 너한테만 얘기 안하고 다했다는 말이다.
- 컨설턴트의 비밀은 기업 쪽에서 듣고 싶어 하는 이야기가 무엇인지를 물어보고 나서 그에 맞춰 조언하는 법이다.

비범

비범[非凡] 보통 수준보다 훨씬 뛰어남.

- 모든 사람은 평범한 사람이다. 비범한 사람이란 그 사실을 아는 사람이다.
- 비범한 사람은 평범한 일을 열심히 하는 사람이다
- 성공의 비결은 평범한 일조차 비범하게 처리하는 것이다.
- 평범함과 비범함의 차이는 노력을 조금 더 기울이느냐 기울이지 않느냐에 따라 결정된다.

비열

비열[卑劣] 사람의 하는 짓이나 성품이 천하고 졸렬함.

- 두려움 때문에 갖는 존경심만큼 비열한 것은 없다.

- 수단이 비열하다면 결코 목적은 정당화될 수 없다.
- 인신공격은 사람이 할 수 있는 가장 비열한 행동이다.
- 포기한 자보다 더 비열한 자는, 시작도 하지 않는 자다.

비전[vision] 내다보이는 장래의 상황.

비전
바

- 맹인으로 태어난 것보다 더 불행한 것은 시력은 있으나 비전이 없는 것이다.
- 비전이 없는 조직은 분명 오래가지 못한다.
- 비전이 있는 사람은 말이 적으며 행동은 많이 한다. 몽상가는 말은 많으나 행동은 적다.
- 비전이 클수록 의외로 경쟁자가 줄어든다.
- 젊었을 때부터 비전이 서 있는 사람과 그렇지 않은 사람은 눈빛부터 다르다.

비주얼[visual] 눈으로 보는.

비주얼

- 비주얼은 보이지 않는 것을 보이게 하는 것이다.
- 비주얼은 한 장으로도 수백 마디의 말을 대신하고 있다.
- 장황한 말보다 한 장의 사진이 낫다.

비즈니스[business] 사업.

비즈니스

- 납품 업자에게서 금품을 뜯어내거나 대접을 받는 간부는 아마추어이고, 납품 업자에게 대접을 하는 간부는 프로이다.
- 명강사나 훌륭한 비즈니스맨은 독서광이다.
- 비즈니스란 자전거를 타는 것과 같다. 계속해서 속력을 내지 않으면 결국 쓰러지게 된다.
- 비즈니스에서 알코올 중독보다 더 무서운 것은 자기 중독이다.

- 비즈니스에서는 두뇌의 힘이 근육의 힘보다 더 강해야 한다.
- 비즈니스에서는 평판이 가장 중요한 자산이다.
- 어떤 비즈니스든 유머가 전혀 도움이 되지 않는 경우는 아직 한 번도 보지 못했다.
- 잃을 것이 전혀 없는 사람과는 가능하면 비즈니스를 하지 마라!
- 임무는 협상을 성공적으로 이끄는 것이지, 상대의 성격적인 결함을 고치는 것이 아니다.
- 잡담을 잘해야 비즈니스를 잘한다. 잡담 대 비즈니스는 80 대 20이 좋다.
- 접대를 받고 불리한 입장에 서지 마라. 접대를 받으면 가능한 한 빨리 답례를 하여 동등한 입장이 되도록 한다.
- 좋은 디자인이 좋은 비즈니스다.
- 좋은 명함보다 좋은 사람으로 기억되어야 한다.

비판[批判] 사물의 옳고 그름을 가리어 판단하거나 밝힘.

- 나를 비판하는 사람을 친구로 만들어라!
- 남녀 간에 비판하는 것이 많으면 많을수록 사랑하는 것이 적어지게 된다.
- 사람들은 비판을 요구한다. 그러나 그들은 사실상 칭찬을 원할 뿐이다.
- 어떤 비판이든 건설적이어야 한다.
- 칭찬할 때는 큰소리로, 비판할 때는 작은 소리로.

비평가[批評家] 이러쿵저러쿵 시비를 잘하는 사람을 놀림조로 이르는 말.

- 비평가들의 말에 신경을 쓰지 마라. 비평가를 찬양하는 동상이 세워진 적은 없다.
- 대부분의 비평가들은 비평을 자신의 보호색으로 활용한다. 자신

의 잘못을 남들이나 환경 탓으로 돌림으로써 스스로에게 면죄부를 주는 것이다.

빈곤[貧困] 가난하여 살기가 어려움.

- 빈곤은 가난하다고 느끼는 데서 존재한다.
- 빈곤은 가진 것이 거의 없다는 뜻이 아니라, 많이 가지고 있지 않다는 뜻이다.
- 빈곤은 재앙이 아니라 불편이다.
- 재물의 빈곤은 쉽게 가시지만, 정신의 빈곤은 결코 가시지 않는다.

빈부[貧富] 가난함과 부유함을 아울러 이르는 말.

- 가난한 자는 이 모진 세상이라 하고, 부자는 이 풍진 세상이라 한다.
- 가난한 자는 잘살아 보려고 땀 흘리고, 부자는 잘 사는 것을 보이려고 땀 흘려 돈을 쓴다.
- 부자가 넘어지면 재난이라고 말하고, 가난한 자가 넘어지면 술에 취했다고 한다.
- 부자는 먹고 싶을 때 먹고, 가난한 자는 먹을 수 있을 때 먹는다. 부자가 아프면 의사가 찾아가고, 가난한 자가 아프면 의사를 찾아간다. 부자는 네발로 다니고, 가난한 자는 두 발로 다닌다.
- 아끼는 사람은 가난해 보이면서 알부자가 되고, 헤픈 사람은 부자로 보이면서 가난해 진다.

빵[포르투갈] 밀가루를 주원료로 하여 발효한 뒤에 불에 굽거나 찐 음식.

- 스스로 일해서 얻은 빵이 제일 맛있다.
- 안심하면서 먹는 한 조각 빵이 근심하면서 먹는 잔칫상보다 낫다.
- 희망 없이 빵을 먹는 것은 천천히 굶어서 죽는 것이다.

MEMO

사랑은, 그 왕국을 무기 없이 지배한다!

멘트의 훈련 2

가만히 앉아서 홈런을 치겠다는 허황된 꿈은 버려야 한다. 거친 바다가 유능한 선장을 만들 듯이 역경은 강한 사람을 만든다. 소심하게 주저하지 말고 될 때까지 하면 된다. 무슨 일이든 익숙해지면 아무 것도 아니다. 훈련에는 시간과 노력 및 돈이 필요하다. 그러나 그러한 훈련은 결과적으로 시간과 노력과 돈을 절약하게 하는 셈이 된다. 다음의 훈련은 도움이 된다.

1. 상식, 속담, 법 등을 뒤집어 생각하기
   1) 가장 높이 나는 새가 가장 멀리 본다. → 가장 낮게 나는 새가 가장 자세히 본다.
   2) 일찍 일어나는 새가 일찍 먹이를 찾는다. → 일찍 일어나는 벌레는 일찍 잡아먹힌다.
   3) 배가 많이 나오셨네요. → 운동을 얼마나 했으면, '가빠'가 흘러 내렸네요.
   4) 장미꽃에 따가운 가시가…… → 가시나무에 이렇게 아름다운 장미꽃이……

2. 습관들이기
   1) 영화, 비디오, 책, TV 등 상황과 그 상황에 나온 멘트 정보 메모하기.
   2) 희로애락(喜怒哀樂) 표정 연습하기.
   3) 하루에 한 번 이상 거울보고 연습하기.
   4) 자연스럽게 웃어보기(아무 때나 어디서나).

사과[謝過] 자기의 잘못을 인정하고 용서를 빎.

- 사죄는 때를 놓치면 다시 기회를 갖기가 힘들다.
- 상대방의 감정을 날카로워져 있을 때, 가장 좋은 방법은 사죄다.
- 어떤 일을 잘못했을 때는 자기가 먼저 말하는 것도 한 요령이다. 그렇게 하면 상대는 아무런 할 말이 없어진다. 십중팔구 상대방은 관대해지고 이쪽의 잘못을 용서하는 태도로 나오게 될 것이다.
- 원한을 품지 마라. 대단한 것 아니면 먼저 사과하는 사람이 큰 사람이다.
- 자신에게 백기를 든 상대방을 공격하는 사람은 아무도 없다. 이것이야말로 일단은 사죄하라는 것에 대한 타당한 이유가 아닐까?
- 진지한 사과는 감정계좌에 신뢰를 예입시키는 것이다. 그러나 반복되는 사과는 불성실한 것으로 받아들여져 신용에 대한 인출이 된다.

사람 언어를 사용하며, 도구를 만들어 쓰고 사회를 이루어 사는 동물.

- 가장 불쌍한 사람은 만족을 모르는 사람. 가장 추잡한 사람은 양심을 팔아먹는 사람. 가장 나약한 사람은 약자 위에 군림하는 사람. 가장 경계 할 사람은 두 마음을 품은 사람. 가장 나쁜 사람은 칭찬만 하는 사람. 가장 어리석은 정치가는 물러날 때를 모르는 사람.
- 고운사람 미운 데 없고, 미운 사람 고운 데 없다.
- 곰은 쓸개 때문에 죽고, 사람은 혀 때문에 죽는다.
- 금고가 가장 껄끄러워하고 주된 방어 자세를 취하는 대상은 불이나 물이 아니라 사람이다.
- 꽃은 백일 간 붉을 수 없고 사람은 천일 간 좋을 수 없다.
- 동물은 찾아서 쓰고, 인간은 만들어서 쓴다.
- 말은 타 봐야 알고, 사람은 사귀어 봐야 안다.

- 모든 사람에게는 세일즈맨과 비(非)세일즈맨 구분이 없다. 다만 우수한 세일즈맨과 우수하지 못한 세일즈맨이 있을 뿐이다.
- 본디 사람은 자기보다 덜떨어진 이를 보면 상대적으로 기분이 삼삼해진다.
- 사람과 쪽박은 있는 대로 쓴다.
- 사람들은 양지(밝은 표정, 미소, 유머……)로 모인다.
- 사람은 누구나 어른이 되지 않는다. 다만 아이로서 나이를 한살씩 먹을 뿐이다.
- 사람은 생각하고 상상하는 그대로의 인간이 된다.
- 사람은 생긴 대로 놀지만, 논대로 생긴다.
- 사람은 손안에 있는 것은 경멸하고, 손에 잡히지 않는 것을 탐낸다.
- 사람은 언제나 고향을 달고 다닌다.
- 사람은 자기를 기다리게 하는 자의 결점을 계산한다.
- 사람은 자신을 인정해 주는 곳에 뼈를 묻는다.
- 사람은 헌 것이 좋고, 옷은 새 것이 좋다.
- 사람의 가치는 타인에 봉사하는 것에 따라 판명된다.
- 사람이란 시체를 지고 다니는 작은 영혼이다.
- 사람이란 죽은 다음에라야 모든 진상들이 밝혀지고, 그의 참된 모습이 드러나기 마련이다.
- 사람이면 배신을 겁낼 필요는 없다. 단지 변하지 않으리라 믿는 것이 실패의 원인이다.
- 세계는 아름다운데, 사람이라는 암세포를 가지고 있다.
- 세상에는 두 가지 사람이 있다. 사랑을 해서 위인이 된 사람과 사랑을 해서 폐인이 된 사람이다.
- 세상에는 두 종류의 사람이 있다. 하나는 자신을 의롭다 여기는 죄인들과 다른 하나는 자신을 죄인이라 여기는 의로운 자들이다.
- 세상에는 천한 직업은 없고, 다만 천한 사람이 있을 뿐이다.
- 세상에는 평생 다른 사람을 위해서 살다가 삶에 마침표를 찍는 사

람이 너무도 많다.

- 신을 찾고 싶거든 사람들 틈으로 가라. 신은 무엇보다도 사람들의 틈바구니에 나타난다.
- 쓸모없는 사람은 죽은 존재이다.
- 어떤 사람은 방에 들어서기만 해도 방안의 공기가 흐려지는 사람이 있다. 그 사람은 늘 우울하고 어두운 얼굴을 하고 있고 불평을 늘어놓고, 험담을 즐기고 있는 사람이다.
- 어떤 사람은 젊고도 늙었고, 어떤 사람은 늙어도 젊다.
- 여자에게서 태어난 어린이는 어른이 된 후 다시 여자에게서 태어난다.
- 위대한 나라들이란 위대한 인물들을 낳는 나라들이다.
- 위대한 사람은 사상을 얘기하고, 보통사람은 사건을 얘기하고, 편협한 사람은 사람을 얘기한다.
- 인류의 가장 큰 위협은 기근도 아니고 병균도 아니고 암도 아닌 바로 사람이다.
- 전략수립보다 사람 찾기가 우선이다.
- 혼자 있을 수 있는 사람만이 같이 있을 수 있는 사람이다.
- 가장 불행한 사람은 세상에 태어나서 장애인으로 태어난 것도 아니고, 돈이 없는 것도 아니고, 그 무엇도 사랑할 수 없는 사람이다.

사랑 위하고, 돕고, 이해하고, 좋아하는 마음.

- 가장 큰 행복이란 사랑하고 그 사랑을 고백하는 것이다.
- 거절당한 사랑만큼 슬픈 것이 없고, 성취된 사랑만큼 기쁜 것도 없다.
- 결국 사람은 사랑을 얼마만큼 주는가에 따라서 얼마나 많은 사랑을 받는가를 알 수 있다.
- 결혼을 신성하게 하는 것은 오직 사랑이며, 진정한 결혼이란 사랑으로 신성해진 결혼뿐이다.

- 과학이 이렇게 발전했는데 남자와 여자는 여전히 하찮은 사랑싸움을 되풀이한다고 탄식하는 사람이 있다. 천 년 전이나 지금이나 앞으로도 크게 변하는 일은 없을 것이다.
- 기침과 걱정거리 그리고 사랑은 숨길 수 없다.
- 깊은 사랑은 침묵을 재촉한다. 큰 소리로 자랑스럽게 그것을 지껄이는 사람에게는 숭고한 마음이 깃들어 있지 않다.
- 깊이 사랑하는 사람은 결코 늙지 않는 법. 고령으로 죽더라도 젊음을 간직한 채 죽는다.
- 꽃은 이름도 모르고, 나이도 모르고, 원산지도 모르고 그냥 볼 때 아름다운 것이다. 많은 것들을 따지기 시작하면 꽃이 아닌 다른 것이 되어버린다. 사랑도 그냥 사랑해라!
- 꽃을 좋아하는 사람은 꽃을 꺾지만, 꽃을 사랑하는 사람은 꽃에 물을 준다.
- 나는 가난한 사람입니다. 그러나 당신에게 줄 것 하나가 남았습니다. 그것은 당신을 향한 나의 간절한 사랑입니다. 당신을 향한 이 사랑하나로 나는 모든 것을 가진 부자가 되어가고 있습니다.
- 나는 당신을 사랑하기 때문에 사랑하는 것이 아니라 사랑할 수밖에 없기 때문에 사랑하는 것이다.
- 나는 사랑하는 사람에게 사랑한다는 말을 못해. 그래서 너에게 그 말을 못하겠다.
- 나무를 심는 사람은 자기 이외에 남들도 사랑하는 사람이다.
- 남녀 간에 비판하는 것이 많으면 많을수록 사랑하는 것이 적어지게 된다.
- 남자는 영화배우 같은 여자와의 사랑을 원하고, 여자는 영화와 같은 사랑을 원한다.
- 내가 당신을 사랑하는 만큼 눈이 내린다면, 봄은 아마 오지 않을 거예요.
- 너는 죽어 맷돌 위짝이 되고, 나는 죽어 맷돌 밑짝이 되리라…….
- 너무 거칠고 잔인하고 사나우면서도 가시처럼 찌르는 것이 사랑

이다.

- 너희 이웃을 사랑하라. 하지만 울타리를 없애지는 마라!
- 누구한테서도 사랑받지 못하는 것은 큰 고통이고, 누구도 사랑할 수 없는 것은 그 생의 절반을 시체로 만드는 것과 같다.
- 누군가를 그리워한다는 것은 그를 사랑하는 것이 아니라 그가 필요하다는 것이다.
- 누군가에게 첫눈에 반하기까지는 1분밖에 안 걸리고, 누군가에게 호감을 가지게 되기까지는 1시간밖에 안 걸리며, 누군가를 사랑하게 되기까지는 하루밖에 안 걸리지만, 누군가를 잊는 데는 평생이 걸린다.
- 눈을 감아 사라지는 것은 사랑이 아니다. 어둠 속에서 더욱 전해져 오는 그것이 바로 사랑이다.
- 단지 누구를 사랑한다고 해서 무조건 감싸야 한다는 것은 아니다. 사랑은 잘못을 덮는 붕대가 아니다.
- 돈과 명예와 쾌락을 사랑하는 사람은 인간을 사랑할 수 없다.
- 돈과 사랑은 사람을 철면피로 만든다.
- 똑같은 사람도 누구의 애인이 되느냐에 따라 전혀 다른 사람이 된다. 아름다운 사랑이 아니면 주지도 말고 받지도 마라!
- 미움은 미움으로 정복되지 않는다. 미움은 사랑으로 정복된다. 이는 영원한 법칙이다.
- 반항은 이성적 문제가 아니라 감정적 문제이다. 이때 중요한 것은 감정 계좌에 많은 예입을 시키는 것으로, 특히 조건 없는 사랑을 지속적으로 예입시키는 것이다.
- 배고픔보다는 과식이 인간에게 해를 끼치는 것과 마찬가지로 지나친 사랑 역시 인간에게 해롭다.
- 불완전한 인간이기에 더욱 사랑이 필요하다.
- 사람마다 마음이 다르듯, 가슴마다 사랑도 다르다.
- 사람은 사랑에 빠지는 것도 또 사랑에서 뛰쳐나오는 것도 아니다. 우리는 사랑 속에서 성장하는 것이다.

- 사람은 아무리 지독한 사랑을 한다 해도 첫사랑은 잊을 수 없다.
- 사랑과 섹스의 차이는, 하룻밤을 보내고 마음을 주느냐 아니면 돈을 주느냐의 차이다.
- 사랑받고 싶다면 사랑하라. 그리고 사랑스럽게 행동하라!
- 사랑받지 못함은 슬프다. 그러나 사랑할 수 없음은 더 슬프다.
- 사랑에 비극이라는 것은 없다. 사랑이 없다는 사실 속에서만 비극이 있는 것이다.
- 사랑엔 미사여구가 필요 없다. 단지 '사랑해!'하고 말만하면 된다.
- 사랑엔 운임이 붙지 않는다. 사랑은 밑져도 남는 장사다.
- 사랑은 1 + 1 = 2가 되는 것이 아니다. 무한대가 되는 것이다.
- 사랑은 가끔씩 지는 것이 이기는 것을 느끼게도 한다.
- 사랑은 가장 달콤한 기쁨이면서 가장 처절한 슬픔이기도 하다.
- 사랑은 갑자기 솟아지는 소나기 같은 것. 그렇기에 더욱더 피할 수 없기에 우리는 운명이라 부른다.
- 사랑은 강에서 흐르는 물과 같다. 흐르는 강물을 잡을 수 없다면, 바다가 되어서 기다려야 한다.
- 사랑은 그 왕국을 무기 없이 지배한다.
- 사랑은 기다림이 아니라 다가서는 것이다.
- 사랑은 기댈 곳을 찾는 것이 아니라 기대어 줄 곳을 만들어 주는 것이다.
- 사랑은 끝없는 신비이다. 설명할 수 있는 게 전혀 없으니까…….
- 사랑은 남자에게는 생애의 한 일화이지만, 여자에게는 일생의 전부이다.
- 사랑은 내가 선택할 수 있는 것이 아니다. 그저 내게 다가오는 것이다.
- 사랑은 늦게 올수록 격렬하다.
- 사랑은 달콤하다. 그러나 빵이 수반할 경우에만 그러하다.
- 사랑은 동사이지 형용사가 아니다.
- 사랑은 두 개의 영혼과 하나의 생각. 두 개의 심장과 하나의 박동

소리다.

- 사랑은 두 사람이 마주 쳐다보는 것이 아니라 함께 같은 방향을 바라보는 것이다.
- 사랑은 마음의 폭군이다. 이성을 어둡게 하고, 분별을 어둡게 하고, 충고에 귀먹게 한다.
- 사랑은 맹목적이다. 연인들은 자기 스스로 저지르는 어리석음을 잘 알지 못한다.
- 사랑은 멀리 있어도 가까이 있다. 별빛같이…….
- 사랑은 바위처럼 가만히 있는 것이 아니다. 사랑은 빵처럼 늘 새로 다시 만들어야 한다.
- 사랑은 받는 사람보다 주는 사람의 마음속에 더 오래 남는 법이다.
- 사랑은 방해가 생기면 더 강해진다.
- 사랑은 사람을 눈이 멀게 만들지만, 결혼은 시력을 되돌려 준다.
- 사랑은 사랑하는 아내와 하루하루 함께하는 것이다. 사랑하는 사람과 함께하는 삶은 날마다 기쁨이고 기적이다.
- 사랑은 아무도 이해할 수 없는 둘만의 비밀이다.
- 사랑은 아무에게나 때와 장소를 가리지 않고 불쑥 찾아왔다가 몸속에 아무런 항체도 남기지 않은 채 불쑥 떠나버리는 감기와도 같은 게 아닐까?
- 사랑은 아픔을 준다. 하지만 아프다고 해서 사랑하지 않는 사람은 바보다. 아픔과 함께 행복도 주지 않았던가?
- 사랑은 언젠가 끝이 찾아오는데, 그렇다고 슬퍼할 필요는 없다.
- 사랑은 영원하지 않다. 어제까지만 해도 '너 없으면 못살아!' 하다가도 오늘은 '너 때문에 못살아!'가 된다.
- 사랑은 오래 갈수록 처음처럼 짜릿한 게 아니다. 그냥 무덤덤해지면서 그윽해지는 것이다.
- 사랑은 왕궁에서뿐 아니라 오두막집에서도 산다.
- 사랑은 이상한 안경을 쓰고 있다. 구리를 황금으로, 가난함을 풍족하게 보이게 하는 안경을 끼고 있다. 그러기 때문에 눈에 난 다

래끼조차도 진주알 같이 보이고 만다.

- 사랑은 이유를 묻지 않고 아낌없이 주고도 혹시 모자라지나 않나 걱정하는 것이다.
- 사랑은 장애물 경기와 같다. 장애물을 뛰어 넘고 걸려 넘어지는 것처럼…….
- 사랑은 저울이 아니다. 누가 아깝다, 손해다, 라는 말을 하지 마라. 저마다 신성한 가치가 있는 것이다
- 사랑은 지배하는 것이 아니라 자유를 주는 것이다.
- 사랑은 짧게 울고 길게 웃는 것이다.
- 사랑은 처음에는 환희로, 다음에는 고통으로 이끈다. 그러나 계속 되는 사랑으로 상처는 아문다.
- 사랑은 춤과 같다. 너무 많이 생각하다 보면 박자를 놓치게 되는 것처럼…….
- 사랑은 탐색이다. 결혼은 정복이다. 이혼은 심판이다.
- 사랑은 택시다. 버스는 기다리면 오지만 택시는 자기가 반드시 잡아야 하고, 비가 오거나 날씨가 궂은 날엔 더 기다려지고, 내릴 때는 반드시 탄만큼 대가를 지불해야하고, 그리고 합승은 불법이다.
- 사랑은 항상 한쪽에 가해자를 만들어내고 다른 한쪽에는 피해자를 낳는다. 양쪽이 원만하다는 것은 그렇게 흔히 있는 일은 아니다.
- 사랑은 행운의 돈주머니다. 남에게 줄수록 그 속은 더욱 풍요해진다.
- 사랑은 홍역과도 같다. 우리 모두가 한번은 겪고 지나가야 한다.
- 사랑을 가르쳐주는 사람은 없다. 우리는 날 때부터 사랑을 가지고 태어난다.
- 사랑을 고백하고 싶은 사람이 있으면 지금 고백하십시오. 오늘이 지나면 그 사랑을 다시 만날 수 없을지도 모릅니다.
- 사랑을 고치는 묘약은 더욱더 사랑하는 것뿐이다.
- 사랑을 뉘우친다는 것은 있을 수 없다. 사랑이란 죄목은 없으니

까…….

- 사랑을 받아 본 사람이 다른 사람에게도 베풀 줄 안다.
- 사랑을 받으려고 하면 괴로워지고, 사랑을 주려고 하면 행복해진다.
- 사랑을 알기까지는 여자도 아직 여자가 아니고, 남자도 아직 남자가 아니다. 따라서 사랑은 남녀 모두가 성숙하기 위해 서로 필요한 것이다.
- 사랑을 없애면 우리가 사는 지구는 무덤이다.
- 사랑을 하게 되어서 인생이 훌륭해졌다면, 그리고 사랑을 하게 되어서 비로소 자기가 살아 있다는 것을 깨닫게 되었다면 그것은 정말 진실한 사랑이다.
- 사랑을 하고 있는 동안은 누구나 시인이다.
- 사랑을 하면 바보가 되지만, 못하면 병신이다.
- 사랑을 하면서 동시에 현명할 수는 없다.
- 사랑의 계산방법은 독특하다. 절반과 절반이 합쳐 하나가 되는 것이 아니라, 오직 두 개가 모여 완전한 하나를 만들기 때문이다.
- 사랑의 고뇌처럼 달콤한 것은 없고, 사랑의 슬픔처럼 즐거운 것은 없으며, 사랑의 괴로움처럼 기쁜 것은 없고, 사랑에 죽는 것처럼 행복한 일은 없다.
- 사랑의 기쁨은 순간밖에 지속되지 않고 사랑의 고통은 평생 계속된다.
- 사랑의 반대말은 무관심이다.
- 사랑의 비극은 죽음이나 이별이 아니다. 두 사람 중 어느 한 사람이 이미 상대방을 사랑하지 않게 된 날이 왔을 때이다.
- 사랑의 손길이 가장 적게 닿는 곳에 가장 많은 사랑이 필요하다.
- 사랑의 으뜸가는 의무는 상대방의 말에 귀를 기울이는 일이다.
- 사랑이 성공하면 호적에 남고, 실패하면 일기장에 남는다.
- 사랑이 아름다운 이유는 기억을 추억으로 만들어 준다는 것이다.
- 사랑이 없는 결혼이 있다면, 결혼이 없는 사랑도 있다.

- 사랑이 없는 인생은 여름이 없는 일 년이다.
- 사랑이 없는 젊은이, 지혜가 없는 노인, 이들은 실패한 인생이다.
- 사랑이 있으면 법률이 필요치 않다.
- 사랑이란 건 인간이 얼마나 행복한 것인가 보여주기 위해 신이 만든 것이 아니라, 인간이 고통과 어려움 속에서 얼마나 잘 해쳐 나갈 수 있는가를 보여주기 위한 신의 시험표이다.
- 사랑이란 과거나 미래에는 할 수 없다. 오직 지금 이 순간 사랑할 수 있을 뿐이다.
- 사랑이란 두 사람이 놀고 둘이 다 이기는 게임이다.
- 사랑이란 둘만의 비밀을 쌓아 올리는 것이 아니라. 서로의 마음을 끊임없이 허물고 허무는 작업이다. 마음껏 이야기하고 둘만의 거리를 좁혀라!
- 사랑이란 마치 열병 같아서 자기 의사와는 관계없이 생겼다가 꺼진다.
- 사랑이란 불꽃, 천국, 지옥, 쾌락, 고통, 후회가 함께 사는 곳이다.
- 사랑이란 서로가 다투고 나서 느끼는 불행이며, 서로가 이해했을 때 느끼는 행복이고, 곁에 없을 때 느끼는 쓸쓸한 고통이다.
- 사랑이란 쌓아 올리는 작업이 아니다. 서로의 마음을 끊임없이 허물고 허무는 작업이다.
- 사랑이란 아름다운 꿈을 꾸게 해주고, 그 꿈에서 깨어나게 해 주는 것이기도 하다.
- 사랑이란 자기 상대는 다른 사람들과 다를 거라고 착각하는 것이다.
- 사랑이란 혼자 내버려두지 않는 것이다.
- 사랑처럼 사람을 강하게, 그리고 빨리 휘어잡을 수 있는 것은 하나도 없다.
- 사랑하고 나서 잃는 것은 전혀 사랑하지 않았던 것보다 더 낫다.
- 사랑하고 사랑 받는다는 것은, 추운 겨울날 태양을 양쪽에서 쪼이는 것과 같다.

- 사랑하고 싶은 사람은 먼저 사랑스러워져야 하고, 돈을 벌고 싶은 사람은 남보다 가치 있는 일을 할 줄 알아야 한다.
- 사랑하고 있는 두 사람에게 아침에 양치질할 때 칫솔은 하나면 충분하다. 사용하는데 아무런 거부감이 없을 뿐만 아니라 같은 칫솔을 사용하고 있다는 사실로 오히려 행복을 느낀다.
- 사랑하는 것을 가질 수 없을 때는 가진 것을 사랑하라!
- 사랑하는 사람의 결점도 아름답게 생각 하지 않는 자는 사랑하지 않는 자이다.
- 사랑하는 사람이 부르면 아무리 귀찮아도 달려가라.
- 사랑하는 여인은 언제나 옳게 보인다.
- 사랑하는 여자와 갈등이 생겼을 때 여자를 이치로 따져 설득할 수는 없다. 남자가 위로해 주거나, 침묵을 지키거나, 참으면 된다.
- 사랑하며 가난한 것이 애정 없는 부유함보다 훨씬 낫다.
- 사랑하지 말아야 되겠다고 하지만, 뜻대로 안 된 것과 같이 영원히 사랑하려고 해도 뜻대로 되지 않는다.
- 사랑하지도 않으면서 그런 척하는 것은 질투보다 더 나쁘다.
- 사랑한다는 것은 고뇌와 계약을 맺는 것이다
- 사랑한다는 것은 과거에서도 미래에서도 불가능하다. 사랑한다는 것은 현재 이 순간에서만 가능하다.
- 사랑할 수 있다는 것은 모든 것을 할 수 있다는 것이다.
- '사랑해!' 그 말보다 더 사랑하는 당신…….
- 사랑했다면 앞을 보고……. 사랑할거면 서로를 보고……. 사랑한다면 같은 곳을 보라……. 사랑은 서로 마주보는 게 아니라 같은 곳을 보는 것이다.
- 산에 사는 나무는 그냥 둬도 살아가지만, 화분 속의 나무는 사람의 손길이 머물지 않으면 결국 죽게 된다. 사랑도 마찬가지다.
- 살기 위해, 벌은 날아야 하고 뱀은 기어야 하며 물고기는 헤엄쳐야 한다. 그리고 사람은 사랑을 해야 한다.
- 살아 있는 영혼에게는 죽음이 없듯이 사랑하는 사람에게는 나이

가 없다.
- 새 두 마리를 묶으면 네 개의 날개를 가지겠지만, 결코 날 수 없다. 사랑도 내 방식을 강요하면 네 개의 날개는 가지겠지만, 절대로 날 수 없다.
- 생의 마지막 순간에 이르러 자기가 걸어온 길을 되돌아볼 때, 가장 가치 있는 질문은 '나는 누군가를 얼마나 사랑했는가?'이다.
- 성공한 사랑은 호적에 남고, 실패한 사랑은 일기장에 남는다.
- 세상에는 두 가지 사람이 있다. 사랑을 해서 위인이 된 사람과 사랑을 해서 폐인이 된 사람이다.
- 세상에서 가장 행복한 것은 사랑하고, 그 사랑을 고백하는 것이다.
- 쉽게 타오르는 사랑은 쉽게 식어지는 법이다. 사랑은 오래오래 아껴가면서 해야 하는 것이다.
- 스토킹은 날 위해 그 사람의 앞모습을 잡아두는 것이고, 사랑은 그 사람을 위해 그 사람의 뒷모습을 바라봐 주는 것이다.
- 아는 것이 적으면 사랑하는 것도 적다.
- 아무리 큰 잘못을 저질렀다고 해도 전 당신 편이예요!
- 어떤 것을 간절하게 원하나 이루어지지 않을 때도 있다. 어느 때는 사랑을 잃어버리기도 한다. 그러나 그것이 우리를 성숙시켜 준다.
- 어떤 밧줄이나 철사도 사랑처럼 힘차게 당기고 단단히 붙잡아매지는 못한다.
- 어떤 사랑이든 간에 사랑은 그 흔적을 남긴다.
- 얼마라고 계산 할 수 있는 사랑은 빈곤한 사랑이다.
- 영혼은 영원하다. 그래서 영혼을 사랑할 시간은 많지만 육체는 빨리 시들기 때문에 사람을, 그리고 가족을 지금 사랑해야 된다.
- 우리가 숨길 수 없는 두 가지 사실은, 술에 취한 것과 사랑에 빠진 것이다.
- 우정은 때때로 사랑으로 변한다. 하지만, 사랑이 우정으로 끝나는 일은 결코 없다.
- 음식을 먹지 못하면 몸이 괴로운 것처럼 영혼도 사랑을 받지 못하

사

면 고통을 받는다.

- 이별이 두려워 사랑을 하지 않는 사람은, 죽는 것이 두려워 숨을 쉬지 않는 사람과 같다.
- 이해관계를 떠나야 참된 사랑을 가질 수 있다.
- 인간으로서 할 수 있는 최고의 행동은 자신을 모욕하는 사람마저도 용서하고 사랑하는 것이다.
- 인간은 자신이 사랑하는 사람만은 완벽한 존재일 것이라는 착각에 산다.
- 인생에서 사랑을 제거해 버림은, 이 세계에서 태양을 없애버림과 같다.
- 입으로 말하는 사랑은 외면하기 쉬우나, 행동으로 증명하는 사랑은 저항하기 어렵다.
- 잊고 싶다고 잊을 수 있고, 멈추고 싶다고 멈출 수 있었다면, 사랑에 아파 할 사람도 없고 사랑 때문에 눈물 흘릴 이유도 없을 것이다.
- 자신이 사랑하는 사람이 힘들어하는 모습을 보면서 사는 것은 더 힘든 일이다.
- 전부를 주고도, 일체를 거부당해도, 언제까지나 변하지 않아야 진정한 사랑이다.
- 전혀 사랑하는 않는 것보다는 사랑을 하고 실연을 당하는 것이 더 낫다.
- 정열적인 맹세보다는 은근한 사랑이 더 큰 사랑의 증거이다.
- 정열적인 사랑을 해보지 못한 사람은 인생의 절반, 그것도 아름다운 쪽의 절반이 가려져 있는 것이다.
- 좋아하는 사람의 이름은 수첩에 적지만, 사랑하는 사람의 이름은 가슴에 새긴다.
- 중요한 것은 사랑을 받는 것이 아니라 사랑을 하는 것이었다.
- '지금 내가 사랑하고 있다!'는 말은 '지금 내가 천국을 보고 있다!'는 말과 같은 뜻이다.

- 진정한 사랑은 깨어지는 일이 없다. 그러나 대가를 바라는 사랑은 그 기대한 만큼의 대가를 받을 수 없을 때 그 사랑이 깨졌다고 말하는 것이다.
- 참사랑이란 평생 익어가는 과일과 같다.
- 천지창조 이후 '사랑한다!' 고백해서 목 졸려 죽은 남자는 없다.
- 총알은 피할 수 있어도, 당신에 대한 나의 사랑은 피할 수 없다.
- 한 사람도 사랑해 보지 않은 사람이 인류를 사랑하기란 불가능하다.
- 행복을 느끼고 싶다면 사랑할 대상을 찾아라!

사상[思想] 논리적 정합성을 가진 통일된 판단 체계.

- 사람을 죽일 수는 있으나 사상을 죽일 수는 없다.
- 언어는 사상의 그릇이다.
- 인간은 군대의 침입에는 저항하지만 사상의 침입에는 저항하지 않는다.

사색[思索] 어떤 것에 대하여 깊이 생각하고 이치를 따짐.

- 농부처럼 일하고 철학자처럼 사색하라!
- 사색하기를 포기하는 것은 정신적 파산 선고나 마찬가지이다.
- 오랫동안 사색하고 있는 사람이 언제나 최선을 선택하는 것은 아니다.
- 호기심이 없으면 의심도 없다. 사색한다는 것은 의심과 대답을 한다는 말이다.

사소함[些少―] 보잘것없이 작거나 적음.

- 사소한 일에 너무 깊이 들어가는 사람은 대개 큰일을 할 수 없다.

- 사소한 일에 목숨 거는 사람은 중앙선을 넘는 사람과 돈을 번다고 가족과 건강을 돌보지 않는 사람이다.
- 우리의 인생을 바꾸는 것은 엄청나게 큰일들이 아니다. 평소에는 관심조차 기울이지 않던 사소한 것들이 때로는 삶의 방향을 좌우하는 중대변수로 등장한다.
- 잊지 마라. 세상 어떤 일이든 깃털 한 개의 무게가 결정적인 역할을 할 수 있다는 사실을…….
- 좋은 아내는 남편이 비밀로 하고 싶어 하는 사소한 것들을 항상 모른 체 한다. 그것이 결혼생활의 예의의 기본이다.

사업

사업[事業] 일정한 목적과 계획을 가지고 짜임새 있게 지속적으로 경영함.

- 사업의 비결은 다른 사람들은 아무도 모르고 있는 무엇인가를 아는 것이다.
- 사업이라는 것은 결국 사람을 위한 것인데, 본말이 전도되어 사람은 사라지고 사업만 남는 경우가 허다하다. 오로지 경쟁에서 이겨야 한다는 강박증에 쫓겨 출발점을 잊고 있다.
- 장사만 해서는 사업을 하는 사람보다 부자가 될 수 없다. 장사란 개인의 역량에 근거해서 소수 인력으로 돈을 번다면, 사업은 시스템이 돈을 벌어주는 것이다.
- 장사와 사업의 차이는, 일터에 내가 있어야 돈이 벌리면 장사이고 내가 없어도 돈이 벌리면 사업이다. 문제는 시스템이 유무에 있다.

사회

사회[社會] 공동생활을 영위하는 모든 형태의 인간 집단.

- 나의 상사나 부하는 나와 목표가 다르다. 이 정도도 생각 못한다면 사회생활은 시작도 하지 마라!
- 미개한 사회에서는 신부를 돈을 주고 사지만, 문명사회에서는 돈

을 지불하고 아내와 헤어진다.

● 인간은 태어났을 때는 자유스러웠으나 사회 속에서는 무수한 쇠사슬에 얽혀져 있다.

살인[殺人] 사람을 죽임.

살인 ↗

사

● 사람 하나를 죽이면 살인자가 되고, 백만 인을 죽이면 영웅이 된다.

● 사람의 마음에 상처를 줄 만한 심한 말을 하는 것은 정신적인 살인행위이다.

● 자살은 살인의 최악의 형태다. 그것은 후회할 수 있는 기회를 전혀 남기지 않기 때문에……

● 자살은 악마를 위해 순교를 하는 것이다.

삶 사는 일.

삶 ↗

● 나는 불사(不死)를 믿지 않는다. 그러나 영원히 살고 싶다.

● 삶에는 내가 들 수 있는 만큼의 무게가 있다.

● 삶을 위한 경제이지, 경제를 위한 삶이 되면 안 된다.

● 삶이란 생존하는 것이 아니라, 건강함을 말한다.

● 삶이란 우리의 인생 앞에 어떤 일이 생기느냐에 따라 결정되는 것이 아니라 우리가 어떤 태도를 취하느냐에 따라 결정되는 것이다.

● 삶이란 죽을 때까지 선택과 포기의 반복이다.

● 우리가 존중해야 하는 것은 단순한 삶이 아니라 올바른 삶이다.

● 이미 태어났다는 것은 확실한 하나의 사실이다. 죽는다는 것은 별개의 문제이다. 산다는 것은 우리의 기쁨이며 법칙이다.

● 인간은 태어날 때 울지만 주위 사람들은 모두 기뻐한다. 죽음을 맞이하는 순간에는 모든 사람이 울지만 당신은 미소 짓도록 하라!

● 재미없는 삶은 무효다.

● 취해야 할 좋은 것 세 가지는 검소한 음식. 웃음. 운동이다. 반면 살

면서 버려야할 세 가지는 돈에 관한 집착, 자식들에 대한 기대감, 오래 살고자 하는 욕심이다.

상[賞] 업적이나 잘한 행위를 칭찬하기 위하여 주는 증서, 돈, 물건.

- 감사는 가장 싼 원가지만 비싸게 팔리는 상품이다.
- 상에 관해 누구나 알아둬야 할 한 가지 일은, 모차르트가 생전에 아무런 상도 타 본 적이 없다는 사실이다.
- 인간이 괜찮아서 상을 받게 만든 면도 있지만, 거꾸로 상이 인간을 분발하게 만들기도 한다.

상사[上司] 자기보다 벼슬이나 지위가 위인 사람.

- 공식 회의석상에서는 상사에게 면박을 주지 마라!
- 내가 옳았을 때는 거의 기억하지 못하면서 내가 틀렸을 때는 꼭 기억하는 게 상사이다.
- 대답이 너무 빠르면, 상사는 화낼 시간이 부족해서 더 화를 낸다.
- 타사로부터의 스카우트 설을 사내에 흘리는 상사나 간부는 아마 추어이다.
- 피곤하다 피곤하다를 연발하는 상사나 간부는 일의 능률도 신통치 않을 뿐 아니라 주위 사람들까지 피곤케 한다. 제일 먼저 그만두게 할 대상이다.

상상[想像] 실제 경험하지 않은 현상이나 사물에 대하여 마음속으로 그려 봄.

- 상상에는 세 가지 종류가 있다. 이루어 질 수 있는 일을 상상하는 이상. 못 이룰 일이지만 상상하는 공상. 이루어 질 리가 없는데도 멋모르고 상상하는 망상이다.
- 상상은 발명이 아니라 발견이다.

- 상상의 본질은 재미이다.
- 상상의 영역은 현실에서 벗어난 일탈의 공간이 아니다. 상상과 현실은 구분되어 있거나 단절된, 서로 다른 공간이 아니라 뒤섞여 있는 동일한 공간이다.
- 실현 가능한 것을 상상하는 것은 누구나 한다. 진정한 상상은 실현 불가능한 것을 상상하는 것이다.
- 안다는 것은 전혀 중요하지 않다. 상상하는 것이 가장 중요하다.

상상력[想像力] 실제로 경험하지 않은 현상에 대하여 마음속에 그려보는 힘.

- 내 상상력이 내 현실을 만들어 낸다.
- 논리를 따라가면 당신은 A에서 B로 넘어간다. 그러나 상상력은 당신을 어디로든 데려갈 것이다.
- 상상력 앞에는 어떤 학벌과 배경도 통하지 않는다.
- 상상력도 체력 싸움이다.
- 상상력은 경험의 산물이다. 경험이 없이 상상력은 만들어질 수 없다.
- 상상력은 모자람에서 시작된다. 상상력은 따분함에서 시작된다. 지능이 높을수록 더 따분하다.
- 상상력은 생존 게임의 키워드가 된다.
- 상상력이 없는 사람은 실격이다.
- 세상을 변하게 하는 진정한 힘은 상상력이다.
- 이 시대가 필요로 하는 것은 영웅이 아니라, 다빈치 같은 상상력의 소유자이다.
- 자신이 안고 있는 과제를 다른 사람들에게 화제로 슬쩍 흘려 함께 고민하도록 하는 것도 출구를 찾지 못하고 있던 상상력에 활력을 주는 방법이다.
- 절망 속에서도 희망을 보여줄 수 있는 힘. 그것은 바로 상상력이다.
- 제로섬 게임에서는 한 사람이 이기면 다른 사람은 지게 마련이다.

그러나 상상력을 동원하면 모두가 승자가 될 수 있다.

- 타인의 삶에 관심 갖는 것에서부터 상상력은 출발한다.

상처[傷處] 몸을 다쳐서 부상을 입은 자리.

- 눈에 보이고 의사가 고칠 수 있는 상처보다 보이지 않는 데 있는 상처가 훨씬 더 아프다.
- 말에 의한 상처는 칼에 의한 상처보다 더 깊고 심하다.
- 먹이가 있는 곳엔 틀림없이 적이 있듯이, 영광이 있는 곳엔 틀림없이 상처가 있다.
- 받은 상처는 모래에 기록하고, 받은 은혜는 대리석에 새겨라!
- 상처 입은 조개가 진주를 만든다.
- 상처는 모욕보다 훨씬 빨리 잊혀 진다.
- 승리한 사람에게는 상처가 아프지 않다.

새벽 먼동이 트려 할 무렵.

- 날이 밝기 전 새벽은 더 추운 법이다.
- 새벽에 일어나서 운동하고 공부하며 노력하는데도 인생에서 좋은 일이 일어나지 않는다고 말하는 사람을 본적이 없다.
- 새벽은 새벽에 눈뜬 자만이 볼 수 있다. 새벽이 오리라는 것을 알아도 눈을 뜨지 않으면 여전히 깊은 밤중일 뿐이다.
- 승자는 새벽을 깨우고, 패자는 새벽을 기다린다.

생각 사람이 머리를 써서 사물을 헤아리고 판단하는 작용.

- 개념이 없으면 미치도록 일해도 미칠 것 같은 인생을 산다.
- 꼭 해야 한다고 무리하게 생각하면 오히려 못하게 된다.
- 남의 생각을 다 알려고 할 필요도 없으며, 자기 생각을 모두 털어

놓아서도 안 된다.

- 당신의 인생은 당신이 하루 종일 무슨 생각을 하는지에 따라서 달라진다.
- 더 나은 삶을 살고 싶다면 먼저 생각하고 나중에 행동하라!
- 무슨 일이든 할 수 있다고 생각하는 사람이 해내는 법이다.
- 발상의 전환이 혁신의 기적을 만든다.
- 사람의 몸은 생각하는 데로 반응한다. 생각을 다스리면 감정이 조절된다.
- 생각의 속도는 좋은데, 생각의 깊이가 없는 나라와 개인들이 문제다.
- 생각이 사람을 바꾼다.
- 서투른 자의 생각은 시간 낭비일 뿐 아무 쓸모가 없다.
- 세밀한 것까지 하면 완전해지기는 하지만, 작은 일을 걱정하면 생각이 작아지게 된다.
- 세상의 모든 것은 생각의 산물이다.
- 스스로 생각하지 않는 사람은 다른 사람의 의견을 따를 수밖에 없다. 다른 사람에게 생각을 맡기는 것은 몸을 맡기는 것보다 더 굴욕적이다.
- 시간을 내어 일하라! 그것은 성공의 대가이다. 생각하라! 그것은 힘의 근원이다. 놀아라! 그것은 영원한 젊음의 비결이다. 함께 나누어라. 인생은 이기적이기에 너무 짧다. 웃어라! 웃음은 영혼의 음악이다.
- 어느 항구를 향해 갈 것인지 생각하지도 않고 노를 젓는다면 바람조차 도와주지 않는다.
- 열 사람이 같은 거리를 걷는다고 해도 저마다 집중하는 대상이 다르다.
- 열매가 씨앗에서 나오듯 행동은 생각에서 비롯된다.
- '왜?'가 아니라 '어떻게 하면?'을 물으라. 문제를 해결하는 습관을 몸에 익히는 방법은 간단하다. 그것은 바로 '왜?'가 아니라 '어떻

게 하면?'이라고 생각하는 것이다.

- 우둔한 자들은 생각하지 않기 때문에 파멸한다.
- 우리의 일생은 우리의 생각에 따라 만들어진다.
- 위대한 사람들이란, 정신력이 어떤 물질적인 힘보다 강하다는 것을 알고 있는 사람을 말한다. 그들은 생각이 세계를 지배한다는 것을 잘 알고 있다.
- 인간은 생각하는 것이 적으면 적을수록 더욱더 말이 많아진다.
- 자신의 생각대로 살아야 한다. 그렇지 않으면 결국 자기가 사는 방식대로 생각하게 된다.
- 좋은 생각은 좋은 열매를 맺고, 나쁜 생각은 나쁜 열매를 맺는다. 사람은 누구나 자기 자신을 가꾸는 정원사이다.
- 좋은 생각을 떠올릴 수 있는 최상의 방법은 많은 생각을 하는 것이다.
- 좋은 일을 생각하면, 좋은 일이 생긴다.
- 중요한 것은 컴퓨터 CPU의 처리속도가 아니라, 사용하는 사람의 생각의 속도이다.
- 중요한 것은 컴퓨터의 저장용량이 아니라 거기에 담는 우리 생각의 크기이다.
- 항상 생각만 하는 사람은 결론을 내리지 못한다. 생각하고 있다는 핑계로 시간만 허비하고 있을 뿐이다.
- 행동보다 생각이 더 중요하다. 왜냐하면 생각이 곧 실체를 낳기 때문이다.

생명[生命] 사람이 살아서 숨 쉬고 활동할 수 있게 하는 힘.

- 나는 살려고 하는 생명체에 둘러싸인 또 하나의 살려고 하는 생명이다.
- 누구든지 한 생명을 구하는 사람은 전 세계를 구하는 것과 같고, 한 생명을 파괴하는 사람은 전 세계를 파괴하는 것과 같다.
- 당신이 생명을 사랑한다면 시간은 낭비하지 마라. 시간이야말로

생명을 만드는 재료이다.
- 추위에 떨어본 사람일수록 태양의 따스한 맛을 안다. 이와 마찬가지로 고난을 많이 겪은 사람일수록 생명의 귀중함을 안다.

생존[生存] 살아남음.

생존 ↗

- 강한 자가 살아남는 것이 아니다. 현명한 자가 살아남는 것도 아니다. 변화하는 자가 살아남는다.
- 살아 있는 개가 죽은 사자보다 낫다.
- 최후까지 살아남는 사람들은 가장 힘이 센 사람이나 영리한 사람들이 아니라, 변화에 가장 민감한 사람들이다.

사

서비스[service] 사람에게 편리함을 주는 것을 상품으로 판매하는 행위.

서비스 ↗

- 감동시키지 못하는 서비스는 진정한 서비스가 아니다.
- 거스름돈은 내 돈이 아니다. 정중하게 다루어라!
- 재미있는 직원은 친절하고 유쾌하기 때문에 고객이 다시 찾는다.
- 적극적으로 항의하는 소비자는 미래의 VIP 고객이다.

선거[選擧] 일정한 조직이나 집단이 대표자나 임원을 뽑는 일.

선거 ↗

- 가장 훌륭한 대통령을 뽑겠다는 어리석은 생각을 하지 마라. 오히려 가장 해를 적게 미칠 대통령을 뽑겠다고 생각하라!
- 선거만 끝나면 노예제가 시작된다.

선과 악[善과 惡] 인간의 도덕적 기준에 맞아 좋거나 혹은 어긋나 나쁨.

선과 악 ↗

- 선도 도를 넘어서면 악이 된다.
- 악은 쾌락 속에서도 고통을 주지만, 선은 고통 속에서도 위안을 준다.

- 악을 미워함이 강하지 않으면, 선을 즐기는 마음도 강할 수 없다.
- 악의에 찬 적과 비할 데 없을 만큼 선의로 대하는 친구. 어느 편이 당신에게 큰 해를 끼치게 될지 예측할 수가 없다.
- 악행은 선행보다 언제나 더 쉽다. 그것은 모든 것에 지름길로 가기 때문이다.

선물[膳物] 남에게 어떤 물건 따위를 선사함.

- 가장 좋은 선물은 모두가 서로를 감싸주는 행복한 가정이다.
- 과거는 역사이다. 미래는 신비이다. 오늘은 선물이다. 그래서 우리는 현재를 선물present이라고 부른다.
- 선물 하나를 잘 주면 많은 손실을 메운다.
- 선물에 대해 흠을 잡거나 불평하지 마라.
- 선물은 작더라도 정성이 중요하다.
- 선물을 품위 있고 정중하게 받는 것은, 보답할 것이 없더라도 보답하는 셈이 된다.
- 선물을 하려면 일상이 되는 것은 하지 마라. 일상 속에서 선물해 준 사람의 존대감이 사라지게 된다.
- 선물이라는 것이 얼마나 성가신 것인지는 누구나 실감하는 일이다. 비용도 그렇고 물건을 고르는 데 드는 신경도 여간 아니다. 하지만, 잘만 하면 더 없이 좋은 것이다.
- 싸구려 선물의 최대의 장점은 어떤 보답도 바라지 않는 점이다.
- 장미의 향기는 그 꽃을 준 사람의 손에도 머물러 있다.

선생[先生] 학생을 가르치는 사람.

- 나 자신을 선생이 아니라 단지 학생들의 잠재력을 열어주는 캔 오프너can opener라고 생각하라!
- 사람들이 배울 수 있는 시간보다 더 빨리 가르치는 사람은 무능한

선생이다.

- 평범한 선생은 말을 한다. 좋은 선생은 설명을 한다. 뛰어난 선생은 시범을 보인다. 훌륭한 선생은 영감을 준다.
- 긍정적인 인생이든지 아니면 부정적인 인생이든지, 본인의 연속된 선택에 의해 결정 된다.

선택[選擇] 여럿 가운데서 필요한 것을 골라 뽑음.

선택 ↗

사

- 돈의 가치는 선택권을 갖는 것이다. 돈이 있는 사람은 선택의 자유를 누리지만 돈이 없으면 선택권이 좁아진다.
- 삶이란 죽을 때까지 선택과 포기의 반복이다.
- 선택을 빨리하면, 고민이 그만큼 빨리 사라진다.
- 스트레스는 각자가 선택한 결과이다.
- 습관과 적응은 연속적인 선택을 뜻한다.
- 운명은 우연이 문제가 아니다. 운명은 선택의 문제다.
- 인생의 선택은 두 가지이다. '지금 하느냐?' '내일 하느냐?'가 아니라 '지금 하느냐?' '평생 하지 않느냐?'이다. 'Now or Tomorrow'가 아니라 'Now or Never'인 것이다.

선택과 집중[選擇과 集中] 필요한 것을 뽑아, 모든 힘을 쏟아 부음.

선택과 집중 ↗

- 모든 것을 다 잘할 수는 없다. 하지만 내가 중요하다고 생각하는 것 하나는 잘할 수 있다. 그것에 집중하자!
- 선택과 집중 이야말로 오늘날 중요한 전략적 사고의 하나가 되었다. 무언가를 선택한다는 것은 무언가를 포기한다는 의미를 가지고 있다.
- 찾아보면 나도 한 가지 정도는 잘하는 것이 있다. 죽기 살기로 그것에 몰입하자!
- 천재는 언제나 돋보이는 존재이다. 그러나 천재는 노력하는 사람

을 이길 수 없고, 노력하는 사람은 그 일을 즐기는 자를 이길 수 없고, 그 일을 즐기는 사람은 언제나 그 일에 미쳐 있는 사람을 이길 수 없다.

● 핵심가치에 집중하자. 약점을 강화하는 것은 시간 낭비다. 강점을 강화하라!

선행[善行] 착하고 어진 행실.

● 남몰래 하는 선행은 땅 속을 흐르며 대지를 푸르게 가꾸어 주는 지하수 줄기와 같은 것이다.

● 다른 사람을 위해 해줄 수 있는 가장 큰 선행은, 자기의 부를 나눠 주는 것이 아니라 그 사람 자신의 부를 깨닫게 해주는 것이다.

● 대가를 바라고 하는 선행은 진정한 선행이 아니다.

● 사람은 죽으면 가족과 부귀와 선행, 이 세 가지를 남긴다. 그 중에서 선행이 제일이다.

● 선을 행하는 데는 나중이라는 말이 필요 없다.

● 손빨래를 하면 손이 깨끗해진다. 좋은 일을 하면 좋은 사람 된다.

● 신은 우리가 다른 사람에게 선행을 해야만 행복한 사람이 되도록 우리를 창조하셨다.

● 우리의 한 손은 나 자신을 돕는 손이고, 다른 한 손은 다른 사람을 돕는 손이다.

● 인간의 진정한 재산은 그가 이 세상에서 행하는 선행인 것이다.

● 전쟁은 전쟁을 낳고, 복수는 복수를 낳는다. 이와 반대로 호의는 호의를 낳고, 선행은 선행을 부른다.

● 중요한 것은 선을 이야기하는 것이 아니라 실제로 선을 베푸는 것이다.

● 지금까지 선행을 베푸는 일에 지친 사람은 아무도 없다.

● 한 근의 선행은 열 근의 학문보다 낫다.

● 행복하게 살고 싶다면 신에게 제물을 바치는 대신 이웃에게 선행

을 베풀라!

설득[說得] 상대편이 이쪽편의 이야기를 따르도록 여러 가지로 깨우쳐 말함.

- 거리가 멀수록 설득의 효과가 있다. 이는 잘 관찰하려는 마음과 압박감을 적개하고 스스로가 결정했다고 느끼기 때문이다.
- 내가 이룬 업적 가운데 가장 빛나는 것은, 아내를 설득해서 나와 결혼하는데 동의하게 만든 일이다.
- 바르게 설명한 논리보다는 생활에 밀착된 이미지가 더 설득력을 가지게 된다.
- 부드러운 말로 상대방을 설득할 수 없는 사람은, 거친 말로도 설득하지 못한다.
- 상대가 모르는 지식이 설득을 낳는다.
- 상대를 문제의 주인공으로 만들어라. 문제의 당사자가 되는 것만큼 좋은 설득은 없다.
- 상대를 설득시키고자 할 때는 상대에게 충분히 말하도록 하는 것이 좋다. 대개 성공한 사람들은 젊었을 때 그가 걸어온 가시밭길을 회상하는 것을 좋아한다.
- 상대방에게 내가 원하는 것을 강조하지 마라. 그 대신 상대방이 내가 필요로 하는 것을 주었을 때 어떤 이익을 거둘 수 있는지를 강조하라!
- 상대방을 설득시키기 위해서는 고전 같은 권위 있는 학설이나 책을 인용하라!
- 상대방의 고민을 알아내는 것은 아주 간단하다. 30분 정도만 적당히 맞장구를 치면서 이야기를 들어주면 상대방이 전부 말해 준다. 그런 다음에 그 고민에 대해서 말하면, 상대방은 "그걸 어떻게 알지요?"하고 깜짝 놀란다. 자기가 전부 말해놓고도…….
- 숫자를 집어넣으면 설득효과가 높아진다.
- 웅변의 목적은 진리가 아니라 설득이다.

- 유머가 있으면 설득이 잘 된다.

설명[說明] 어떤 일이나 대상의 내용을 상대편이 잘 알 수 있게 밝혀 말함.

- 1분 이내에 그 개념을 설명할 수 없는 아이디어는 사업상 의미 있는 것이 못 된다.
- 사람들이 안절부절못하는 것은 앞으로의 전망이 없을 때이다. 상대방에게 잘 설명하기만 하면 폭발은 미연에 방지할 수가 있다.
- 설명을 할 때는 전문어나 외래어는 피하고 알기 쉽고 듣기 쉽게 표현을 해야 한다.

성격[性格] 개인이 가지고 있는 고유의 성질이나 품성.

- 거친 성격도 갈고 닦으면 힘이 된다.
- 밝은 성격은 재산보다 소중하다.
- 슬픈 성격의 소유자는 사사건건 생트집을 잡는다.
- 습관은 성격을 바꾸고, 성격은 습관을 바꾼다.
- 타고난 성격 탓으로 화를 자초하는 거야 어쩔 수 없지만, 남까지 못살게 할 필요는 없는 법이다.

성공[成功] 목적하는 바를 이룸.

- 건강을 잃은 성공은 아무 의미가 없다.
- 꼭 해낸다는 의욕이 없는 인간은 산송장이다. 성공은 지적능력의 차이가 아니고 생각, 의욕, 태도의 차이이다.
- 꿀밤이나 이마를 손가락으로 퉁기더라도, 입김을 '하~'하고 준비한다. 하물며 성공을 원하는 사람이 성공 준비를 안 하고 성공을 바란다면 범죄행위다. 성공은 예감이 아니고 과학이다.
- 나보다 수십 배, 수백 배 뛰어난 인재를 얻고 싶다면, 예의를 갖추

어 상대방에게 존경의 마음을 표하라. 성공이 시작될 것이다.

● 남보다 먼저 내일을 준비하는 사람이 성공한다.

● 내가 성공하면, 가짜 친구들과 진짜 적들을 얻게 될 것이다.

● 넘어질 때마다 다시 일어나는 자세는 성공을 부른다.

● 노력한 사람이 모두 성공한 것은 아니다. 그러나 성공한 사람들은 모두 노력했다.

● 누구라도 성공과 거리가 먼 사람은 없다.

● 대부분의 성공한 사람들은 그들이 성공할 수 있었던 공통분모를 가지고 있다. 성실, 근면, 적극적인 사고, 신념, 끈기, 창조적인 활동 등……. 이것들은 어디까지나 자신의 의지와 정신에 따른 것이지 타인에 의해 차입할 수 있는 요소들이 아니다.

● 많은 약점을 가지고 성공한 사람의 수가 좋은 조건을 가지고 성공한 사람보다 훨씬 더 많다.

● 매순간 최선을 다 하는 모습을 보이는 것이 매순간 성공의 찬스를 잡을 수 있는 최고의 무기이다.

● 명예롭지 못한 성공은 양념을 하지 않은 요리와 같은 것이다. 그것은 배고픔을 면하게 해주지만 맛은 없다.

● 모든 성공에는 괴로움을 지불해야 한다. 지금 성공을 거두었다면 그 동안 대금을 차근차근 지불해온 것이다. 만일 그런 대가 없이 성공을 거두었다면 조만간 그 대금을 지불하게 될 것이다.

● 모든 성공은 더 어려운 문제로 가는 입장권을 사는 것일 뿐이다.

● 문제점보다 해결책에 초점을 맞추는 것이야말로 성공을 자석처럼 끌어당기는 힘이 된다.

● 보통 사람이 열 번 하는 일을 성공하는 사람은 열한 번 한다. 그 한 번의 차이가 쌓이고 쌓여서 언젠가 성공하는 사람과 그렇지 못한 사람으로 나눠진다.

● 부자가 되고 높은 사람이 되는 것만이 결코 성공이 아니다. 자기 일에 최선을 다하는 자세가 성공이다.

● 부자의 큰 행복은 남을 도울 수 있다는 여유일 것이다. 성공해서

만족하는 것이 아니라 만족하고 있기 때문에 성공한 것이다.

- 부하직원의 성공에 늘 관심을 가져라. 그러면 당신도 따라서 성공하게 될 것이다.
- 불편한 것, 지루한 것이야말로 성공의 찬스다. 편의제공과 재미가 성공의 열쇠다.
- 불평을 말하고 험담을 입에 올리는 사람이 성공한 사례는 없다.
- 사람들은 모두 성공의 정기예금에 가입해 있다. 그런데 왜 만기 전날에 해약하는가?
- 사람은 대부분 성공할 수 있는 운명을 스스로 만든다. 나쁜 운명은 외부에서 오는 것 같지만 알고 보면 자신의 약한 마음, 게으른 습관, 성급한 성격 등으로 결정된다.
- 사람이 성공하는 데는 2가지 비결이 있다. 하나는 자신의 부지런함이고 다른 하나는 남의 우둔함이다.
- 사람이 성공하는 비결은 능력만을 가지고 하는 시대는 끝났다. 기회를 잘 포착하는 것이야말로 성공의 지름길이다
- 사진작가의 명작 품의 공통점은 초점이 뚜렷하다는 것이다. 성공한 사람의 공통점도 목표가 뚜렷하다.
- 성공과 실패는 언제나 같은 선상에 있다.
- 성공률을 두 배로 높이고 싶다면, 실패율을 두 배로 높여라!
- 성공에 가까이 가면 갈수록, 그에 도달하기는 더욱 힘들어 진다.
- 성공에 이르는 통로 중간쯤에 실패의 문이 있다.
- 성공에는 비결이 없다. 해야 할 일은 하는 것이고, 해서는 안 되는 일을 하지 않는 것이다.
- 성공에는 실패가 내장되어 있기에 사소한 실수에 좌절하지 말아야 한다. 실패란 성공이라는 진로를 알려주는 나침반이다.
- 성공에는 어떤 트릭도 없다. 나는 내게 주어진 일에 최선을 다하는 것이다.
- 성공에는 원인이 있고, 재앙에는 징조가 있다.
- 성공은 가장 끈기 있는 사람에게 돌아간다.

- 성공은 결과이지 목적이 아니다.
- 성공은 결코 실패하지 않는데 있지 않고 넘어질 때마다 일어서는 데 있다.
- 성공은 대개 그를 좇을 겨를도 없는 바쁜 사람에게 온다.
- 성공은 많은 사람을 실패하게 만들었다.
- 성공은 멋진 물감과도 같아서 모든 보기 흉한 것들을 칠해 버린다.
- 성공은 바보를 현명하게 보이게 한다.
- 성공은 밤낮 없이 거듭되었던 작고도 작은 노력들이 한데 모인 것이다.
- 성공은 수만 번의 실패를 감싸준다.
- 성공은 습관이다.
- 성공은 우연히 성공한 것이 아니라 꾸준한 노력으로 성공한 것이다.
- 성공은 정상에 도달하는 것이 아니라 부단히 성장하는 것이다.
- 성공은 풍부한 경험을 통해 오며, 이 풍부한 경험은 수많은 실패를 통해서 얻어진다.
- 성공은 하나의 과정이지 목표가 아니다.
- 성공을 거둔 사람들은 항상 웃는 얼굴로 일터에 나가서 변화와 기회를 감수하고 어려운 일과 쉬운 일을 똑같이 침착하게 대하는 명랑하고 희망찬 사람들이다.
- 성공을 바라면서 실패를 피하려 드는 것은 모순이다. 성공에 이르려면 실패라는 단계를 거쳐야 한다. 성공으로 이르는 길은 실패로 포장이 되어 있다.
- 성공을 생각하는 마음과 현실의 성공률은 비례한다.
- 성공을 위해 가장 중요한 핵심은 실패했을 때 그 원인을 자신에게서 찾는 일이다. 원인을 찾는 동안 스스로 잘못된 점을 발견하게 되고 반성할 기회를 갖기 때문이다.
- 성공을 하려거든 남을 밀어젖히지 말고, 또 자기 힘을 측량해서 무리하지 말며, 자기가 뜻한 일에는 한 눈 팔지 말고 묵묵히 해나

가야 한다. 평범하나마 이것이 곧 성공이 튀어나오는 요술 주머니다.

- 성공을 한다는 것은 오직 자기 자신에게 달려있다.
- 성공의 가장 중요한 조건은 인내이고, 가장 큰 걸림돌은 조급함이다.
- 성공의 덕택으로 약간의 죄(허물)는 감춰진다.
- 성공의 만리장성도 벽돌 한 장에서 시작된다.
- 성공의 맛을 보기 위해선 실패의 맛을 알아야 한다.
- 성공의 밑거름은 역시 실무능력이다. 실무능력 없이 성공한 사람은 없다.
- 성공의 법칙은 혀를 적게 놀리고, 손을 많이 움직이고, 머리를 최대로 활용하는 것이다.
- 성공의 비결은 남의 험담을 결코 하지 않고, 장점을 들추어 주는 데 있다.
- 성공의 비결은 평범한 일조차 비범하게 처리하는 것이다.
- 성공의 여신은 게으른 자를 찾아가지 않는다.
- 성공의 절반은 인내심이다.
- 성공의 척도는 재산, 명성, 지위 그리고 권력이 아니다. 유일하고 참된 성공의 척도는 우리가 일생동안 번 것을 어떻게 사용했는지에 달려 있다.
- 성공하거나 아니면 포기하라!
- 성공하고 싶다면 끊임 없이 반복하라!
- 성공하기가 쉽다면 모든 사람이 할 수 있을 것이다. 그러나 쉽지 않기 때문에 전략과 전술 교육이 필요하다.
- 성공하는 사람은 과거의 실패를 미래의 거울로 삼고, 실패하는 사람은 과거의 실패 때문에 미래를 보지 못한다.
- 성공하는 사람은 남의 머리를 나의 파일로 쓰는 사람이다.
- 성공하는 사람은 성공하는 습관을 가지고 있고, 실패하는 사람은 실패하는 습관을 가지고 있다.

- 성공하는 사람은 조금씩 시작한다. 그리고 지금 당장 시작한다.
- 성공하는 습관을 들이라. 타고난 능력보다 더 중요한 것은 습관이다.
- 성공하는 최선의 길은 결심과 동시에 실천하는 것이다.
- 성공하려면 건강 하라. 건강하지 않음은 곧 실패의 예고이다.
- 성공하려면 귀는 열고 입은 닫아라!
- 성공하려면 남과 다른 나만의 개성을 가져야 한다. 남과 달라야 한다.
- 성공하려면 성공하는 사람과 똑같이 따라하면 된다. 하지만 실패하려면 실패하는 사람과 똑같이 따라하면 된다.
- 성공한 사람들에게는 목표가 있고, 평범한 사람들에게는 소망만 있을 뿐이다.
- 성공한 사람들의 공통점은 그들은 모두 목표가 있었다는 것이다.
- 성공한 사람들의 대부분은 아침에 일찍 일어남으로 다른 이보다 빠른 출발을 한다.
- 성공한 사람들의 비법을 응용하면 성공한다. 성공은 인종을, 학벌을, 외모를 차별하지 않는다.
- 성공한 사람은 자신과의 인간관계를 철저히 한 사람이다.
- 성공한 자리에 오래 있지 마라. 오래 그 자리에 머물러 있으면 미움을 받고, 반드시 모함하는 자가 생긴다.
- 성공해서 만족하는 것은 아니라, 만족하고 있기 때문에 성공한 것이다.
- 성공했을 때 행운으로부터 멀리 떠나라. 명성 있는 도박사들은 늘 그렇게 한다. 멋있는 후퇴는 용감한 공격과 똑같은 가치가 있다.
- 세상에서 가장 아름다운 유혹은 성공이다.
- 세상에서 성공하려면, 바보스런 용모를 하고 지혜로워야 한다.
- 순풍에 돛을 단 듯한 인생에는 비극이 없다. 그러나 인생에 실패와 비극이 없는 사람은 성공에서 가장 먼 곳에 있는 사람이다.
- 쉽게 성공하려고 하면, 쉽게 포기하게 된다.
- 아무나 할 수 있지만 누구도 하지 않는 일을 하는 것이 성공의 지

름길이다.

- 아무리 얇은 종이라도 양면이 있다. 성공 뒤에는 실패가, 실패 뒤에는 성공이 있다.
- 어떤 일을 하고 싶은 사람은 1만 명, 그 일을 시작하는 사람은 1백명, 그 일을 계속해서 성공하는 사람은 1명이다.
- 오늘 물러나는 것이 내일의 성공이 되기도 한다.
- 요행수는 성공의 밑천이 아니다.
- 우리는 보통 성공한 사람에 대해 나와 다른 사람이라고 말하면서 그에 미치지 못하는 자신을 합리화한다. 하지만 성공한 사람들도 사실 우리와 별반 다를 게 없다.
- 우리는 성공보다 실패에서 더 많은 것을 배운다. 우리는 하지 말아야 할 것을 발견함으로써 해야 할 것을 알게 된다. 따라서 잘못이나 실패를 체험해보지 않은 사람은 성공을 발견하지 못할 것이다.
- 우리의 꿈은 거의 제 2의 천성으로 만들어 버린다. 성공하고 싶다고 생각하는 것을 제 2의 천성으로 해야 한다. 그러면 성공 쪽에서 내게 다가온다.
- 웃음을 잃은 사람이 성공을 바란다는 것은 무리가 있다.
- 이 세상에서 성공할 수 있는 길은 두 가지 밖에 없다. 한 가지는 자신이 남보다 근면 성실하면 되고, 또 하나는 타인의 어리석음과 게으름을 이용해서 이익을 취하면 된다.
- 인생에 가장 성공적인 사람은 대체로 가장 훌륭한 정보를 가지고 있는 사람이다.
- 인생에서 가장 중요한 것은 실패 했다고 낙심하지 않는 것이며, 성공했다고 기쁨에 도취되지 않는 것이다.
- 일work보다 성공success이 먼저 나오는 곳은 사전 밖에 없다.
- 자신이 나아갈 분명한 방향과 목표를 알고 있는 것에서부터 성공은 시작된다.
- 자신이 하는 일을 재미없어 하는 사람치고 성공하는 사람 못 봤다.
- 자신이 하는 일을 재미있어 하는 사람은 그렇지 않은 사람보다 성

공률이 현저하게 높다.
- 자잘한 시행착오가 성공의 밑거름이다.
- 장애물은 오히려 성공에 필요한 무기다.
- 적극적 사고방식과 성공속도는 비례한다.
- 조직력이 없는 사람은 대성하지 못한다.
- 주머니에 손을 넣고 성공이란 사다리를 올라갈 수는 없다.
- 진정한 성공이란 물질을 소유하는 데 있는 것이 아니고, 자신과의 싸움에서 이기는 데 있다.
- 진정한 성공이란, 자신이 태어나기 전보다 이 세상을 조금이라도 더 살기 좋은 곳으로 만들어 놓고 떠나는 것이다.
- 천재보다는 성실한 보통사람이 성공할 가능성이 많다.
- 최상의 성공은 실패 다음에 온다.
- 침식을 잊을 정도로 미쳐 보지 못한 사람에게는 성공이란 먼 나라의 이야기다.
- 큰 성공은 작은 성공을 거듭한 결과이다.
- 포기하지 않으면 언젠가는 성공의 자리에 다다를 수 있다.
- 호랑이는 20번 나선 사냥 중에서 19번을 실패한다. 그러나 호랑이는 1번을 위해 사냥 나서기를 쉬지 않는다. 실패가 쌓여야 성공이 이루어지며, 그렇게 이루어진 성공이 값진 것이다.
- 홈런왕 베이브 루스가 스트라이크 아웃을 당한 기록은 얼마일까? 그것은 1,330번이다. 우리는 그의 홈런의 기록만을 본다. 그러나 그러한 홈런도 1,330번의 스트라이크 아웃의 고배와 함께 가능했던 것이다.

성실[誠實] 정성스럽고 참됨.

- 성실성의 상실은 생명력의 상실이다.
- 성실하지 못한 친구를 가질 바에야 차라리 적을 갖는 편이 낫다. 천박한 친구처럼 위험한 것은 없기 때문이다.

- 성실한 사람일수록 자신을 이기려고 애쓴다.
- 천재보다는 성실한 보통사람이 성공할 가능성이 많다.
- 다른 사람이 성장하지 못하도록 막으면 우리 자신도 성장하지 못한다. 이를 주의할 때 자신의 가치가 높아진다.

성장[成長] 사람이나 동식물 따위가 자라서 점점 커짐.

- 성공한다는 것은 멋진 일이다. 하지만 성공하지 못하더라도 성장한다는 것은 더욱 멋진 일이다.
- 성장을 위한 성장은 암세포의 논리에 불과하다.

성찰[省察] 자기의 마음을 반성하고 살핌.

- 가장 나쁜 결점은 자신의 결점을 모르는 것이다.
- 국어를 알았으면 주제를 알고, 산수를 배웠으면 분수를 알라!
- 나에게서 또는 우리 팀에서 세계적인 것을 찾아보자. 우리는 우리를 살피지 않고 남의 것이나 남의 나라를 보며 부러워한다.
- 남에게 손가락질 할 때 마다 세 개의 손가락은 항상 자기 자신을 가리키고 있음을 잊지 마라!
- 너무 가늘어서 우산을 펴야 할 지 접어야 할 지 모르는 이슬비 같은 존재가 되지 말자!
- 당신이 진실로 얼마나 부자인지 알기를 원한다면, 오늘밤에 당신이 가진 모든 돈을 잃는다면 내일 당신에게는 무엇이 남게 될 것인지 살펴보라!
- 사람은 누구나 그 마음속에 미치광이가 있다. 그러기 때문에, 그 미치광이가 날뛰지 않게 조심해야 한다.
- 사람은 산에 걸려서 넘어지는 것이 아니라, 작은 돌멩이에 걸려서 넘어진다.
- 연탄재 함부로 차지 마라. 당신은 언제 남을 위해서 그토록 뜨거

웠던 적이 있었는가?

세계[世界] 지구상의 모든 나라.

- 세계는 아름다운데, 사람이라는 암세포를 가지고 있다.
- 세계화는 전 세계의 비즈니스들을 결합하는 것이다.
- 우리가 미덕을 세계화하는 것보다 더 빠르게 악덕이 세계화되고 있다.

세금[稅金] 국민이나 주민으로부터 강제로 거두어들이는 금전.

- 나태에 붙는 세금만큼 비싼 것은 없다.
- 봉사는 내가 지구상에서 사는 특권에 대해 지불해야 하는 일종의 세금이다.
- 비난은 사람이 유명하게 되었을 때 대중에게 바치는 세금이다.

세상[世上] 사람이 살고 있는 모든 사회를 통틀어 이르는 말.

- 세상은 모든 사람이 한 가지 역할씩 하지 않으면 안 될 무대이다.
- 세상은 인자하지도 않지만 적대적이지도 않다. 세상은 우리에게 그저 무관심할 뿐이다.
- 이 세상은 우리의 상상을 펼치는 캔버스일 뿐이다.

세월[歲月] 흘러가는 시간.

- 걸레도 한때는 아름다운 꽃무늬로 수놓은 천일 때가 있었다.
- 세월을 헛되이 보내지 마라. 청춘은 다시 오지 않는다.
- 신용카드보다 부모를 더 존경하던 시절의 생활은 지금보다 훨씬 간편했다.

- 우리는 죽음을 맞이할 때까지 계속 늙어간다.
- 젊은 여성은 아름답다. 그러나 곱게 늙은 여자는 더 아름답다.
- 좋은 20대를 보낸 사람만이 좋은 30대를 보낼 수 있다.

세일즈 ↗

세일즈[sales] 판매.

- 기업과 소비자의 관계는 계산적인 관계로 시작된다. 좋은 물건인데 가격이 적당하고, 고장이 잘 나지 않고, 광고한 대로 설명서에 있는 대로 효과가 나오면 일단 만족한다. 거기에 하나 더, 물건을 파는 사람에 대한 인상이 추가된다.
- 남과 다르게 팔고 싶다면 유머야말로 다르다.
- 누구나 재미있는 사람에게서 물건을 사려고 한다. 그것도 더 많이 산다. 유머는 매출을 늘린다.
- 세일즈의 성공을 결정짓는 것은 고객을 유쾌하게 설득하는 것이다.
- 시대는 변해 유머가 상품을 팔고, 재미가 있으면 매출도 늘어난다.
- 웃을 준비가 되어있지 않으면, 가게 문을 열지 마라!
- 제품을 팔기 전에 인격을 팔고, 인격을 팔기 전에 웃음을 팔아라!

섹스 ↗

섹스[sex] 성 또는 성행위.

- 사랑과 섹스의 차이는, 하룻밤을 보내고 마음을 주느냐 아니면 돈을 주느냐의 차이이다.
- 섹스는 강에 비유할 수 있다. 너무 세차면 범람하고 생명을 파괴하지만, 알맞은 양이면 생명을 풍요롭게 한다.
- 섹스는 매우 개인적인 관계로 이루어지고, 매우 친한 분위기 속에서 이루어지지 않으면 안 된다. 자기를 컨트롤할 수 없을 것 같은 경우에 있어서는 섹스를 행해서는 안 된다.
- 섹스는 배우자나 연인과 안전하게 해야 한다. 적어도 에이즈가 박

멸될 때까지는 조신하게 있는 것이 좋다.
- 섹스는 신의 선물이며, 인간에게 산란기가 없음은 성이 종족보존 이외의 다른 의미가 있기 때문이다.
- 섹스는 자연의 일부이다. 그러므로 섹스를 할 때에는 본래 부자연스런 것은 무엇 하나 있을 리가 없다.

소 망

사

소망[所望] 어떤 일을 바람.

- 꼭 이루고 싶은 소망이 있다면 목표를 향해 지금 행동으로 옮기라. 오늘이 지나면 간절하게 소망하던 일이 한순간의 공상으로 끝날지도 모른다.
- 비참한 자의 약은 소망밖에 없다.
- 사람에게서 재물을 빼앗아 보라, 그가 움츠릴 것이오. 그로부터 목표를 빼앗아 보라, 그는 기력을 잃을 것이라. 그로부터 소망을 빼앗아 보라, 그는 주저앉고 말 것이다.
- 사람은 음식 없이 40일, 물 없이 3일, 공기 없이 8분을 살 수 있지만 소망 없이는 1분도 살 수 없다.
- 사람이 간절히 소망하는 것만으로도 모든 일이 이루어진다면, 이 세상에 가난뱅이는 하나도 없어야 한다.
- 소망은 꿈이 아니라, 꿈을 실체화하는 작업이다.
- 소망의 나라에는 겨울이 없다.
- 소망이란 인간의 가슴 안에 있는 영원한 샘물이다.
- 실망이란 어려움 앞에 이길 수 없다고 여기는 것이요, 소망이란 어떤 것도 어렵지 않게 여기는 것이다.
- 영웅의 특징은 좀처럼 소망을 포기하지 않는 것이다.

소문[所聞] 사람들 입에 오르내려 전하여 들리는 말.

- 상대방이 자신에 관해서 다른 사람에게 뭐라고 말하는 가를 알게

소 문

되면 이 세상에 친구 같은 것은 없다.

- 소문은 가장 좋은 소개장이다.
- 소문은 빨리 퍼지지만 진실만큼 오래 가지는 않는다.
- 소문은 절반쯤 들으라. 소문이란 과장된 것이 많으니 절반쯤 깎아 듣는 것이 타당하다.
- 소문이 퍼지지 않게 하려는 것은, 울리는 종을 멈추려는 것과 같다.
- 좋은 소문은 멀리 퍼진다. 그러나 나쁜 소문은 더욱 멀리 퍼진다.

소비

소비[消費] 돈이나 물자, 시간, 노력 따위를 들이거나 써서 없앰.

- 낭비와 과소비는 자신의 재산을 도둑질하는 것이다.
- 성품이 나쁜 사람은 이웃의 수입에는 신경을 쓰면서도 자신의 낭비에는 마음을 쓰지 않는다.
- 신용카드로 사면 한번만 생각하지만, 현찰로 사면 두 번 생각하는 이유를 아는가?
- 전혀 필요가 없는 것을 싸게 먹힌다고 해서 사지 마라. 마무리 싸게 팔아도 안사는 것보단 비싸다.
- 지불 능력도 없으면서 물건을 산 사람 역시 가난의 씨를 뿌리는 사람이다.
- 필요치 않은 것은 1원이라도 비싼 것이다.
- 필요하지 않은 것을 사 들이면 필요한 것을 팔게 된다.

소비자

소비자[消費者] 재화를 소비하는 사람.

- 광고는 소비자를 만나러 가지 못하기 때문에 하는 것이다. 다만 그것뿐이다.
- 기업의 3대 요소는 자본, 노동, 기술. 그리고 하나 더 소비자이다.
- 산업혁명의 최고 발명은 소비자를 만들어낸 것이다.
- 소비자가 반해서, 다니면서 온 주위에 홍보하고 팔아줄 수 있을

정도로 만족스러운 제품을 만들어야 한다.
- 소비자가 받아들일 수 있는 최저 가격과 최고 가격이 있다. 그 최저 가격보다 가격이 낮으면 품질을 의심한다.
- 소비자는 광고에 의해서 유아적 체험을 자극 당하면 그 상품에 친밀감을 느끼게 된다.
- 소비자는 분석의 대상이 아니라 이해의 대상이다
- 소비자는 애국심이 없다. 국경이 없다. 안면이 없다.
- 소비자를 이해하는 것이 시나리오 마케팅의 첫걸음이다.
- 소비자의 기호는 상품보다도 그것을 담은 용기, 싼 종이에 의해서 자유롭게 변하는 경향이 있다.
- 소비자의 마음을 잡는 자가 시장을 장악한다.
- 소비자의 생활이 감성화, 개성화, 칼라color화 되어가고 있다.
- 소비자의 주의를 끌 수 없다면 이미 광고라고 할 수 없다.
- 아무리 좋은 제품을 만들어도 소비자가 사용하지 않으면 아무 소용없다.
- 적극적으로 항의하는 소비자는 미래의 VIP 고객이다.
- 협상 시, 사는 사람이 누구이며 파는 사람이 누구인지가 중요하다. 결국 이 말은 파는 사람보다 사는 사람이 항상 힘이 있음을 암시한다.

소유[所有] 가지고 있음. 또는 그 물건.

- 당신은 모든 것을 가질 수 있다. 다만 한꺼번에 그 모든 것을 가질 수 없을 뿐이다.
- 따지고 보면, 본질적으로 내 소유란 있을 수 없다. 내가 태어날 때부터 가지고 온 물건이 없으니 어떤 인연으로 해서 내게 왔다가 그 인연이 다하면 가버리는 것이다.
- 무소유란 아무것도 갖지 않는 것이 아니라, 불필요한 것을 갖지 않는 것이다.

- 버리는 일부터 시작하라. 쓸데없는 것을 소유하지 않는 일도 경쟁력이다. 잘 버리는 것도 크리에이티브creative이다.
- 소유가 인격을 결정한다.
- 수의에는 호주머니가 달려 있지 않다.
- 쉽게 얻은 것은 쉽게 잃는다.
- 열심히 노력하게 하는 추진력은 소유욕에서 나온다.
- 정당한 소유는 인간을 자유롭게 하지만, 지나친 소유는 소유 자체가 주인이 되어 소유자를 노예로 만든다.
- 제대로 쓰지도 않는 재산을 가지고 있는 것은 결국 한 푼도 가지고 있지 않는 것이나 다를 바 없다.
- 하나가 필요할 땐 하나만 가져야지 둘을 갖게 되면 그 하나마져 잃게 된다.
- 현재 갖고 있는 것을 원한다면, 항상 원하는 것을 갖게 될 것이다.

소음[騷音] 불규칙하게 뒤섞여 불쾌하고 시끄러운 소리.

- 소음으로 얻을 수 있는 것은 아무 것도 없다. 암탉이 달걀 하나 낳고서 세상을 낳은 것처럼 소리쳐 댄다.
- 한 사람에게는 음악이라도 다른 사람에게는 소음이 된다.

소인배[小人輩] 마음 씀씀이가 좁고 간사한 사람들이나 그 무리.

- 고집을 부리는 것은 자신이 소인배라는 것을 폭로하는 것이다.
- 군자는 개떡 같은 말을 듣고도 천금 같은 진리를 깨닫고, 소인배는 천금 같은 말을 듣고도 개떡 같은 생각에 머물러있다
- 시시한 사람일수록 큰 인물에 기대어 자신도 크게 보이려고 한다. 이런 무리들은 묵살해 버리는 것이 상책이다. 또 그들은 염치없게도 당대의 지도자들을 경멸함으로써 자신에게 이목을 집중시키고 싶어 한다.

소중[所重] 매우 귀중함.

- 세상에서 가장 소중한 것은 일, 가족, 건강, 친구, 그리고 자신이다. 가장 가까이 있는 것들을 당연하게 생각하지 마라. 나의 삶처럼 그것들에 충실 하라!
- "할 수 있습니다!"라는 긍정적인 사람. "제가 하겠습니다!"라고 하는 능동적인 사람. "무엇이든지 도와드리겠습니다!"라는 적극적인 사람. "기꺼이 하겠습니다!"라는 헌신적인 사람. "잘못된 것은 즉시 고치겠습니다!"라는 겸허한 사람. "참 좋은 말씀이십니다!"라는 수용적인 사람. "이렇게 하면 어떨까요?"하는 협조적인 사람. "대단히 고맙습니다!"라고 감사할 줄 아는 사람. "도울 일 없습니까?"라고 물을 수 있는 여유 있는 사람. '이 순간 할 일이 무엇일까?'라고 일을 찾아 할 줄 아는 사람. 당신은 소중한 사람입니다!

소통[疏通] 막히지 아니하고 잘 통함.

- 리더십은 소통을 하는 것이지 호통을 치는 게 아니다.
- 사람과 말이 통하지 않으면 말과 소에 옷을 입힌 것이다.
- 세상에서 가장 먼 거리는, 사람의 머리에서 가슴까지의 30㎝도 안 되는 거리이다.
- 소통(커뮤니케이션)은 정보의 흐름이다.
- 소통이란 상대방이 원하는 것을 주는 것이다.
- 조직구성원들에게 가장 인기 있는 사람은 바로 '말이 통하는'사람이다. 의사소통이 가능한 리더는 조직을 성공으로 이끌 수 있다.
- 조직문화의 성패는 소통(커뮤니케이션)에 있다.

속도[速度] 물체가 나아가거나 일이 진행되는 빠르기.

- 개인도 고속인간과 저속인간으로 구분한다.

- 중요한 것은 컴퓨터 CPU의 처리속도가 아니라, 사용하는 사람의 생각의 속도이다.
- 현대인은 속도의 병에 걸려있다.

솔선수범[率先垂範] 남보다 앞장서서 행동해서 다른 사람의 본보기가 됨.

- 다른 사람을 움직이는 유일한 수단은 스스로 모범을 보이는 것뿐이다.
- 리더십은 말만 해서는 제대로 발현되지 않는다. 태도와 행동으로 발현된다.
- 어른이 모범을 보이지 않으면 어린이는 배우지 못한다.

수고 일을 하느라고 힘을 들이고 애를 씀.

- 수고가 많지 않은 자에게, 인생은 혜택을 베풀지 않는다.
- 수고하지 않으면, 얻는 것도 없다
- 너무 재주가 많은 자는 수고가 많고, 너무 영리한 자는 쓸데없는 걱정으로 고생이 많다.

수다 쓸데없이 말수가 많음.

- 수다 속에 니즈need가 숨겨져 있다.
- 수다가 옮겨지는 과정에는 한 가지 공통점이 있다. 그것은 자신의 결점이나 약점, 두려움과 소망을 타인에게 투사시킨다는 사실이다.
- 수다는 귀찮고 때로는 위험하고 해롭지만, 사회가 채워준 족쇄를 찬 인간에겐 없어서는 안 될 통풍장치이다.
- 수다는 다른 사람에게 일어나는 새로운 사실에 대한 호기심이다.
- 수다는 인간의 언어만큼이나 오래된 현상이다.

- 수다쟁이란 다른 사람들이 불이 났다고 생각하게끔 연기를 피워 놓는 사람이다.
- 어리석은 수다는 초상집에 즐거운 음악이 울리는 것과 같다.

수입[輸入] 다른 나라로부터 물품을 사들임.

수입

- 돈을 번다는 것은 매출을 올린다는 것과 비용을 적게 한다는 양면의 조절에 의해 달성된다.
- 수입이 없는 기업과 가정은 존재할 수 없다.
- 수출을 하지 않으면 수입할 돈이 어디서 생기겠는가? 매출을 하지 않으면 매입할 돈이 어디서 생기겠는가?
- 절약은 커다란 수입이다.

사

순간[瞬間] 아주 짧은 동안.

순간

- 가장 가치 있는 시간은 최선을 다한 시간이고, 가장 귀한 시간은 지금 바로 이 순간이다.
- 순간을 지배하는 사람이 인생을 지배한다.
- 우리가 순간순간을 잘 지키면 시간이 우리를 지켜준다.
- 죽음은 한 순간이며, 삶은 많은 순간이다.

술 알코올 성분이 들어 있어 마시면 취하는 음료.

술

- 과음은 비밀을 흘리고 신용을 잃게 만든다.
- 거울은 모양을 비추고, 술은 본심을 비춘다.
- 꽃은 반개(半開), 술은 미취(微醉) 즉, 꽃은 반쯤 피었을 때 보고 술은 가볍게 취할 만큼 마시니 그 속에 큰 아름다운 취향이 있다
- 남편이 마신 술의 양과 아내가 흘린 눈물의 양은 비례한다.
- 사람들은 한 잔 술에 귀여운 양이 되고, 두 잔에 질주하는 얼룩말

이 되고, 석 잔에 포효하는 사자가 되고, 넉 잔에 어리석은 나귀로 되돌아간다.

- 술에 취하는 것은 일시적인 자살이다.
- 술에 취하면 헛것이 보이지만, 꿈에 취하면 미래가 보인다.
- 술에 취함은 바로 자발적으로 미치는 것이다.
- 술은 인격을 반사하는 거울이다.
- 술이 들어가면 지혜는 도망친다.
- 술이 만든 친구는 술 깨자 그만이다.
- 술이 빚은 우정은 술처럼 하룻밤밖에 가지 못한다.
- 술이 입 안으로 들어가면 비밀은 입 밖으로 새어 나온다.
- 술잔은 비록 작지만, 술잔에 빠져 죽는 사람이 깊은 물에 빠져 죽는 사람보다 수없이 많다.
- 아내가 흘린 눈물의 양과 남편이 마신 술의 양은 정비례한다.
- 원래 술이란 게 훌륭한 사람을 더 훌륭하게 하진 못해도 어리석은 사람을 더 어리석게 할 수는 있다.
- 정통 술꾼은 분위기로 술을 마시고 사이비 술꾼은 주량으로 술을 마신다.
- 천사가 바쁠 땐 엄마를 보내고 악마가 바쁠 땐 술을 보낸다.
- 폭음가(暴飮家)는 늘 자신의 생명을 공격하고 있다.
- 폭음(暴飮)은 어떤 사람은 어리석게 하고, 어떤 사람은 짐승으로 만들고, 어떤 사람은 악마로 만든다.

숫자

숫자[數字] 수를 나타내는 글자.

- 숫자가 현실을 말한다.
- 숫자를 집어넣으면 설득효과가 높아진다.
- 초등학교 6학년이 중학교 1학년 보다 더 어른스런 데가 있다. 중 3과 고 1은 중 3이 더 어른스럽다. 숫자가 사람의 행동에 영향을 준다.

스트레스[stress] 어려운 환경에 처할 때 느끼는 심리적, 신체적 긴장 상태.

- 스트레스는 각자가 선택한 결과이다.
- 스트레스는 즉시 날려 보내지 않으면 나쁜 잡초처럼 자란다.
- 스트레스와 면역은 밀접한 관계가 있고, 스트레스는 웃음으로 풀수 있다.
- 암은 대개 부부 사이에 장기적인 불화가 있다든지 혹은 가정에 큰 불행이 있어서 그로 인한 스트레스가 쌓이게 되면 쉽게 발병한다.
- 여자의 스트레스 해소는, 먹을거리와 수다 그리고 쇼핑이다.
- 웃음은 스트레스의 마침표요. 행복의 느낌표다.
- 인간의 마음은 펌프처럼 되어 있다. 때문에 건강을 유지하기 위해서는 적당히 힘을 가하거나 빼기를 반복해야 한다. 스트레스를 느끼는 사람은 행복한 사람이라고 할 수 있다. 스트레스를 느끼는 동안은 치매에 걸리는 일이 없기 때문이다.
- 지나치게 남을 의식하여 꾸며서 사는 사람들은 스트레스를 받으며 사는 경향이 있다.

슬픔 슬픈 마음이나 느낌.

- 바쁜 꿀벌은 슬퍼할 겨를이 없다.
- 사람들은 슬픈 일이 닥칠 때마다 '오, 하필이면 이런 일이 나에게 일어났을까?'하고 질문을 하지만, 기쁜 일이 있을 때마다 같은 질문을 하지 않는 한 그런 질문을 할 자격이 없다.
- 사람이 먼 일을 생각하지 않으면, 바로 앞에 슬픔이 닥치는 법이다.
- 슬픔은 남에게 터놓고 이야기함으로써 완전히 가시지는 않지만 누그러질 수 있다.
- 슬픔을 이기는 가장 좋은 약은 일과 웃음이다.
- 시간이 덜어주지 않는 고민과 슬픔은 없다.
- 행복은 나누면 배가 되고, 슬픔은 나누면 반이 된다.

- 행복하기에 웃는 것이 아니다. 웃어서 행복한 것이다. 슬퍼서 우는 것이 아니다. 울어서 슬픈 것이다.

습관[習慣] 어떤 행위를 오랫동안 되풀이하는 과정에서 익혀진 행동 방식.

- 개미구멍이 커져 제방이 무너진다는 속담이 있다. 무슨 일이든지 문제점이 발견되면 그 자리에서 처리하는 습관이 중요하다.
- 겉으로는 젊은 체하면서 머리 쓰는 데는 늙은이 같은 타입도 환영받지 못한다.
- 과자는 버려라. 과로, 과식, 과열, 과음, 과속……
- 근면은 습관이다.
- 긴장은 습관이듯이 휴식 또한 습관이다.
- 나쁜 습관과 싸워 이기려면 몸에 밴 익숙한 행동을 버리라!
- 나쁜 습관을 과감히 버리고, 훈련을 통해 좋은 습관을 만들어라!
- 나쁜 습관을 되어버리면 어려움은 없다.
- 나쁜 습관이 쌓이면 치명적이 된다.
- 노력을 중단하는 것보다 더 위험한 것은 없다. 그것은 습관을 만든다. 습관은, 버리기는 쉽지만 다시 들이기는 어렵다.
- 당연히 부정적이고 나쁜 습관을 줄여야 한다. 성공한 사람과 실패한 사람의 차이는 근소하며 젊은 시절 글로 쓴 목표가 있느냐 없느냐의 차이 밖에는 없다.
- 매일 같이 동일한 트랙을 돌고 있는 자신을 발견하면서 사람들은 서서히 미래를 내다보는 창문을 닫기 시작한다.
- 부자는 10대부터 결정된다고 볼 수 있으며, 평생 습관이 일생을 좌우한다.
- 사람은 반복적으로 행하는 것에 따라 판명되는 존재이다. 따라서 우수성이란 단일 행동이 아니라 바로 습관이다.
- 사람은 자기습관을 좋아한다. 왜냐하면 자신이 그것을 만들었기 때문이다.

- 사십 세가 지나면 인간은 자신의 습관과 결혼해 버린다.
- 생각이란 씨앗의 열매는 행동, 행동이라는 씨앗의 열매는 습관, 습관이라는 씨앗의 열매는 성품, 성품이라는 씨앗의 열매는 우리의 운명이다. 여기에서 중요한 것은 습관이다.
- 성공도 습관이다.
- 성공의 하인이고, 실패의 주인 인 것은? 습관이다.
- 성공하는 사람은 성공하는 습관을 가지고 있고, 실패하는 사람은 실패하는 습관을 가지고 있다.
- 성공하는 습관을 들이라. 타고난 능력보다 더 중요한 것은 습관이다.
- 습관에 갇히면 창의성이 상실된다. 카네기가 성공할 수 있었던 이유는 보통 사람들이 가지고 있는 고정관념을 창조적으로 이용했기 때문이다. 가난하고 대학을 못나왔지만 기계적인 사람이 되지 않으려 노력했다.
- 습관은 성격을 바꾸고, 성격은 습관을 바꾼다.
- 습관은 제 2의 천성으로, 제 1의 천성을 이긴다.
- 습관이 되어버리면 어려움은 없다.
- 습관이 모여 인생이 되고 곧 운명이 된다.
- 습관이란 연속적인 선택을 뜻한다.
- 실력보다 운이 따라주는 것처럼 보이는 사람이 있는가 하면, 뒤로 자빠져도 코가 깨지는 사람이 있다. 하지만 성공의 관문으로 들어갈 수 있는 기회를 잡는 것은 결국 습관에 달려 있다.
- 욕구는 채워지면 곧 사라지지만, 나쁜 습관은 채워질수록 더 늘어난다.
- 우리가 반복적으로 한 행동이 바로 우리 자신이다. 따라서 위대함은 하나의 행동이 아니라 습관이다.
- 우리는 대개 습관이라고 하는 쇠사슬을 느끼지 못하고 있다가 그 것이 끊을 수 없을 정도로 강해진 다음에야 비로소 그 존재를 깨닫게 된다.

- 우리에게는 강자에 대해서는 비난하고 싶은 습성이 있다. 약자나 곤경에 처해 있는 사람에게만 편중하여 친절을 베푼다면 당신 주위에는 약자만 모이게 된다. 이것이 유유상종의 법칙이다.
- 작은 문제가 있다면, 작은 상태일 때 빨리 해결하는 습관을 들여야 한다.
- 절제하지 못하는 습관은 집터 아래로 흐르는 물길과도 같다. 그런 곳에 세워진 집은 머지않아 무너지기 마련이다.
- 지금까지 그 사람의 행동습관은 외부로부터 어떤 힘을 가하지 않는 한 그 사람은 지금까지와 같은 행동을 계속해 나갈 것이며 그것이 습관화될 것이다.
- 한번 포기하는 것을 배우면, 그것은 습관이 된다.
- 화내는 버릇, 남의 장점을 외면하는 버릇은 안 좋은 버릇이다.

승리

승리[勝利] 겨루어서 이김.

- 계속되는 곤란은 승리의 기회이다.
- 많은 사람들은 패배보다는 승리 때문에 파멸한다.
- 백만 적군을 이기기보다 자기 하나를 이기는 것이 승리 중의 승리이다.
- 승리는 의지의 산물이다.
- 승리를 바라지 않는다면 이미 패배한 것이다.
- 승리하면 조금 배울 수 있고, 패배하면 모든 것을 배울 수 있다.
- 승리한 사람에게는 상처가 아프지 않다.
- 싸움이 격렬할수록 승리는 더 영광스럽다.
- 아무리 멋진 승리도 멋진 패배에는 이길 수 없다.
- 인생에 있어서 승리만 있다면 그것은 인생이 아니다. 패배가 있기에 인생이 더욱 아름다워지고 인생다운 살만한 맛이 있는 것이다
- 적이 강력하면 강력할수록 얻는 승리도 크게 된다.
- 중단하는 자는 승리하지 못하고, 승리하는 자는 중단하지 않는다.

승부[勝負] 이김과 짐.

- 또 다른 나와의 싸움에서 이겨야한다. 승부는 남이 아닌 자신에게 달려있다.
- 승부욕이 유난히 강한 사람은 경기 규칙이 없다.
- 지는 사람이 이기는 것이다? 아니다. 지는 사람은 지는 것이다. 져 주는 사람이 이기는 것이다.
- 한발만 앞서라. 모든 승부는 한 발자국 차이이다.

승자[勝者] 싸움이나 경기 따위에서 이긴 사람. 또는 그런 단체.

- 승자(勝者)가 되려면 승자처럼 행동하라!
- 자원을 가장 많이 가진 사람이 승리하는 것이 아니다. 자원을 가장 효과적으로 이용하는 사람이 승자가 된다.
- 진정한 인생의 승리자는 동물적인 욕망에 영혼을 빼앗기지 않고 마침내 자신을 이긴 사람이다.

승자와 패자[勝者와 敗者] 싸움이나 경기 따위에서 이기거나 진사람.

- 모든 인류 역사는 승자의 역사라는 걸 명심해야 한다. 패자는 묻히고 만다.
- 승자가 자주 쓰는 말은 '다시 한 번 해 보자!'이고, 패자가 자주 쓰는 말은 '해 봐야 별 수 없다!'이다.
- 승자는 '시간은 돈이다!', '시간은 자원이다!', '알뜰하게 쓰자!'라고 하지만, 패자는 '자고 나면 또 생긴다!', '새털 같이 많은 날!'이라고 한다.
- 승자는 '예!', '아니오!'를 분명히 말하고, 패자는 적당히 얼버무린다.
- 승자는 7번 쓰러져도 8번 일어나고, 패자는 쓰러진 7번을 낱낱이

후회한다.
- 승자는 강한 자에게 강하고 약한 자에게 약하며, 패자는 강한 자에게 약하고 약한 자에게 강하다.
- 승자는 과정을 위해 살고, 패자는 결과를 위해 산다.
- 승자는 구름 위의 태양을 보고, 패자는 구름 속의 비를 본다.
- 승자는 기다리지 않고 능동적으로 나서고, 패자는 멀리서 팔짱만 낀 채 무슨 일이 일어나기만을 기다린다.
- 승자는 넘어지면 일어나 앞을 보고, 패자는 일어나 뒤를 본다.
- 승자는 눈을 밟아 길을 만들고, 패자는 눈이 녹기를 기다린다.
- 승자는 달려가며 계산하고, 패자는 출발도 하기 전에 계산부터 먼저 한다.
- 승자는 더 나은 길이 있을 것이라 말하고, 패자는 갈수록 태산이라고 말한다.
- 승자는 등수와 관계없이 달린다. 그러나 패자의 눈은 줄곧 상만 바라보며 달린다.
- 승자는 몸을 바치고, 패자는 혀를 바친다.
- 승자는 바람을 만나면 돛을 올려 에너지로 삼고, 패자는 바람을 만나면 돛을 거둔다.
- 승자는 상사의 좋은 점을 존경하며 따르고, 패자는 상사의 결점을 꼬집으며 비난한다.
- 승자는 새벽을 깨우고, 패자는 새벽을 기다린다.
- 승자는 시간을 붙잡고 달리며, 패자는 시간에 쫓겨서 달린다.
- 승자는 어린이에게도 사과할 수 있지만, 패자는 노인에게도 고개를 숙이지 못한다.
- 승자는 열심히 놀고 열심히 일한다. 패자는 빈둥빈둥 놀고 허겁지겁 놀고 흐지부지 쉰다.
- 승자는 월급과 상관없이 일을 하고, 패자 월급 받는 만큼만 일을 한다.
- 승자는 이기는 것도 두려워 하지만, 패자는 지는 것도 이긴다 말한다.

- 승자는 자기보다 못한 사람을 만나도 친구가 될 수 있으나, 패자는 자기보다 못한 자를 만나면 즉시 그 위에 군림하려 한다.
- 승자는 책임지는 태도로 살며, 패자는 약속을 남발한다.
- 승자는 파도를 타고, 패자는 파도에 넘어진다.
- 승자는 패자보다 열심히 일하지만 여유가 있고, 패자는 승자보다 게으르지만 늘 바쁘다고 한다.
- 승자는 행동으로 증명하며, 패자는 말로 행동을 변명한다.
- 승자의 시간은 하루가 25시간이고, 패자의 시간은 23시간밖에 되지 않는다.
- 승자의 의미는 모든 달리는 코스에, 패자의 의미는 오직 결승점에만 있다. 따라서 승자는 꼴찌를 했을 때도 의미를 찾지만, 패자는 승리를 했을 때만 의미를 찾는다.
- 패자는 기회를 기다린다. 그러나 승자는 기회를 만든다.

승진[昇進] 직위의 등급이나 계급이 오름.

- 상사의 자리를 탐내고 있으면 상사보다 그 일을 더 잘할 수 있도록 노력하라. 어떤 일이건 아주 잘 하지 않으려면 아예 시작을 하지 말아야 한다. 일이란 아주 잘 하지 않으려면 이익도 재미도 없기 때문이다.
- 승진을 못한 건 재수가 없어서가 아니다. 개인의 경쟁력이 떨어졌기 때문이다.
- 승진이 빠른 중역들은 결코 내일을 기다리지 않는다.
- 승진하려면 당신의 자리를 대신하게 하라. 그리고 당신은 한 걸음 더 나아가 있어야 한다. 지금의 자리에서 해고당해야 승진 할 수 있다. 그렇지 않으면 영원히 제자리다.
- 입사와 동시에 승진계획을 세우라!
- 항상 다음 번 승진에 대비해서 일을 하라!

시간[時間] 어떤 시각에서 어떤 시각까지의 사이.

- 100분보다 몇 곱절 가치 있는 1분이 있는가 하면, 1분보다 못한 100분이 있을 수 있다. 당연한 말이지만 시간이란 단순히 많고 적음의 문제를 넘어 어떻게 사용하느냐에 따라 그 가치가 결절되는 것이다.

- 1초가 세상을 바꾼다.

- 가장 가치 있는 시간은 최선을 다한 시간이고, 가장 귀한 시간은 지금 바로 이 순간이다.

- 가장 겸손한 시간은 분수에 맞게 행동하는 시간이고, 가장 낭비하는 시간은 방황하는 시간이다.

- 가장 시간을 그릇되게 사용한 자가 제일 먼저 시간이 짧다고 불평한다.

- 경험이 풍부한 사람은 곤란한 일이 닥쳤을 때 서둘지 말고 내일까지 기다리라고 말한다. 그들은 하루가 지나면 사정이 달라질 수도 있다는 것을 알기 때문이다. 그것이 곧 시간의 비밀이다.

- 과거는 생각하기 위해, 현재는 일하기 위해, 미래는 즐거움을 위해 존재한다.

- 과거는 써버린 돈이요, 미래는 불확실한 어음이요, 현재만이 현금이다. 과거의 틀 안에 갇혀서 현재를 무의미하게 보낸 탓에, 미래를 망치는 사람들이 간혹 있다. 그런 사람들은 시간이 흐르면 현재가 과거가 되고, 미래가 현재가 된다는 너무도 평범한 진리를 모르고 있는 것이다.

- 과거는 역사이다. 미래는 신비이다. 오늘은 선물이다. 그래서 우리는 현재를 선물present이라고 부른다.

- 과거에서 배우고, 현재에 살고, 미래에 준비하라!

- 꿀물 한 잔 먹고 싶다고 해서 곧바로 먹을 수 있는 것이 아니다. 꿀이 녹기까지 기다려야 비로소 마실 수 있는 것이다

- 당신이 생명을 사랑한다면 시간은 낭비하지 마라. 시간이야말로

생명을 만드는 재료이다.
- 당연한 말이지만 시간이란 단순히 많고 적음의 문제를 넘어 어떻게 사용하느냐에 따라 그 가치가 결정되는 것이다.
- 돈과 시간은 인생에 있어서 가장 무거운 짐이다. 그리고 살아 있는 사람들 중에서 가장 불행한 사람은 돈과 시간을 사용할 줄 모르는 사람이다.
- 마감 시간이란 일종의 시간 목표관리다.
- 물건도둑은 처벌하는 법이 있는데, 왜 시간 도둑은 처벌하는 법이 없을까?
- 변명 중에서도 가장 어리석고 못난 변명은 '시간이 없어서…….'라는 변명이다.
- 사람은 금전을 시간보다 중히 여기지만, 그로 인해 잃어버린 시간은 금전으론 살 수 없다.
- 사람의 일생은 돈과 시간을 쓰는 방법에 의하여 결정된다.
- 세상에서 절대로 늦추어선 안 될 세 가지는, 빚을 갚는 것과 용서하는 것과 사랑을 고백하는 것이다. 시간을 늦추지 마라!
- 소비한 돈은 다시 찾을 수 있지만, 소비한 시간은 다시 건질 수 없다.
- 시간과 조수의 간만은 기다려주지 않는다.
- 시간은 가장 희소가치가 있는 부족한 자원이다.
- 시간은 무료이며 만인에게 공평한 자원이며 쓰지 않더라도 어차피 사라지는 자원이다. 또 시간은 임대, 대여, 차용, 도용, 축적, 교환, 제작, 조정, 상속 등이 일절 불가능한 자원이다.
- 시간은 생명이다. 돈이나 물품을 도둑맞으면 야단법석이지만, 시간을 잃어버리면 무감각하다.
- 시간은 인간이 마구 써버릴 수 있는 가장 귀중한 것이다.
- 시간은, 기다리는 사람에게는 너무나 느린 것이요, 겁내는 사람에게는 너무나 빠른 것이요, 슬퍼하는 사람에게는 너무나 긴 것이요, 기뻐하는 사람에게는 너무나 짧은 것이다. 그러나 사랑하는

사람에게는 시간은 영원한 것이다.

- 시간을 낭비하는 것은 인생을 낭비하는 것이고, 시간을 파괴하는 것은 인생을 파괴하는 사람이다. 시간을 인식하지 못하는 사람은 삶 자체를 인식하지 못하는 것과 같다.
- 시간을 전략적 자원으로 활용하라. 이것이 혁신경영의 핵심이다.
- 시간을 제대로 활용하지 못하는 사람은 시간이 모자란다고 늘 불평하는 사람들이다.
- 시간을 죽이는 것은 천천히 자살하는 것이다.
- 시간의 걸음에는 세 가지가 있다. 미래는 주저하며 다가오고, 현재는 화살처럼 날아가고, 과거는 영원히 정지하고 있다.
- 시간의 절약은 생명의 연장이다. 시간을 버는 가장 좋은 방법은 규칙 있게 일하는 것이다.
- 시간의 질은 양보다 더 중요하다.
- 시간이 가면서 알곡과 쭉정이를 구분할 줄 아는 눈이 생길 것이다. 당신이 생각해낸 재미있는 아이디어 중 어떤 것이 성공할 것인지, 또 어떤 것이 실패할 것인지 본능적으로 알 수 있다.
- 시간이 덜어주지 않는 고민과 슬픔은 없다.
- 시간이 있을 때 바보는 방황을 하고, 현자(賢者)는 여행을 한다.
- 시간이란 곡마단 같아서 늘 보따리를 싸서 다른 데로 옮겨 가버린다.
- 시계는 살 수 있어도, 시간은 살 수 없다.
- 신은 우리를 채찍으로 길들이지 않고 시간으로 길들인다.
- 아무리 괴로운 시간이라 해도 한 시간은 60분을 넘지 않는다.
- 아침에 일어나면 마치 마술을 부린 것처럼 내 지갑 속에는 24시간이 가득 들어 있다.
- 어떠한 기술자라도 나를 위하여 이미 지나가버린 시간을 다시 새겨줄 시계를 만들 수는 없다.
- 어제로부터 배우고, 오늘 속에 살아가고, 내일의 소망을 품으라!
- 어제의 시간을 이월해서 오늘 쓸 수 없고, 내일의 시간을 차입해

서 오늘 쓸 수 없다. 오늘 시간을 남기지 말고 써야 한다. 오늘 할 일이 내일로 미뤄져도 안 되고, 내일 할 일을 오늘로 당겨서 해도 안 된다.

- 오늘의 1분은 내일의 1시간을 만든다.
- 우리가 순간순간을 잘 지키면 시간이 우리를 지켜준다.
- 우리가 어느 날 마주치는 어려움은 우리가 소홀히 보낸 어느 시간에 대한 보복이다.
- 우리는 시간을 절약할 장비를 사려고 수많은 돈을 소비한 후, 그다음 그것을 지불하려고 근무시간을 초과해서 일한다.
- 우리들은 큰돈이 들어 있는 지갑을 잃어버리면 큰 손실을 보았다고 몹시 아쉬워한다. 그러나 생활 속에서 '시간을 헛되이 보냈다'는 일에는 너무나도 무신경하다.
- 인간은 항상 시간이 모자란다고 불평을 하면서 마치 시간이 무한정 있는 것처럼 행동한다.
- 인생에 '오늘'은 단 한 번뿐이다.
- 인생에 있어 너무 늦은 나이나 혹은 너무 이른 나이는 없다. 지금이다!
- 일단 시간에서 밀리면 심리전에서도 밀린다.
- 재활용이 안 되는 가장 중요한 재료는 시간이다.
- '적당히'의 그물 사이로 귀중한 시간을 헛되이 빠져나가게 하는 것처럼 우매한 짓은 없다.
- 좋은 일이 일어나는 데에는 시간과 인내가 필요하다. 나쁜 일에 빠져드는 데에는 시간이 걸리지 않지만, 거기에서 벗어나는 데에는 상당한 인내가 필요하다. 좋은 것일수록 그것을 얻는 데에는 긴 시간이 필요한 법이다.
- 짧은 인생이 시간 낭비로 더욱 짧아진다.
- 짬을 이용하지 못하는 사람은 항상 짬이 없다.
- 참다운 부자가 되지 못하는 것은 자신의 능력도 모르고 목표도 세우지 않기 때문이다. 세상일을 너무 쉽게 낙관하고 내일이란 선물

의 시간 관리에 실패했기 때문이다.

- 하루하루를 자기 인생의 마지막 날같이 살아라. 언젠가는 그 날들 가운데 진짜 마지막 날이 있을 테니까……
- 행복에서 불행으로 바뀌는 것은 순간적인 일이나, 반대로 불행을 행복으로 가꾸는 데는 오랜 시간이 필요하다.
- 헛되이 시간을 보냄은 일종의 자살행위다.
- 흘러간 물은 물레방아를 돌릴 수 없다.

시대

시대[時代] 역사적으로 어떤 표준에 의하여 구분한 일정한 기간.

- 20세기가 논리의 시대라면 21세기는 상상과 창의력의 시대다. 여행과 모험을 즐겨라!
- 농업혁명 다음에 산업혁명이 뒤따랐고, 그 다음에 정보혁명과 환경혁명이 뒤따를 것이다.
- 시대의 추세를 모르면 손가락질 당한다.
- 시대의 흐름은 개인의 희생을 요구할 때가 많다.

시련

시련[試鍊] 겪기 어려운 단련이나 고비.

- 시련은 뛰어 넘으라는 것이지 걸려 엎어지라는 것이 아니다.
- 시련은 잠자는 재능을 깨운다.
- 시련을 딛고 선 사람이 가장 좋은 친구다.
- 인생에는 실제로 단 두 가지 움직임만 있다. 시련과 기회. 이것은 추락하게 할 수도 있고 비상하게 할 수도 있다.

시선

시선[視線] 눈이 가는 길.

- 남들이 자신을 어떻게 생각하는지 늘 의식하며 사는 사람은 한순간도 마음의 평안을 얻지 못한다.

- 단시간 내에 시선집중, 분위기조성은 유머만한 것이 없다.
- 보아주는 이가 없으면 핀 꽃도 소용이 없다.
- 싫은 상대 때문에 마음이 흐트러지지 않기 위해서는 시선을 맞추지 않는 것도 한 가지 방법이다.
- 우리를 망치는 것은 다른 사람들의 눈이다. 만약 내 자신을 제외한 다른 모든 사람이 장님이거나 나에게 관심이 없다는 것을 안다면, 구태여 명품을 소유할 필요가 없을 것이다.
- 주위의 눈은 좋건 나쁘건 채찍질이 된다.
- 지나치게 남을 의식하여 꾸며서 사는 사람들은 스트레스를 받으며 사는 경향이 있다.

시스템[system] 필요한 기능을 실현하기 위하여 조합한 집합체.

- 시스템이란 체계적인 방법을 통해 규격화된 결과를 도출해낼 수 있는 일종의 장치다.
- 장사만 해서는 사업을 하는 사람보다 부자가 될 수 없다. 장사란 개인의 역량에 근거해서 소수 인력으로 돈을 번다면, 사업은 시스템이 돈을 벌어주는 거다.
- 탁월한 재능이 없다면, 탁월한 시스템을 익혀라!

시야[視野] 시력이 미치는 범위.

- 꽃양배추에 사는 벌레는 꽃양배추를 자기 세상으로 생각한다.
- 사람은 그가 가진 시야만큼만 성장한다.
- 사람은 누구나 자신의 시야의 한계를 세계의 한계로 간주한다.

시작[始作] 어떤 일이나 행동의 처음 단계를 이루거나 그렇게 하게 함.

- 꿈은 망설임과 친하지 않다. 꿈은 시작과 친하다.

- 끝을 생각하며 시작하라!
- 시작은 그 일의 가장 중요한 부분이고 절반에 해당된다.
- 시작은 언제나 세상의 모든 결과보다 위대하다.
- 지금 시작하지 않으면 영원히 시작할 수 없을지도 모른다.
- 첫 단추를 잘못 끼우면 마지막 단추는 끼울 구멍이 없다.
- 포기한 자보다 더 비열한 자는 시작도 하지 않는 자다.

시장[市場] 여러 가지 상품을 사고파는 일정한 장소.

- 소비자의 마음을 잡는 자가 시장을 장악한다.
- 시대가 변하면서 장터도 바뀌었다. 예전엔 생각도 못 했던 인터넷 장터가 활성화되고 있다. 인터넷 공간이 좌판을 대신한다. 직거래 방식이기 때문에 중간 마진이 없어 물건 값이 저렴해진다.
- 시대보다 너무 앞선 아이디어는 평가받지 못한다. 한 발 앞서면 추종자나 시장이 생기지만, 너무 앞서면 없다.
- 오늘날 안전한 시장점유율은 없으며, 제품수명도 무한한 것도 없다.
- 이윤은 기업 내부에서는 생겨나지 않는다. 외부의 고객과 시장에서 생긴다.

시행착오[試行錯誤] 손다이크가 발견한 학습 원리의 하나.

- 시행착오가 많을수록 아이디어는 다양해지고 기획은 탄탄해 진다.
- 시행착오를 겪으면 더 빠르게 뛰어난 실력을 얻을 수 있다.
- 자잘한 시행착오가 성공의 밑거름이다.

식사[食事] 끼니로 음식을 먹음. 또는 그 음식.

- 다른 사람들과 함께 식사를 하는 것은 결코 소홀히 해서는 안 될

친교활동이다.

- 불안이 있을 때는 좋아하는 음식을 배불리 먹는 것도 기력충실(氣力充實)에 도움이 된다.
- 식사를 같이 하면 한 식구가 된다.
- 식사를 즐거운 마음으로 천천히 하는 것이 건강의 비결이고, 식탁에서 하나님께 감사하는 것은 자신의 생명을 소중히 여기는 것과 일맥상통한다.
- 식사시간에 다른 오락거리를 끌어들여서는 안 된다. 식사시간에는 텔레비전을 보지 않는다. 식사시간은 가족들이 대화하는 소중한 시간이다.
- 황새는 매우 오래 산다. 그 이유는 황새는 욕심이 없는 새이기 때문에 절대로 과식, 과욕이 없는 새이다. 먹이를 아무리 줘도 적당량만큼만 먹고는 안 먹는다. 식사절제는 사람에게도 장수의 조건이 된다.

신념 [信念] 굳게 믿는 마음.

- 신념은 연애와 같은 것이어서 강요할 수 없다.
- 신념을 갖지 않는 한 남에게 신념을 줄 수는 없다.
- 신념이 있는 사람의 얼굴은 활기차 보이고, 활기차게 일을 하는 사람은 성공하게 마련이다. 이것이 '플라시보 성공학'이다.
- 행동이 따르지 않는 신념은 무의미하다.

신뢰 [信賴] 굳게 믿고 의지함.

- 가장 큰 자산은 신뢰와 인격이다.
- 고객들에게 과장된 정보를 전달하는 것은 서로의 신뢰에 좋지 않다.
- 고객이 자신의 인생까지 맡기고 싶어 할 정도로 신뢰감을 주어야

한다.

- 부자가 되는 것보다 신뢰감을 쌓는 것이 더 중요하다. 돈을 많이 버는 것보다 명성을 유지하고 신뢰를 잃지 않는 것이 더 중요하다.
- 부하는 신뢰받고 있다고 느끼면 반드시 기대에 보답한다.
- 신뢰가 바탕 되지 않는 성공은 있을 수 없다.
- 신뢰는 가장 중요한 생존의 무기다.
- 신뢰는 유리 같은 것이다. 금이 가면 원상태로 돌아가지 않는다.
- 인간관계의 척도란 만난 지 얼마나 오래 됐느냐가 아니라 얼마나 서로를 신뢰하느냐에 있다.

신바람 신이 나서 우쭐우쭐하여지는 기운.

- 물체는 일정속도 이상으로 움직이면 가속도가 발생한다. 사람은 신바람이 나면 두뇌회전이 빨라지고 몸동작도 가벼워져서 능률이 크게 오르게 된다.
- 웃음이 바로 신바람이다.
- 즐거움과 웃음은 최고의 화장품이다.

신사[紳士] 사람됨이나 몸가짐이 점잖고 교양이 있으며 예의 바른 남자.

- 신사라는 것은 여자의 생일은 기억하고 있어도, 나이는 잊어버릴 수 있는 사람이다.
- 신사로 태어나는 것은 우연이지만 신사로 죽는 것은 노력의 결정이다.
- 언제나 신사도를 입에 담는 자는 결코 신사는 아니다.

신용[信用] 사람이나 사물이 틀림없다고 믿어 의심하지 아니함.

- 금융은 신용을 먹고 산다.

- 기억하라. 신용 있는 사람은 만인의 지갑을 소유한다. 사소한 것들이 사람의 신용에 영향을 끼친다는 사실도 알아야 한다.
- 당신이 말을 빨리 한다면 천천히 말하는 사람보다 더 신용 있는 사람으로 평가받을 수 있다.
- 돈으로 신용을 얻으려 하지 마라. 신용으로 돈을 얻도록 노력하라!
- 사업은 망해도 다시 일어설 수 있지만, 한번 신용을 잃으면 그것으로 끝장이다.
- 신용은 보이지 않는 재산이다.
- 신용은 유리 같은 것이다. 금이 가면 원상태로 돌아가지 않는다.
- 신용을 잃는 건 재산을 잃는 것보다 더 큰 손해다. 한번 잃은 신용은 다시는 만회할 수가 없기 때문이다. 신용이 없는 사람은 이 세상에서 아무 일도 할 수가 없다.
- 신용이란 그 사람의 과거의 실적에 의해 드러난다. 과거에 했던 말을 꼭 실행하는 사람의 말은 신용할 수가 있다. 말이 신용을 낳는 것이 아니라 행위가 신용을 낳는 것이다. 행동이라는 도장이 찍혀 있지 않은 수표는 공수표이다.
- 아름다운 얼굴이 추천장이라면, 아름다운 마음은 신용장이다.
- 이익이 적다고 점포가 쓰러지지 않는다. 그러나 신용을 잃으면 장사는 끝이다. 사업은 망해도 다시 일어 설 수 있지만, 신용을 잃으면 그 것으로 장사는 완전히 끝난다.
- 한 번 잃은 신용은 돈으로 다시 살 수 없다.

신중[愼重] 매우 조심스러움.

- 많은 사람들이 마음에 들어 하는 것을 간단히 비난하지 마라!
- 무슨 일이든 더 잘 할 수 있는 방법이 있기 마련이다. 그것을 찾아라. 결정을 내리기 전에 사안의 전모를 파악하라.
- 신중한 사람은 같이 일하는 동료들에게 자신의 불행을 말하지 않는다.

- 신중함이 없는 마음은 마치 개봉된 편지와 같다.
- 어떤 일도 완성되기 전에는 떠벌리지 마라!
- 한쪽말만 듣고 말을 옮기다 보면 바보 되기가 쉽다.

실력 ↗

실력[實力] 실제로 갖추고 있는 힘이나 능력.

- 비즈니스로 되는 것은 한계가 있다. 그러나 실력은 한계가 없다.
- 시행착오를 겪으면 더 빠르게 뛰어난 실력을 얻을 수 있다.
- 실력은 속으로 키우되 입에 올리지 마라. 남 앞에서 떠들썩한 사람은 대개 실력이 미비한 사람이다.
- 실력이 있어야 행운도 따라온다.
- 철저한 준비가 곧 실력이다.
- 학력 때문에, 줄이 없어서, 상사의 비위를 맞추지 못해서 등등의 이유로 실력을 인정받지 못한다고 생각한다면 지금 당장 그런 생각을 버려라. 만약 당신이 실력이 탁월하다면 그 누구도 당신을 무시하지 않을 것이다.

실수 ↗

실수[失手] 조심하지 아니하여 잘못함.

- 가장 값진 교훈의 대부분은 실패와 실수로부터 얻어진다.
- 간혹 일어나는 실수는 실수로 인정하지만, 자주 일어나는 실수는 부주의로 밖에 생각하지 않는다.
- 간혹 일어나는 실수는 실수로 인정하지만, 자주 일어나는 실수는 부주의로 밖에 생각하지 않는다.
- 골프에서 승리를 결정하는 것은 멋진 샷이 아니다. 미스가 많고 적음에 따라 승패가 결정되는 게임이다. 가장 미스가 적은 사람이 우승한다.
- 네 발 달린 말(馬)도 때로는 넘어진다.
- 모범이 되는 사례를 통해 배우기보다 실수를 통해 배우는 것이 사

람들의 진정한 본성이다.

- 실수 없이 큰 발명을 한 사람은 없다.
- 실수 하지 않은 하루는 아무것도 하지 않은 하루다.
- 실수는 인간적인 것이나 이에 머무름은 어리석은 일이다.
- 실수는 인정할수록 작아진다.
- 실수를 기억하는 사람은 본인뿐이다. 기억하지 못하는 실수를 저질렀다고 해서 전전긍긍할 필요는 없다.
- 실수를 두려워하면 경험을 얻지 못한다.
- 실수를 범함을 부끄러워하라. 그러나 실수를 바로잡는 것은 부끄러워 마라!
- 실수를 정당화하면 실수는 갑절로 커진다.
- 실수와 패배는 우리가 전진하기 위한 훈련이다.
- 실수하기 싫으면 기록하라. 메모란 잃어버린 기억을 찾아주는 신비한 마술이다.
- 어떤 실수에도 재활용할 구석은 있다.
- 인생을 다시 한 번 살게 된다면, 좀 더 빨리 똑같은 실수를 저지를 것이다.
- 작은 실수는 덮어주고, 큰 실수는 단호하게 꾸짖어라!
- 절대로 실수하지 않는 사람은 아무 일도 하지 않은 사람이다.
- 한 번도 실수를 해 보지 않은 사람은 한 번도 새로운 것을 시도한 적이 없는 사람이다.

실연[失戀] 연애에 실패함.

- 사랑을 하다가 사랑을 잃은 편이 한 번도 사랑하지 않는 것보다 낫다.
- 실연의 경험이 있는 사람은 아무것도 없어 본 적이 없는 사람보다 낫다.
- 실연한 남자는 술집의 손님이 되고, 실연한 여자는 술집의 종업원

이 된다.

실천[實踐] 생각한 바를 실제로 행함.

- 내가 좋아하는 것을 구체적으로 정하고 실천하고 즐겨라!
- 당신이 두려워하고 있는 일을 실천하라. 그러면 그 두려움이 사라질 것이다.
- 당장 실천에 옮길 수 있는 것이 아니라면, 미래에 대한 얘기는 의미가 없다.
- 말 많은 사람은 훌륭한 실천가가 되지 못한다.
- 변화는 원하나 계획이 없고, 계획은 있으나 실천하지 않으면 평생 꿈만 꾸다 가는 셈이다.
- 성공하는 사람은 조금씩 시작한다. 그리고 지금 당장 시작한다.
- 성공하는 최선의 길은 결심과 동시에 실천하는 것이다.
- 실천하라! 실천하면 꿈은 반 이상 이룬 것이다.
- 아름다운 정원을 갖고자 하는 이는 허리를 굽혀서 땅을 파야만 한다.
- 앉아서 원하는 것만으로 행로를 바꿀 수 없다. 말이 없는 마차가 무슨 소용이 있겠는가.
- 앉아있는 신사보다 서있는 농부를 생각하는 하루가 더 값지다.
- 알면서 실천하지 않는 것은 참된 앎이 아니다.
- 야심이 있으면 뭐하나, 훈련이 안되어 있는데……. 목표가 있으면 뭐하나, 실천이 없는데…….
- 옛 사람들이 함부로 말을 입 밖에 내지 않은 것은, 자기의 실천이 말을 따르지 못할까 두려워했기 때문이다.
- 지식을 얻고도 활용하지 않는 사람은, 밭을 갈기만 하고 씨앗을 뿌리지 않는 사람과 같다.
- 직원 한사람의 실천이 기업을 변화시킨다.
- 철학서 열권을 쓰는 것보다 하나의 원칙을 실천에 옮기는 것이 더 어렵다.

실패[失敗] 일을 잘못하여 뜻한 대로 되지 아니하거나 그르침.

- "난 그 일을 못합니다!"라고 말하는 사람은, 시작도 하기 전에 벌써 거기서 실패한 것이다.
- 1번의 실패가 1번의 성공보다 더 많은 가르침을 준다.
- 7전 8기라는 말이 있지만 일곱 번이나 실패하면 그것으로 인생은 끝장이다. 실패는 이번 한 번으로 끝내자!
- 가끔 실패하지 않는다면, 언제나 안이하게만 산다는 증거다.
- 가장 값진 교훈의 대부분은 실패와 실수로부터 얻어진다.
- 개구리도 처음엔 올챙이었고 황소도 어릴 적엔 송아지였다. 지금은 서툴고 덜 익었지만 꾸준히 노력하다 보면 베테랑이 된다. 빨리빨리 많은 실패를 해야 한다.
- 계속해서 잘 되면 힘들어서 견딜 수 없다. 실패는 신이 준 유급휴가이다.
- 고귀한 실패가 수많은 저속한 성공보다 훨씬 낫다.
- 공부가 아닌 인생의 오답노트를 써보자. 내가 어디서 어떻게 실패를 했는가?……. 그렇지 않으면 성장을 멈추게 될 것이다.
- 과거의 실패는 미래 성공의 초석이다.
- 기억될 만한 성공은 실패라는 상처로 긁혀 있는 법이다. 실패를 자연스럽게 받아들여라!
- 나는 성공보다 실패에서 더 많은 것을 배웠다.
- 나는 실패해 본 적이 없다. 다만 효과가 없는 여러 가지 방법을 찾았을 뿐이다.
- 넘어져라. 넘어지지 않으면 자전거는 탈 수 없다.
- 넘어지면, 다시 넘어질 각오를 하고 일어서야 한다.
- 두려워 할 것은 실패가 아니라 한 번도 실패를 안 하는 것이다. 실패 뒤에 더 큰 성장이 있고 더 빛나는 인생이 있다.
- 만루 홈런을 치는 타자일수록 병살타가 많다.
- 만일 실패하게 되면 그 비용이 바로 수업료이다. 최선을 다해보라!

실

사

- 모든 노력을 다했지만 실패했을 경우, 그것은 다음 일을 위한 전기가 된 것이라고 생각하면 된다.
- 목표가 실현됐다고 완성이라 볼 수 없고, 실패에 이르렀다고 마지막이라 할 수 없다.
- 미래를 두려워하고 실패를 두려워하는 사람은 그의 활동을 제한받아 손발이 묶여 있는 것과 마찬가지다.
- 사람이 살아가면서 실패한 이유를 안다는 것은 거짓말이며, 그 보다 더 큰 거짓말은 다시는 실패하지 않을 거라 말하는 것이다
- 사업에 실패하면 교훈을 얻는 즉시 잊어라!
- 성공과 실패는 언제나 같은 선상에 있다.
- 성공률을 두 배로 높이고 싶다면 실패율을 두 배로 높여라!
- 성공에 이르는 통로 중간쯤에 실패의 문이 있다.
- 성공에는 실패가 내장되어 있기에 사소한 실수에 좌절하지 말아야 한다. 실패란 성공이라는 진로를 알려주는 나침반이다.
- 성공은 경험에서 나온다. 그런데 경험은 어디에서 오는가? 그것은 그릇된 판단 즉 실패에서 나온다.
- 성공은 수만 번의 실패를 감싸준다.
- 성공을 바라면서 실패를 피하려 드는 것은 모순이다. 성공에 이르려면 실패라는 단계를 거쳐야 한다. 성공으로 이르는 길은 실패로 포장이 되어 있다.
- 성공을 뽐내는 것은 위험하다. 그러나 실패를 함구하는 것은 더 위험하다.
- 성공의 맛을 보기 위해선 실패의 맛을 알아야 한다.
- 성공하는 사람은 과거의 실패를 미래의 거울로 삼고, 실패하는 사람은 과거의 실패 때문에 미래를 보지 못한다.
- 성공하는 사람은 성공하는 습관을 가지고 있고, 실패하는 사람은 실패하는 습관을 가지고 있다.
- 성공하려면 성공하는 사람과 똑같이 따라하면 된다. 하지만 실패하려면 실패하는 사람과 똑같이 따라하면 된다.

- 시도하는 것을 마칠 때까지 어떤 것도 실패라 부를 수 없다.
- 실패 없는 성공은 없다. 에디슨을 생각해보면 안다.
- 실패가 두려운 것이 아니라 노력하지 않는 것이 두려운 것이다.
- 실패가 성공을 삼킬 수는 없다. 다만 지체시킬 뿐이다.
- 실패는 당신을 무겁게 하든지, 아니면 당신에게 날개를 달아준다.
- 실패는 당신이 실패자임을 의미하지는 않는다. 그것은 당신이 아직 성공하지 못했다는 것을 의미할 뿐이다.
- 실패는 당신이 아무것도 이루지 못했다는 것을 의미하지는 않는다. 그것은 당신이 무언가를 배웠다는 것을 의미한다.
- 실패는 당신이 열등하다는 것을 의미하지는 않는다. 그것은 당신이 아직 완전하지 못함을 의미한다.
- 실패는 성공을 위한 연습이다.
- 실패는 성공의 첫 단계이다. 성공한 사람치고 실패 없이 성공한 사람 없다.
- 실패는 징검다리며 많은 경우 성공을 미리 알리는 신호탄이다.
- 실패는 패배가 아닌 비약의 찬스다. 한 번의 실패도 없이 완전무결한 인생을 살다가 죽은 사람은 없다.
- 실패도 자산이다. 수없이 실수한 것이 비결이다.
- 실패라는 말은 좋은 말이다. 실패는 우리 주변에 늘 붙어 다니면서 우리의 자만을 견제하는 역할을 하기 때문이다.
- 실패란 더 현명하게 재출발시켜 주는 발판이다.
- 실패란 성공을 향한 진로를 알려주는 나침반이다.
- 실패를 두려워하지 말고 노력하지 못함을 두려워하라
- 실패를 어떻게 받아들이는가에 따라 성공하기도 하고, 낙오하기도 한다.
- 실패를 연구하면 성공은 확실해 진다.
- 실패를 하면서 인간은 여물어 간다. 실패가 없는 성공은 있을 수가 없고, 처음의 성공은 실패만큼이나 안 좋다.
- 실패를 함구하는 건 성공을 뽐내는 것 보다 더 위험하다.

- 실패에는 달인(達人)이란 것이 없다. 사람은 누구나 실패 앞에서는 범인(凡人)이다.
- 실패의 99%는 항상 핑계를 대는 사람들에 의해 저질러진다.
- 실패의 원인은 늘 나에게 있다는 것을 명심하라. 몸이 굽으면 그림자도 굽는 법이다.
- 실패의 원인을 찾으면 성공의 길을 찾을 수 있다.
- 실패하고 다시 시작하는 것은 부끄러운 일이 아니다.
- 실패하기 위한 계획을 세우는 사람은 없다. 다만 성공을 위한 계획을 세우지 않을 뿐이다.
- 실패하는 것은 곧 성공으로 한 발짝 더 나아가는 것이다.
- 실패하면 어떡할까? 그렇게 생각하는 순간부터 실패를 향해 걸어가게 된다.
- 실패할 수 있지만, 실패가 반드시 재앙을 뜻하는 건 아니다.
- 실패해 본 일이 없는 사람은 대개 아무 것도 하지 않은 사람이다.
- 실패해도 위대하다. 포기를 모르는 인생아!
- 아무리 얇은 종이라도 양면이 있다. 성공 뒤에는 실패가, 실패 뒤에는 성공이 있다.
- 우리가 자주 실패하는 것은 실패자여서가 아니라 너무 많은 것을 한꺼번에 이루려고 하기 때문이다.
- 우리가 허락지 않는 한, 아무리 치명적인 실패도 우리를 재기 불능으로 만들 수 없다.
- 우리는 성공보다 실패에서 더 많은 것을 배운다. 우리는 하지 말아야 할 것을 발견함으로써 해야 할 것을 알게 된다. 따라서 잘못이나 실패를 체험해보지 않은 사람은 성공을 발견하지 못할 것이다.
- 우리의 가장 위대한 영광은 절대로 실패하지 않는 것이 아니라, 실패할 때마다 다시 일어나는 것이다.
- 위대함이란 꼭 성공에서만이 아니라, 실패에 어떻게 대응하느냐에 달려있다.
- 이 세상에 실패란 없다. 단지 포기자만 있을 뿐이다.

- 인생에서 가장 중요한 것은 실패 했다고 낙심하지 않는 것이며, 성공했다고 기쁨에 도취되지 않는 것이다.
- 인생의 초기에 약간 실패하는 것이 가장 큰 실제적 도움이 된다.
- 좌절 금지! 실패는 경험일 뿐이다.
- 준비에 실패하면, 실패를 준비하는 것이다.
- 지혜는 경험에서 우러나오고 경험은 실패 속에서 얻어진다.
- 처음부터 잘 되는 일은 세상에 존재하지 않는다. 실패는 성공으로 가는 이정표이다.
- 천재들이 새로운 시도를 좋아하는 것은 그들의 재능 때문이라기 보다는 실패를 두려워하지 않는 남다른 천성 때문이다.
- 최상의 성공은 실패 다음에 온다.
- 틀리는 것과 실패하는 것은 우리들이 전진하기 위한 훈련이다.
- 한 번의 실패와 영원한 실패를 혼동하지 마라!

실행[實行] 실제로 행함.

- 마음에서 돈을 벌어야 한다고 생각은 항상 하지만, 막연히 돈벌이 할 길이 없을까 하고 기웃거렸을 뿐이다.
- 무엇이든 해보지 않으면 결과는 제로다. 이론은 실험됨으로써 비로소 인정받을 수 있다.
- 새가 보고 싶거든 나무를 심어라!
- 신기한 말을 많이 하는 것이 귀함이 아니라 실행함이 귀하다.
- 신은 모든 새에게 먹이를 주지만, 그걸 둥지에 던져주지는 않는다.
- 지금 고치지 않으면 내일은 그대로 있거나 더 나빠져 있을 것이다.
- 풍성한 수확을 위해 기도하라. 그리고 호미질 하는 것을 잊지 마라!

심리[心理] 마음의 작용과 의식의 상태.

- 날고 싶은 충동을 느끼는 사람은 기어가라는 말에 따르지는 않을

것이다.
- 말하는 사람은 조언이라고 할지 모르겠지만, 듣는 사람에게는 참견일 뿐이다.
- 멍청한 중역들은 다른 멍청한 중역들과 친구가 되는 경향이 있다.
- 멍청한 중역들이란 자기주장이 설득력을 갖게 하기보다는 목소리를 높이는 데 더 많은 에너지를 소비하는 사람이다.
- 인간은 극한 상황일수록 오기가 생기는 법이다.
- 인간은 만나는 횟수가 거듭될수록 호감을 갖는다.
- 일단 시간에서 밀리면 심리전에서도 밀린다.

심사숙고[深思熟考] 깊이 잘 생각함.

- 결단을 내렸다면, 자신의 결정을 믿고 과단성 있게 밀고 나가라!
- 너무 지나치게 심사숙고하는 사람은 일을 성취하지 못한다.
- 심사숙고는 많은 사람이 하는 일이고, 행동은 한 사람만이 하는 일이다.

심성[心性] 타고난 마음씨.

- 가장 마음에 드는 화제는 자기 자신이다. 밤새도록 얘기해도 지루하지 않다.
- 가진 것이 망치밖에 없을 땐, 세상의 모든 문제가 못대가리로 보이게 마련이다.
- 갑작스럽게 착한 사람이 되거나 악인이 되는 사람은 없다.
- 같은 만 원짜리가 교회에서는 크게 보이고 시장에선 작게 보인다.
- 구설수의 주인공이 되었을 경우에는 철저히 무시해 버리는 게 상책이다. 사람들이란 언제나 남의 일에 대해선 쉽게 잊어버리는 망각의 동물이다.
- 기질이 아무리 제각각 다르다 하더라도 우리는 모두 사회적 동물

이기 때문에 우두머리를 즐겁게 해주고 싶어 한다.
- 남들이 그라는데……. 라는 말은, 사실은 내가 하고 싶은 말이다.
- 내가 주는 건 비싼 것이고, 남이 주는 건 공짜여야 한다는 생각을 버려라!

심안[心眼] 사물을 살펴 분별하는 능력.

심안 ↗

- 눈이 아닌 마음으로 세상을 바라보면 모든 것이 달라 보인다.
- 세상은 두 개의 세계가 있다. 하나는 자와 줄로 잴 수 있는 세계이고, 다른 하나는 마음과 상상으로 느끼는 세계이다.
- 소리 없는 소리를 들어야 한다.

사

심장[心臟] 주기적인 수축으로 혈액을 몸 전체로 보내는 중심인 근육 기관.

심장 ↗

- 기억하세요, 의사가 일주일에 적어도 세 번 이상은 심장 박동 수를 올리라고 충고한 것을…….
- 보고서는 종이가 아니라, 상대의 심장에 쓰는 것이다.
- 심장은 300g에 불과하지만 하루에 10만 번 이상 수축하면서 7t의 혈액을 내보내고 있다.

싸움 싸우는 일.

싸움 ↗

- 남자든지 여자든지 인품을 측정하려면 싸우는 것을 보면 안다.
- 싸움은 시작하기는 쉽지만 활활 타오르는 불을 끄는 것처럼 끝내기는 쉽지 않다.
- 잃어버릴 것이라고는 아무것도 없는 사람과 싸워서는 안 된다. 맥 빠지는 싸움이다.
- 진흙탕 싸움의 문제는, 아무리 이긴다 하더라도 여전히 진흙 속이라는 사실이다.

MEMO

아내의 결함을 탓하지 마라! 그것 때문에 더 훌륭한 남편을 얻지 못하고 당신과 결혼했다!

● **멘트와 자료**

전쟁에서, 전술과 전략이 같다면 누가 이길까? 답은 탄약고에 무기가 많은 군대가 이긴다.

멘트의 자료는 스피커(Speaker)에게 있어서 무기이다.

이 책의 모든 내용은 멘트의 자료로 실제사용이 가능하지만, 더 많은 것을 챙겨야 한다. 인터넷과 더불어 스마트폰 시대가 열리면서 자료 수집이 수월하게 됐다. 하지만 자료가 많아도 사용하기 좋게 정리가 되어 있지 않으면, 무용지물이 되기 십상이다. 도서관의 사서처럼 정리가 되어 있어야 한다. 더 중요한 것은 자주 사용해야 한다는 것이다. 한 번 사용하면 7번 외운 효과가 나오고, 대상을 바꿔가면서 7번 사용하면 완전한 내 것으로 녹아든다. 이렇게 되면 암기한 멘트가 상황멘트로 발전하면서, 순발력을 발휘할 수 있게 된다.

아내 혼인하여 남자의 짝이 된 여자.

- 남편이 마신 술의 양과 아내가 흘린 눈물의 양은 비례한다.
- 덕이 있는 아내는 남편에게 복종하면서 오히려 남편을 좌우한다.
- 바꿀 수 있는 것은 나 자신이고, 바꿀 수 없는 것은 아내이다.
- 사랑은 사랑하는 아내와 하루하루 함께하는 것이다. 사랑하는 사람과 함께하는 삶은 날마다 기쁨이고 기적이다.
- 사랑은 우주가 단 한 사람으로 좁혀지는 기적이라고 생각한다. 나에게 우주는 내 아내 한 사람뿐이다.
- 성공으로 가는 길은 남편을 전진하도록 밀어 주는 아내들에 의해 닦여진다.
- 아내는 5백만 원짜리 다이아몬드 반지보다 5천 원에 주고 산 장미 몇 송이에 더 행복해하고 황홀해한다.
- 아내는 남자에게 최상의 행운도 되고, 최악의 불행도 된다.
- 아내란 자신이 만들어낸 작품이란 것을 남편은 알아야 할 것이다.
- 아내를 고를 때에는 계단을 한 걸음 내려가고, 벗을 고를 때에는 계단을 한 걸음 올라가라!
- 아내의 결함을 탓하지 마라. 그것 때문에 더 훌륭한 남편을 얻지 못하고 당신과 결혼했다.
- 아내인 동시에 친구일 수도 있는 여자가 참된 아내이다. 친구가 될 수 없는 여자는 아내로도 마땅치가 않다.
- 악처를 가진 사나이는 생지옥에서 사는 것이다.
- 좋은 아내는 남편이 비밀로 하고 싶어 하는 사소한 것들을 항상 모른 체 한다. 그것이 결혼생활의 예의의 기본이다.
- 좋은 아내는 좋은 남편을 만든다.
- 착한 아내와 건강은 남자의 가장 훌륭한 재산이다.

아름다움 균형과 조화를 이루어 눈과 귀에 즐거움과 만족을 줌.

- 가장 아름다운 세 가지 광경은 꽃이 만발한 감자밭, 순풍을 받고 달리는 범선, 아기를 낳고 난 뒤의 여인.
- 건강과 부는 미를 창조한다.
- 모든 아름다운 삶이란 사람들을 떠나서가 아니라 사람들 속에서 이루어진다.
- 사막이 아름다운 것은 어딘가에 오아시스를 숨기고 있기 때문이다.
- 아기들이 그대의 얼굴을 보고 웃는다면, 그대는 상당히 아름다운 사람이다.

아마추어와 프로[amateur와 professional]

- 납품 업자에게서 금품을 뜯어내거나 대접을 받는 간부는 아마추어이고, 납품 업자에게 대접을 하는 간부는 프로이다.
- 수 십 년, 직장 생활을 한 직장인도 아마추어가 있고, 프로가 있다. 고참과 프로는 엄연히 다르다.
- 아마추어는 넘어지면 날 넘어뜨린 돌부리를 보지만, 프로는 털고 일어나 앞을 본다.
- 아마추어는 다음에 잘 하면 된다. 프로는 지금 잘 해야 다음이 약속된다.
- 아마추어는 말하기에 힘쓰고, 프로는 듣기를 힘쓴다.
- 아마추어는 문제를 복잡하게 만들지만 프로는 문제를 단순화 시킨다.
- 아마추어는 자신의 가는 길을 알지 못하지만 프로는 없는 길까지 만들어 간다.
- 아마추어는 파도치면 떠밀려 나가나 프로는 파도를 타고 나간다.
- 아마추어에서 '잘한다!'는 프로의 세계에서는 최저의 조건에 불

과하다. 프로로서 일류가 되려면 누구와도 비교할 수 없는 자기만의 개성을 발휘해야 한다.

● 아마추어의 세계에서 경쟁은 없다. 따라서 탈락도 없다.

● 적어도 일 년에 1번은 배달사원과 같이 트럭을 타보면 프로, 아니면 아마추어. 작은 일을 꼼꼼히 챙기면 큰일은 저절로 된다.

● 프로란? ① 어떤 분야에 독보적이거나 유일한 사람이다. ② 최선을 다 하는 사람이 아니고 최고인 사람이다. ③ 돈을 찾아다니는 사람이다. ④ 자신의 몸값을 스스로 높이는 사람이다. ⑤ 비교적 수입이 많고, 세련된 테크닉이 있는 사람이다. ⑥ 지나치다 싶을 만큼 자신의 일에 철저한 사람이다. ⑦ 다른 사람들에게 피해를 입히지 않는 사람이다. 프로와 아마추어는 크게 차이가 날 것 같지만, 실상은 종이 한 장 차이이다.

● 한 해를 마무리 하면서 지난 해 보다 훨씬 나아진 자신을 느낄 수 있으면 프로, 아니면 아마추어. 가장 큰 행복은 한 해를 마무리하면서 지난해의 처음보다 훨씬 나아진 자신을 발견하는 것이다. 적어도 일 년에 이력서에 한 줄이 늘어나야 한다.

아버지 자기를 낳아 준 남자를 이르거나 부르는 말.

● 아버지 한 사람이 스승 백 명보다 낫다.

● 아버지는 매일 머리가 셋 달린 용과 싸우러 나간다. 피로와 끝없는 일과 직장상사에게서 받는 스트레스가 그것이다.

● 아버지란 울 장소가 없기 때문에 슬픈 사람이다.

● 아버지의 사랑은 무덤까지 이어지고, 어머니의 사랑은 영원까지 이어진다.

아이디어[idea] 어떤 일에 대한 구상.

● 1분 이내에 그 개념을 설명할 수 없는 아이디어는 사업상 의미 있

는 것이 못 된다.

- 결점이 있는 곳에서 아이디어가 나온다.
- 공포심은 아이디어를 죽이는 주범이다. 조롱받거나 처벌받거나 직장을 잃을 것을 겁내면 기술혁신은 이룰 수 없다.
- 과정이 재미있을 때 아이디어도 잘 떠오른다. 재미는 동기를 부여한다.
- '내 힘 들 다'를 바꾸면 '다 들 힘 내'가 된다. 똑같은 여건 속에서도 번뜩이는 아이디어로 성공의 꽃을 피우는 사람들 역시 적지 않다.
- 멍청한 아이디어를 이사회에서 승인했다 해도 역시 멍청한 것이다.
- 문제는 새로운 아이디어가 부족한 것이 아니라, 기존의 아이디어가 여전히 효과적이란 사실을 이해하지 못하는 데 있다. 기본을 충실히 이행해야 한다.
- 발로 뛰어야 아이디어를 얻는다.
- 새로운 아이디어는 갓 태어난 아기와 같아서, 최초에 세심한 주의와 큰 애정의 눈으로 육성해야 한다.
- 시대보다 너무 앞선 아이디어는 평가받지 못한다. 한 발 앞서면 추종자나 시장이 생기지만, 너무 앞서면 없다.
- 시행착오가 많을수록 아이디어는 다양해지고 기획은 탄탄해 진다.
- 아이디어 능력은 인간만이 갖고 있는 소중한 자원이다.
- 아이디어가 떠오르지 않을 때 가장 먼저 찾는 곳은 마트나 백화점 지하 식품 매장이다. 온갖 브랜드를 모아놓았을 뿐 아니라 휴지는 휴지끼리, 음료수는 음료수끼리 동종 상품을 모아놓은 진열대야말로 상상력의 전시장이기 때문이다.
- 아이디어는 구체화되어야 한다. 현실적이고, 논리에 맞고, 경제성이 있어야 한다.
- 아이디어는 기상천외할수록, 상식을 벗어날수록 좋다.
- 아이디어는 뛰어나지만, 실행 면에서 문제가 있으면 아이디어로 끝나게 되기 쉽다.
- 아이디어는 명상, 산책, 대화 등을 통해 떠오른다.

아

- 아이디어는 생각할 줄 아는 게으른 자의 것이다. 하나의 물건을 만들어 내는데, 짧은 시간에 적은 노력으로 완성하는 노하우이다.
- 아이디어는 십자가이다. 새로운 것은 2개의 이질적인 것을 통합함으로써 생긴다. 자기와 다른 아이디어를 갖고 있는 사람을 의식적으로 발견해야 한다.
- 아이디어는 완벽할 필요가 없다. 실현가능성 따위는 뒤로 미뤄라!
- 아이디어는 항상 가까운 곳에 있다.
- 아이디어는 행동으로 옮겨졌을 때 비로소 가치가 있는 것이다.
- 아이디어를 넓힐 때는 자유분방하게 하라. 기획으로 좁힐 때는 단순하게 하라!
- 오로지 자신을 폼 나게 한다고 생각하는 아이디어만 내 놓는 사람은 회의를 망친다.
- 원칙론만으로 시종일관하는 간부는 아이디어가 없을 뿐만 아니라 구체적인 플랜도 없다.
- 제대로 지워(비워)내는 일도 훌륭한 아이디어.
- 조합한 아이디어에 결함이 있으면, 기획의 체계가 만들어지지 않는다.
- 좋은 아이디어는 묵힐수록 익는다. 상상을 오래 묵히자. 다양한 분야에 관심을 가져라!
- 좋은 아이디어를 갖고 있는 직원을 격려해 주라. 그것은 전염성이 있는 것이다.
- 좋은 아이디어를 얻는 최선의 방법은 많이 생각하는 것이다.
- 참신한 발상은 그 사람이 최선을 다해 일하고 있을 때 나온다.
- 평범한 것을 2개 합치면 아이디어가 나온다.
- 하늘 아래 새로운 것은 없다. 따지고 보면 모두 이전에 존재하던 것을 재가공한 것이므로 완전히 새로운 것에 집착할 필요는 없다. 재가공의 정확한 포인트를 짚어내는 것이 핵심이다.
- 흩어져 있는 정보를 자주 정리할수록 아이디어는 풍부해 진다.

아첨[阿諂] 남의 환심을 사거나 잘 보이려고 알랑거림.

- 사장은 아첨하는 간부를 타박하지는 않는다. 그러나 이런 간부를 좋게만 생각하지도 않는다.
- 상대를 살펴서 항상 비위를 맞추는 사람은, 비위를 맞추는 것 이상으로 아무것도 할 수 없는 사람이다. 자신감이 없기 때문에 자신의 발전보다는 상대의 상황에 맞추어 살려고 한다.
- 아첨은 야심으로 가득 찬 거짓 애교이다. 그리고 아첨을 허용하는 자는 독사와 같은 야심으로 가득 찬 허영이 있기 때문이다.
- 아첨하는 말은 고양이처럼 남을 핥는다. 그러나 언젠가 할퀴게 마련이다.
- 아첨하는 말은 우리들의 허영심 덕택에 통용되는 가짜 금인 것이다.
- 아첨하는 자는 악어에게 먹이 주는 이와 같다. 결국에는 악어에게 먹히고 만다.
- 지나친 아첨은 누구에게나 역겨움을 준다.

악[惡] 인간의 도덕적 기준에 어긋나 나쁨.

- 무지는 또 하나의 악이다.
- 일을 하면 권태, 비행, 빈곤. 세 가지 악이 사라진다.
- 우리가 미덕을 세계화하는 것보다 더 빠르게 악덕이 세계화되고 있다.
- 이익을 올리는 것이 악덕이라는 것은 사회주의적인 사고방식이다. 손실을 초래하는 것이야말로 악덕이다.
- 알코올 중독은 인간이 빠져들기 쉬운 경멸해야 할 악습 가운데 하나이다.
- 상대방을 벼랑 끝으로 몰면 상대방은 벼랑 끝 전술을 쓰게 된다. 그런데 벼랑 끝 전술은 악연을 만든다.

- 패배보다 더 굴욕적인 것은 악의와 타협하는 것이다.
- 남이 하는 일을 애써 깎아 내리는 사람은 자신도 악평을 받는다.
- 악은 행하기 쉽다. 그리고 그 형태는 끝이 없다.
- 악한 행위를 하는 사람은 다른 사람은 물론 자신에게 더 큰 상처를 입힌다.

안전 ↗

안전[安全] 위험이 생기거나 사고가 날 염려가 없음.

- 개선으로부터 몰락까지의 거리는 단 한걸음에 지나지 않는다. 나는 사소한 일이 가장 큰 일을 결정하는 것을 보았다.
- 고속도로에서의 안전거리란 운전자의 요단강이다. 그러니 신이 부르시기 전에 그 강을 스스로 넘어가선 안 될 일이다.
- 당신의 안전은 파도에 있지 않다. 당신의 파도타기 능력에 달려 있다.

애국 ↗

애국[愛國] 자기 나라를 사랑함.

- 국민은 각자 자기의 천직에 전력을 다해야 한다. 이것이 조국에 보답하는 길이다.
- 나라사랑은 다음세대를 위한 파종이다.
- 내 조국을 위해 바칠 목숨이 하나밖에 없는 것이 유감이다.
- 버릴 수 있는 조국이 있다면, 그것은 애당초 지니지 않았던 조국이다.
- 애국심이란 선조의 땅을 지키는 마음이라기보다 후손의 땅을 보존하는 마음이다.
- 진정한 애국심에는 당파가 없다.

애정[愛情] 사랑하는 마음.

● 강하다고 생각되었던 사랑도 너무 오래 떨어져 있으면 시들어가
  듯이, 두 사람이 너무 가까이 있어도 사랑은 서서히 시들어간다.
● 애정에는 한 가지 법칙밖에 없다. 그것은 사랑하는 사람을 행복하
  게 만드는 것이다.
● 애초부터 남녀는 종말을 손에 쥐고 시작하는 애정이다.
● 현대에서 가장 결핍되어 있는 것은 자기 직업에 대한 애정이다.

약속[約束] 다른 사람과 앞으로의 일을 어떻게 할 것인가를 미리 정하여 둠.

● 10년 뒤의 당신에게 약속하라. 그리고 그 약속을 지킬 사람은 당
  신뿐이고, 그 약속을 한 사람도 당신이다.
● 아무리 단단한 약속도 접시처럼 깨지기 쉽다.
● 약속은 함께 결정한 것이다.
● 약속을 쉽게 하지 않는 자는, 그 실행에서는 가장 충실하다.
● 약속을 잘하는 사람은 잊기도 잘하는 법이다.
● 약속을 지키는 최선의 방법은 약속을 하지 않는 것이다. 그러나
  더 좋은 것은, 지킬 약속만 하는 것이다.
● 장황한 약속일수록 항상 의심해 보아야 한다.
● 해놓은 약속은 미지불의 부채이다.

약육강식[弱肉强食] 약한 자가 강한 자에게 먹힘.

● 강한 자가 살아남는 것이 아니라, 살아남는 자가 강한 것이다.
● 과거엔 큰 기업이 작은 기업을 먹었는데, 요즘은 빠른 기업이 늦
  은 기업을 먹어버린다.
● 정보사회에서는 빠른 자가 느린 자를 잡아먹는다.
● 강한 자는 남이 못하는 일을 하고, 약한 자는 남이 하는 일을 못

애정 ↗

약속 ↗

아

약육강식 ↗

88

한다.

약
자
⤢

약자[弱者] 힘이나 세력이 약한 사람이나 생물.

● 사람들은 약자를 좋아하지만, 강자만을 따른다.
● 약한 사람은 솔직하기가 힘들다.

약
점
⤢

약점[弱點] 모자라서 남에게 뒤떨어지거나 떳떳하지 못한 점.

● 많은 약점을 가지고 성공한 사람의 수가 좋은 조건을 가지고 성공
한 사람보다 훨씬 더 많다.
● 약점은 농담으로 들추어내면 비아냥거림이 된다.
● 우리의 장점을 자랑함보다 우리의 약점을 인정함이 더 영예로운
것이다.
● 다른 사람의 약점을 드러내어 자신을 돋보이게 하려는 사람은 결
국 자신의 약점만 드러낼 뿐이다.

양
심
⤢

양심[良心] 옳고 그름과 선과 악의 판단을 내리는 도덕적 의식.

● 가장 치명적인 죄는 죄를 느끼지 못하는 양심을 갖는 것이다.
● 값은 속이되 물건은 결코 속이지 마라!
● 겉과 속이 다른 사람은, 한강에 폐수 버리고 깊은 산 속 약수를 떠
다 마시는 사람이다.
● 공직자가 뇌물을 주고받는 건, 그 사회의 순결을 짓밟는 거와 마
찬가지다.
● 깨끗한 양심처럼 폭신한 베개는 이 세상에 없다.
● 내가 이 세상에서 인정하는 유일한 독재자는 내속에 있는 양심
이다.
● 당신은 의지의 주인이 되어라. 그리고 당신은 양심의 노예가 되

어라!

- 도망칠 곳은 있어도 숨을 곳은 없다.
- 명예는 밖의 양심이며, 양심은 안의 명예다.
- 바다보다 웅대한 광경은 하늘이고, 하늘보다 웅대한 광경은 양심이다.
- 사악한 양심이라는 병은, 세계 모든 나라의 모든 의사로도 고칠수 없다.
- 삶의 어두운 길을 인도하는 유일한 지팡이는 양심이다.
- 신은 우리에게 선을 사랑하도록 하기 위하여 양심을 주었다.
- 양심은 어떠한 과학의 힘보다도 강하고 늘 재판을 주재하는 판사이다.
- 양심은 우리에게 누군가가 보고 있을지 모른다고 타일러 주는 내부의 소리이다.
- 양심을 속이는 생활을 하다 보면 양심은 곧 마비되어 그 생활에 박자를 맞춘다.
- 양심이야 말로 매수할 수 없는 유일한 고발자이다.

어려움 어려운 것.

- 극복할 어려움이 없다면, 위대해질 수도 없다.
- 나쁜 습관을 되어버리면 어려움은 없다.
- 솔직한 입술과 정직한 손만 있으면 어떠한 난관도 뚫을 수 있다.
- 용서하는 것이 어렵고, 사과하는 것이 어렵고, 충고를 받아들이는 것이 어렵고, 실수를 인정하는 것이 어렵고……. 그러나 이 어려운 것들을 이룰 수만 있다면 반드시 그 보상이 따른다.

어른 다 자라서 자기 일에 책임을 질 수 있는 사람.

- 어른이 되지 않고 나이를 먹는 방법과, 자기계발을 하지 않고 밥

을 먹는 방법은 똑같이 바보를 만든다.

● 어른이 모범을 보이지 않으면, 어린이는 배우지 못한다.

● 욕망이 작아질 때 비로소 어른이 된다.

● 이 세상엔 어른다운 어른이 별로 없다. 나이 먹은 어린애들만 득실거린다.

어리석음

어리석음 슬기롭지 못하고 둔함.

● 듣기를 잘 하는 사람은 지성을 드러내고 있으며, 항상 떠들썩하게 자기주장을 하는 자는 어리석음을 나타낸다.

● 무엇을 보아도 시시하다, 별 것 아니야 하며 업신여기는 사람은 기쁜 일에도 기뻐할 줄 모르고 비탄에 잠기는 사람과 마찬가지로 어리석은 사람이다.

● 실수는 인간적인 것이나 이에 머무름은 어리석은 일이다.

● 어리석은 사람은 때때로 어려운 것을 쉽게 생각해서 실패하고, 지혜로운 사람은 때때로 쉬운 것을 어렵게 생각해서 실패한다.

● 어리석은 사람은 좋은 옷으로도 자신의 어리석음을 가리지 못한다.

● 어리석은 수다는 초상집에 즐거운 음악이 울리는 것과 같다.

● 어리석은 자는 악을 행하기를 장난으로 한다.

● 어리석은 자의 가장 확실한 증거는 자기주장을 고수하고 흥분하는 것이다.

● 어리석은 자의 노년은 겨울이지만, 현자의 노년은 황금기이다.

● 어리석은 자의 특징은 타인의 결점(약점)을 드러내고 자신의 결점(약점)은 잊어버리는 것이다.

● 원칙에 위배 되는 행동을 해 가면서 성공적인 삶을 살려고 시도하는 것이 얼마나 어리석은 짓인지를 생각해 보면 알 수 있다.

● 자신의 어리석음을 아는 것은 이미 지자(知者)이다.

● 자신의 얼굴이나 몸매를 뽐내는 사람은 어리석다. 그러나 자신의

부모와 조상 그리고 친구를 뽐내는 사람은 더 어리석다.

어린이 어린이 ↗
'어린아이'를 대접하거나 격식을 갖추어 이르는 말.

- 나는 가끔 아이들이 없다면, 이세상은 얼마나 우울한 세상이 될 것인지. 그리고 노인들이 없다면, 이 세상은 얼마나 비인간적인 세상이 될 것인가에 대해서 상상해 본다.
- 명심할 사항은 어린이에게 거짓말을 하지 않아야 한다는 것과 어린이에게 공포감을 주지 말아야 한다는 것이다.
- 어린이는 어른을 흉내 내면서 많은 것을 배운다.
- 여자가 남자를 바꿀 수 있는 시기는 오직 남자들의 유아기 시절이다.
- 일은 나중에 다시 할 수 있지만, 내 아이들의 어린 시절은 다시 오지 않는다.
- 집 안에 아이들이 없는 것은 지구에 태양이 없는 것과 같다.

아

어머니 어머니 ↗
자기를 낳아 준 여자를 이르거나 부르는 말.

- 나 같은 아들을 키운 것만으로도 우리 어머니는 이미 위대한 분이다.
- 신은 도처에 가 있을 수 없기 때문에 어머니를 만들었다.
- 아버지의 사랑은 무덤까지 이어지고, 어머니의 사랑은 영원까지 이어진다.
- 어머니는 아무리 나이를 먹어도 중년의 자식이 나아지고 있는지 지켜본다.
- 어머니는 자식 입에 밥이 들어가는 것과 마른 논에 물들어 가는 것보다 좋은 일은 없다고 하셨다.
- 여자는 약하나 어머니는 강하다.
- 잘 웃는 어머니가 밝은 가정을 만들고 자녀 교육에도 성공한다.

- 저울 한쪽 편에 세계를 놓고 다른 한쪽 편에 나의 어머니를 놓는다면, 세계를 올려놓은 쪽이 훨씬 가벼울 것이다.

언변[言辯] 말을 잘하는 재주나 솜씨.

- 말을 잘하는 사람은 실은 자신이 듣고 싶은 이야기를 해주는 사람을 가리킨다. 자신이 듣고 싶은 이야기라면 관심이 솟구치는 것은 당연하고, 자신과 생각이 똑같다면 상대방의 말에 맞장구를 치면서 고개를 끄덕이지 않을 수 없기 때문이다.
- 말할 때 말하고 침묵할 때 침묵한다. 잘 아는 것만 말하고 모르는 것은 말하지 않는다. 천박한 화제의 대화는 가급적 피한다.
- 멋있게 말하지 말고, 맛있게 말하자. 말이 쉬워지면 설득도 쉬워진다. 상대가 관심 있어 하는 내용과 상대가 알아듣기 쉬운 말로 다가가라!
- 생동감 있는 말이 호기심을 자극한다. 적절한 허풍과 과장은 단순한 말에 생동감을 불어넣는다.

언어[言語] 생각, 느낌 따위를 나타내거나 전달하는 데에 쓰는 음성.

- 언어는 사상의 그릇이다.
- 언어로 입은 상처는 의사가 꿰맬 수 없다.
- 여러 나라의 말을 할 줄 아는 것은 재산이다. 그러나 한나라의 말을 조심스럽게 하는 것은 무한히 값진 것이다.
- 우둔한 사람들 앞에서 현명한 체 하는 것은 별로 도움이 안 된다. 그러니 누구에게나 그 사람의 맞는 언어로 이야기를 하라!
- 인간이 위대한 것은 언어가 있다는 것이고, 특히 이 언어에 희망과 용기를 넣어 전달한다는 것이다.

얼굴 눈, 코, 입이 있는 머리의 앞면.

- 40세가 지나면 자기 얼굴에 책임을 지어야 한다.
- 사람의 얼굴은 하나의 풍경이며 한권의 책이다. 얼굴은 결코 거짓 말을 하지 않는다.
- 사장의 표정이 직원들 그 날의 표정이 된다.
- 아름다운 의복보다는 웃는 얼굴이 훨씬 아름답다.
- 잘생기거나 못생긴 사람은 없다. 오로지 자기답게 생긴 사람만 있 을 뿐이다.
- 찡그린 얼굴을 펴기만 하는 것으로 마음도 따라서 펴지는 법이다. 웃는 얼굴은 얼굴의 좋은 화장일 뿐 아니라 생리적으로도 피의 순 환을 좋게 하는 효과가 있다.

여가[餘暇] 일이 없어 남는 시간.

- 21세기 부자는 돈만 많다고 부자가 아니라 시간이 많아야 부자다. 따라서 돈 벌기를 포기하고 자유 시간을 얻고자 한다.
- 나는 아주 가난한 어린 시절을 보냈다. 덕분에 세상의 밑바닥을 알게 되었지만, 다른 사람들처럼 여가를 즐기는 방법은 배우지 못 하고 어른이 되었다.
- 세상에서 가장 어려운 일은 다음 세 가지다. 첫째는 비밀을 지키 는 것이요, 둘째는 타인에게서 받은 해를 잊어버리는 것이요, 셋 째는 한가한 시간을 이용하는 것이다.
- 여가가 오락의 동의어가 아님을 일깨워 주지 않는다면, 여가는 축 복이 아니라 저주가 될 수도 있다.
- 여가는 일하다 쉬는 시간이 아니라, 그 자체가 목적이고 바람직한 것이다.
- 여가의 질에 따라 삶의 질이 결정된다는 것은 두 말할 필요도 없다.
- 은퇴자가 여가를 다루는 법을 터득하지 못하면 파멸하게 된다.

- 이제 여가는 남는 시간이 아니다. 여가를 일과 함께 인생의 중요한 과제로 생각해야 한다.
- 인간이 놀고 쉬어야 하는 이유는 의학적으로나 심리학적으로 밝혀진 사실이다. 인간은 놀지 않으면 창의력과 활력이 줄어든다. 그리고 쉬지 않으면 결국 탈진하게 된다.
- 일과 놀이를 균형 있게 즐기는 사람이 창의적인 사람이다. 일과 놀이를 즐겁게 하라!
- 일만 하고 놀지 않으면 바보가 된다.
- 일을 위한 여가가 아닌 여가 자체를 위한 여가이어야 한다. 휴가란 여가를 즐기기 위한 것이지 재충전을 위한 것이 아니다.
- 준비가 돼 있지 않은 상태에서 여가시간이 급증하면 걱정만 덩달아 많아질 뿐이다.
- 한 문명의 질을 판가름하는 최상의 테스트는 여가의 질이다.
- 한가로운 시간은 무엇과도 바꿀 수 없는 재산이다.
- 한가함이란 아무 것도 할 일이 없게 되었다는 게 아니라, 무엇이든지 할 수 있는 여가가 생겼다는 뜻이다.

여생

여생[餘生] 앞으로 남은 인생.

- 나의 관심은 주로 미래에 있다. 여생을 거기서 보낼 것이니까……
- 부모님이 우리의 어린 시절을 돌봐주셨으니, 우리도 부모님의 여생을 돌봐드려야 한다.
- 오늘은 나에게 남겨진 인생 중 첫 번째 날이다. 별수 없다. 열심히 살자!

여심

여심[女心] 여자의 마음.

- 남성다운 복장을 즐겨하는 여자는, 콤플렉스 덩어리이다.

- 남성적인 복장과 행동을 하는 여자는, 마음속 깊이 섹시한 여자다운 여자로 인정받고 싶어 하는 욕망이 깔려있다.
- 남의 불행을 즐기는 여자는, 자신의 우위성을 확인하려는 의식이 항상 작용하고 있다.
- 남자 같은 여자일수록 그 내면 세계는 솔직하며 순종적인 여성미가 있다.
- 남자 앞에서 태연하게 옷매무새를 고치는 여자는, 여성적인 매력을 과시함으로써 은연중에 성적인 유인을 하는 것이다.
- 남자 앞에서 태연히 눈물을 흘리는 여자는, 생활이 제멋 대로인 경향이 많다.
- 말없는 보석이 살아 있는 인간의 말보다 더 여자의 마음을 움직이는 법이다.
- 멸시 당한 여성의 분노만큼 맹렬한 것은 지옥에도 없다.
- 명랑하고 쾌활해 보이는 여자는, 남에게 알리고 싶지 않은 우울한 내면이 많다.
- 빚을 지면서까지 원하는 것을 사려는 여자는, 히스테리 기질이 있다.
- 싫어하는 남자의 명백한 말보다는, 좋아하는 남자의 애매한 말이 여자의 마음을 뒤흔들어 놓는다.
- 어떤 여자의 결점을 알려면 그녀의 여자 친구들 앞에서 그녀를 칭찬해 보면 쉽게 알 수 있다.
- 여자가 고급 제품을 몸에 휘감는 이유는, 자신도 고급이라 여겨지고 싶어서이다.
- 여자가 남자 앞에서 다른 남자를 칭찬할 때는, 지금 남자에 대해 막연한 불만이 쌓여 있는 것이다.
- 여자가 남자에게 칠칠치 못하다고 불평을 하는 것은, 모성 본능이 작동하는 증거이다.
- 여자가 말을 하는 주된 목적은 그저 말을 하자는 것이다.
- 여자가 말이 없는 남자를 좋아하는 것은 자신의 이야기를 들어주

기 때문이다.

- 여자가 어떤 남자에게 관심을 갖게 되면, 그 남자를 공격한다.
- 여자가 어떤 특정 남자를 악평할 때는, 그 남자에게 특별한 감정을 느끼고 있기 때문이다. 즉 굴절된 애정표현이다.
- 여자가 일부러 다른 남자와 친숙하게 행동하는 것은, 상대방의 마음을 끌기 위한 것이다.
- 여자가 일에 열중하면 할수록 남자가 요구하는 여자다움은 사라져 간다.
- 여자가 자신의 문제를 발설하는 것은 발설 그 자체가 하나의 스트레스 해소책이기 때문에 그녀는 남이 자신의 말을 들러주기를 바랄 뿐 해결을 바라는 것이 아니다.
- 여자가 자주 사랑을 확인하는 것은, 현재의 상태에 불안을 느끼고 있기 때문이다.
- 여자가 채점을 할 때, 사랑의 선물은 크고 작음에 관계없이 같은 점수로 처리된다. 어떤 선물이든 똑같은 가치를 지닌다.
- 여자가 평소보다 적극적으로 이야기를 걸어온다면, 당신이 남자로서 인식되고 있다는 것이다.
- 여자는 10분 통화하는 것보다 1분씩 10번 통화하는 것을 좋아한다.
- 여자는 같은 말을 여러 차례 반복해서 들으면, 심리적인 암시에 걸린다.
- 여자는 꽃 냄새를 맡으면 생리적으로 성적 충동이 높아진다.
- 여자는 나이 먹는 법을 어려서부터 배워야한다. 그런데 이것은 보통재능으로는 할 수 없는 일이다.
- 여자는 남자로부터 다른 여자 이야기를 들으면 몹시 불쾌감을 느낀다.
- 여자는 남자로부터 칭찬을 들으면 생리적인 쾌감을 느낀다.
- 여자는 남자를 시험하려 할 때, 억지 요구를 한다.
- 여자는 남자보다 기다리는 능력이 뛰어나다.
- 여자는 남자의 관심도를 측정하기 위해, 머리형이나 복장을 약간

씩 바꾼다.

- 여자는 불안한 처지에 있게 되면, 허세를 부린다.
- 여자는 사랑하든지 아니면 증오한다. 그는 중용을 모른다.
- 여자는 상대방을 열심히 들어 올림으로서, 무의식중에 자신의 질투심을 달래고 있는 것이다.
- 여자는 악마도 미처 생각지 못한 책략을 알고 있다.
- 여자는 자신의 의견을 긍정해 줄 때까지 상담을 되풀이한다.
- 여자는 자신의 장점 때문에 사랑을 받게 되는 경우에는 때로는 동의도 하지만, 언제나 바라는 것은 자신의 결점을 사랑해주는 사람이다.
- 여자는 질투심이 일어나면, 냉정한 판단력을 잃는다.
- 여자는 첫인상이 명랑하면 우울하고, 성격이 드세면 오히려 약하고, 진보적이면 오히려 보수적일 수 있다.
- 여자는 친구를 딱 두 종류로 분류한다. 자기보다 예쁜 친구와 자기보다 못생긴 친구.
- 여자는 한결같이 열심히 설득하는 남자에게 약하다.
- 여자들은 말이 없는 남자들을 좋아한다. 여자들은 남자가 조용하면 듣고 있는 줄 안다.
- 여자와 얘기를 할 때는 입을 보지 말고 눈을 보라!
- 여자의 '예스!'와 '노우!'는 같은 것이다. 거기서 선을 긋는다는 것은 무모한 것이다.
- 여자의 마음에는, 모든 남자의 외설적인 시선을 받아보고 싶다는 선정적 욕망이 깔려있다.
- 여자의 마음이 갈대인 이유는, 남자의 마음에 늘 바람기가 있기 때문이다.
- 여자의 스트레스 해소는, 먹을거리와 수다 그리고 쇼핑이다.
- 여자의 첫 키스는, 육체가 아니라 마음으로 받아들인다.
- 여자의 편지는 대부분 '추신'속에 가장 중요한 내용이 담겨 있다.
- 여자의 행동이 남성적일수록, 그 심층에는 여자다운 본심이 숨겨

아

져 있다. 이는 여자다움에서는 자신이 없기 때문이다.

- 열 명의 여자를 의견일치 시키기보다 백 개의 시계를 조립하는 편이 쉽다.
- 예측이 안 되는 것들 개구리가 뛰는 방향. 럭비공이 튀는 방향. 여자의 마음.
- 유행에 관심이 없는 여자는, 다른 여자와의 승부를 피하려는 것이다.
- 이야기 도중에 눈을 깜작거리는 여자는, 신경질 적이다.
- 자석은 쇠붙이를 끌어당기고, 보석은 여자를 끌어당긴다.
- 자신의 말에 스스로 맞장구를 치는 여자는, 혼자서 연극을 하고 있는 것이다.
- 전에 비해 갑자기 다정해진 여자는, 마음속에 그 어떤 가책을 느끼고 있을 때이다.
- 접근하는 남자는 거절하고, 미워하는 남자를 사랑하는 것이 여자의 일반적인 상식이다.
- 첫인상에 착하게 보이고 싶어 하는 여자는, 사랑에 굶주려 있다.
- 추녀는 예쁘다는 말에 기뻐하고, 미녀는 지성적이라는 말에 감격해 한다.
- 평소 말이 없는 여자가 갑자기 수다스러워졌다면, 말 못할 비밀이 있음을 의미한다.
- 현명한 사람은 그가 없는 때에 칭찬하라. 그러나 여성은 맞대 놓고 칭찬하라!
- 혼자서 여행하는 것을 동경하는 여자는, 현실 도피 형이 많다.
- 화장을 짙게 하는 여자는, 본심을 간파 당하고 싶지 않은 여자이다.

여유[餘裕] 물질적, 공간적, 시간적으로 넉넉하여 남음이 있는 상태.

- 계획은 여유 있게 세운다. 그리고 여유가 있다고 생각될 때 총력을 기울인다. 여유가 있을 대 더욱 박차를 가해 여유를 많이 가져

야 한다.

- 그날그날 쫓기는 생활을 해서는 안 된다. 여유 없는 인생만큼 괴롭고 고달픈 것은 없다.
- 너그럽지 못한 것은 곧 여유가 없음을 뜻한다.
- 여유가 생기면 불만을 찾기 시작한다.
- 웃음이 없으니 여유가 없고, 여유가 없으니 웃음이 없다.

여자[女子] 여성으로 태어난 사람.

여자

아

- 거만해 보이는 여자일수록, 내면은 쓸쓸하다.
- 나는 여성이 어리석다는 점을 부인하지 않는다. 하나님이 남자와 어울리게 만드셨기 때문에…….
- 난자의 상태에서 연애에 이르기까지, 여자의 역할은 언제나 기다리는 것이다.
- 데이트 비용이 짜면 짤수록 여자가 기뻐하는 수가 많다. 장래에 대한 설계와 관계가 있다고 독단적으로 생각한다.
- 돈이 있을 때는 신나게 쓰고 없을 때는 한 푼도 없어 쩔쩔매는 여자는, 우울증 기질이 다분히 있다.
- 두 여인을 화합시키기 보다는 유럽 전체를 화합시키는 편이 쉽다.
- 만약 여성이 혼자일 때 어떻게 시간을 보내는지를 알게 되면, 남성은 절대로 결혼 같은 것은 하지 않을 것이다.
- 만약 여자가 당신에게 말을 많이 하면 그녀는 당신을 좋아하는 것이다. 만약 그녀가 당신에게 말을 하지 않는 다면 당신을 별 볼 일 없다고 생각하는 것이다.
- 사람은 여자로 태어나지 않는다. 여자로 자라는 것이다.
- 삶에서 기쁨을 찾는 것이 여자의 최고급 화장품이다.
- 아름다운 여자는 눈의 즐거움이고, 양처(良妻)는 마음의 즐거움이다.
- 여성은 이국의 땅이다. 남성이 아무리 젊어서부터 그 토지에 머물러 있어도 그 토지의 풍습, 정책, 언어를 완전히 이해하는 일은 절

대로 없다.

- 여성이 자신을 거울에 비춰봄은 단순히 자기의 자태를 보기 위해 서만이 아니다. 자기가 남에게 어떻게 보일까 하는 것을 확인하기 위해서이다.
- 여자는 눈물을 흘리는 남자 앞에서 냉정을 유지하기 어렵다.
- 여자는 아무리 연구를 계속해도 항상 완전히 새로운 존재이다.
- 여자들은 여성잡지 보다, 옆집 아줌마한테서 더 많은 정보를 얻는다.
- 여자들의 늙음은 지옥이다.
- 여자를 정복한다는 것은 난폭한 야수를 다루기보다 훨씬 어렵다.
- 여자를 좋게 말하는 자는 여자를 충분히 알지 못하는 사람이며, 여자를 언제나 나쁘게 말하는 자는 여자를 전혀 알지 못하는 사람이다.
- 여자의 결혼관은 결혼하겠다가 50%, 혼자 살고 싶지 않다가 50% 이다.
- 여자의 눈물은 동정심을 사지만, 남자의 눈물은 바보취급 받는다.
- 여자의 눈물을 보고 이를 믿지 말라. 왜냐하면 마음대로 되지 않을 때에 우는 것은 여자의 천성이기 때문이다.
- 여자의 돈에는 관심을 둘 필요가 없다. 여자가 당신을 좋아하면 그 돈도 당신을 좋아할 테니까…….
- 여자의 마음과 겨울바람은 자주 변한다.
- 여자의 목소리가 갑자기 높아지는 경우에는, 고집을 세우려는 때이다.
- 여자의 성적인 욕망은, 상대방 남자에 대해 안심하는 순간부터 타오른다.
- 여자의 울음이 긴 이유는 그 울음 안에 담긴 뜻이 그 만큼 복잡하고 미묘하기 때문이다.
- 여자의 일생은 긴 위장이다.
- 여자의 입에서 나오는 노우no는 부정이 아니다.
- 여자의 지옥. 그것은 노후의 세월이다.

- 여자의 충고는 대수로운 것은 아니다. 그러나 충고를 받아들이지 않는 남자는 바보이다.
- 여자의 취미가 갑자기 달라지면, 좋아하는 남자가 생긴 것이다.
- 요즘 여자, 과거가 있는 남자는 용서해도 미래가 없는 남자는 용서 못한다.
- 요즘 여자, 귀 뚫은 남자는 용서할 수 있지만, 귀가 막힌 남자는 용서할 수 없다.
- 요즘 여자, 밥 많이 먹는 남자는 용서할 수 있지만, 반찬 투정하는 남자는 용서할 수 없다.
- 요즘 여자, 숏 다리는 용서해도, 배나온 남자는 용서 못한다.
- 요즘 여자, 여자를 밝히는 남자는 용서해도, 마마보이는 용서 못한다.
- 요즘 여자, 외박하는 남자는 용서해도, 속옷 뒤집어 입고 들어오는 남자는 용서 못한다.
- 요즘 여자, 월급이 적은 남자는 용서해도, 아내 몰래 딴 주머니 차는 남자는 용서 못한다.
- 웃는 여잔 다 예쁘다. 이런 여자와 살아라!
- 젊은 여성은 아름답다. 그러나 곱게 늙은 여자는 더 아름답다.

여행[旅行] 일이나 유람을 목적으로 다른 고장이나 외국에 가는 일.

- 20세기가 논리의 시대라면 21세기는 상상과 창의력의 시대다. 여행과 모험을 즐겨라!
- 가능한 한 많은 나라에서 똥을 누어 보라! 우물 안의 개구리는 한 뼘의 하늘밖에는 모른다.
- 나에게 여행하는 이유를 물으면 이렇게 대답한다. "내가 무엇을 찾아 여행을 떠나는지는 모르지만, 적어도 내가 무엇을 피해 떠나는지는 알고 있다!"
- 많이 싸돌아다닐수록 사람은 똑똑해 진다. 가급적 멀리, 가급적

자주, 싸돌아다니면 두뇌회전도 빨라지고 시야도 넓어진다.

- 사람이 여행을 하는 것은 도착하기 위해서가 아니라 떠나기 위해서이다.
- 여행과 변화를 사랑하는 사람은 생명이 있는 사람이다.
- 여행은 인내심을 길러 준다.
- 여행을 통해 좋은 환경, 평소와 다른 환경과 접해 보는 것은 감성을 높이는 유력한 수단이 된다.
- 여행이란 우리가 사는 장소를 바꾸어 주는 것이 아니라 우리 생각과 편견을 바꾸어 주는 것이다.
- 여행지에서 만난 친구는 마음의 인화지에 선명하게 인화되어 있다.
- 이 세상에서 가장 즐거운 일의 하나는 여행을 떠나는 것이다.
- 혼자서 여행하는 것을 동경하는 여자는, 현실 도피 형이다.
- 희망에 넘쳐 여행하는 것은 목적지에 도달하는 것보다 훨씬 좋다.

역경

역경[逆境] 일이 순조롭지 않아 매우 어렵게 된 처지나 환경.

- 겨울이 따뜻했던 해의 봄꽃은 아름답지 않다. 겨울이 추운 해일수록 봄에 피는 꽃이 아름답다.
- 고통 없이 승리 없으며, 가시밭길 없이 성공도 없다.
- 괴로움은 생리적으로나 정신적으로 인간이 발전하여 가는 데 없어서는 안 될 조건이다.
- 번영은 친구를 만들고, 역경은 친구를 시험한다.
- 보석은 마찰 없이 가공될 수 없고, 사람은 역경 없이 나아질 수 없다. 마지막 역경이라고 생각하라!
- 불은 강한 쇠를 만들고, 역경은 강한 사람을 만든다.
- 불은 황금을 시험하고, 역경은 강한 사람을 시험한다.
- 어떠한 교육도 역경만한 것이 없다.
- 역경은 부자를 만드는 게 아니라, 사람을 슬기롭게 만든다.
- 역경은 성격을 여지없이 드러내는 매체이다.

- 역경은 원칙을 시험하는 기회이다. 역경 없이 자신이 정직한지 아닌지 알 수 없다.
- 역경은 천재를 드러내고, 순경(順境)은 천재를 감춘다.
- 역경이 사람에게 주는 교훈만큼 아름다운 것은 없다.
- 역경이 크면 클수록, 그 역경을 이겨내는 명예는 더욱 크다.
- 참나무가 더 단단한 뿌리를 갖도록 하는 것은 바로 사나운 바람 때문이다.
- 평온한 바다는 결코 유능한 뱃사람을 만들 수 없다.
- 항상 자기보다 약한 선수를 상대로 해 가지고는 실력의 향상을 바랄 수 없다.
- 현재의 고생은 즐거운 것은 아니다. 그러나 고생이 없는 인생은 가치 없는 인생이다. 쇠와 강철의 차이점은 불에 달려있다. 그래서 항상 쇠보다는 강철이 더 값진 것이다.

역량[力量] 어떤 일을 해낼 수 있는 힘.

- 가벼운 짐보다는 넓은 어깨가 필요하다.
- 역량은 역경을 통해서 생긴다. 역경과 역량은 쌍둥이다. 여기서 먼저 태어난 형은 역경이다.

역발상[逆發想] 일반적인 생각과 반대가 되는 생각을 해냄.

- 'NO'를 거꾸로 쓰면, 전진을 의미하는 'ON'이 된다. 모든 문제에는 반드시 문제를 푸는 열쇠가 있다. 끊임없이 생각하고 찾아내어라!
- '내 힘 들 다'를 바꾸면 '다 들 힘 내'가 된다. 똑같은 여건 속에서도 번뜩이는 아이디어로 성공의 꽃을 피우는 사람들 역시 적지 않다.
- 상대방의 관점에서 보려고 노력하면 풀리지 않는 일은 없다.
- 순서를 바꾸면 기회가 생긴다.

- 원하는 곳에 가기 위해서는 때로 반대쪽으로 가야 할 필요도 있다.
- 이스라엘에게 골리앗은 너무 커서 죽일 수 없는 존재였지만, 다윗에게 골리앗은 너무 커서 빗나갈 수 없는 존재였다.

역사[歷史] 인류 사회의 변천과 흥망의 과정. 또는 그 기록.

- 가장 뛰어난 예언자는 과거이다.
- 과거를 지배하는 자가 미래를 지배하며, 현재를 지배하는 자가 과거를 지배한다.
- 모든 인류 역사는 승자의 역사라는 걸 명심해야 한다. 패자는 묻히고 만다.
- 사람들이 역사를 배우는 것은 과거의 잘못을 되풀이하지 않기 위해서다.
- 사람이 거울을 지님은 옷과 갓을 바로 하기 위함이요, 옛일을 돌이켜 봄은 내일을 바로 하기 위함이다.
- 역사가는 과거를 기억하고 미래를 상상한다.
- 역사가란, 역사적 사실을 재구성하는 자인데, 이 때 사실들을 모두 나열하는 것이 아니라 사실을 선택하며 거기에 해석을 가해서 이야기를 만드는 사람이다.
- 역사는 과거와 현재의 대화일 뿐만 아니라, 과거와 미래의 목적과의 대화라고 해야 한다.
- 역사는 다양한 시각을 가진 사람들에 의해서만 진보한다.
- 역사는 되풀이 된다. 이것이 역사의 가장 큰 잘못이다.
- 자연은 신이 만든 것이며, 역사는 인간이 만드는 것이다.

연구[研究] 어떤 일이나 사물에 대하여서 깊이 있게 조사하고 따져 보는 일.

- 물건이 저절로 팔려나가도록 하는 것이 마케팅이다. 따라서 소비자 연구가 중심이 된다.

- 실패를 연구하면 성공은 확실해 진다.
- 충분한 연구가 모험을 현실로 만든다.

연대[連帶] 여럿이 함께 무슨 일을 하거나 함께 책임을 짐.

연대

- 가장 약한 고리 하나가 사슬 전체의 강도를 결정한다.
- 아무리 길고 훌륭한 쇠사슬이라도 고리 하나가 망가지면 못쓴다.
- 어느 집단의 멤버가 아주 긴밀하게 결합되어 있으면 있을수록 그 멤버는 새로 가입하는 멤버에게 분명한 적의를 보인다.

연륜[年輪] 여러 해 동안 쌓은 경험에 의하여 이루어진 숙련의 정도.

연륜
아

- 나이 60세는 그냥 얻어진 나이가 아니다. 20세의 넘치는 체력과 40세의 원숙한 사고력 뒤에 얻어진 나이다.
- 내가 가장 부러운 사람은 생의 경험이 풍부한 자유인이다.
- 사람의 표정이란 타고나는 것이 아니다. 표정은 연륜이 우리 얼굴에 남기는 서명이다.

연설[演說] 여러 사람 앞에서 자기의 주의나 주장 또는 의견을 진술함.

연설

- 연설은 연애와 같다. 어떤 바보라도 시작할 수 있으나 끝마무리를 짓는 데는 꽤 기술이 필요하다
- 연설을 할 때 청중의 수가 많으면 많을수록 의식적으로 속도를 늦출 필요가 있다.
- 좋은 연설은 치마와 같다. 다리를 가리기엔 충분히 길어야 하고 흥미를 끌기엔 충분히 짧아야 한다.

연습[練習] 학문이나 기예 따위를 익숙하도록 되풀이하여 익힘.

● 무작정 연습을 한다고 완벽해 지는 것은 아니다. 오직 완벽한 연습만이 완벽한 것을 만든다.

● 연습만이 완벽을 낳을 수 있다.

● 연습이란 미숙한 것만을 익히는 행위는 아니다. 이미 익숙해진 것이라도 그것을 잊지 않기 위해 끊임없이 자신을 연마하는 것이 연습이다.

연애[戀愛] 남녀가 서로 애틋하게 그리워하고 사랑함.

● 결혼은 어쩔 수 없이 적응해야 되는 이민이고, 연애는 자유로운 여행이다.

● 마음에 든 여성이 있으면 그 여성의 마음을 잡기 위해 전력을 다하라. 그래서 성과가 없으면 깨끗이 단념하고 돌아서라. 여자가 한 사람이라고 생각하면 큰 잘못이다.

● 물에 빠진 건 건져도, 여자에 빠진 건 못 건진다.

● 상식을 깨지 않고는 로맨티스트가 될 수 없다.

● 성공하면 로맨티스트가 되고, 실패하면 치한이 된다.

● 여자와 늘 연애를 한 남자가 받는 응징은, 끊임없이 여자와 연애하는 것이다.

● 여자의 대부분은 아름다워지려고 화장품을 사용하는데, 연애는 내면에 바르는 화장품이라고 생각하면 된다. 우선 정신적인 흥분이 되고 그것이 자극이 되어 혈액 순환이 좋아진다.

● 연애가 결혼보다 즐거운 것은, 소설이 역사보다도 재미있는 것과 같은 이유다.

● 연애과정에서는 방해가 더 열렬한 연정의 동기가 된다.

● 연애는 가해자도 피해자도 없다. 있는 것은 단지 어떻게 자신이 사랑하고 사랑받았는가하는 사실뿐이다. 연애가 성취되지 않았

다고 해서 자신이 피해자가 되고 상대를 비난하는 것은 너무 자기 중심적이다.

- 연애는 사람을 장님으로 만들고, 결혼은 시력을 되찾게 된다.
- 연애는 여자의 일생에서 역사이지만, 남자의 일생에서는 삽화에 지나지 않는다.
- 연애는 열병, 결혼은 오한이다.
- 연애는 전쟁과 같은 것이다. 시작하기는 쉬우나 그만 두기는 어렵다.
- 연애란 남녀가 자기들의 생애를 통하여 가장 이성을 잃고 있는 상태를 말한다.
- 연애란 열병 같아서 의지와는 상관없이 생기고 사라진다. 결국 연애는 나이와 상관없다.
- 연애란 우주를 단 하나의 사람으로 줄이고, 그 사람을 신에 이르게까지 한다.
- 연애하면 여자는 아름다워지고 남자는 생기가 넘치게 된다.
- 우정은 존경 위에 구축되지만, 연애는 육체 위에 구축된다.
- 정사(情事)란 혁명과도 같아서 시작만 멋지다.
- 정욕(情欲)은 승리자가 없는 싸움이다.
- 한 여자가 20년 이상 걸려 길러 놓은 남자를 다른 여자가 단 10분만에 바보로 만들어 버린다.

연인[戀人] 서로 사랑하는 관계에 있는 남녀.

- 겉옷이 스치면 인연이고, 속옷이 스치면 연인이다.
- 사랑하는 사람을 기다리게 하지 마라. 내일 지구가 멸망할 지도 모른다.
- 새로운 애인을 만나면, 옛 애인의 모든 것이 보이게 된다.
- 애인과 찍은 사진은 1년 뒤에 현상하라. 헤어졌으면 현상 값 굳는 것이고, 계속되면 좋은 추억이 된다.

- 애인이 5명씩 무더기로 있다면, 그건 아예 애인이 없다는 얘기와 다름없다

열등감[劣等感] 자기를 남보다 못하거나 무가치한 인간으로 평가하는 감정.

- 당신의 동의 없이는 아무도 당신에게 열등감을 느끼게 할 수 없다.
- 우월감과 열등감은 동전의 양면과 같아서 결론은 하나다. 자존심이 극도로 강한 사람은 반드시 그 이면에 깊은 열등의식을 가지고 있다. 반면에 열등의식이 강한 사람은 극히 교만한 사람이다.
- 흑인에 대한 백인의 차별보다 더 무서운 것은 흑인 스스로가 백인보다 못하다는 열등감을 갖고 있는 일이다.

열매 식물이 수정한 후 씨방이 자라서 생기는 것.

- 나무는 열매로 알려지지 잎으로 알려지지 않는다.
- 좋은 나무가 되면 좋은 열매는 저절로 맺게 되는 법이다.
- 행동의 씨앗을 뿌리면 습관의 열매가 열리고, 습관의 씨앗을 뿌리면 성격의 열매가 열리고, 성격의 씨앗을 뿌리면 운명의 열매가 열린다.

열심[熱心] 어떤 일에 온 정성을 다하여 골똘하게 힘씀.

- 애써서 하지 않는 일은 그 결과가 신통치 않다.
- 오늘 걷지 않으면 내일 뛰어야 한다.
- 오늘은 나에게 남겨진 인생 중 첫 번째 날이다. 별수 없다. 열심히 살자!
- 이 세상에서 최악의 파산이란 자신의 힘으로 무엇을 해보겠다는 열의를 잃는 것이다.
- 하찮은 위치에서도 최선을 다하라. 말단에 있는 사람만큼 깊이 배

우는 사람은 없다.

- 행운아란 요행을 바라지 않고 힘껏 뛴 사람들을 말한다.

열정[熱情] 어떤 일에 열렬한 애정을 가지고 열중하는 마음.

- 나는 이미 표적을 향해 날아가는 화살이다. 명중하기 전에는 절대 멈출 수 없다!
- 나이를 먹는 것과 몸이 늙는 것은 반드시 일치하지 않는다. 매사에 관심과 열정을 가지고 살면 그것이 바로 나이보다 젊게 사는 것이다.
- 날고 싶은 충동을 느끼는 사람은 기어가라는 말에 따르지는 않을 것이다.
- 누구든 열정을 잃으면 늙기 시작하는 것이다.
- 도덕성이 없는 열정은 성난 황소에 불과하다.
- 세월은 피부에 주름을 만들지만, 열정을 잃으면 마음에 주름이 진다.
- 세월이 가는 것만으로는 사람은 늙지 않는다. 열정을 잃었을 때 비로소 늙는다.
- 어떠한 업적도 열정 없이 성취된 것은 없다.
- 열정은 전염병이다. 리더 스스로가 불타고 있어야 상대를 불지를 수 있다.
- 열정을 상실한 사람은 노인과 같다.
- 열정이 없으면 당신에게는 실패와 권태가 찾아온다.
- 최고의 경쟁력은 열정이다.

영웅[英雄] 지혜와 재능이 뛰어나고 용맹하여 어려운 일을 해내는 사람.

- 모든 사람이 영웅이 될 수는 없다. 영웅이 지나갈 때 박수쳐 줄 사람도 있어야 하니까…….

- 사람 하나를 죽이면 살인죄가 되고, 백만 인을 죽이면 영웅이 된다.
- 영웅들이 없는 민족은 장래가 없는 민족이다.
- 영웅은 다른 사람들보다 훨씬 더 용감한 것이 아니고, 다만 5분 동안만 더 용감할 뿐이다.
- 영웅의 특징은 좀처럼 소망을 포기하지 않는 것이다.
- 영웅이 둘이면 같이 못 선다.
- 영웅 흉내는 내지 마라. 영웅이 되어야 한다.
- 종자(從者)의 눈에는 영웅은 없다. 나폴레옹도 생활을 같이하는 부하에게는 영웅이 아니었다.

예술 ↗

예술[藝術] 기예와 학술을 아울러 이르는 말.

- 가장 아름다운 예술 작품은 광기가 발동시켜 이성이 쓰는 것이다.
- 결혼하기는 쉽지만 결혼생활을 계속하기는 어렵다. 평생 행복한 결혼생활을 한다는 것은 단연 최고의 예술에 속한다.
- 누구나 쉽게 공감할 수 있도록 단순하고 간결하게 표현한 작품이 가장 뛰어난 예술이다.
- 예술가란 이론가와 실천가의 총합이다.
- 예술은 모방이 끝나는 것에서 시작된다.
- 위대한 예술가치고 사물을 있는 그대로만 보는 사람은 없다. 만일 사물을 있는 그대로 본다면 그는 더 이상 예술가가 아니다.
- 태양이 꽃을 물들이듯 예술은 인생을 물들인다.

예의 ↗

예의[禮儀] 존경의 뜻을 표하기 위하여 예로써 나타내는 말투나 몸가짐.

- 나보다 수십 배 또는 수백 배 뛰어난 인재를 얻고 싶다면, 예의를 갖추어 상대방에게 존경의 마음을 표하라. 성공이 시작될 것이다.
- 바른 행동도 예의가 뒷받침해 주지 않으면 존경을 받을 수 없다.
- 병이 상호간에 전염되는 것과 같이 예의도 사람들이 이를 보고 서

로 따라 배운다.

- 얻는 물건은 고르지 마라!

- 예의가 바르다는 것은 미덕이다. 하지만, 다른 시각에서 보면 서 먹서먹하다는 것이다. 상대방과 그만큼 거리를 두겠다는 뜻이기 도 하다.

- 예의는 남과 화목함을 으뜸으로 삼는다.

예절[禮節] 예의에 관한 모든 절차나 질서.

예절

아

- 곳간이 차야 예절을 안다.

- 모든 예절은 인사로 시작해서 인사로 끝난다.

- 어떤 사람들은 휴가여행을 떠날 때 온갖 물건들을 다 갖고 가면서 도 예절을 빼놓고 간다.

- 예의범절이란 마치 수학의 0과 같은 것. 그 자체로는 가치가 없는 것이지만 다른 것에 붙여지면 가치를 크게 더해 준다.

- 예절은 비용을 안 들이고도 모든 것을 얻는다.

- 예절이 갖는 힘을 체득하라. 두 배의 가치가 돌아온다.

- 예절이 바르다는 것은 자기의 마음속에 있는 말 중에서 어떤 것을 선택해서 해야 할지 아는 기술이다.

- 유머는 대화의 에티켓이다.

- 의식이 풍족한 다음에야 예절을 차리게 된다.

오늘 지금 지나가고 있는 이날.

오늘

- 과거와 미래를 모두 철문으로 닫아 버리고 오늘이라는 테두리 안 에서 살라!

- 그 일을 하는 데 최고의 날은 오늘이고, 그 일을 하는 데 최악의 날 은 내일이다.

- 내가 오늘 무엇을 하느냐가 중요하다. 내 인생의 하루를 그것과

바꾸고 있으니까…….
- 무지개는 잡을 수 없기에 신비롭고, 세월은 붙들 수 없기에 소중하다. 그래서 오늘은 희망이다.
- 미래는 이미 시작되었다. 미래란 내일이 아니라 바로 오늘이다.
- 미래는 현재에 의해 얻어지고, 오늘은 어제의 시작이다.
- 어제는 재이고, 내일은 나무이다. 오직 오늘만이 밝게 타오르는 불이다.
- 영원히 살 것처럼 꿈을 꾸고, 내일 죽을 것처럼 오늘을 살아라!
- 오늘 고치지 않으면 내일은 그대로 있거나 더 나빠져 있을 것이다.
- 오늘 하루에 충실 하라. 산다는 것은 오늘 하루의 연속이다.
- 오늘은, 어제 죽은 사람이 그렇게도 살고 싶어 했던 내일이다.
- 오늘을 잡아라. 내일이 있다고 생각지 마라!
- 오늘의 하나는 내일의 두개의 가치가 있다.
- 오늘이 나의 최초의 날이고 최후의 날로 생각하고 살아라!
- 이 세상에 똑같은 날은 하루도 없다. 어제와 똑같이 보여도 오늘은 무엇인가 달라졌다.
- 이 세상에 쓸모없는 날은 하루도 없다.
- 일류 마라톤 선수는 42.195km를 달리지 않는다. 5km를 계속 반복할 뿐, 자기 페이스를 유지하며 5km를 달리는 것이다. 마찬가지로 기나긴 인생도 오늘이라는 하루의 반복이다.

오류[誤謬] 그릇되어 이치에 맞지 않는 일.

오류

- 상사의 논리에서 오류를 찾아내는 것은 명석함이요, 그것을 말하지 않는 것은 지혜로움이다.
- 오류를 범하는 것은 때때로 관계를 친밀하게 하고 진실성을 더한다.
- 지구에서 잡초가 자라지 않는 곳을 찾아내 보라. 마찬가지로 마음속에 오류가 없는 자를 찾아내 보라!

오만[傲慢] 태도나 행동이 건방지거나 거만함.

- 남의 말에 귀를 기울이지 않는 자는 분명히 오만한 자이다.
- 신의 천지창조의 마지막 날 인간을 만드신 것은 인간의 오만함을 없애기 위해서였다.
- 오만한 가슴에는 우정이 싹트지 않는다.
- 오만한 사람은 다른 사람에게 훈계하느라 자신을 되돌아볼 여유가 없다. 다른 사람을 가르치려 들수록 그 사람의 가치는 추락한다.
- 자기가 최고임을 자처하는 자는, 창조의 순서로 따지면 모기가 자기보다 연장자임을 알아야 한다.

옷 몸을 싸서 가리거나, 보호하기 위하여 만들어 입는 물건.

- 사람은 헌 것이 좋고, 옷은 새 것이 좋다.
- 식사는 자기의 기호에 맞추고, 옷차림은 사회의 풍조를 따르라!
- 아무리 비싼 옷을 걸치고 있어도 원숭이는 원숭이다.
- 아무리 좋은 옷이라도 여름이 되면 갈아입는다.
- 옷이 날개라는 말은 훌륭한 의상을 걸치면 훌륭한 사람으로 보인다는 것이다. 이와 반대로 사람은 겉보기와 다르다는 말도 된다.
- 좋은 말을 남에게 베푸는 것이, 비단 옷을 입히는 것보다 더 따뜻하다.

완전[完全] 필요한 것이 모두 갖추어져 모자람이나 흠이 없음.

- 어차피 인간은 죽을 때까지 완전한 인간이 못된다.
- 완전주의자란? 전부 아님 전무all or nothing이다.
- 완전주의자의 결점은 진보의 낌새를 찾을 수 없는 것이다.
- 완전한 사람들도 지우개 달린 연필을 산다.
- 완전한 인격의 특징은, 마치 하루하루를 자기의 마지막 날인 것

처럼 보내고, 동요되거나 무기력해지지 않고, 위선을 행하지 않는 것이다.

외로움
외로움 홀로 되어 쓸쓸한 마음이나 느낌.

- 두려운 것은 늙음이나 죽음이 아니라 외로움이다. 서로가 있기에 외롭지 않은 것이다.
- 모든 사람을 경쟁자로 여겨 투쟁하는 건, 스스로를 외로움으로 몰아가는 것이다.
- 외로움이란 나를 찾는 이가 없을 때를 가리키는 말이 아니라, 내가 찾아갈 사람이 아무도 없을 때를 말하는 것이다.

요리
요리[料理] 여러 조리 과정을 거쳐 음식을 만듦.

- 굶주림은 프랑스의 요리사보다 낫다.
- 사람은 창조물 가운데 요리를 할 줄 아는 위대한 동물이다.
- 좋은 의사보다는 좋은 요리사가 낫다.

욕망
욕망[欲望] 부족을 느껴 무엇을 가지거나 누리고자 탐함.

- 공산주의는 인간에게서 개인의 욕망을 빼앗았기 때문에 끝내는 망하고 말았다.
- 과도한 욕망은 인간을 파멸로 이끈다.
- 내가 가진 능력에 맞춰 적당히 욕망의 수준을 조절하자. 그러면 지치지 않고 노력할 수 있다.
- 사람이 살기 위해 필요한 것은 많지 않다. 그러나 욕망이 요구하는 대로 좇다 보면 끝이 없다.
- 욕망은 걸을 수 없을 때는 기어서라도 앞으로 간다.
- 욕망은 만족할 줄 모른다.

- 욕망이 강한 사람은 고집도 세다.
- 욕망이 작아질 때 비로소 어른이 된다.
- 욕망이 작으면 작을수록 인생은 행복하다. 이 말은 낡았지만 결코 모든 사람이 다 안다고는 할 수 없는 진리이다.
- 육체가 원하는 대로 사는 사람은, 크고 훌륭한 날개를 갖고도 날지 않고 연약한 두 다리로 걷는 새와 같다.
- 인간의 욕망은 자기통제를 벗어나면 걷잡을 수 없게 된다.
- 인간의 욕망은 한마디로 말해서 복이 아니면 화이다. 긍정적인 결과는 복이고 부정적인 결과는 화이다. 자기통제가 되는 욕망은 복이고, 이를 벗어나면 화가 된다.
- 자신의 욕망을 극복한 사람이 강한 적을 물리친 사람보다 위대하다.
- 재산의 수준을 높이기보다는 욕망의 수준을 낮추도록 애쓰는 편이 오히려 낫다.

욕심[欲心] 분수에 넘치게 무엇을 탐내거나 누리고자 하는 마음.

- 가장 적게 탐내는 사람이 가장 부유하다.
- 가장 적은 욕심을 갖고 사는 사람은 신에 가까운 사람이다.
- 마음을 수양하는 데는 욕심을 적게 함보다 더 좋은 방법은 없다.
- 바다는 다 메워도 사람의 욕심을 다 채울 수는 없다.
- 사람의 욕심이란 채우려 들면 들수록 한도 끝도 없는 것이다. 이 욕심을 채우는 방법은 딱 하나밖에는 없다. 욕심을 줄이고 절제하는 것이다.
- 소유욕은 욕심을 부른다. 욕심이 지나치면 사는 게 피곤해진다.
- 욕심이 당신의 눈을 멀게 한다.
- 인간은 천성적으로 필요한 것보다 더 많은 것을 바란다.
- 자연은 애벌레에서 아름다운 나비가 되는데, 인간은 종종 욕심 때문에 아름다운 나비에서 흉측한 애벌레가 된다.

- 하나가 필요할 땐 하나만 가져야지 둘을 갖게 되면 그 하나마져 잃게 된다.
- 한꺼번에 많이 쥐려는 자는 하나도 못 쥔다.
- 행복에 있어 장애물은 더 큰 행복을 가져다주는 것이다.

용기

용기[勇氣] 씩씩하고 굳센 기운.

- 겁쟁이는 죽음에 앞서서 여러 차례 죽지만, 용기 있는 자는 한번 밖에 죽지 않는다.
- 그 곳을 빠져나가는 최선의 방법은 그 곳을 거쳐 가는 것이다.
- 돈을 잃어버리는 것은 인생의 절반을 잃는 것이다. 하지만 용기를 잃는 것은 인생의 전부를 잃는 것이다.
- 모르는 것을 물어 보는 것도 용기이다.
- 성공한 기업은 예외 없이 누군가 한 때 용기 있는 결단을 내렸다는 것을 알 수 있다.
- 언제까지나 계속되는 불행이란 없는 법이다. 가만히 견디고 참든지 아니면 용기를 내어 쫓아버리든지, 이 둘 중의 한 가지 방법을 취해야 한다.
- 용기가 승자를 만들고, 조화가 무패 자를 만든다.
- 용기란 두려움을 모르는 것이 아니라 극복하는 것이다.
- 용기란 자신이 겁에 질려있음을 아무도 눈치 채지 못하게 하는 기술이다.
- 용기를 갖는 것은 무척 중요하다. 용기는 근육과 마찬가지로 사용할수록 발달한다.
- 운명은 용기 있는 자 앞에 약하고, 비겁한 자 앞에는 강하다.
- 운명은 우리에게서 재물은 빼앗아 갈 수 있지만, 용기를 빼앗지는 못한다.
- 위대한 업적은 대개 커다란 위험을 감수한 결과이다.
- 죽음을 두려워하는 나머지 삶을 시작조차 못하는 사람이 많다.

- 폭풍 속에서만 선원의 항해 기술이 충분히 드러나고, 전장에 나가야 군인의 용기가 발휘된다.
- 해변을 떠날 용기가 없다면, 결코 새로운 대양을 발견할 수 없다.
- 훌륭한 용기란 남이 보는 데서 하는 일을 남이 안 보는 데서도 하는 것이다.
- 희망은 놓치더라도 용기는 놓치면 안 된다.

용서[容恕] 잘못한 일에 대하여 꾸짖거나 벌하지 아니하고 덮어 줌.

- 가장 시원한 복수는 용서하는 것이다.
- 가장 아름다운 이기심은 용서이다. 나를 위해서라도 용서해야 한다.
- 가장 큰 실수는 포기하는 것. 가장 치명적인 타락은 남을 미워하는 것. 가장 어리석은 일은 남의 결점만 찾아내는 것. 가장 심각한 파산은 의욕을 상실 하는 것. 가장 나쁜 감정은 질투하는 것. 그러나 가장 좋은 선물은 용서하는 것이다.
- 기억력이 좋은 것은 장점이다. 그러나 잊을 수 있는 능력은 더욱 위대한 것이다.
- 나를 분노로부터 해방시키는 유일한 길은 용서이다.
- 남에게 흙을 던지는 자는 누구보다도 먼저 자기 자신을 더럽힌다.
- 남은 용서하되 자신은 용서하지 마라!
- 남을 시궁창에 붙잡아 두려면, 자기도 시궁창 속에 있어야 한다.
- 남을 용서할 수 없는 사람은, 자기가 앞으로 지나가야 할 다리를 파괴하는 사람이다.
- 농담이라고 해서 다 용서되는 것은 아니다.
- 다른 사람의 허물을 덮어주면 신은 그대를 두 번 용서할 것이다.
- 만일 하나님이 용서하시길 거부하신다면, 천국은 텅텅 빌 것이다.
- 모든 것을 아는 자는 모든 것을 용서한다.
- 보복하는 가장 시원한 방법은 용서하는 것이다.

- 사람이 할 수 있는 가장 아름다운 것은 용서하는 것이다.
- 사소한 잘못을 용서할 수 없다면, 우정은 결코 깊어질 수 없다.
- 세상에 정말로 용서받지 못할 일이 있다면, 그건 바로 용서하지 못하는 것이다.
- 신자는 완전할 수 없다. 다만 용서를 받을 뿐이다.
- 아무리 엄격한 사람도 잘못을 미리 고백하면 용서받을 수 있다. 잘못을 용서받지 못하는 것은 자신의 잘못을 인정하려 하지 않고 숨기려하기 때문이다.
- 오래 오래 결실 있는 삶을 살아가는 한 가지 비결은 매일 밤 잠자리에 들기 전에 모든 사람의 모든 일을 용서해 주는 것이다.
- 용서는 다른 사람이 아니라 나 자신에게 주는 선물이다. 용서는 포기나 망각이 아니라 변화를 위한 적극적인 의지이다.
- 용서는 인생길을 순탄하게 하지만, 분노는 생애를 거칠게 만든다.
- 용서란 상대방을 위한 면죄부를 주는 것도 아니고, 상대방의 행동을 정당화하는 것도 아니다. 내가 앞으로 나아가기 위해서다. 과거에 매달려 앞으로 나가지 못하는 것은 결코 나를 위한 일이 아니다. 용서하라. 나 자신을 위해…….
- 용서를 시작하면 싸움이 그친다.
- 용서하는 것과 용서 받는 것은 같은 일을 달리 말한 것. 중요한 것은 불화가 해소되었다는 것이다.
- 용서하는 것이 화를 품는 것보다 훨씬 더 잘하는 일이다.
- 용서하지 않으면 안 되는 이유. 첫째는 용서하지 않으면 그 분노와 미움이 독이 되어 본인을 해치기고, 둘째는 용서해야 속박에서 자유로워지고, 셋째는 용서가 죄의 악순환을 끊는 길이며 서로가 사는 상생의 길이기 때문이다.
- 용서해 주고 잊는 것이 분을 내고 가슴에 새기는 것보다 낫다.
- 우리는 원수를 사랑할 정도의 성자는 아니다. 그러나 내 자신의 정신건강을 위해서라도 미운 사람을 용서하고 잊어버릴 수는 있다.
- 원한을 갚고자 하는 자는 자신의 적과 같은 수준이 되지만, 용서

하는 자는 그 위에 서게 된다.
- 이 좁은 땅에서 원수로 남지 마라. 용서하고, 그래도 안 되면 잊어 버려라!
- 인간으로서 할 수 있는 최고의 행동은 자신을 모욕하는 사람마저 도 용서하고 사랑하는 것이다.
- 잘못한 일이 있으면 지금 용서를 구하라. 오늘이 지나면 영원히 용서받을 수 없을지도 모른다.
- 현명한 이가 용서하는데 빠른 것은 그가 시간을 선용하는 법을 알 기 때문이다.
- 화내면 고혈압으로 죽고, 참으면 암으로 죽고, 이도저도 아니면 약 올라 죽는다.

아

우매

우매[愚昧] 어리석고 사리에 어두움.

- '적당히'라는 그물 사이로 귀중한 시간을 헛되이 빠져나가게 하 는 것처럼 우매한 짓은 없다.
- 우매란 흑백 필름으로 무지개를 찍는 사람이다.
- 현명한 사람은 알기 위해 배운다. 하지만 우매한 사람은 사람에게 알려지기 위해서 배운다.
- 성공은 우연히 성공한 것이 아니라 꾸준한 노력으로 성공한 것 이다.

우연

우연[偶然] 아무런 인과 관계가 없이 뜻하지 아니하게 일어난 일.

- 신사로 태어나는 것은 우연이지만, 신사로 죽는 것은 노력의 결정 이다.
- 우연의 일치란, 이름을 밝히기 싫어하는 신이 가져다 준 하나의 작은 기적이다.
- 운명에 우연이란 없다. 인간은 운명을 만나는 것이 아니라 운명을

창조하는 것이다.

- 운명은 우연을 가장해서 찾아온다.
- 이 세상엔 우연이란 없다. 다만 우연을 가장한 필연이 있을 뿐이다.

우울증 ↗

우울증[憂鬱症] 기분이 언짢아 명랑하지 아니한 심리 상태.

- 돈이 있을 때는 신나게 쓰고 없을 때는 한 푼도 없어 쩔쩔매는 여자는, 우울증 기질이 다분히 있다.
- 요즘 흔히 우울증이라고 하는 것은, 일을 적게 해 몸에 탈이 난 경우가 대부분이다.
- 우울증을 고치는 가장 좋은 방법은 자기 몸을 잊고, 남의 몸에 관심(봉사)을 갖는 것이다.

우정 ↗

우정[友情] 친구 사이의 정.

- 끊을 수 있는 우정은 우정일 수 없다.
- 눈물을 멈추게 하진 못하겠지만, 적어도 우리는 서로 마주보며 그 것을 닦아 줄 수는 있다.
- 마음에 없는 승낙보다 우정에 찬 거절이 낫다.
- 명성은 화려한 금관을 쓰고 있지만, 향기 없는 해바라기이다. 그러나 우정은 꽃잎 하나하나마다 향기를 풍기고 있는 장미꽃이다.
- 빈곤이 창문을 통해 집안으로 스며들어오면, 거짓 우정은 곧 대문으로 달아나 버린다.
- 사소한 잘못을 용서할 수 없다면, 우정은 결코 깊어질 수 없다.
- 새에겐 둥지가 있고, 거미에겐 거미줄이 있듯, 사람에겐 우정이 있다.
- 샘에서 솟아나는 물은 겨울에도 얼지 않듯이, 가슴에서 우러나는 우정은 불행이 닥쳐도 식지 않는다.
- 서로 존중하면 우정이 오래 지속된다.
- 열매 맺지 않는 나무는 심을 필요가 없고, 의리 없는 친구는 사귈

필요가 없다.
- 오만한 가슴에는 우정이 싹트지 않는다.
- 우정은 대등한 인간끼리 이해를 떠난 거래다.
- 우정은 때때로 사랑으로 변한다. 하지만, 사랑이 우정으로 끝나는 일은 결코 없다.
- 우정은 풀어야지 끊지 마라!
- 우정을 지키는 일은 새로운 친구를 사귀는 것보다 소중하다.
- 우정의 규율로서 지켜야 할 일은, 파렴치한 일을 요구하지 않는 것이고 또 요구받았을 때에는 이를 행하지 않는 것이다.
- 우정이란 준 것을 잊어버리고, 받은 것만 기억하는 것이다.
- 인생에서 우정을 제거해 버림은, 이 세계에서 태양을 없애버림과 같다.
- 참다운 우정은 추운 겨울에도 얼지 않는다.
- 참된 우정은 건강과 같다. 즉, 그것을 잃기 까지는 참된 가치를 절대 깨닫지 못하는 것이다.
- 한편에서 지나치게 무거운 짐을 지우면 우정은 파괴된다.
- 황금은 대부분 뜨거운 불 속에서 시험되며, 우정은 대부분 역경 속에서 시험된다.

운동[運動] 사람이 몸을 단련하거나 건강을 위하여 몸을 움직이는 일.

- 기억하세요, 의사가 일주일에 적어도 세 번 이상은 심장 박동 수를 올리라고 충고한 것을…….
- 매일 아침 우유 먹는 사람보다 우유 배달하는 사람이 더 건강하다.
- 스포츠나 게임에서 얻은 경험은 인생의 경험과 흡사하다.
- 운동 1시간. 운동을 통해 얻는 효과를 제외하고라도 하루에 1시간씩 정규적으로 할 일이 생기는 것이다.
- 운동을 하면 하루가 짧아지지만, 인생이 길러진다.
- 운동할 시간이 없는 사람에게도 빈둥거릴 시간은 있다.

- 함께 겨루는 운동 친구가 있으면 몇 살이 되어도 젊게 살 수 있다.

운명[運命] 인간을 포함한 모든 것을 지배하는 초인간적인 힘.

- 나는 운명을 내 자신에 굴복시키려고 하지, 내 자신을 운명에 굴복시키려고 하진 않는다.
- 당신 스스로가 하지 않으면 아무도 당신의 운명을 개선시켜 주지 않을 것이다.
- 모든 사람은 자기의 운명의 제조자이다.
- 운명에 우연이란 없다. 인간은 운명을 만나는 것이 아니라 운명을 창조하는 것이다.
- 운명은 용기 있는 자 앞에 약하고, 비겁한 자 앞에는 강하다.
- 운명은 우리에게서 재물은 빼앗아 갈 수 있지만, 용기를 빼앗지는 못한다.
- 운명은 우연을 가장해서 찾아온다.
- 운명은 우연이 문제가 아니다. 운명은 선택의 문제다.
- 운명을 기다리는 사람은 일확천금을 꿈꾸지만, 능력을 믿는 사람은 차근차근 자기 운명을 개척해 나간다.

울음 우는 일. 또는 그런 소리.

- 슬픈 영화를 보며 흘린 눈물과 양파 때문에 흘린 눈물은 다르다(감정이 없다). 실컷 울고 나면 병 회복이 빠르다. 정신 건강에 좋다. 울음을 달래는 것은 좋지 않다. 울지 않으면 정신적 충격을 받는다.
- 웃으라, 그러면 이 세상도 함께 웃을 것이다. 울어라, 그러면 너 혼자 울게 되리라!
- 인생이란 나의 울음으로 시작해서 남의 울음으로 끝나는 것이다.
- 함께 우는 즐거움만큼 사람의 마음을 서로 맺어주는 것은 없다.

- 함께 웃은 사람은 잊혀 져도 같이 운 사람의 이름은 못 잊는 법이다.

울타리 풀이나 나무를 얽거나 엮어서 담 대신에 경계를 지어 막는 물건.

울타리

- 겸손이 없어지면, 덕의 울타리가 무너져 버린다.
- 너희 이웃을 사랑하라. 하지만 울타리를 없애지는 마라!
- 다른 사람들이 들어오지 못하도록 울타리를 치면, 자기도 그 안에 갇히게 된다.

웃음 웃는 일. 또는 그런 소리나 표정.

웃음

아

- 가장 헛되이 보낸 날은 웃지 않고 보낸 날이다.
- 가족의 웃음이 가장 큰 대박이다.
- 건강은 실제로 웃음의 양에 달려있다.
- 교묘한 3단 논법보다도 큰 웃음이 이긴다.
- 나중에 웃는 자가 진정한 웃음을 웃는 자라고 생각하지 마라. 지금 웃는 자가 행복하다. 그냥 크게 웃자!
- 당신이 웃고 있는 한 위궤양은 악화되지 않는다.
- 두 사람이 가장 가까워지는 것은 함께 웃는 것이다.
- 머리가 굳은 사람은 별로 웃지 않는다.
- 모든 날 중 가장 완전히 잃어버린 날은 웃지 않는 날이다.
- 사람들이 웃는 이유는 음식에 대한 기호가 다르듯이 다양하다.
- 사람들이 웃는다고 해서 삶이 경박한 것이 아니듯, 사람들이 죽는다고 해서 삶이 재미없는 것은 아니다.
- 사람은 함께 웃을 때 서로 가까워지는 것을 느낀다.
- 사람이 좋아 보이는 웃음은, 무능력을 감추려는 가면에 불과하다.
- 생물 가운데 웃는 것은 인간뿐이다. 그 중에서도 영리한 사람이 웃는다.
- 세상이 차갑게 느껴지는 사람은 웃지 않는다.

- 스트레스와 면역은 밀접한 관계가 있고, 스트레스는 웃음으로 풀 수 있다.
- 슬픔을 이기는 가장 좋은 약은 일과 웃음이다.
- 시간을 내어 일하라! 그것은 성공의 대가이다. 생각하라! 그것은 힘의 근원이다. 놀아라! 그것은 영원한 젊음의 비결이다. 함께 나누어라! 인생은 이기적이기에 너무 짧다. 웃어라! 웃음은 영혼의 음악이다.
- 실제로 무거운 짐을 들 때도 한바탕 크게 웃고 들어보라. 적어도 허리 부상은 예방할 수 있다.
- 아이의 웃음을 싫어하는 사람을 조심하라!
- 아침에 웃는 웃음은 보약 한 첩보다 낫다.
- 어떤 교향악단도 어린아이의 웃음소리만큼 연주하지 못한다.
- 어떤 식으로든 웃는다는 것은 좋은 것이다.
- 우리 몸에는 완벽한 약이 있다. 우리는 어떤 병도 치유할 수 있는 강력한 약을 가지고 있다. 그것은 웃음이다.
- 웃고 있는 사람은 절대 병자가 없다. 그래서 병원에는 웃고 있는 사람이 별로 없나보다…….
- 웃고 죽은 돼지대가리가 5,000원이 더 비싸다.
- 웃는 얼굴 바라보면 웃게 되고, 우는 얼굴 바라보면 울게 된다.
- 웃는 여잔 다 예쁘다. 이런 여자와 살아라!
- 웃으라, 그러면 이 세상도 함께 웃을 것이다. 울어라, 그러면 너 혼자 울게 되리라!
- 웃으며 밝게 사는 사람과 가까이 하라!
- 웃으며 보낸 시간은 천사와 함께 지낸 시간이다.
- 웃으며 유쾌하게 지내는 것이 정신에 가장 좋은 위생법이다.
- 웃으면 눈이 작아진다. 웃으면서 눈이 커지면 가짜로 웃는 것이다.
- 웃을 때마다 몸속의 나쁜 공기가 배출되고 깨끗한 공기가 들어온다.
- 웃음 10계명. ① 크게 웃어라 ② 억지로라도 웃어라 ③ 일어나자마자 웃어라 ④ 시간을 정해놓고 웃어라 ⑤ 마음까지 웃어라 ⑥

즐거운 생각을 하며 웃어라 ⑦ 함께 웃어라 ⑧ 힘들 때 더 웃어라 ⑨ 한번 웃고 또 웃어라 ⑩ 꿈을 이뤘을 때를 상상하며 웃어라!

- 웃음 노트를 준비하라. 좀 더 장난기 있게 살라. 잘 웃는 사람들과 어울려라!
- 웃음과 긍정이 우리에게 주는 선물은 건강한 삶이다.
- 웃음소리가 나는 집엔 행복이 와서 들여다보고, 고함 소리가 나는 집은 불행이 와서 들여다본다.
- 웃음에는 매우 뜻밖의 사실이 숨겨져 있다. 오직 웃을 수 있는 동물만이 지루함을 느낀다. 동물이나 식물은 지루함을 모른다. 따라서 잘 웃는 사람은 지능이 높고 창의력이 좋다.
- 웃음은 가장 짧고 효과 있는 만병통치약이다.
- 웃음은 고통과 싸워 이기게 하는 놀라운 힘이 있다.
- 웃음은 그 본인에게만 도움이 되는 것이 아니다. 주변 사람들에게도 좋은 영향을 끼친다. 최고 인물이 되기 위해선 유머센스를 반드시 지녀야 한다.
- 웃음은 뇌를 마사지 해주고, 면역력을 높여준다.
- 웃음은 도둑도 잡는다. 실제 백화점 판매원에게 미소 훈련을 시킨 후 조사한 결과 판매원 도난 율이 떨어졌다.
- 웃음은 두 사람 사이를 가장 가깝게 해준다.
- 웃음은 마음의 조깅, 내장 마사지이다.
- 웃음은 마음의 치료제 일뿐 아니라 몸의 미용제이다.
- 웃음은 살수도, 달라고 조를 수도, 훔칠 수도 없는 것이다. 남에게 주어서 비로소 값어치가 있는 것이다.
- 웃음은 선택이자 의무이다.
- 웃음은 스트레스의 마침표요. 행복의 느낌표다.
- 웃음은 신의 선물이다. 사악한 사람도 순화시킨다. 나쁜 감정도 풀어 준다. 우리의 추구는 웃음 자체가 아니고 결실이다.
- 웃음은 어떤 언어로도 번역될 수 있다.
- '웃음'은 위에 있다는 뜻의 '웃'과 소리의 뜻인 '음'이다. 모든 소리

아

가운데 가장 높은데서 나는 소리, 최고로 듣기 좋은 소리란 뜻이다. 천사는 자꾸 웃어서 점점 가벼워지기에 날아다닐 수 있다.
- 웃음은 유통기한과 부작용이 없는 최고의 명약이다.
- 웃음은 인류로부터 겨울을 몰아내 주는 태양이다.
- 웃음은 전염된다. 웃음은 감염된다. 이 둘은 건강에 좋다.
- 웃음은 정력증강의 최고, 장수의 지름길이다.
- 웃음을 잃은 사람이 성공을 바란다는 것은 무리한 일이다.
- 웃음을 참으면, 속 터져 죽는다.
- 웃음을 찾으면 모든 것을 찾는다. 웃음을 잃으면 모든 것을 잃는다.
- 웃음의 효능. ① 친화작용 ② 유인작용 ③ 정화작용 ④ 해방작용
- 웃음이 가면 마음도 같이 간다.
- 웃음이 없는 사람은 용수철이 없는 마차와 같다. 그래서 그는 길에서 자갈을 만날 때마다 덜거덕거리지 않을 수가 없다.
- 웃음이 없으니 여유가 없고, 여유가 없으니 웃음이 없다.
- 웃지 않고 보낸 날은 실패한 날이다.
- 유머는 성공의 시작이고, 웃음은 행복의 시작이다.
- 인간은 지루한 동물이다. 그래서 웃음이 필요하다. 그리고 지루함이 클수록 웃음이 더욱더 필요한 것이다.
- 인생에서 웃음을 제거해 버림은, 밤하늘에서 별을 없애버림과 같다. 신이 인간에게 베풀어 준 것 가운데서 이토록 아름답고 즐거운 것이 또 있을까?
- 일단 발상과 접근이 남다르지 않으면, 아무리 현란한 말재주를 동원해도 웃음을 유발할 수 없다.
- 자폐아는 크게 웃지 않는다. 자신감이 없는 사람도 크게 웃지 않는다. 크게 웃을 수만 있다면 빠르게 치유된다.
- 잘 웃는 어머니가 밝은 가정을 만들고 자녀 교육에도 성공한다.
- 장수하는 마을엔 웃음이 있다.
- 제품을 팔기 전에 인격을 팔고, 인격을 팔기 전에 웃음을 팔아라!
- 조금만 더 웃고, 조금만 덜 울어라!

- 좋은 웃음은 집안의 햇살이다.
- 즐거움과 웃음은 최고의 화장품이다.
- 지난달에 무슨 걱정을 했는지, 작년 이맘때 고민거리는 무엇이었는지 기억조차 못한다. 그러니까 오늘 우리가 걱정하고 있는 것도 별것 아니다. 웃자!
- 틀림없는 세계 공통어가 하나 있느니~ 그것은 '하! 하! 하!'라는 웃음소리이다.
- 팀의 일원이 되는 가장 쉬운 방법은 웃음을 공유하는 것이다.
- 하늘과 땅을 웃기려면 먼저 고아를 웃겨라. 고아가 웃으면 하늘과 땅도 웃을 것이다.
- 한 사회의 자유는 그 사회의 웃음의 양과 정비례한다.
- 한번 웃으면 한번 젊어지고, 한번 노(怒)하면 한번 늙는다.
- 행복해서 웃는 것이 아니라, 웃기 때문에 행복하다.

웅변[雄辯] 조리가 있고 막힘이 없이 당당하게 말함.

- 말이 느려도 결백한 사람에게는 웅변의 길이 트인다.
- 웅변의 목적은 진리가 아니라 설득이다.
- 진실한 말 한마디는 웅변과 같은 가치가 있다.
- 참된 웅변이란, 필요한 말은 빼놓지 않고 다 하는 동시에 필요하지 않은 말은 한 마디도 하지 않는 것이다.

원망[怨望] 못마땅하게 여기어 탓하거나 불평을 품고 미워함.

- 가난하며 원망하지 않기 어렵고, 부자이면서 교만하지 않기 또한 쉬운 일이 아니다.
- 사람이 넘어지는 것은 불명예가 아니다. 그가 넘어졌을 때 그대로 누워서 원망하는 것이 바로 불명예이다.
- 이익에 따라 행하면 원망이 많다.

원수[怨讐] 원한이 맺힐 정도로 자기에게 해를 끼친 사람.

- 권세가 있을 때 권세를 부리면 원수를 만나고, 겸손하면 친구를 만난다.
- 원수를 위하여 화로를 뜨겁게 하다가 당신 자신이 먼저 데이기 쉽다.
- 원수의 거짓된 키스보다 친구에게 얻어맞는 것이 낫다.
- 천 명의 친구들, 그것은 적다. 단 한 명의 원수, 그것은 많다.
- 행복할 때 친구를 알아보기는 어렵지만, 불행할 때 원수를 알아보기는 쉽다.
- 형제는 잘 두면 보배, 못 두면 원수가 된다.

원칙[原則] 일관되게 지켜야 하는 기본적인 규칙이나 법칙.

- 원칙보다 특권을 더 높이 평가하는 사람은 곧 둘 다 잃게 된다.
- 원칙에 위배 되는 행동을 해 가면서 성공적인 삶을 살려고 시도하는 것이 얼마나 어리석은 짓인지를 생각해 보면 알 수 있다.
- 원칙을 가진 사람이 가장 강하다.
- 자식도 원칙을 세워 가르쳐라!
- 하나를 얻으려면 실리를 따르고, 열을 얻으려면 원칙을 따르라!

위대함 크고 훌륭함.

- 우리가 반복적으로 한 행동이 바로 우리 자신이다. 따라서 위대함은 하나의 행동이 아니라 습관이다.
- 위대한 포부가 위대한 사람을 만든다.
- 위대함의 비결은 간단하다. 자기가 맡은 분야에서 남보다 좀 더 일을 잘해 내라! 그리고 계속 그렇게 하라!
- 인간은 고귀한 동물이며 편안함과 행복함보다는 위대함을 사랑한다.

위선[僞善] 겉으로만 착한 체함.

- 사람은 대부분 남을 위하는 척하면서 자기실속만 챙기는 말들을 많이 한다.
- 우리의 주변이나 우리가 속해 있는 조직은 위선으로 가득 차 있을 경우가 많다. 그러나 위선도 하나의 조직 역할을 하게 된다.
- 전혀 결점을 보이지 않는 인간은, 바보가 아니면 위선자이다.

위험[危險] 해로움이나 손실이 생길 우려가 있음.

- 계산된 위험을 시도하라!
- 당신이 어떤 위험을 감수하나를 보면, 당신이 무엇을 가치 있게 여기는지를 알 수 있다.
- 말실수가 위험한 것은, 또다시 실수를 저지를까봐 전전긍긍하게 된다는 데 있다.
- 사람의 가장 큰 위험은, 물질을 지배하는 역량은 점점 더 커지면서도 자신을 지배하는 역량은 점점 작아진다는 것이다.
- 세상에서 가장 위험한 것은 자포자기이다.
- 어디서나 가장 위험한 자는 잃을 게 없는 자이다.
- 위험은 변화하지 않는 자들에게만 찾아온다.
- 위험은, 위험 없이는 결코 굴복되지 않는다.
- 위험을 알면 위험이 사라진다.
- 준비되지 않은 기회는 위험하다.

유능[有能] 능력이나 재능이 있음.

- 가장 유능한 사람은 부단히 배우는 사람이다.
- 유능한 사람이 되는 길은, 무능한 짓을 하지 않는 것이다.
- 적을 벗으로 삼을 수 있는 사람은 유능한 인물이다.

유머[humor] 남을 웃기는 말이나 행동.

- 1%의 유머감각이 조직을 살린다.
- 고액 연봉자들은 회의를 게임처럼 한다. 유연성과 창의성 거기에 유머까지······.
- 길거리에서 주운 유머는 기교나 꾸미지 않아서 더 재미난 것이다.
- 나를 낮추면 착한유머. 남을 낮추면 나쁜 유머.
- 남과 다르게 팔고 싶다면 유머야말로 다르다.
- 남자가 여자에게 유머를 던지는 것은 상대방에게 어떤 호의가 있다는 뜻이며, 여자에 대한 서비스 정신의 발로이다.
- 노인들과 가까워지려면 용돈을 자주 드리고, 젊은이들과 가까워지려면 유머를 자주 하라!
- 농담을 잘 받아들이지 못하는 사람들은 대체로 시야가 좁으며, 한 번 생각하면 끝까지 고집하는 타입이 많다.
- 단시간 내에 시선집중, 분위기조성은 유머만한 것이 없다.
- 대화 사이사이에 유머라는 이완상태를 집어넣는 것이 상대와 대화를 부드럽고 원활하게 풀어나가는 요령이다.
- 대화의 계기를 만드는 데는 유머는 거의 절대적이다.
- 데이터와 유머 자료는 질보다 양으로 승부하라!
- 동료를 웃게 하는 사람은 천국에 갈 자격이 있다.
- 명예롭지 못한 권력 다음으로 이 세상에서 가장 위험한 것은 유머 없는 권력이다.
- 백악관은 유머 컨설턴트를 고용하고 있다. 유머러스해지면 인간다워진다.
- 별을 밤하늘에서 빼놓을 수 없듯이, 대화에 있어서도 유머를 빼놓을 수 없다.
- 사람들은 재미있는 곳에서 일하고 싶어 하기 때문에 유머는 이직을 줄인다. 충분히 재미만 있다면 사람들을 무보수로 일하게 만들 수도 있다. 미치면 돈 안 받고도 일한다.

- 상황에 맞는 유머는 천금을 줘도 아깝지 않은 가치가 있다.
- 세상을 움직이는 건 사람이고, 사람을 움직이는 건 마음이고, 마음을 움직이는 건 유머다.
- 스페인 마드리드 식당가의 간판 '헤밍웨이가 다녀간 집'과 그 옆의 정말 웃기는 집인 '헤밍웨이가 다녀가지 않은 집'이 있다. 두 집다 무지하게 붐빈다.
- 아무리 좋은 상품도 신문지로 돌돌 말아 전달하면 가치가 떨어지듯이 아무리 좋은 내용이라고 사람의 호감을 끌지 못하면 헛것이다. 유머로 포장하면 더욱 빛난다.
- 어떤 메시지든 유머와 함께 전해야 전달이 잘 된다.
- 어떤 비즈니스든 유머가 전혀 도움이 되지 않는 경우는 아직 한 번도 보지 못했다.
- 언제나 농담만 해대면 진실한 인간이 도저히 될 수 없고, 되려고 생각하는 그 자체부터 우스꽝스러운 이야기다.
- 여유 있는 사람은 스스로를 비웃을 수 있다. 자신을 개그의 소재로 사용하자!
- 영국인을 모욕하는 가장 심한 말은 당신은 '유머 감각이 없다'라고 하는 말이다. 이 말은 당신은 마음의 여유가 없다는 말이다.
- 외설적인 유머는 매우 위험하고 때로는 소송을 일으킬 수도 있지만, 어떤 사람들 사이에서는 강력한 유대감을 형성할 수도 있다.
- 우리 모두 재미있는 사람과 거래를 하고 싶어 한다. 누구나 재미있는 사람한테서 물건을 사며, 그것도 더 많이 산다. 유머는 매출을 늘린다.
- 유머 비즈니스에 있어서 조미료이고, 매출을 늘리고 비용을 줄여준다.
- 유머 없는 사람은 어딜 가나 고달프다.
- 유머 없이 사는 100년보다 유머 있는 1년이 더 보람된 삶이다.
- 유머 한마디는 시선을 집중시킨다.
- 유머가 가장 중요한 것은 아니다. 유머는 효과적인 비즈니스, 그

리고 보다 나은 고객관계를 위한 수단일 뿐이다.

- 유머가 없는 사람을 상대한 다는 것은 감자를 날 것으로 먹으라는 거와 같다.
- 유머가 없으면, 고객에게 군대식 고객 서비스를 하게 된다.
- 유머가 유대를 만든다. 직원들과 경영진을 하나로 엮어준다.
- 유머가 있으면 설득이 잘 된다.
- 유머가 좋은 점은 사람을 긍정적으로 만든다는 것이다.
- 유머가 축복받는 이유는 비록 당신이 웃기지 못할지라도 아무도 당신을 비난하지 않기 때문이다.
- 유머감각 없는 사람은 스프링(완충장치)이 없는 마차(자동차)와 같다. 길 위의 모든 조약돌마다 삐걱거린다.
- 유머감각은 상술의 조미료라 할 수 있다.
- 유머감각은, 먹으면 즉시 코미디언처럼 되는 특효약은 없다. 부끄러움을 당하고, 식은땀을 흘리면서 경험을 쌓음으로써 발전하는 것이다.
- 유머감각이 없는 사람은 시체실에서 혼자 중얼거리는 것과 같다. 아무도 호응해 주지 않는다.
- 유머감각이 좋은 사람은 화술이 뛰어나다기보다는 유머정보를 많이 가지고 있는 사람이다.
- 유머는 가장 훌륭한 머리훈련이다. 유머만큼 폭넓은 창조력과 기지가 요구되는 것도 없다. 센스 있고 재빠른 두뇌 회전이 필요하기 때문이다.
- 유머는 가정의 행복지수를 높여준다.
- 유머는 고뇌로부터의 해방이다.
- 유머는 내가 남에게 주는 선물이다. 그러나 상대방이 좋아하는 것으로 준비해야 한다. 나쁜 유머는 서비스가 아니고 폭력이며, 선물이 아니라 오물이다.
- 유머는 누구에게나 편하고 싶게 다가갈 수 있다.
- 유머는 대화나 비즈니스에 있어서도 하나의 에티켓이다.

- 유머는 대화의 양념이지 주식(主食)은 아니다.
- 유머는 때때로 유창한 언변보다 더욱 큰 동기유발을 일으키기도 한다.
- 유머는 마음을 화장 하는 것이다.
- 유머는 맞춤 유머를 써야 한다. 왜냐하면 말실수보다 유머실수가 더 큰 실수익 때문이다.
- 유머는 머리에서 나오는 것이 아니라 마음에서부터 나온다.
- 유머는 명약보다 좋고 돈도 들지 않는다.
- 유머는 무식해 보이고 비논리적일 때 '빵~' 뚫린다. 창의성도 마찬가지다. 실제 아이들의 대화를 통해 비논리적인 대화가 얼마나 유머러스하고 창의적인지 보라!
- 유머는 불필요한 장막을 제거하고 마음을 열게 한다.
- 유머는 비즈니스라는 전쟁을 위해 갖추어야 할 병기이다.
- 유머는 빡빡한 인간관계나 치열한 비즈니스에 있어서 한 방울의 기름칠이다.
- 유머는 사교적 접착제이다.
- 유머는 상식에서 벗어나기 때문에 의외성이 있고 자유분방하다. 그러므로 유머는 창의적인 사고에 가장 좋은 훈련이 된다. 이것은 마치 운동하는 사람의 몸이 유연한 것과 같다.
- 유머는 성공의 시작이고, 웃음은 행복의 시작이다.
- 유머는 수많은 대립을 피할 수 있다.
- 유머는 스트레스에 대항하고 불안을 감소시킨다.
- 유머는 영혼의 음악이다.
- 유머는 원기를 회복시켜주기 때문에 직원의 생산성이 높아진다. 유머를 활용하면 재충전을 하면서 일도 계속할 수 있기 때문에 커피를 마시며 쉬는 것보다 더 효과적이다.
- 유머는 인간 두뇌의 가장 뛰어난 활동이다.
- 유머는 인간관계의 꽃이다.
- 유머는 인생 성공의 마스터키master key이자 심신건강의 보약이다.

아

- 유머는 짧지만 여운은 길다.
- 유머는 차 한 잔의 여유와 같다.
- 유머는 창조 활동이다. 창조적 사고는 유머에서 나온다.
- 유머는 초강력 사교풀이고, 전도체 없이도 널리 퍼져 나간다.
- 유머는 최면술과 마찬 가지로 뇌의 긴장을 풀어준다.
- 유머는 해로운 감정으로 인한 질병을 예방하는 방탄조끼다.
- 유머는 훈련이다. 투수가 투구를 연습하는 것과 같이 많은 실전 훈련 경험을 쌓아야 한다.
- 유머란 모든 사상을 보듬어 독기를 제거하는 역할을 한다.
- 유머러스한 사람과 함께 있게 되면, 내가 지옥에 있다는 것도 잊게 된다.
- 유머러스해지면 인간다워진다.
- 유머로 상대방의 마음을 풀어준 다음에 설득해야 성공한다.
- 유머를 잘하고 이해하는 사람은 지성이 높은 사람이다. 왜냐하면 유머만큼 폭넓은 창조력과 기지가 요구되는 것도 없고, 재빠른 두뇌 회전이 필요하기 때문이다.
- 유머를 적절히 잘 구사한다는 것은 유능한 리더십의 대표적인 특징이나, 적절한 유머를 구사하기 위해 코미디언이 되어야 할 필요는 없다.
- 유머를 즐기면 상상력이 샘솟는다.
- 유머를 활용하는 회사나 사람들은 대부분 자비롭다.
- 유머리스트humorist가 되려면, 유머 리스트humor list가 있어야 한다.
- 유머와 놀이를 마구잡이로 사용하여, 강의실을 '랄랄라 꿈동산'으로 만드는 것은 누구에게도 도움이 되지 않는다.
- 유머와 웃음은 21세기 최고의 재테크이다.
- 유머의 가장 큰 장점은 긴장을 풀어준다는 것이다.
- 유머의 주인공은 말하는 사람이 아니라 듣는 사람이다.
- 유머의 힘은 비논리적이지만, 논리에서 나오는 힘을 능가한다.

- 인간이란 재미있는 이야기에는 일단 웃으며 서로의 사이가 가까워진다.
- 인생이 엄숙하면 할수록 그만큼 유머가 필요하다.
- 일류 세일즈맨과 일류 경영인들은 일류 유머리스트humorist라고 보면 거의 틀림없다.
- 자기 자신을 낮추는 유머를 구사한다고 해서 지도자로서 당신의 능력이 떨어지는 것은 아니다.
- 자신이 하고 있는 업무에 탁월한 능력을 보이는 사람은 유머와 웃음의 달인이다.
- 정치인의 유머 한마디는 몇 개 사단병력의 파괴력과 맞먹는다. 심심치 않게 벌어지는 국회에서의 추태도 유머 감각의 부재 때문이다.
- 최고의 인물이 되려면 유머가 있어야 한다.
- 항상 농담을 하진 마라. 진지할 때에 사람의 이성이 드러나기 때문이다.
- 혼기 지난 미혼 남녀가 결혼을 못했다는 것은 유머 감각이 없다는 것이다.

유머예절[humor etiquette] 남을 웃기는 말, 행동에 있어 지켜야할 예의.

- 냉소적인 유머로 대해도 좋은 사람이 세상에 딱 한사람 있다. 누굴까? 바로 자기 자신이다. 자신을 낮추는 유머는 사람들 사이의 거리를 좁히는 데 매우 효과적이다.
- 농담이라고 해서 다 용서되는 것은 아니다. 특히 인신공격이나 종교적인 면에서…….
- 말실수하는 것 보다 더 조심해야 하는 것은 유머의 실수이다.
- 상대나 대상이 웃기면 그것보다 더 웃긴 것으로 대하면 안 된다. 그것은 전투를 하는 것이고 상대를 적으로 만드는 것이다. 듣고 같이 웃어 넘겨라!
- 아무리 위급한 상황에도 유머를 잃지 말자. 그러나 짓궂은 장난을

자주하면 오히려 미움을 산다.

- 약자를 풍자하는 것은 바람직하지 않다. 특히 장애인들을 유머의 대상으로 삼으면 안 된다.
- 약점은 농담으로 들추어내면 비아냥거림이 된다.
- 유머 있는 사람이 유리한 것은 분명한데, 유머도 품질이 있기 때문에 잘못 나간 유머는 자신은 손해를 보고 상대에겐 피해를 입힌다.
- 유머의 힘은 자석과 같다. 긍정적인 유머는 끌어당기고, 부정적인 유머는 밀어낸다. 당신의 농담에 희생되는 사람이 누구인가? 부정적인 유머는 언어폭력이다.
- 자기를 낮추는 유머는 어디든 최고의 효과를 발휘한다. 자신이 재물이 되어 망가지거나 풍자의 대상이 되면 문제 될게 없다. 그리고 떠나간 고객들도 기꺼이 용서하고 다시 돌아온다.

유산[遺産] 죽은 사람이 남겨 놓은 재산.

- 부모가 자식에게 남겨줄 수 있는 가장 귀중한 유산은 날마다 그들과 잠깐이라도 시간을 함께하는 것이다.
- 사람들이 내가 죽었다는 소리를 듣고 참으로 아쉬워했으면 좋겠다는 것을 유산으로 남기고 싶다.
- 유산 받길 원하지 말고, 스스로 그 유산을 만들어라!
- 자녀에게 물려 줄 최상의 유산은, 자립해서 제 길을 갈 수 있는 능력을 길러 주는 것이다.
- 자녀에게 유산을 많이 물려주는 것은 저주를 하는 것이나 다름없다.
- 정직만큼 부유한 유산도 없다.

유통[流通] 생산자에서 소비자에게 도달하기까지 여러 단계의 활동.

- 국내 다국적 기업의 가장 큰 고민이 유통이다. 유통 조직이 없는

기업은 자칫 종이호랑이가 되기 쉽다.

- 유통 조직을 갖추지 못하면 보병이 없는 군대와 같다.
- 유통 조직이 없는 기업에는 책상만 있을 뿐이다. 그래서 종이로 만들어진 회사paper company가 된다.

은퇴[隱退] 직임에서 물러나거나 사회 활동에서 손을 떼고 한가히 지냄.

- 당신이 하는 일이 남과 다를 바 없다면, 그것은 은퇴할 시기가 되었다는 표시다.
- 돈이 많고 건강하면서도 은퇴하는 것은 멋진 일이다. 그러나 돈이 많고 건강하면서 일을 계속하는 것은 더욱 멋진 일이다.
- 은퇴자가 여가를 다루는 법을 터득하지 못하면 파멸하게 된다.

은혜[恩惠] 고맙게 베풀어 주는 신세나 혜택.

- 갈 데 없는 개를 데려다가 잘 먹여주고 잘 재워주고 잘 길러보라. 그 개는 결코 당신을 물지 않을 것이다. 바로 그 점이 사람과 개가 다른 점이다.
- 나쁜 사람으로부터 은혜를 받게 되는 것은 참을 수 없는 불행이다.
- 남에게 은혜를 입는 것은 자기 자신의 자유를 파는 것이다.
- 너무 성급하게 은혜를 갚고자 하는 것은 일종의 배은망덕이다.
- 받은 상처는 모래에 기록하고, 받은 은혜는 대리석에 새겨라!
- 은혜를 받은 일이 있으면, 다른 이에게 지금 은혜를 베풀라. 오늘이 지나면 은혜를 베풀 수 있는 힘이 없을지도 모른다.
- 은혜를 받은 자는 그것을 밝히고, 은혜를 베푼 자는 그것을 감춰라!
- 자신의 일을 발견한 사람은 이미 대단한 은혜를 입고 있는 사람이다.

음식[飮食] 사람이 먹을 수 있도록 만든, 밥이나 국 따위의 물건.

- 가장 좋은 음식은 자신이 스스로 일해서 얻은 음식이다.
- 보기 좋다고 해서 맛있는 것은 아니다.
- 새로운 요리의 발견은 새로운 별의 발견보다도 인류의 행복에 더욱 공헌했다.
- 시장기를 가시게 한다면, 모두 다 좋은 음식이다.
- 식사는 자기의 기호에 맞추고, 옷차림은 사회의 풍조를 따르라!
- 없는 놈은 못 먹어 병나고, 있는 놈은 너무 먹어 병난다.
- 영양분이 많다고 해서 치즈와 돼지고기와 양파를 썰어 넣고 밥을 하면 못 먹을 음식이 된다.
- 요리법이 발달되고 나서 사람들은 필요한 것보다 두 배나 더 많은 음식을 먹는다.
- 우린 먹지 않고 살 수 없지만, 그렇다고 먹기 위해서 사는 것도 아니다.
- 인간이 맛에 가장 민감해질 때는 음식물의 온도가 체온 혹은 실온과 같을 때다.
- 제일 맛있는 음식은 배고플 때 먹는 음식이고, 제일 맛없는 음식은 배부를 때 먹는 음식이다.
- 좋은 의사보다는 좋은 요리사가 낫다.
- 현대인은 흉기에 죽지 않고, 음식으로 살해된다.

음악[音樂] 박자, 가락, 음성 따위를 결합하여 사상과 감정을 나타내는 예술.

- 분위기를 바꾸거나 조성할 때, 음악보다 더 빠른 효과를 주는 것은 없다.
- 음악. 싫은 소리를 한마디도 할 수 없는 유일한 단어이다.
- 음악은 철학보다도 고차원적인 계시이다.
- 음악은 청중의 마음상태를 조절한다.

- 음악은 행복에 지친 영혼의 피난처이다.
- 음악이 있는 곳에 악은 없다.
- 한 사람에게는 음악이라도 다른 사람에게는 소음이 된다.

의견[意見] 어떤 대상에 대하여 가지는 생각. 의견 ↗

- 다른 사람의 의견에 찬성하는 사람은 없다. 다만 다른 사람이 자기 의견을 대신 표현한 것에 찬성할 뿐이다.
- 두 사람의 의견이 언제나 일치한다면 둘 중 하나는 쓸모없는 사람이다. 만일 그들이 언제나 의견이 다르면 둘 다 쓸모가 없다.
- 많은 사람들이 그 의견을 지지한다고 해서 그 의견이 옳은 것은 아니다.
- 불가능, 그것은 사실이 아니라 하나의 의견일 뿐이다.
- 아무리 과학이 발전해도 사람의 마음을 재는 저울만은 만들 수 없다. 그러므로 여러 사람의 의견을 들어 일치한 것이라면 합당하다고 볼 수 있다.
- 인간 심리란 참으로 야릇하여, 상대방보다 의견을 먼저 말하면 상대방은 그 의견에 대해 부정적인 감정을 갖기 쉽다. 그러므로 의견을 말하기보다는 질문을 하는 것이 낫다.
- 자기의견을 말하지 않는 것은 공손한 것이 아니라 비굴한 것이다.
- 찬성 의견이 계속되면 반드시 반대 의견이 나온다.

아

의무[義務] 사람으로서 마땅히 하여야 할 일. 곧 맡은 직분. 의무 ↗

- 건강을 유지하는 것은 자기 자신에 대한 첫째 의무이다.
- 결혼이란, 권리는 반으로 줄이고 의무는 두 배로 늘어남을 뜻한다.
- 교육은 의무이지만 성적은 의무가 아니다. 어린이를 잘 교육받게 할 의무는 있지만, 어린이가 반드시 좋은 성적을 받아야 할 의무

는 없다.

- 대화의 으뜸가는 의무는 상대방의 말에 귀를 기울이는 일이다.
- 일을 즐겁게 하는 자는 세상이 천국이요, 일을 의무로 생각하는 자는 세상이 지옥이다.
- 하늘이 맺어준 인연이라도 그걸 깨지지 않게 지키는 것은 인간의 의무이다.

의상[衣裳] 겉에 입는 옷.

- 우울할 때는 화려한 의상, 스포티한 차림을 하면 마음이 상쾌해진다.
- 의상에만 마음이 쏠리는 것은 마음과 인격이 잠든 탓이다.
- 의상은 제 2의 화술이다. 옷은 자신의 콘셉트를 대변하는 언어다. 보수적으로 입어라. 청중의 관심은 발표하는 사람에게 집중되어야지 그 사람이 입은 옷에 집중되어서는 안 된다.
- 정결한 의상은 무언의 소개장이다.

의심[疑心] 확실히 알 수 없어서 믿지 못하는 마음.

- 의심이 날 때는 사실을 말하라!
- 의심스러운 사람은 쓰지 말고, 사람을 썼거든 의심하지 마라!
- 자식에 대해 의심 많은 부모는 교활한 아이를 만들고, 매사에 자신이 없는 아이를 만든다.
- 장황한 약속일수록 항상 의심해 보아야 한다.
- 행위의 옳고 그른 것에 대해서 의심이 생길 때는 행동치 마라!
- 현명한 사람은 자기 자신에게 의문을 품지만 어리석은 사람은 남들만 의심한다.

의욕[意欲] 무엇을 하고자 하는 적극적인 마음이나 욕망.

- 공부에는 노하우와 함께 의욕이 필요하다. 목표가 있으면 의욕이 솟는다.
- 꼭 해낸다는 의욕이 없는 인간은 산송장이다. 성공은 지적능력의 차이가 아니고 생각, 의욕, 태도의 차이이다.
- 식욕 없는 식사는 건강에 해롭듯이, 의욕이 동반되지 않은 공부는 기억을 해친다.
- 의욕이 없는 사람은 다 써버린 건전지와 같다.
- 항상 자신의 적을 만들어 두면 의욕을 잃지 않는다.

의지[意志] 어떠한 일을 이루고자 하는 마음.

- 기둥이 약하면 집이 흔들리듯이 의지가 약하면 생활도 흔들린다.
- 길이 없으면 길을 찾고, 찾아도 없으면 길을 닦아나가야 한다.
- 길이 있어서 내가 가는 것이 아니다. 내가 감으로 길이 생기는 것이다.
- 당신은 의지의 주인이 되어라! 그리고 당신은 양심의 노예가 되어라!
- 부족한 것은 시간이 아니라 의지다.
- 분별력이 좋아도 나쁜 의지와 결합되면 그 결과는 언제나 실패이다.
- 승리는 의지의 산물이다.
- 쓰러지느냐 쓰러지지 않느냐가 중요한 것이 아니라, 쓰러졌을 때 다시 일어서는 것이 중요하다.
- 위대한 업적들은 처음엔 불가능하다고 했던 것들이다.
- 의지가 굳은 사람은 행복하다. 고통을 겪겠지만 그 고통은 오래가지 못한다.
- 의지할 만한 것은 남이 아니라 자신이다.
- 이 세상에 천성이 부지런한 사람은 아무도 없다. 단 부지런하게

행동하는 사람이 있을 뿐이다.

이기심

이기심[利己心] 자기 자신의 이익만을 꾀하는 마음.

- 가장 아름다운 이기심은 용서이다. 나를 위해서라도 용서해야 한다.
- 내가 세계의 중심일 수 없다. 모든 사람의 사랑을 독차지하려고 하지 마라!
- 이기주의자는 타인의 이기주의를 용납하지 않는다.
- 이기주의자란, 자기도 이기주의자일 수 있다는 생각을 전혀 해 보지 않은 사람이다.

이름

이름 다른 것과 구별하기 위하여 사물, 단체, 현상 따위에 붙여서 부르는 말.

- 사람들은 명칭만으로도 쉽게 동조하는 경향이 있기 때문에 처음에 좋은 단체명을 갖는 것은 중요하다.
- 사람은 세 종류의 이름을 갖는다. 태어났을 때 부모로부터 받은 이름, 친구들이 붙여준 우정 어린 별명, 그리고 생애를 끝마쳤을 때 받는 명성이 그것이다.
- 이름이 조직을 만든다. 이름은 조직을 만들 때 가장 중요한 요소로, 특히 새로운 것을 조직하려는 경우에는 더욱 중요하다. 한 인간이 태어났을 때, 이름이 없는 동안은 그 누구도 인격체로 인정받지 못한다.

이미지

이미지[image] 어떤 사람이나 사물로부터 받는 느낌.

- 상품이 아닌 이미지를 팔아라!
- 원고를 쓸 때는 읽는 사람이 시각화 할 수 있느냐 즉, 이미지를 떠올릴 수 있느냐에 신경을 써라!
- 이미지를 동반한 목표는 대단히 구체적이 된다.

이별[離別] 서로 갈리어 떨어짐.

- 만나는 것이 이별의 시작이라고 한다면, 이별은 새로운 자신과 만나는 출발점이다.
- 사랑 속엔 별이 있어요. 바로 이별이라는 별이…….
- 이별보다도 비참한 것은, 이별마저도 허락 받지 못하는 사랑이다.
- 이별은 달콤한 슬픔이야.
- 이별이라는 것은 사랑했던 사람들만이 가질 수 있는 특권이다. 이별한 사람들이여 이별을 즐기자!
- 헤어짐은 죽음이 아니다. 익숙한 것들에 벗어날 수 있는 기회다. 단지 보고 싶을 때 보지 못한다는 것일 뿐이다. 헤어짐을 두려워 마라!

이성[理性] 개념적으로 사유하는 능력.

- 비이성적인 사람의 물음에 대한 가장 좋은 대답은 침묵이다.
- 사람의 눈은 멀리 본다. 하지만 이성은 좀 더 멀리 본다.
- 이성이 잠들면, 꿈은 괴물을 잉태한다.
- 증오의 감정에 사로잡힌 자는 이성을 잃어버린다.

이웃 나란히 또는 가까이 있어서 경계가 서로 붙어 있음.

- 너희 이웃을 사랑하라. 하지만 울타리를 없애지는 마라!
- 부자는 아니지만, 마음이 따뜻한 이웃이 있어서 좋다!
- 부지런한 바보만큼 이웃을 괴롭히는 자가 없다.
- 집을 사지 말고 이웃을 사라!
- 행복하게 살고 싶다면, 신에게 제물을 바치는 대신 이웃에게 선행을 베풀라!

이유[理由] 어떠한 결론이나 결과에 이른 까닭이나 근거.

- 격렬한 말은, 이유가 박약하다는 것을 증명하고 있는 것이다.
- 배는 항구에 있을 때 안전하지만, 배가 존재하는 진정한 이유는 그것이 아니다.
- 성공한 사람은 이유가 있고, 성공은 준비하는 자에게만 온다.
- 수많은 사람들이 인생에서 출세하지 못하는 이유는, 기회가 문을 두드릴 때 뒤뜰에 나가 네잎 클로버를 찾고 있었기 때문이다.
- 어떤 일이라도 안 되는 이유보다 되는 이유를 더 많이 찾아내라!
- 울어야 할 이유가 100가지라면, 웃을 이유가 101가지임을 잊지 마라!
- 이유 없는 돈을 받으면 화를 당한다.

이익[利益] 물질적으로나 정신적으로 보탬이 되는 것.

- 눈앞의 작은 이익은, 더 큰 이익을 얻기 위한 미끼임을 잊지 마라!
- 당장의 이익도 무시할 수 없지만, 그것이 장기적인 이익에 비해 크게 중요한 것은 아니다.
- 불법적 이익보다 명성을 택하라!
- 불이익이 있다하더라도 정직하라. 그것이 최고의 호감을 갖게 하는 것이다.
- 세력으로 교제하는 사람은 세력이 기울면 끊어지고, 이익을 위하여 교제하는 사람은 이익이 궁하면 끊어진다.
- 이익과 손해를 따지며 벗을 사귀면 원한을 사게 된다.
- 이익에 따라 행하면 원망이 많다.
- 창조적인 것도 이익을 주면 예술이고, 해를 끼치면 범죄이다.

이해[利害] 이익과 손해를 아울러 이르는 말.

- 벌은 칭찬을 받지만, 모기는 성가시다는 소릴 듣는다. 이는 하나

는 득이 되고 하나는 해를 주기 때문이다.

- 이해관계를 떠나야 참된 사랑을 가질 수 있다.
- 현명한 해결책이란, 입장이 아니라 이해관계를 조정하는 것이다.

이혼[離婚] 부부가 합의 또는 재판에 의하여 혼인 관계를 소멸시키는 일.

- 부부가 헤어지면 남이 된다. 남남이면 그나마 다행이고 상당수는 원수가 되어 버린다.
- 사랑은 탐색이다. 결혼은 정복이다. 이혼은 심판이다.
- 이혼은 결혼을 가볍게 생각한 벌이다.
- 이혼을 하면 자유를 얻는 대신 스릴을 잃는다.

인간[人間] 사람.

- 갈증이 없는데도 물을 마시고, 아무 때나 성행위를 하는 것. 바로 이런 점 때문에 우리 인간은 다른 동물들과 구분된다.
- 강철보다는 강한 반면, 파리보다도 약한 것이 인간이다.
- 강한 자가 이기는 것이 아니라 이기는 자가 강한 것이다.
- 개는 잘 짖는다고 좋은 개가 아니요. 사람은 말을 잘 한다고 현인(賢人)이 아니다.
- 나는 살려고 하는 생명체에 둘러싸인 살려고 하는 생명이다.
- 당신은 하나의 시체를 떠메고 있는 조그마한 영혼에 지나지 않는다.
- 불가사의한 것은 많이 있다. 그러나 인간만큼 불가사의한 것은 없다.
- 산은 산을 필요로 하지 않는다. 그러나 인간은 인간을 필요로 한다.
- 신의 천지창조의 마지막 날 인간을 만드신 것은 인간의 오만함을 없애기 위해서였다.
- 어떠한 인간이라도 접근해 보면 작아진다.

- 어차피 인간은 죽을 때까지 완전한 인간이 못된다.
- 언제나 죽을 각오로 있는 사람만이 정말 자유로운 인간이다.
- 우리가 찬양하는 것은 가난이 아니라, 가난해도 천해지지 않고 굴복하지 않는 인간이다.
- 이 세상엔 어른다운 어른이 별로 없다. 나이 먹은 어린애들만 득실거린다.
- 인간 속에는 무엇인가 악마와도 같은 것이 있는가 하면, 신과 닮은 무엇이 있다.
- 인간은 결코 산을 정복하지 못한다. 우리는 잠시 그 정상에 서 있을 수는 있지만 바람이 이내 우리의 발자국을 지워 버린다.
- 인간은 고귀한 동물이며 편안함과 행복함보다는 위대함을 사랑한다.
- 인간은 군대의 침입에는 저항하지만, 사상의 침입에는 저항하지 않는다.
- 인간은 돈을 상대로 해서 사는 것이 아니다. 인간의 상대는 항상 인간이다.
- 인간은 동물과 초인(超人) 사이에 맺어진 밧줄이다.
- 인간은 반드시 유형(有形)과 무형(無形)의 도구를 만들어 사용한다.
- 인간은 새로운 것에 대해서는 매력을(옛것을 닮아 있는 한), 미지의 것에 대해서는 공포심을 갖는다.
- 인간은 서로 다른 정보원에서 수많은 정보가 주어지면, 최후의 주어진 것에 의해서 결론을 내린다.
- 인간은 앞으로 자신이 잡아먹을 예정인 적들에게 친구가 될 수 있는 유일한 동물이다.
- 인간은 이 지구상 위에 가장 큰 기적이요, 또 가장 큰 말썽이다.
- 인간은 자기가 확신을 가지고 있지 않은 일에 대해서는 절대적으로 전문가의 의견을 믿는다.
- 인간은 창피함을 아는 유일한 동물이다.

- 인간은 천성적으로 필요한 것보다 더 많은 것을 바란다.
- 인간의 몸속에서 발견되는 기관 중 96%가 돼지나 말에게서도 발견된다. 인간이 다른 동물과 구분되는 유일한 능력은, 사고 능력과 미래지향적 계획뿐이다. 동물들은 생각을 못하고 반응할 뿐이다.
- 인간이 완전할 때 최고의 동물이지만, 법과 정의를 이탈하면 가장 추악한 존재다.
- 인간이 짐승이 되면, 짐승보다 더 나빠진다.
- 인간이 추구해야 할 것은 돈이 아니다. 인간이 추구해야 할 것은 다름 아닌 인간이다.
- 인간이란 생각하는 것이 적으면 적을수록 많이 지껄여댄다.
- 인간이란 어떤 교육을 받든 불완전한 존재이다.
- '태양은 당신이 없어도 뜨고 진다!'라는 말이 있다. 광활한 우주와 오묘한 자연 속에서 우리 인간의 존재는 보잘 것 없는 작은 것일 수밖에 없다.
- 한 개인을 아는 것보다 전 인류를 아는 게 더 쉽다.
- 한가한 인간은 고인 물처럼 끝내 썩어 버린다.

인간관계[人間關係] 인간과 인간, 인간과 집단과의 관계를 이르는 말

- 가까이 있는 사람을 기쁘게 하고, 멀리 있는 사람이 찾아오게 하라!
- 가짜 인맥에 속지 마라. 같은 회사, 동창, 동향 사람이 인맥의 전부라는 망상에서 벗어나야 한다. 높은 자리에 있을 때는 많은 사람이 몰려오지만 그 자리에서 떨어질 때는 아무도 찾지 않는 다면 그런 사람은 진정한 인맥이라고 할 수 없다.
- 거미와 파리 사이에는 거래가 성립하지 않는다.
- 거위들은 자연적으로 함께 모인다. 그러나 사람들의 교제는 경작되어야 한다.
- 고립은 관계의 부재만 낳을 뿐이다.
- 고상한 사람들과 사귀기를 원한다면 스스로 고상해져라!

- 교만한 자의 인간관계는 늘 가난하다.
- 꽃에 향기가 있듯이 사람에게도 품격이란 것이 있다. 그 마음이 맑지 못하면 품격을 보전하기 어렵다. 썩은 백합꽃은 잡초보다 오히려 그 냄새가 고약하다.
- 꽃은 반개(半開), 술은 미취(微醉) 즉, 꽃은 반쯤 피었을 때 보고, 술은 가볍게 취할 만큼 마시니, 그 속에 큰 아름다운 취향이 있다.
- 나무는 제 손으로 가지를 꺾지 않는다. 그러나 사람은 미움으로 가까운 이들을 베어버린다.
- 나쁜 사람을 가까이 하면 착한 사람이 멀어진다.
- 나의 장점을 들어 남의 단점을 찌르지 마라!
- 나이에 비해 너무 늙은 모습이라든가 나이가 많은 체하는 말씨는 환영받지 못한다. 반대로 겉으론 젊은 체하면서 머리 쓰는 데는 늙은이 같은 타입도 환영받지 못한다.
- 낚시꾼은 낚시를 할 때, 자신이 좋아하는 음식보다 물고기가 좋아하는 지렁이나 떡밥을 가지고 간다. 자신이 좋아하는 것만을 화제로 하는 것은 참으로 유치한 발상이다.
- 남들과 다른 짓을 한다면 주목을 받거나 틀림없이 미움을 산다.
- 남들이 모두 앉아 있을 때에는 서 있지 마라! 남들이 모두 서 있을 때에는 앉아 있지 마라!
- 남들이 모두 옷을 입고 있을 때에는 벌거숭이가 되지 마라. 남들이 모두 벌거숭이일 때는 옷을 입지 마라! 남들이 모두 울고 있을 때에는 웃지 마라! 남들이 모두 웃고 있을 때에는 울고 있지 마라!
- 남보다 앞서려고 이름을 내세우는 사람을 경계하라!
- 남에게 의지하면 실망하는 수가 많다. 새는 자기의 날개로 날고 있다. 따라서 사람도 스스로 자기의 날개로 날아야 한다.
- 남에게 자부심을 심어주는 2가지는, 머리와 돈이 부족하다는 것을 느끼게 해 줬을 때이다.
- 남을 깔보았다고 해서 그만큼 본인의 가치가 올라가는 게 아니다. 거드름을 피운다고 해서 남이 자기를 존경해 주는 것도 아니다.

이처럼 단순한 이치도 모르는 간부는 성격에 뭔가 결함이 있다.

- 남을 위하는 마음은 궁극적으로 자기 자신을 위하는 것이다.
- 남의 생각을 다 알려고 할 필요도 없으며, 자기 생각을 모두 털어놓아서도 안 된다.
- 남의 손을 씻다 보면 내 손도 따라 깨끗해지고, 남의 귀를 즐겁게 해주다 보면 내 귀도 따라 즐거워진다.
- 남의 자유를 방해하지 않는 범위 내에서 자기의 자유를 확장하는 것, 이것이 자유의 법칙이다.
- 남이 싫어할 질문은 인간관계를 망치는 주범이다. 그 중에서도 호기심을 충족시키기 위한 질문은 남을 극도로 불쾌하게 만든다. 멋대로 짐작한 바를 확인하려고 던지는 질문은 더욱 불쾌하다.
- 낯선 사람도 내가 먼저 말을 걸면 십년지기가 된다.
- 내가 좋아하는 사람은 내게 호감을 가지고 있고, 내가 싫어하는 사람은 나에 대한 감정이 좋지 않음을 알게 된다. 인간관계도 이와 마찬가지이다. 상대방은 당신이 꼭 헤아리는 만큼만 헤아린다고 생각하면 된다. 웃어 주면 웃음이 돌아오고, 비난을 주면 비난이 돌아온다.
- 너무 열렬한 사람은 언제나 남들에게는 성가신 존재이다.
- 노사관계는 법 가지고 해결되지 않는다. 인간관계로 풀어야 한다.
- 노사관계란 돈을 주고받는 관계인데, 요즘은 이게 바뀌어 치고받는 관계가 되어 버렸다. 문제는 노동자 측의 무리한 요구와 업주 측의 고압적인 태도가 그것이다.
- 눈동자가 움직이는 대로 얼굴도 같이 움직여야 한다. 사람이 제일 싫어하는 것은 자신을 곁눈질하는 것이다.
- 다른 사람들과 함께 식사를 하는 것은 결코 소홀히 해서는 안 될 친교활동이다.
- 당근은 채찍보다 백 배정도 더 효력이 있다. 그리고 반격에 대한 부담도 없다.
- 당신을 만나는 모든 사람이 당신과 헤어질 때는 더 나아지고 더

아

행복해질 수 있도록 하라!

- 당신이 얻은 것을 원하는 사람은 결코 신뢰하지 마라. 그가 친구든, 누구든, 시기심은 억누를 수 없는 감정이기 때문이다.
- 대화는 말로 시작 되는 것이 아니라, 두 사람 사이의 관계에서 시작 된다.
- 덮어놓고 애교를 부리고 붙임성이 좋은 사람은 믿지 마라. 십중팔구 남을 속이려는 것이다.
- 독수리에게 있어서 가장 좋은 먹이 감은 떠들기 좋아하는 두루미다. 두루미는 특히 날 때 많은 소리를 많이 내어 독수리의 표적이 된다. 교회나 사회에서도 혼자 잘났다고 항상 떠드는 사람을 보면 얼마 못 가 화를 당하는 것을 볼 수 있다.
- 돈 많은 사람 많이 안다고 내 주머니 두둑한 것 아니다.
- 따라가라. 이끌어라. 아니면 한쪽으로 비켜서라!
- 뛰어난 인물이 되려면, 누구와 교제해야 할 것인가를 깊이 숙고해야 한다. 얼마나 아느냐 보다 누구를 아느냐가 더 실용적이다.
- 만나서 직접 말하는 것이 악감정을 일소하는 데에 가장 좋은 방법이다.
- 만난 사람 모두에게서 무언가를 배울 수 있는 사람이 세상에서 제일 현명하다.
- 먼저 말을 거는 일, 거시서부터 인간관계는 시작되는 것이다.
- 미친 자와 바보에겐 길을 비켜 줘라!
- 별명을 사용하면 어려운 상대라는 의식이 없어진다.
- 불청객은 흔히 돌아갈 시간이 되어 가장 환대를 받는 법이다.
- 사교적인 사람이 되려면 남이 자기가 이미 알고 있는 것을 가르쳐 주더라도 아무 소리 말고 배워야 한다.
- 사람들과 좋은 관계를 맺는 방법은 아주 간단하다. 나와 무엇이 다른가가 아니라 무엇이 같은가를 생각해보라!
- 사람에게 관심을 가져라. 인간은 자신에게 관심을 가져주는 사람에게 마음의 문을 열어 호감을 나타내게 된다.

- 사람의 가치는 타인과의 관계로서만 측정될 수 있다.
- 사람의 일생동안 인간관계를 증가시키는 데는 관계를 맺을 뿐 아니라 끊을 줄 아는 능력, 단체에 가입할 뿐 아니라 탈퇴할 줄 아는 능력이 있어야 한다. 이러한 적응력에서 가장 앞선 사람은 사회에서 가장 많은 혜택을 받는다.
- 사람이 너무 현명하면 친구가 없다.
- 상대방을 벼랑 끝으로 몰면 상대방은 벼랑 끝 전술을 쓰게 된다. 그런데 벼랑 끝 전술은 악연을 만든다.
- 상대방의 지위나 사회적 명성 때문에 주눅들 필요가 없다. 상대방도 나처럼 장단점을 가진 평범한 사람이다.
- 새로 태어난 갓난아기를 아무도 만져주지 않는다면, 성장하지 않을 뿐 아니라 때로는 죽기도 한다.
- 서로가 서로에게 힘이 되는 사람이 되라!
- 세상에 그 어떤 가치를 지불하고서라도 얻고 싶은 것이 있다면 그것은 바로 인간관계이다.
- 신뢰가 깊은 관계일수록, 상대를 난처하게 만들면 안 된다.
- 싫어하는 사람을 상대하는 것도 하나의 지혜이다.
- 아랫사람들에게 조금도 신경 쓰지 않는 사람은 손윗사람에게는 몹시 신경을 쓰는 법이다.
- "아마 나의 잘못일 겁니다!"라고 말하면, 귀찮은 일이 생겨날 염려는 절대로 없다.
- 아무리 가까운 사이라도 자기생각을 모두 털어놓지 마라!
- 아무리 능력을 인정받아도 인간관계가 좋지 못하면 평점이 낮아지고 조직에서 소외된다.
- 아무리 보잘것없는 사람도 공평하게 대하라!
- 어리석은 사람과는 사귀지 마라. 위험천만한 일이다.
- 오류를 범하는 것은 때때로 관계를 친밀하게 하고 진실성을 더한다.
- 완전무결한 것보다는 약간의 허점을 보이는 것이 오히려 인간적

이고 친화적이다. 사람들은 자기와 같은 생각을 하고 같은 고민을 하는 사람을 좋아한다.

- 완전무결한 사람은 질투와 미움을 받는다. 결점이 조금 있는 사람이 도리어 사랑을 받는다.
- 욕심이 많고 심성이 거친 사람은 가급적 만나지 마라!
- 웃으며 밝게 사는 사람과 가까이 하라!
- 윗사람의 비위를 맞추어 성공한 사람은 결국 윗사람의 비위를 거슬러 망하게 된다.
- 의심스러운 사람은 쓰지 말고, 사람을 썼거든 의심하지 마라!
- 이 세상에서 혼자 살려면 신이 되던가, 짐승이 되던가, 어느 한쪽을 택해야 한다.
- 인간관계란 따지고 보면 다툼과 화해의 연속이다.
- 인간관계에는 중요한 법칙이 있다. 그 중에서도 상대를 칭찬하는 것을 습관화 할 수만 있다면 모든 분쟁은 피할 수 있다.
- 인간관계의 비결은 진실을 말하는 것이다.
- 인간관계의 척도란 만난 지 얼마나 오래 됐느냐가 아니라, 얼마나 서로를 신뢰하느냐에 있다.
- 인간미를 풍겨라. 프리랜서는 프로다. 프로는 일만 프로가 아니라 인간관계에서도 프로여야만이 살아남을 수 있다.
- 인기가 많은 사람을 업신여겨서는 안 된다.
- 자기 자신을 계발해야 인간관계에서 성공할 수 있다.
- 자신의 기운을 북돋우는 가장 좋은 방법은 다른 사람의 기운을 북돋아 주는 것이다.
- 자신의 잘못된 점을 상대방에게 시인한다면 절대로 말썽이 일어나지 않는다.
- 자신이 좋아하는 사람, 자신을 좋아하는 샤람에겐 누구나 다 호감을 갖게 마련이다. 하지만, 그런 사람들과만 관계를 유지하면 교제의 폭이 좁아지게 된다.
- 정상에 있는 사람과 만나 보려 시도하라. 만나려는 시도 자체가

당신을 강하게 한다.
- 정직함을 결코 타협의 대상으로 삼지 마라. 인간관계를 맺고 있는 사람들을 늘 기억하라!
- 좋은 인간관계는 인생의 자산이고, 나쁜 인간관계는 인생의 부채이다.
- 중요한 일을 착수할 때 냉정함을 잃지 않는 사람과 손을 잡아라!
- 직장을 자주 바꾸는 사람은 멀리하라. 커다란 결점이나 인간관계가 원활하지 못하기 때문이다.
- 초면에는 정면의 자리를 피하라!
- 쾌적한 장소는 쾌적한 인간관계를 만든다.
- 파행적인 인간관계는 얼른 결별하라. 친구든 적이든 간에, 자신의 평판에 흠집을 내고 새로운 인간관계를 어렵게 만들기 때문이다. 남에게 행복을 가져다주기는 어렵지만 해악을 끼치는 일이라면 누구라도 할 수 있다.
- 함부로 입을 놀리지 말 것. 엉뚱한 생각은 실천에 옮기지 말 것. 사람들과 절친하게 사귀는 건 좋지만 너무 허술히 접근하지 말 것.
- 행복한 자를 알아 그를 붙들고, 불행한 자를 알아 그를 피하라!
- 헤어진다고 모든 관계가 종식 되는 것은 아니다.
- 혼자서도 잘 하지만, 함께 하면 더 잘하는 사람. 이런 사람은 정보 기술도 뛰어나지만 인간관계도 뛰어난 사람이다.
- 화가 난 윗사람 말을 맞받아치지 마라!

인격[人格] 사람으로서의 품격.

- 당신이 개선한 당신의 인격은 영원히 당신의 것이 된다는 사실을 명심하라!
- 사람의 인격은 말로 나타난다.
- 성장은 25세 전후에 마무리되지만, 정신적 인격적 성숙은 평생에 걸쳐서 이뤄진다.

- 소유가 인격을 결정한다.
- 인격은 공상으로 형성되는 것이 아니다. 망치를 들고 틀에 넣어서 다져 만들어지는 것이다.
- 인격은 그 사람의 운명이다.
- 인격은 아주 천천히 형성되지만, 믿을 수 없을 정도로 순식간에 무너질 수도 있다.
- 텅 빈 통이 가득 찬 통보다 더 큰 소리를 낸다.

인내[忍耐] 괴로움이나 어려움을 참고 견딤.

- 굳은 인내와 노력이 없었던 천재는 이 세상에 존재하지 않았다.
- 권력과 인내가 겨룰 때에는, 인내 쪽에 내기 돈을 걸어라!
- 꿀물 한 잔 먹고 싶다고 해서 곧바로 먹을 수 있는 것이 아니다. 꿀이 녹기까지 기다려야 비로소 마실 수 있는 것이다
- 못 참을 걸 참는 것이 참는 것이다.
- 성공의 가장 중요한 조건은 인내이고, 가장 큰 걸림돌은 조급함이다.
- 성공의 절반은 인내심이다.
- 어떤 사람 때문에 화가 났을 때 '그 사람만큼 불행한 사람이 또 있을까?'라고 말하면 금세 화가 누그러질 것이다.
- 인내는 계속 희망을 버리지 않는 것이다.
- 인내는 모든 문을 연다.
- 인내는 약자를 강자로 만드는 것이고, 성급함은 강자를 약자로 만드는 것이다.
- 인내심 없는 인간은 기름 없는 등잔불과 같다.
- 인내와 시간은 뽕잎에서 비단 옷을 만들어 낸다.
- 인내와 지혜는 분리될 수 없는 것이다.
- 짐스럽다고 육봉(肉峰)을 떼어낸 낙타는 이미 낙타가 아니다.
- 참을성이 있는 사람은 그가 원하는 것을 이룰 수 있다.

- 참을성이 있는 사람의 분노폭발에 조심하라!
- 천재는 오직 대단한 인내력에 의해서 만들어 진다.
- 행복할 때의 미덕은 자제이고, 역경에 처했을 때의 미덕은 인내이다.
- 화가 나기 시작하면 열까지 세라. 그래도 화가 가라앉지 않으면 백까지 세라. 이 원칙을 항상 기억하면 나중에는 화가 나도 숫자를 셀 일이 없어진다.

인맥[人脈] 정계, 재계, 학계 따위에서 형성된 사람들의 유대 관계.

- 가짜 인맥에 속지 마라. 높은 자리에 있을 때는 많은 사람이 몰려오지만 그 자리에서 떨어질 때는 아무도 찾지 않는 다면 그런 사람은 진정한 인맥이라고 할 수 없다.
- 금맥보다 더 중요한 것은 인맥이다.
- 뛰어난 인물이 되려면, 누구와 교제해야 할 것인가를 깊이 숙고해야 한다. 얼마나 아느냐 보다 누구를 아느냐가 더 실용적이다.
- 맞지 않는 사람과 어울리기보다는 혼자가 낫다.
- 인맥은 곧 재산이다.
- 인맥은 내가 누구를 아는 숫자가 아니라 '누가 나를 아는가?'이다.
- 인맥은 샐러리맨이 살아남기 위한 무기이다.
- 인맥은 양보다 질이다. 주요 인물 열 명이면 된다.
- 인맥을 넓히고 상대방과 적절한 거리를 유지하기 위해서는, 주관적으로 확대해석하는 버릇을 고치고 객관적으로 판단하는 능력을 키워야 한다.
- 인맥이라고 하는 것은 자신보다 지위가 높은 사람을 사귀는 것만을 뜻하는 것이 아니다. 자신이 어려운 일을 당했을 때 기꺼이 도와줄 수 있는 사람을 많이 만들어두는 것이 진정한 인맥이다.
- 한 번 만난 인연을 인맥으로 바꾸는 것은 지금부터다.
- 한 번 체로 걸러낸 인맥이 진짜 인맥이다.

인사[人事] 마주 대하거나 헤어질 때에 예를 표함. 또는 그런 말이나 행동.

- 모든 예절은 인사로 시작해서 인사로 끝난다. 즉, 인사는 예절의 시작이고 끝이다.
- 어느 때라도 인사를 덜하기보다는 넘치게 하는 쪽이 좋다.
- 인사는 커뮤니케이션의 첫 단추이다.

인상[人相] 사람 얼굴의 생김새.

- 기업과 소비자의 관계는 계산적인 관계로 시작된다. 가격 대비 품질, 내구성, 광고와 설명서에 있는 대로 효과가 나오면 일단 만족한다. 거기에 하나 더, 물건을 파는 사람에 대한 인상이 추가된다.
- 사람의 표정이란 타고나는 것이 아니다. 표정은 연륜이 우리 얼굴에 남기는 서명이다.
- 옷에는 신경 쓰면서 인상에 신경을 안 쓰면 반쪽짜리 성공이다.
- 인상이 바뀌면, 인생이 바뀐다!

인색[吝嗇] 재물을 아끼는 태도가 몹시 지나침.

- 수전노(守錢奴)의 지갑은 꽉 찰 수가 없다.
- 인색하지 마라. 인색한 사람에게는 돈도 야박하게 대한다.
- 자기 자신에 대해서 박하게 대하는 것은 검소이고, 남에 대해서 박하게 대하는 것은 인색이다.

인생[人生] 사람이 세상을 살아가는 일.

- 가장 잘못된 일은, 항상 올바르게 살려고 하는 것이다.
- 가장 지혜로운 사람과 가장 어리석은 사람은 바뀔 수가 없다.
- 거룩한 생애란, 등대처럼 요란한 함성은 없지만 내내 빛이 나오는

것이다.

- 고통 없는 인생은 맹물이다.

- 그는 시골에서 뼈 빠지게 일해 도시에서 살 수 있었으며, 그곳에서 죽으라고 일했기 때문에 시골에서 살 수 있었다.

- 나는 죽을 때, 내 자신이 완전하게 소진된 상태이기를 원한다. 나에게 있어서 인생은 곧 꺼져 버릴 촛불이 아니라 일종의 찬란한 횃불이다. 이 횃불을 다음 세대에 넘겨주기 전에 내가 들고 있는 순간만은 가능한 한 최대로 밝게 빛나고 싶다.

- 나를 위해서 살기 시작했을 때부터 진정한 나의 인생이 시작된다.

- 나를 지루하게 만드는 사람은 바로 나다.

- 나의 영혼은 하나님께, 육체는 땅에, 재산은 내 가족들에게 남기겠다.

- 나의 일생은 끔찍한 불행으로 가득 차 있으리라 믿었으나, 그 대부분은 결코 일어나지 않았다.

- '늙는다는 것', 그것은 신의 은총이고, '젊음을 잃지 않는다는 것' 그것은 사람의 기술이다.

- 단 한 번의 인생이니까 함부로 산다는 것은 말이 안 되는 변명이다.

- 당신은 두 가지 사실을 알고 있다. 하나는 '인생이 어디 내 마음대로 되겠어?'이고 다른 하나는 '인생은 마음먹은 대로 된다!'이다.

- 당신의 인생은 당신이 하루 종일 무슨 생각을 하는지에 따라서 달라진다.

- 당신의 인생이 못마땅하다면, 바꿔도 좋다. 당신의 노력으로!

- 당신이 태어났을 때, 당신 혼자만이 울고 있었고 당신 주위의 모든 사람들은 미소 짓고 있었다. 이제, 당신이 이 세상을 떠날 때는 당신 혼자만이 미소 짓고 당신 주위의 모든 사람들은 울도록 그런 인생을 살아라!

- 대문자만으로 인쇄된 책은 읽기 어렵다. 일요일뿐인 인생도 마찬가지다.

- 돈이 없는 것은 슬픈 일이다. 하지만 돈이 남아도는 것은 두 배로

슬픈 일이다. 여건이 충분한데도 아까워서 쓰지 못했다면, 그 것은 더욱 슬픈 일이다. 돈에 집착하면 돈을 잃어버리고, 사람에 집착하면 사람을 잃어버리기 쉬운 게 인생이다.

- 등에 무거운 짐을 짊어지고 먼 길을 가는 것이 인생이다. 그러기에 우리는 인생을 급히 달리지 말고 천천히 가야 한다.

- 뚜렷한 인생관이 없으면, 본인의 인생은 하나도 없는 채 다른 사람의 인생만 수십 년 살다 삶을 마감하는 것이다.

- 마음이 변하면 태도가 변한다. 태도가 변하면 습관이 변한다. 습관이 변하면 인격이 변한다. 인격이 변하면 인생이 변한다.

- 말은 생각을 형성하고, 생각은 행동을 결정하며, 행동은 인생을 만들어 간다.

- 머리가 뜨겁고 가슴이 찬 상태로는 세상의 아무것도 해결할 수 없다.

- 백 년도 못사는 인간이 천 년의 근심으로 산다.

- 부모를 탓하지 마라. 네 인생은 네가 망치고 있다.

- 빨리 가려면 혼자가고, 멀리가려면 함께 가라!

- 사람들은 해야 할 일을 하지 않아서가 아니라 하지 말아야 할 일을 해서 인생을 망친다.

- 사람이 일의 신성함을 탈피하려 할 때, 시간과 인생이 천하게 된다.

- 살기 위해 먹는 사람과 먹기 위해 사는 사람 둘 다 모두 식당에서 열심히 먹고 있다.

- 삶이 고통스럽고 희망이 희미해지면, 세상은 '가라!'하고, 무덤에선 '오라!'고 손짓한다.

- 시간을 내어 일하라. 그것은 성공의 대가이다. 생각하라. 그것은 힘의 근원이다. 놀아라. 그것은 영원한 젊음의 비결이다. 함께 나누어라. 인생은 이기적이기에 너무 짧다. 웃어라. 웃음은 영혼의 음악이다.

- 실컷 산다는 것은 100살이 넘게 사는 것이 아니라, 하루하루를 죽도록 열심히 사는 것이다.

- 아이들을 꾸짖지 마라. 내가 걸어온 길이다. 어른들을 욕하지 마라. 내가 걸어가야 할 길이다.
- 아직도 인생을 팔자라고 생각하는가? 불행은 준비된 사람들에게는 작은 교훈일 뿐이다.
- 어느 누구의 인생에도 대수롭지 않은 날이란 없다.
- 어느 시인이 인생은 잠시 소풍 온 것이라고 했다. 그런데 왜 내 인생은 극기 훈련 같을까?
- 어제도 한번, 오늘도 한번, 내일도 한번뿐이다. 그래서 인생은 단 한번뿐이다.
- 우리는 오래살기 위해서가 아니라 옳게 살기 위해 노력해야 한다.
- 우리는 젊었을 때 배운 것을 나이가 들어서 이해하게 된다.
- 우리는 한평생을 타인의 일에 신경 쓰다가 생을 마친다. 타인을 사랑하다가 반평생, 타인을 욕하다가 반평생을 보낸다.
- 우리의 인생을 바꾸는 것은 엄청나게 큰일들이 아니다. 평소에는 관심조차 기울이지 않던 사소한 것들이 때로는 삶의 방향을 좌우하는 중대변수로 등장한다.
- 우리의 일생은 우리의 생각에 따라 만들어진다.
- 운동을 하면 하루가 짧아지지만, 인생이 길러진다.
- 인간의 탄생과 죽음은 책의 앞면과 뒷면 같은 것이다.
- 인생에서 가장 중요한 것은 실패 했다고 낙심하지 않는 것이며, 성공했다고 기쁨에 도취되지 않는 것이다.
- 인생은 1억 점 만점의 시험문제이다. 0점과 100점의 차이는 대단하지 않다.
- 인생은 고 3까지는 100% 객관식의 인생을, 대학 4학년까지 약 30%의 주관식 인생을, 그 이후에는 99.9%의 주관식 인생으로 살아야한다.
- 인생은 누가 1등으로 들어오느냐로 성공을 따지는 경기가 아니다. 얼마나 의미 있고 행복한 시간을 보냈느냐가 인생의 성공 열쇠다.

- 인생은 다섯 개의 공을 저글링 하고 있다. 일, 가족, 건강, 친구, 그리고 나. 그런데 일이라는 공은 고무공이라서 떨어뜨리더라도 바로 튀어 오르지만, 다른 공들은 유리 공으로 되어있어 이중 하나라도 떨어뜨리면 박살나서 회복이 안 된다.
- 인생은 단 한 번뿐. 그러나 올바르게 일하면 한 번이라도 족한 것이다.
- 인생은 단 한번뿐이기 때문에 다시는 반복이 안 되고, 이 시간이 지나면 영원 속으로 사라져 버린다.
- 인생은 '메이저리그'와 '마이너리그'로 나누어져있다. 그 중간은 없다.
- 인생은 모험을 통해서만 성장할 수 있다.
- 인생은 분명 일회용이다. 두 번 다시 쓸 수도 없고 스페어가 없다. 일회용 휴지처럼 한번 쓰고 버려야 할 인생을 너무 가볍게 살아서도 안 되고 지나치게 무겁게 살아서도 안 되는 것이다. 최선을 다하되 재미있게 살아야 한다. 아무리 바쁘게 살아도 유쾌하지 못하면 헛일이니까…….
- 인생은 석재(石材)이다. 여기에다가 신의 형상을 조각하건 악마의 형상을 조각하건 각자의 자유다.
- 인생은 성(性)의 노예이며 또한 노동의 노예라는 것이 근본 문제이다.
- 인생은 여행과 같아서 목적지를 정하지 않으면 방랑자가 된다.
- 인생은 여행이며 죽음은 그 종점이다.
- 인생은 왕복차표를 발행하지 않는다. 일단 떠나면 다시는 돌아오지 못한다.
- 인생은 자유로이 여행할 수 있도록 시원하게 뚫린 대로가 아니다. 때로는 길을 잃고 헤매기도 하고 때로는 막다른 길에서 좌절하기도 하는 미로와 같다.
- 인생은 자전거를 타는 것과 마찬가지이다. 균형을 잡으려면 끊임없이 움직여야한다.

- 인생은 짧은 날이다. 그러나 일하는 날이다.
- 인생은 한 권의 책과 비슷하다. 바보들은 그것을 아무렇게나 넘겨 가지만 현명한 사람은 차분히 그것을 읽는다. 왜냐하면 그들은 단 한번밖에 그것을 읽지 못한다는 것을 알고 있기 때문이다.
- 인생은 한 번 뿐이다. 언제 어디서든 재미있고 행복해야 한다.
- 인생이란 결코 공평하지 않다. 이 사실에 익숙해져라!
- 인생이란 나의 울음으로 시작해서 남의 울음으로 끝나는 것이다.
- 인생이란 우리들 자신이 만드는 것임과 동시에 우리가 선택한 친구에 의해 만들어지는 것이기도 하다.
- 작은 성공을 맛본 뒤에도, 큰 성공을 거둔 뒤에도, 작은 실패를 겪은 뒤에도, 큰 실패에 좌절한 뒤에도 인생은 계속된다.
- 젊은이는 희망에 살고, 노인은 추억에 산다.
- 제 아무리 잘난 나방도 어지럽게 춤을 추다가 불꽃 속으로 뛰어든다. 인생은 그렇게 짧다.
- 주어진 시간. 인생을 즐겨라. 시간은 재활용할 수 없다.
- 지금까지 허송세월 한 것은 그렇다 치고 지금부터 잘 하지 않으면 인생이 통째로 의미가 없어진다.
- 최후의 만찬에 그려진 예수의 모델과 유다의 모델은 같은 인물이었다.
- 하루하루를 어떻게 보내는가에 따라 우리의 인생이 결정된다.

인심[人心] 사람의 마음.

- 관을 짜는 자는, 사람 죽기를 바란다.
- 궁지에 몰린 쥐는 고양이를 문다.
- 남의 술병은 세 모금으로 비어 버리지만, 내 술병은 열 모금 마셔도 비지 않는다.
- 남의 어깨의 짐은 가볍다.
- 내가 남을 헤아리는 만큼 남도 나를 헤아린다.

- 내가 먼저 털어놓아야 남도 털어 놓는다.
- 다른 사람의 염병이 내 감기만 못하다.
- 당신이 더 높은 곳으로 올라갈수록 더 많은 사람들이 당신의 엉덩이를 보게 된다.
- 대체로 여성 쪽이 나쁜 경우라도 악을 쓰고 소리를 지르고 눈물을 보이면, 당장 여성의 입장이 정당화되기 마련이다.
- 도둑맞으면 어미 품도 뒤져본다.
- 딸 자랑하는 이가 며느리 흉도 잘 본다.
- 많은 사람들은 왜 누가 더 예쁘냐고 만 묻지, 누가 더 착하냐고 묻지 않는 걸까?
- 망치를 든 사람의 눈에는 못만 보인다.
- 부귀를 누리는 사람들 주변에는 남들도 모여들고, 빈궁한 사람 곁에는 친척들도 거들떠보지 않는다.
- 사람은 자기를 기다리게 하는 자의 결점을 계산한다.
- 사람은 자신이 부족해 보일까봐 일부러 과장되게 행동한다.
- 세상은 결과만을 알고 싶어 한다. 남에게 산고를 말하지 말고 거기서 얻은 아기만 보여줘라!
- 아무리 나이를 많이 먹어도, 아이스크림을 숟갈에 듬뿍 뜨다 떨어뜨렸을 때 실망하긴 마찬가지다.
- 아쉬운 기억일수록 낭만적으로 채색되는 경향이 있다. 과거의 낭만적인 기억에 매달리는 사람들의 문제는 현재에 만족하지 못하고 미래를 불안하게 생각한다는 것이다.
- 오래 머무르면 사람을 천하게 만들고, 자주 찾아오면 친함도 소원해진다.
- 종업원은 주인이 아니다. 종업원에게는 어떤 경우라도 고객만족보다는 자기만족이 더 중요하다.
- 종업원이 만족해야 고객을 만족시킨다.
- 주는 태도가 주는 물건보다 더 중요하다.
- 처음에는 후하고 나중에는 박한 것은 사람이 할 짓이 아니다.

- 훔칠 기회가 없었던 도둑은 자신을 정직한 사람이라고 생각한다.

인연[因緣] 사람들 사이에 맺어지는 관계.

- 겉옷이 스치면 인연이고, 속옷이 스치면 연인이다.
- 보통사람은 인연을 알면서도 잡지 못하고, 현명한 사람은 옷깃만 스쳐도 인연을 만들어 낸다.
- 좋은 만남이 좋은 운을 만든다. 좋은 인연을 소중히 생각하라!
- 하늘이 맺어준 인연이라도 그걸 깨지지 않게 지키는 것은 인간의 의무이다.

인재[人材] 어떤 일을 할 수 있는 학식이나 능력을 갖춘 사람.

- 인재는 말없이 떠난다.
- 자기 분야에서 성공한 사람들에게는 공통적인 특징이 있다. 그것은 그 사람 주변에 반드시 인재가 모여 있다는 점이다.
- 흔히들 인재가 없다고 하는데, 인재는 어디에나 있다. 다만 가지고 있는 보물을 제대로 이끌어내지 못하고 있을 뿐이다. 사람, 사람, 사람이 기업 번영의 영원한 과제이다.

인정[認定] 확실히 그렇다고 여김.

- 사람들은 남에게 인정받고 싶어 하지만, 다른 사람을 인정하는 데는 매우 인색한 양면성을 가지고 있다. 나는 지금까지 아무렇지도 않게 자기 자랑을 늘어놓으면서도 남의 자랑 또한 인정해 주는 사람을 본적이 없다.
- 사람은 자신을 인정해 주는 곳에 뼈를 묻는다.
- 상대방의 진가를 인정하라. 이것만으로도 소통이 된다.
- 우리의 장점을 자랑함보다 우리의 약점을 인정함이 더 영예로운

것이다.

- 인간은 자기가 고생할 때는 남의 인정이 야박하다고 한탄하지만, 일단 고생길을 벗어나면 자기도 야박한 사람이 되고 만다.

인지상정 ↗

인지상정[人之常情] 사람이면 누구나 가지는 보통의 마음.

- 나에게 걸레는 남에게도 걸레다.
- 남에게 받고 싶은 일을 남에게 하라!
- 명심하고 있어야 할 점은 나 아닌 다른 사람도 같은 것을 생각하고 있다는 사실을 알아야 한다.
- 자신이 원하지 않는 일을 남에게 하지 마라.
- 종자(從者)의 눈에는 영웅은 없다. 나폴레옹도 생활을 같이하는 부하에게는 영웅이 아니다.

인품 ↗

인품[人品] 사람이 사람으로서 가지는 품격이나 됨됨이.

- 사람의 됨됨이를 알아보는 한 가지 좋은 방법은 공것을 주었을 때 어떤 태도를 취하는지를 관찰하는 것이다.
- 사람이 돈을 잃을 때의 모습을 보면 그 인품을 알 수 있다.
- 어리석은 사람은 결코 중후한 인품을 가질 수 없다. 인간적 결함은 치욕적인 불명예이다.

일 ↗

일 무엇을 이루거나 대가를 받기 위하여 몸을 움직이거나 머리를 쓰는 것.

- 8시간짜리 일을 12시간에 하는 사람을 보고 감명을 받은 적은 한 번도 없다.
- 가장 소중한 일이 중요하지 않는 일에 좌우되어서는 안 된다.
- 가장 하기 힘든 일은 아무 일도 안하는 것이다.
- 건강을 유지하려면 일을 하라!

- 고용안전이란 없다. 당신의 재능과 기술 그리고 상황에 대한 적응력에 달려있을 뿐이다.
- 굶주림은 일하지 않고 빈둥거리는 자의 길동무이다.
- 급한 일 보다 중요한 일을 먼저 할 수 있는 지혜를 길러라!
- 꼼꼼하지 못함과 대범함을 혼돈하지 마라!
- 끊임없이 일을 한다는 것은 육체뿐만 아니라 정신도 건강하게 만든다.
- 끝을 생각하며 시작하라!
- 끝이 좋으려면 시작할 때부터 제대로 해야 한다.
- 남이 요청한 일 이상을 해야지, 그 이하로 해서는 안 된다.
- 내가 오늘 무엇을 하느냐가 중요하다. 내 인생의 하루를 그것과 바꾸고 있으니까……
- 내가 즐기면서 할 수 있는 일인가? 그렇다면 다행이다. 만약 즐겁지 않아도 피할 수 없는 일이라면 기억할 것이 있다. 피할 수 없으면 즐겨라. 꼭 해야 하는 일, 피할 수 없는 일이라면 즐거운 마음으로 하자!
- 내가 할 일을 하지 않으면, 내가 해야 할 일들이 나를 끝까지 찾아다닐 것이다.
- 놀이는 그것을 즐기는 것으로 받아들이기 때문에 즐거운 것이며, 일은 안 하면 안 되는 것으로 받아들이기 때문에 하기 싫은 것이다.
- 농부처럼 일하고, 철학자처럼 사색하라!
- 누구라도 해야 할 일이면 내가 하자!
- 단숨에 여러 가지 일을 하려고 하는 사람은 단 한가지의 일도 못한다.
- 대통령과 사업가뿐만 아니라 조직의 중간관리자 이상의 사람들은 한가해야 한다. 직무를 다른 사람에게 대행시킬 줄 모르고, 자기 혼자의 힘으로 강행하려다 요절하는 사람이 많다. 그런 사람들은 대개 능력이 출중하고 일중독자가 많다. 체제와 시스템을 만들

아

고 한가로이 조절하면서 약진해야 한다.

- 돈이 많고 건강하면서도 은퇴하는 것은 멋진 일이다. 그러나 돈이 많고 건강하면서 일을 계속하는 것은 더욱 멋진 일이다.

- 따분하기는 매한가지다. 하기 싫은 일들을 노상 하고 있거나, 하고 싶은 일들을 아예 못하거나…….

- 땀 흘려 일하고도 그 일의 가르침을 깨닫지 못하는 사람은 참된 삶을 모르는 사람이다.

- 마지못해 하는 일은 도리어 사람으로 하여금 노쇠(老衰)로 이끌지만, 자신이 일을 즐기며 자주적으로 하는 노동은 그 생명을 건강하게 한다.

- 만약 병사와 노동자들이 일이 고되다고 불평한다면, 아무 일도 하지 않는 벌을 주어라!

- 만일 사람이 요구받은 일만 한다면 그는 하인임에 틀림없다. 만일 그가 요구된 것보다 더 많은 일을 한다면 그는 자유인임에 틀림없다.

- 많은 일을 처리하는 제일 빠른 길은 한 번에 한 가지 일만을 하는 것이다.

- 모두가 중역이 될 수는 없다. 실제로 일해야 한다.

- 모든 사람의 일은 누구의 일도 아니다.

- 모든 일은 치밀한 계획으로 시작하고 각고의 노력으로 성취하지만, 자만으로 한순간에 그르치기도 한다.

- 모든 일을 잘 하는 사람은, 특별히 잘 하는 것이 없다.

- 목숨을 걸어도 좋을 만큼 하고 싶은 일이 없는 사람은 불행한 사람이다.

- 몸을 움직여 일을 하면 육체적인 건강은 물론 정신적인 건강에도 좋다.

- 반드시 해야 하는 일부터 하라. 그런 다음 할 수 있는 것을 하라. 그러면 불가능하다고 생각했던 것을 해내고 있는 자신을 발견하게 된다.

- 백년을 살 것처럼 일하고, 내일 죽을 것처럼 기도하라!
- 사람은 자기 일보다 남의 일을 더 잘 알고 더 잘 판단한다.
- 사람이 일의 신성함을 탈피하려 할 때 시간과 인생이 천하게 된다.
- 사람이 재물을 모으는 방법은 세 가지밖에 없다. 일을 하던가, 걸식을 하던가, 도둑질을 하는 것이다.
- 사랑하고 싶은 사람은 먼저 사랑스러워져야 하고, 돈을 벌고 싶은 사람은 남보다 가치 있는 일을 할 줄 알아야 한다.
- 사무실에서 장난을 하는 사람들은 유치원으로 돌아가야 한다.
- 사소한 일들이 큰일만큼이나 차이를 만들어 낼 수 있다.
- 사자는 토끼를 잡는 데도 전력을 다한다.
- 세상에 해를 끼치는 일을 하느니 차라리 아무 일도 하지 않는 것이 낫다.
- 쉬운 일은 어려운 듯이, 어려운 일은 쉬운 듯이 하라!
- 스스로 일해서 얻은 빵이 제일 맛있다.
- 슬픔을 이기는 가장 좋은 약은 일과 웃음이다.
- 싫은 일을 할 때는 우선 그 전에 좋아하는 일을 하라!
- 쓸모없는 일을 하고 있는 것이 최고의 사치이다.
- 아무 일도 하지 않는 자는 나쁜 일을 하고 있는 것이다.
- 아무나 할 수 있지만 누구도 하지 않는 일을 하는 것이 성공의 지름길이다.
- 아무리 똑똑한 사람도 열심히 일하는 사람을 이길 수 없고, 아무리 열심히 일하는 사람도 즐기며 하는 사람을 이길 수 없다.
- 안하고 죽어도 좋을 일만 내일로 미루어라!
- 어떤 일이건 아주 잘 하지 않으려면 아예 시작을 하지 말아야 한다. 일이란 아주 잘 하지 않으려면 이익도 재미도 없기 때문이다.
- 어떤 일이라도 안 되는 이유보다 되는 이유를 더 많이 찾아내자!
- 어려워도 꼭 해야 할 일이 있고, 쉬워도 하지 말아야 할 일이 있다.
- 열심히 일한 뒤에 먹는 소박한 음식은 부자의 진수성찬보다 맛있다.

아

- 왜하는지, 무엇 때문에 하는지 분명히 알아라. 그것을 알지 못하고 일을 하게 되면, 진보가 아니라 퇴보를 가져올 뿐이다.
- 요즘 흔히 우울증이라고 하는 것은 일을 적게 해 몸에 탈이 난 경우가 대부분이다.
- 우리는 시간을 절약할 장비를 사려고 수천 달러를 소비한 후, 그다음 그것을 지불하려고 근무시간을 초과해서 일한다.
- 우리의 위대한 인생 계획을 방해하는 두 가지가 있다. 하나는 어떤 일도 끝내지 않는 것이며, 다른 하나는 어떤 일도 시작하지 않는 것이다.
- 이 세상에서 가장 힘이 드는 일은 일이 없는 것이다.
- 인간의 가장 행복한 시간은 일에 몰두하고 있을 때이다.
- 인생은 단 한 번뿐. 그러나 올바르게 일하면 한 번이라도 족한 것이다.
- 인생은 짧은 날이다. 그러나 일하는 날이다.
- 인생의 가장 큰 즐거움은 일한 뒤에 맞이하는 휴식이다.
- 일work보다 성공success이 먼저 나오는 곳은 사전 밖에 없다.
- 일과 오락은 서로 다른 상황 하에 있는 동일한 것이다.
- 일에서 행복을 느끼기 위한 3가지의 조건은 ① 그 일을 좋아해야 한다. ② 성공한다는 신념을 가진다. ③ 지나치게 하지 않는다.
- 일은 나중에 다시 할 수 있지만, 아이들의 어린 시절은 다시 오지 않는다.
- 일은 사람에게서 세 가지 큰 악 즉, 지루함, 부도덕, 그리고 가난을 제거한다.
- 일은 생기게 하면 생기고, 덜려고 하면 덜어지는 것이다.
- 일은 육체를 살찌게 하고, 학문은 정신을 살찌게 한다.
- 일은 즐겁게 그러나 빈틈없이 하라!
- 일을 시작하기 전에 그 프로세스를 체계화하면 마음이 편해진다.
- 일을 인생의 수단으로 삼아라!
- 일을 즐겁게 하는 자는 세상이 천국이요, 일을 의무로 생각하는

자는 세상이 지옥이다.

- 일을 하면 권태, 비행, 빈곤 세 가지 악이 사라진다.
- 일을 하지 않고 살고 싶다면 비천한 사람이 되거나 폭력을 휘두르는 수밖에 없다.
- 일의 분배를 실현한다. 다른 사람이 해도 될 일은 넘겨주고 자기가 아니면 안 될 일에 몰두한다.
- 일이 즐거움이라면 인생은 낙원이다.
- 일이 즐거움일 때는 환희, 일이 의무일 때는 노예이다.
- 일이라는 것은 정직한 것이기 때문에 결과는 정직하게 대답해 준다.
- 일이란 당신이 이를 즐기지 않으면 더 이상 작업이 아니다. 곧 노역으로 바뀐다.
- 일하지 않고 제멋대로 살면 육체가 허약해지는 벌은 받을 것이다.
- 자기가 하는 일이 자기와 남을 구별하여 준다.
- 자기의 땀에 빠져 죽은 사람은 아직 한 사람도 없다.
- 자신의 일을 발견한 사람은 이미 대단한 은혜를 입고 있는 사람이다.
- 자신이 좋아하는 일을 하는 사람이 부자다.
- 자신이 하는 일에 미칠 수 있는 사람은 이미 행복하다. 결과는 그 다음 일이다.
- 자신이 하는 일을 재미없어 하는 사람치고 성공하는 사람 못 봤다.
- 자신이 할 수 없는 일이, 할 수 있는 일을 방해하게 해서는 안 된다.
- 작고 단순한 일이라고 소홀히 하지 마라. 부자들 일부는 보잘것없이 보이는 일에 주목한 이들이다.
- 작은 일에 너무 관심을 갖거나 개입 하는 사람들은 대개 큰일을 이루기가 어렵다.
- 작은 일에도 목표를 세워라. 그러면 당신은 반드시 성공할 것이다.
- 작은 일을 꼼꼼하게 챙기면, 큰일은 저절로 이루어지게 되어 있다.
- 잠자는 거인보다 일하는 난쟁이가 더 훌륭하다.

- 재미는 일의 반대말이 아니며, 재미와 일은 손을 맞잡은 한편이다.
- 정말로 큰 뜻을 가진 자는 작은 일을 소홀히 하지 않고, 원대한 생각이 있는 자는 사소한 일도 적당히 하지 않는다.
- 좋아서 하는 일은 누구도 못 말린다.
- 좋은 취지도 일로 옮기지 않으면 곧 사멸한다.
- 죽도록 일하는 것이 가장 확실한 투자이다. 왜냐하면 당신이 죽고 난 다음 재혼하는 아내의 남편 될 사람에게 좋은 일 시켜 주니까…….
- 중요도 순으로 일을 하는 것은, 걸레와 행주를 혼동하지 않는 것이다.
- 지금까지 8시간짜리 일을 12시간에 하는 사람을 보고 감명을 받은 적이 한 번도 없다.
- 지혜 없는 노력은 노 없는 배와 같다. 몸으로 벌려면 한계가 있다.
- 차일피일 미뤄두었던 일이 있으면 지금 시작하십시오. 오늘이 지나면 그 일을 시작할 기회가 없을지도 모릅니다.
- 처음 하는 일엔 전례가 없다.
- 청년에게 권고하고 싶은 것은 다음 세 마디뿐이다. 즉, 일하라! 더욱 일하라! 끝까지 일하라!
- 충분한 휴식을 취한 후, 할 일이 없는 것은 가장 견디기 어려운 권태다.
- 큰일도 작은 일들로 나누면 크게 어렵지 않다.
- 평생의 일을 찾아낸 사람은 행복하다. 그는 다른 행복을 찾을 필요가 없다.
- 항상 남이 하는 일은 쉬워 보이는 법이다.
- 항상 다음 번 승진에 대비해서 일을 하라!
- 해결될 일이라면 걱정을 안 해도 되고, 해결되지 않을 일이라면 걱정할 필요가 없다.
- 행운이란 열심히 일하는 사람을 찾아간다.

임금[賃金] 근로자가 노동의 대가로 사용자에게 받는 보수.

- 임금을 주는 것은 고용주가 아니다. 고용주는 단지 돈을 관리할 따름이고 임금은 노동자들이 만든 생산품에서 나온다.
- 임금을 지불하는 것은 회사가 아니고 고객이다. 회사는 딜러 일 뿐이다.
- 적정 임금이란 당신이 그것을 주는 사람이냐 받는 사람이냐에 따라 달라진다.

입 음식이나 먹이를 섭취하며 소리를 내는 기관.

- 물고기는 언제나 입으로 낚인다. 인간도 역시 입 때문에 걸려든다.
- 아름다운 입술을 갖고 싶다면 친절한 말을 하라!
- 입은 재앙과 행복을 불러들이는 문턱이다.
- 입을 다물 줄 모르는 사람은, 대문이 닫히지 않는 집과 같다.
- 입을 열면 침묵보다 뛰어난 소리를 하고, 침묵보다 못한 것일랑 침묵하라!
- 조개 입는 칼로 열고, 변호사의 입은 돈으로 연다.

MEMO

자기계발을 안 하는 사람과 무단횡단을 하는 사람은, 둘 다 자살행위를 하고 있는 것이다!

● 멘트와 스피커

자전거와 자기관리의 공통점은? 계속해서 속력을 내지 않으면 결국 쓰러지게 되는 것이다. 만약 스스로를 상품으로 생각한다면, 그래서 기왕이면 잘 팔리는 상품이 되고 싶다면, 스스로의 실력을 갈고 다듬어야 한다. 멘트를 하는 스피커(Speaker)는, 모임의 성격과 크기에 따라 자기관리와 자기연출을 잘 해야 한다.

1. 자기관리
 1) 자기자랑을 늘어놓지 말 것.
 2) 누구에게나 배운다는 겸허한 자세로 임할 것.
 3) 피곤하지 말 것(상황파악과 실력발휘가 안 되고, 치명적인 결과를 초래).
 4) 애드리브에 의존하지 말 것(준비된 멘트가 성공을 부른다).

2. 자기연출
 1) 본인의 용모가 장소에 어울리는지 확인할 것(옷차림, 액세서리 등).
 2) 용모를 갖출 때, 구두와 양말에 투자를 아끼지 말 것(아는 사람은 안다).
 3) 시선처리를 한 곳에 치우치지 말고 고루 고루할 것.
 4) 마이크 사용법에 능숙할 것(실내와 실외, 마이크와 입의 간격, 왼손과 오른손 등).

자기계발[自己啓發] 스스로 슬기, 재능, 사상 따위를 일깨워 줌.

- 1년에 1번씩 이력서를 써 봐라. 자신이 어떻게 변화되어 있는지를 알지 위해서……
- 1류 1등이 아니면 무한 경쟁시대에서 살아남을 수 없다.
- 가장 높은 곳에 올라가려면, 가장 낮은 곳부터 시작하라!
- 가장 유능한 사람은 부단히 배우는 사람이다.
- 군인으로 태어나는 것이 아니라 군인이 되는 것이고, 사장으로 태어나는 것이 아니라 사장이 되는 것이다.
- 나는 바람이 부는 방향을 바꿀 줄은 모르지만, 항상 목적지에 도달하기 위해 돛을 조절할 줄은 안다.
- 나에게는 '해야 한다!'는 사명감, '할 수 있다!'는 신념, '해야 된다!'는 의지가 있다.
- 날 버리고 간 사람에게 복수하지 말고, 후회하게 해라. 괜히 술 먹고 그 집에 가서 창문에 돌 던지지 말고……
- 남보다 한발 앞서가기 위해서는 지금 하고 있는 일을 출발점이라고 생각하는 긍정적이고 적극적인 자세가 필요하다.
- 남에게 바라는 모습을 내가 먼저 갖춘다.
- 남이 나를 몰라주는 것을 걱정 말고, 남들에게 알려질 만한 일을 하려고 애써라!
- 너 자신을 누구에겐가 필요한 존재로 만들라!
- 능력들을 계발하는 데는 지름길이 없다. 여기에는 추수의 법칙이 지배 한다. 뿌린 데로 거둔다.
- 다른 사람보다 뛰어난 사람은 정말로 뛰어난 사람이라고 할 수 없다. 이전의 자기보다 점점 나아지는 사람이 정말 뛰어난 사람이다.
- 다른 사람을 좇아 2인자가 되지 말고, 자기 자신에게 충실한 1인자가 되라!
- 당신의 고용주가 당신에게 지불하는 금액보다 훨씬 가치 있는 사

람이 되라!

- 더 이상 본받을 만한 발전 모델이 없어지면 그제야 자기 색이 나온다.

- 동료나 선배들보다 더 잘하려고 너무 애쓰지 마라. 대신, 더 나은 자신이 되도록 노력하라!

- 만루 홈런을 치는 타자일수록 병살타가 많다.

- 모든 것을 다 잘할 수는 없다. 하지만 내가 중요하다고 생각하는 것 하나는 잘할 수 있다. 그것에 집중하자!

- 벼슬자리 없는 것을 걱정하지 말고, 벼슬에 올라 설 수 있을 만한 자기의 학식이나 능력에 대해 걱정하라!

- 복사본이 되지 말고 원본이 되도록 하라!

- 숯과 다이아몬드의 원소는 똑같은 탄소이다. 하나는 기품의 상징이고 하나는 절망의 상징인 까만 숯덩이다. 똑같은 24시간의 원소인 하루를 채우는 사람은 다이아몬드를 생산한 것이고, 하루를 보내는 사람은 숯을 만든 사람이다.

- 스키장에 취직했으면 스키선수가 되어라!

- 시골 깜깜한 변소보다 더 무서운 것이 있다는 것을 알았다. 그건 자기계발을 하지 않는 것이었다.

- 우리는 자명종 소리에 의해서가 아니라 새벽에의 무한한 기대감으로 깨어나는 법을 익혀야 하고 또한 스스로 늘 깨어 있어야만 한다.

- 의사가 환자를 치료하기 위해서는 그 전에 오랜 학습이 필요한 것과 마찬가지로, 관리자나 감독자가 되기 위해서도 자기계발에 필요한 훈련을 받을 필요가 있다.

- 자기 자신을 계발해야 인간관계에서 성공할 수 있다.

- 자기계발을 안 하는 사람과 부단횡단을 하는 사람은, 둘 다 자살 행위를 하고 있는 것이다.

- 자기완성에 도달하라. 완전하게 태어나는 사람은 없다.

- 자신의 브랜드부터 관리하라. 주위의 1인자를 닮으려고 노력해서

자

나중에는 그 사람을 넘어설 수 있는 가능성을 키워보자!

- 정상에 있는 사람과 만나 보려 시도하라. 만나려는 시도 자체가 당신을 강하게 한다.

자기 관리

자기관리[自己管理] 스스로 자신을 통제하고 지휘하며 감독함.

- 가질 수 없는 것을 가지려 하지 말자. 불가능한 것에 집착하면 스트레스만 쌓인다.
- 나는 내 할아버지가 어떤 사람이었는지 모른다. 그보다는 그 분의 손자가 어떤 사람이 될지에 더 마음을 쓴다.
- 남을 꾸짖는 자는 사귐을 온전히 하지 못하며, 스스로를 용서하는 자는 자신의 과오를 고치지 못한다.
- 내 마음을 바꾸는 것이 내 세상을 바꾸는 지름길이다.
- 당신 스스로가 하지 않으면, 아무도 당신의 운명을 개선시켜 주지 않을 것이다.
- 만약 스스로를 상품으로 생각한다면, 그래서 기왕이면 잘 팔리는 상품이 되고 싶다면, 스스로의 실력을 갈고 다듬어야 한다. 아이디어가 좋거나, 외국어를 썩 잘한다거나, 영업능력이 뛰어나다든지 하는 것은 모두 우수한 상품이 갖추어야 할 요건 들이다.
- 몇 가지 결점만 고치면 더 큰 인물이 될 수 있다. 평범한 사람도 작은 결점만 고치면 큰 인물이 될 수 있다.
- 불안한 것을 계속 보면 마음에 불안의 씨가 싹튼다.
- 사람은 먼저 자기 자신의 주인이 되어야 한다. 그런 다음에야 타인을 다스리게 될 것이다.
- 새벽에 일어나서 운동하고 공부하며 노력하는데도 인생에서 좋은 일이 일어나지 않는다고 말하는 사람을 본적이 없다.
- 인간의 욕망은 자기통제를 벗어나면 걷잡을 수 없게 된다.
- 인간의 욕망은 한마디로 말해서 복이 아니면 화이다. 긍정적인 결과는 복이고 부정적인 결과는 화이다. 자기통제가 되는 욕망은 복

이고, 이를 벗어나면 화가 된다.
- 자기를 감독하는 자만이 정상에 설 수 있다.
- 자기의 마음을 감추지 못하는 사람은 어떠한 일도 성공하지 못한다.
- 자신의 단점을 깊숙이 숨겨두지 말고 햇볕을 쏘이게 하라. 그래야 그 단점이 광합성을 하여 꽃을 피울 수 있다.
- 자신의 목표를 종이에 적어 벽이나 책상 등 눈에 띄기 쉬운 곳에 붙여 두라. 이렇게라도 자신을 관리하지 않으면 다람쥐 쳇바퀴 같은 일상에서 끝나고 말게 될 것이다.
- 자유를 만끽하려면 자기관리를 잘해야 한다.
- 자전거와 자기발전의 공통점은? 계속해서 속력을 내지 않으면 결국 쓰러지게 되는 것이다.
- 좋은 시절에는 즐겨라. 그리고 어려운 시절에는 성장하라!
- 태어난다는 것은 신의 섭리고 선택의 여지가 없는 것이다. 선택할 수 있는 것은 오직 어떻게 사느냐 하는 것뿐이다.
- 하루하루를 당신의 최초의 날인 동시에 최후의 날인 것처럼 살아라!

자기방치[自己放置] 스스로 자신을 내버려 둠.

- 3등은 괜찮다. 하지만, 3류는 안 된다.
- 컴퓨터에서 업그레이드가 안 되면 외면당하듯, 사람도 업그레이드가 안 되면 외면당한다.
- 현대인의 최대의 정신적 범죄는 자기 자신에 대해서 불성실한 것이다.

자기성찰[自己省察] 스스로 자기의 마음을 반성하고 살핌.

- 나 하나쯤 빠지면 어때? 이런 생각은 하지 마라. 그렇게 되면 자

신만 퇴보하는 것이 아니라, 다른 사람들에게도 큰 피해를 주게된다.

- 남을 속이는 것보다 자신을 속이는 것이 더 나쁘다. 갖가지 핑계로 게으른 자신을 합리화하는 것만큼 어리석은 일은 없다. 자기 합리화가 반복되면 결국은 어떤 판단도 올바로 할 수 없게 된다.

- 한 해를 보낸 뒤에 자신이 일 년 전보다 발전했다고 느낄 때야말로 최고로 행복한 순간이다.

- 항상 내 마음을 경계하라. 그리고 내 행동을 살펴보라!

자랑 자신이나 물건 등이 칭찬을 받을 만한 것임을 드러내어 말함.

- 공치사 하면 누구나 역겨워한다.

- 독수리에게 있어서 가장 좋은 먹이 감은 두루미다. 두루미는 매우 떠들기 좋아하는 새인데, 특히 날 때 많은 소리를 많이 내어 독수리의 표적이 된다. 교회서나 사회에서도 혼자 잘났다고 항상 떠드는 사람을 보면 얼마 못 가 화를 당하는 것을 볼 수 있다.

- 번영할 때 뽐내지 마라. 역경에서 위축될 것이다.

- 사람들에게 좋은 평을 듣고 싶다면, 자신의 우수한 점을 내세워 말하지 마라!

- 사람들은 남에게 인정받고 싶어 하지만, 다른 사람을 인정하는 데는 매우 인색한 양면성을 가지고 있다. 나는 지금까지 아무렇지도 않게 자기 자랑을 늘어놓으면서도 남의 자랑 또한 인정해 주는 사람을 본적이 없다.

- 어리석음과 함께 감춰 두어야 할 것은 자신의 장점이다. 내가 장점에 신경 쓰지 않을 때 사람들은 그것을 존중한다.

- 자랑을 많이 하는 사람은, 별로 하는 일이 없다.

- 자랑하는 기쁨은 긁는 기쁨하고 비슷하다. 긁으면 긁을수록 부스럼만 커진다.

- 자신이 중요하길 바라는 사람 때문에 세상 말썽의 대부분이 야기

된다.

- 잘난 척하거나 자랑을 많이 하면 적만 많이 생긴다.
- 잘난 체하는 이는 우월감에 사로잡힌 열등한 이를 말한다.
- 장점을 굳이 숨길 필요는 없다. 다만 그것이 너무 지나치면 오히려 화가 된다.

자리 사람이나 물체가 차지하고 있는 공간.

- 성공한 자리에 오래 있지 마라. 오래 그 자리에 머물러 있으면 미움을 받고, 반드시 모함하는 자가 생긴다.
- 아껴 쓰지 않으면 집이 망하고, 청렴하지 못하면 자리를 잃는다.
- 자리에 연연할수록, 받는 대접은 점점 더 나빠진다.
- 지금 당신의 자리가 안락하고 따뜻하다면, 바로 지금이 이동을 준비해야 할 시간이다.
- 포기하지 않으면 언젠가는 성공의 자리에 다다를 수 있다.

자립[自立] 남에게 예속되거나 의지하지 아니하고 스스로 섬.

- 경제적 자립이 인격적 자립의 기초이다.
- 아무에게나 도움을 받으려고 하지 마라. 그렇게 되면 세상 모든 사람의 노예가 되어 버린다.
- 자신의 힘으로 살아가야 한다는 것을 일찍부터 자각하게 되면, 자립심도 그만큼 빨리 생기게 된다.

자만[自慢] 자신이나 자신과 관련 있는 것을 스스로 자랑하며 뽐냄.

- 모든 일은 치밀한 계획으로 시작하고 각고의 노력으로 성취하지만, 자만으로 한순간에 그르치기도 한다.
- 아무리 좋은 일을 많이 해도 자신이 남보다 우월하다고 생각하면

좋은 일도 아무런 가치가 없다.

● 자기만족은 어리석은 자의 행복이다.

● 자만심이 강한 사람은 어리석다. 그리고 그 어리석음 때문에 또 자만해 진다.

● 자신만 옳고 주위 사람이 모두 잘못됐다고 생각한다면, 그것은 바로 자신이 잘못됐다는 명백한 증거다.

자살[自殺] 스스로 자기의 목숨을 끊음.

● 가난, 실연 그 밖의 어떤 괴로움을 피하기 위해 자살을 선택하는 것은 겁쟁이가 하는 짓이다.

● 인간은 신이 소환할 때까지 기다려야 하고, 자기 생명을 스스로 빼앗아서는 안 된다.

● 자살로 세상을 떠나는 것은 인생에서 가장 큰 죄악이며, 또한 신에 대한 반역이다.

● 자살은 살인의 최악의 형태다. 그것은 후회할 수 있는 기회를 전혀 남기지 않기 때문에……

● 자살은 악마를 위해 순교를 하는 것이다.

● 자살의 장점은 지금하지 않아도 기회를 잃어버리는 게 아니라는 것이다.

자선[慈善] 남을 불쌍히 여겨 도와줌.

● 남의 강요에 의해 베푼 자선은, 스스로 한 자선의 절반의 가치밖에 없다.

● 벌 수 있는 데까지 벌고, 저축할 수 있는 데까지 저축하고, 줄 수 있는 데까지 주라!

● 성공의 척도는 재산과 명성과 지위 그리고 권력이 아니다. 유일하고 참된 성공의 척도는 우리가 일생동안 번 것을 어떻게 사용했는

지에 달려 있다.

● 아직 줄 수 있는 것이 남아 있다면 부자이다.

● 자신의 힘으로 이룬 것을 좋은 일에 써야 진정한 자선이라 할 수 있다.

● 주는 태도가 주는 물건보다 더 중요하다.

● 참다운 자선은 그것이 면세가 되건 말건 상관하지 않는다.

자세[姿勢] 몸을 움직이거나 가누는 모양.

자 세

● 넘어질 때마다 다시 일어나는 자세는 성공을 부른다.

● 아름다운 자세를 갖고 싶으면, 결코 너 혼자 걷고 있지 않음을 명심하라!

● 온몸을 사용하라. 자세를 바로 잡으면 주의력이 깊어진다.

자

자식[子息] 부모가 낳은 아이를, 그 부모에 상대하여 이르는 말.

자 식

● 모습이 변하면 생각도 변해야 한다. 자식을 옛날 어렸을 적 자식으로 생각하면 안 된다.

● 자식에게 보호자가 되지 말고 코치가 되어라!

● 집을 이룰 아이는 인분도 금처럼 아끼고, 집을 망칠 아이는 금도 인분처럼 쓴다.

자신[自身. 自信] 그 사람의 몸. 스스로 굳게 믿음.

자 신

● 내 병을 고칠 수 있는 건 의사가 아니라 바로 나 자신이다.

● 사진을 현상해서 찾으면 제일 먼저 찾아보는 인물은 자기 자신이다.

● 성공을 한다는 것은 오직 자기 자신에게 달려있다.

● 세상에서 가장 좋은 벗은 자기 자신이며, 세상에서 가장 나쁜 벗

도 자기 자신이다

- 아름답지 못한 과거를 인정하는 일은, 미래에 대한 자신이 있을 때 가능하다.
- 일에 자신이 없는 상사일수록 바쁘게 움직인다. 크게 짖는 개는 안 문다.
- 자신이 없을 때는 동전을 던져보자. 앞면이 나오면 한다! 뒷면이 나오면 그만두지 않는다!
- 자신이 존재한다는 바로 그 사실에 한 번도 놀라보지 못한 사람은 가장 위대한 사실을 놓치고 있는 사람이다.
- 정말 날 김새게 만드는 건, 내 자신이다.

자신감 ↗

자신감 [自信感] 자신이 있다는 느낌.

- 내 자신에 대한 자신감을 잃으면, 온 세상은 나의 적이 된다.
- 사람에게 자신감을 갖게 하는 세 가지는 좋은 가정, 좋은 아내, 좋은 의복이다.
- 상대방의 지위나 사회적 명성 때문에 주눅들 필요가 없다. 상대방도 나처럼 장단점을 가진 평범한 사람이다.
- 자신감과 우월감은 다르다. 자신감은 뚜렷한 실력을 바탕으로 한 자기 능력의 느낌이고, 우월감은 막연히 공상에 사로 잡혀 자만심에 빠진 것이다.
- 자신감은 그냥 주어지는 것이 아니다. 그것은 스스로 만들어야 하며 가끔은 뼈를 깎는 아픔도 감수해야 한다.
- 큰 목표를 향하기보다는 작은 목표를 하나씩 달성하는 것이 자신감을 생기게 한다.

자연 ↗

자연 [自然] 사람의 힘이 더해지지 아니하고 세상에 스스로 존재하는 것.

- 이 세계가 조상으로부터 물려받은 것이 아니라 자손들한테 빌린

것임을 아는 사람이 진정한 자연보호주의자다.

- 자연은 절대로 우리를 속이지 않는다. 우리를 속이는 것은 언제나 우리들 자신이다.
- 자연파괴는 자녀들에게는 오염을, 자손들에게는 기형을, 후손들에게는 파멸을 준다.

자유[自由] 구속이나 얽매이지 않고 자기 마음대로 할 수 있는 상태.

- 남의 자유를 방해하지 않는 범위 내에서 자기의 자유를 확장하는 것, 이것이 자유의 법칙이다.
- 놓으면 자유요, 집착함은 노예다.
- 만인의 자유를 보호하기 위해서는 각자의 자유는 축소되어야 한다.
- 배고픈 사람은 자유로운 사람이 아니다.
- 배움이 없는 자유는 언제나 위험하며, 자유가 없는 배움은 언제나 헛된 일이다.
- 사랑은 지배하는 것이 아니라 자유를 주는 것이다.
- 우리는 자유롭기 위해서 법에 묶여 사는 것이다.
- 인간의 자유는 원하는 것을 할 수 있는데 있는 것이 아니라, 원하지 않는 것을 하지 않아도 되는 데 있다.
- 자유는 그것을 빼앗긴 사람만이 그 가치를 절실히 느낀다.
- 자유는 획득하는 것보다 간직하는 것이 더 어렵다.
- 자유란 법이 허용하는 한도 내에서 모든 것을 할 수 있는 권리다.
- 자유를 만끽하려면 자기관리를 잘해야 한다.
- 자유를 잃는 것은 만사를 잃는 거다.
- 자유의 가장 못된 적은 방종이다.

자제력[自制力] 자기의 감정이나 욕망을 스스로 억제하는 힘.

- 남을 이기려 하는 자는 먼저 자기를 이겨야 한다.

- 백 리를 가는 사람은 구십 리를 절반으로 생각하라!
- 세계적인 명차는 브레이크 시스템이 좋다는 특징이 있다. 아무리 순간 가속력이 좋고 속력을 낼 수 있어도 브레이크 기능이 좋지 않으면 명차라고 할 수 없다.
- 원하는 것을 전부 얻었을 때를 특히 조심하라. 살찐 돼지는 운이 나쁘다.
- 자신의 불만을 억제할 수 없는 인간은 위대한 인물이 될 수 없다.
- 자신의 혈기를 참지 못하는 자는 성벽이 없는 도시와 같다.
- 행복할 때의 미덕은 자제이고, 역경에 처했을 때의 미덕은 인내이다.

자존심[自尊心] 남에게 굽히지 않고 자신의 품위를 스스로 지키는 마음.

- 실리를 챙기더라도 남에게 추하게 보여서는 안 된다.
- 사람은 자신의 자존심을 높여주는 사람에게 호의를 베풀지만, 자존심을 깎아 내리는 사람에게는 악의를 품는 감정순환의 법칙에 따라 행동한다. 칭찬할 점이 전혀 없다면 침묵하는 것도 좋은 방법이다.
- 인간의 나쁜 짓은 용서받을 수 있다. 그러나 인격적인 모욕은 용서받을 수 없다. 인간은 누구에게나 자존심이 있어 상대에게 모욕당한 사실은 무덤까지 가져간다.

잘못 잘하지 못하여 그릇되게 한 일.

- 남의 잘못을 찾아내어 폭로하면 유쾌하다. 그러나 자신의 잘못을 찾아내어 반성하면 더 유쾌하다.
- 서로가 자신의 잘못을 인정하지 않으면 화해가 이루어지지 않는다.
- 자신의 잘못을 인정하지 않는 것은, 더 큰 잘못을 키우는 것과 같다.

- 잘못된 길로 접어든 사람에게 필요한 것은 속도를 높이는 것이 아니라 방향을 바꾸는 교육이다.
- 잘못은 따로 있는 게 아니다. 잘못을 고치지 아니하는 것, 이것을 잘못이라고 한다.
- 잘못을 정당화하다 보면 잘못이 갑절로 늘어난다.
- 잘못을 진심으로 뉘우치면 진실성을 인정받는다.

잠 눈이 감긴 채 의식 활동이 쉬는 상태.

- 왕관을 쓴 머리는 일찍 편안하게 잠이 든 적이 없다.
- 일이 제대로 풀리지 않는 날, 나는 잠자리에 들기 전에 지금 여기서 할 수 있는 일은 없는지 스스로 물어본다. 만일 없다면, 푹 잠을 잔다.
- 잠을 안자면, 손오공 기분으로 다니고, 말은 사오정처럼 하게 된다.
- 잠이 부족하면 허기와 식욕을 더 느끼게 하는 호르몬이 분비되기 때문에 잠이 너무 부족하면 살이 찔 가능성도 높아지게 된다.

잡초[雜草] 가꾸지 않아도 저절로 나서 자라는 여러 가지 풀.

- 잡초는 저절로 자라지만 화초는 가꿔야 한다.
- 지구에서 잡초가 자라지 않는 곳을 찾아내 보라. 마찬가지로 마음속에 오류가 없는 자를 찾아내 보라!

장사 이익을 얻으려고 물건을 사서 팖. 또는 그런 일.

- 장사꾼이 해서는 안 되는 세 가지 일이 있다. 첫째, 과대나 허위 선전을 하는 일. 둘째, 돈벌이를 해 매점매석하는 일. 셋째, 계량을 속이는 일이다.
- 장사는 돈벌이가 목적이 아니다. 생산자와 소비자 사이에서 책임

- 을 다하는 것이 상인의 사명이다.
- 장사만 해서는 사업을 하는 사람보다 부자가 될 수 없다. 장사란 개인의 역량에 근거해서 소수 인력으로 돈을 번다면, 사업은 시스템이 돈을 벌어주는 거다.
- 장사와 사업의 차이는 일터에 내가 있어야 돈이 벌리면 장사고, 없어도 돈이 벌리면 사업이다. 문제는 시스템이 유무에 있다.
- 장사의 수법을 배우지 말고 영업의 수단을 배우라!

장수[長壽] 오래도록 삶.

- 건강과 장수를 위해서는 돈을 아끼지 마라!
- 목표가 없는 사람들은 목표가 있는 사람보다 장수하지 못한다.
- 웃음은 정력증강에 최고이고, 장수의 지름길이다.
- 장수하는 마을엔 웃음이 있다.
- 황새는 매우 오래 산다. 그 이유는 황새는 욕심이 없는 새이기 때문에 절대로 과식, 과욕이 없는 새이다. 먹이를 아무리 줘도 적당 량만큼만 먹고는 안 먹는다. 식사절제는 사람에게도 장수의 조건이 된다.

장애[障碍] 진행을 가로막아 거치적거리게 하거나 기능을 하지 못하게 함.

- 내 인생은 장애물로 가득 차 있는데 그 중 가장 큰 장애는 바로 나 자신이다.
- 발견을 저해하는 최대의 장애는 무지가 아니라 알고 있다고 착각하는 것이다.
- 방해하는 장애물이 무엇인지 그 목록을 작성하라. 그 다음 이 같은 장애물을 제거하기 위해 당신이 영향력의 원에서 무엇을 할 수 있는가를 살펴보라!
- 어떤 목표를 향하든, 극복해야 할 장애물은 언제나 있다.

- 장애물은 오히려 성공에 필요한 무기다.

장점[長點] 좋거나 잘하거나 긍정적인 점.

장점

- 개인이든 집단이든 단점을 들추면 소극적이 되고, 장점을 들추면 적극적이 된다.
- 루돌프 사슴 코는 왕따였다. 산타가 단점을 장점으로 활용하자, 다른 사슴들이 그를 모두 사랑했다(반짝이는 코가 안개 낀 성탄절에는 적격이었다).
- 성공의 비결은 남의 험담을 결코 하지 않고 장점을 들추어 주는 데 있다.

재기[再起] 역량이나 능력 따위를 모아서 다시 일어섬.

재기

자

- 개미가 집에 돌아왔을 때 집이 무너진 것을 발견하면 첫 번째로 하는 일은 집을 지을 나뭇가지들을 다시 모은다.
- 바닥에 닿은 다음에야 다시 올라 갈 수 있다.
- 우리가 허락지 않는 한 아무리 치명적인 실패도 우리를 재기 불능으로 만들 수 없다.
- 우리의 최대 영광은 한 번도 실패하지 않는 것이 아니라, 쓰러질 때마다 일어나는 데 있다.
- 집이 무너져도 흩어진 기왓장이 모조리 깨지는 건 아니다. 찬찬히 살펴보면 직접 피해를 보지 않았던 사람 중에 당신에게 호의를 갖고 있는 사람이 틀림없이 있다.

재능[才能] 어떤 일을 하는 데 필요한 재주와 능력.

재능

- 대부분의 사람들은 자기들이 타고난 재능을 아무렇게나 다뤄 그것을 빛내지 못한다.

- 익혀서 안 될 일 없다.
- 익힌 재능이 재물보다 낫다.
- 재능 가운데 가장 소중한 재능은, 한 마디면 될 때 두 마디 말하지 않는 재주이다.

재물[財物] 돈이나 그 밖의 값나가는 모든 물건.

- 건강이 재물보다 앞선다.
- 도둑질로 잘사는 사람도 있으나, 잘사는 사람이라고 모두 도둑질 한 것은 아니다. 또한 청렴해서 가난하게 사는 사람도 있으나, 가 난한 사람이 다 청렴한 것은 아니다.
- 무거운 옷은 움직임을 둔하게 하고 지나친 재물은 영혼의 활동을 방해한다.
- 재물은 분뇨와 같다. 한곳에 쌓여 있을 때는 악취를 풍기지만 널 지 뿌려지면 거름이 되어 땅을 기름지게 한다.
- 재물은 생활을 위한 방편일 뿐, 그 자체가 목적이 될 수는 없다.
- 재물이 많으면 그만큼 걱정거리도 늘어나지만, 재물이 전혀 없으 면 걱정거리가 더 많다.

재미 아기자기하게 즐거운 기분이나 느낌.

- 골프장 회원권은 돈을 주면 살 수 있다. 그러나 재미있는 동반자 는 돈 주고 살 수 없다.
- 과정이 재미있을 때 아이디어도 잘 떠오른다. 재미는 동기를 부여 한다.
- 돈보다는 즐거운 일을 택하라. 나는 만약 어떤 일에서 재미와 즐 거움을 더 이상 찾을 수 없다면, 드디어 다른 일을 찾아야 할 때가 된 것이라고 믿는다. 행복하지 않게 시간을 보내기에 인생은 너무 짧다.

- 만화는 첫째도, 둘째도, 셋째도 재미이다.
- 빨대는 'Strow'이고 깔때기는 'Funnel'이다. 깔때기는 '펀fun'이 있다. 재미 즐거움이…… 깔때기는 긍정적인 마인드의 소유자다. 유머를 활용하면 깔때기로 변한다.
- 상상의 본질은 재미다.
- 일하는 방식이 결과를 좌우한다. 재미있게 일하라!
- 자신이 하는 일을 재미없어 하는 사람치고 성공하는 사람 못 봤다.
- 자신이 하는 일을 재미있어 하는 사람은, 그렇지 않은 사람보다 성공률이 현저하게 높다.
- 재미가 없는 삶은 무효다.
- 재미는 본래 의욕을 북돋는 특성이 있다.
- 재미는 일의 반대말이 아니며, 재미와 일은 손을 맞잡은 한편이다.
- 재미와 창조는 동전의 양면이다.
- 재미있기 때문에 최선을 다 할 수 있다.
- 재미있는 장소에서 회의를 열어라!
- 재미있는 직원은 친절하고 유쾌하기 때문에 고객이 다시 찾는다.
- 제품이 좋으면 1개를 사고, 서비스가 좋으면 2개 사고, 재미있으면 박스로 사간다.

재산[財産] 재화와 자산을 통틀어 이르는 말.

- 과거의 불행은 하나의 재산이다.
- 과도한 재산을 소유하게 되었을 때보다 더 시련을 당하게 되는 적은 없다.
- 맛있는 과일에 벌레가 더 많이 꼬이듯이 재산이 많으면 근심도 많아진다.
- 부정한 방법이 아니라면 재산 형성의 기회는 놓치지 말아야 한다.
- 제대로 쓰지도 않는 재산을 가지고 있는 것은 결국 한 푼도 가지고 있지 않는 것이나 다를 바 없다.

- 착한 아내와 건강은 남자의 가장 훌륭한 재산이다.
- 너무 재주가 많은 자는 수고가 많고, 너무 영리한 자는 쓸데없는 걱정으로 고생이 많다.

재주 무엇을 잘할 수 있는 타고난 능력과 슬기.

- 너무 재주를 부리지 마라. 지혜로운 것이 더 중요하다.
- 재주가 비상하고 뛰어나더라도, 노력하지 않으면 아무 쓸모가 없다.

저축[貯蓄] 절약하여 모아 둠.

- 메모는 한마디로 저축이다.
- 샘이 마를 때까지 우리는 물의 가치를 결코 알지 못한다.
- 저축은 자기 자신에게 돈을 내는 것이다.
- 한 방울의 물도 쌓이면 호수가 된다.
- 한 번 운동한다고 해서 근육이 키워지는 것이 아니듯, 저축도 이와 똑같은 이치다. 재산을 늘리려면 규칙적으로 꾸준히 해야 된다.

적[敵] 서로 싸우거나 해치고자 하는 상대.

- 내가 성공하면, 가짜 친구들과 진짜 적들을 얻게 될 것이다.
- 말을 독점하면 적이 많아진다.
- 사람의 가장 큰 적은 무엇인가? 사람의 가장 큰 적은 자기 자신이다.
- 인간의 적은 인간이다.
- 적은 밖에 있는 것이 아니라 내 안에 있다.
- 적이 없는 자는 친구도 없다.
- 지나치게 물질적인 혜택을 누리면, 보이지 않는 적을 만든다.
- 진짜 적은 부당한 권력이 아니라 상상력의 결핍이다.

- 친구를 가까이하라. 그리고 적은 더 가까이하라!
- 항상 자신의 적을 만들어 두면 의욕을 잃지 않는다.

적극적[積極的] 대상에 대한 태도가 긍정적이고 능동적임.

- 나약하거나 소극적인 사람은 대부분 변명을 늘어놓고자 횡설수설하게 된다. 그러나 적극적인 사람은 결론부터 언급해 상대의 기선을 제압한다.
- 어차피 할 일이라면 최선을 다 하고, 언젠가 할 일이라면 지금 하고, 누군가 할 일이라면 내가 한다.
- 적극적 사고방식과 성공속도는 비례한다.
- 적극적이고 싶으면 적극적인 것처럼 행동하라!
- 적극적인 사고방식과 소극적인 사고방식은 뇌의 움직임이 전혀 다르다. 밝은 쪽으로 생각하면 기분이 즐겁다. 그러므로 혈액순환이 원활해져 몸의 컨디션도 좋아진다.
- 총알을 피할 생각 하지 말고 총구멍을 막아라!

적응[適應] 일정한 조건이나 환경 따위에 맞추어 응하거나 알맞게 됨.

- 변화를 못 본 척 하지 마라. 무조건 대항하지도 마라. 그것을 수용하고 그 물결을 타는 법을 배우라!
- 사람의 일생동안 인간관계를 증가시키는 데는 관계를 맺을 뿐 아니라 끊을 줄 아는 능력, 단체에 가입할 뿐 아니라 탈퇴할 줄 아는 능력이 있어야 한다. 이러한 적응력에서 가장 앞선 사람은 사회에서 가장 많은 혜택을 받는다.
- 작은 새가 처음으로 나는 것을 배우는 것은 강한 형제에게 밀려서 둥지에서 떨어질 때다.
- 적응이란 연속적인 선택을 뜻한다.

전략[戰略] 전쟁을 전반적으로 이끌어 가는 방법이나 책략.

- 가장 잘 할 수 있는 것에 집중하면 경쟁력이 생긴다. 이것이 전략적 사고이다.
- 계속 같은 방향으로 날고 있는 새를 맞히기는 쉬우나 방향을 바꾸는 새를 맞히기는 어렵다. 도박꾼은 결코 상대방이 기대하는 패를 내놓지는 않는다.
- 나의 계획을 실현하기 위해 다른 사람들의 좋은 계획에 가담하라. 이는 목표에 도달하는 멋있는 전략이다.
- 선배의 실패담을 모으는 것은 커다란 전략을 세우는 것이다.
- 오늘날 민첩성은 중요한 요소이다. 하지만 전략이 없는 민첩성은 상황에 대한 조건반사에 불과하다.

전문가[專門家] 어떤 분야에 상당한 지식과 경험을 가진 사람.

- 전문가가 당신보다 낫다는 보장은 없다.
- 전문가들은 전공분야가 매우 좁기 때문에 주위사람들이 이해하지 못하는 경우도 많다.
- 전문가의 향기를 풍겨라. 전문용어는 낯설지만 강하다
- 핵심역량이 있어야 한다. 남과는 차별화 된 전문성이 있어야 한다. 이를 위해 꾸준히 정보, 지식, 기술을 향상시키는 자기계발 노력을 지속한다.

전쟁[戰爭] 무력을 사용하여 싸움.

- 결코 선한 전쟁이 있을 수 없고, 결코 나쁜 평화도 있을 수 없다.
- 백 번 싸워 백 번 이기는 것이 최상은 아니다. 싸우지 않고 이기는 것이 최상이다.
- 우리는 전쟁을 끝내기보다 모든 전쟁의 시작을 끝내야 한다.

- 원자력 전쟁에서는 승자가 없다. 있는 것은 패자뿐이다.
- 전쟁과 프로의 세계에서는 2등에게 주는 상은 없다.
- 전쟁은 잔학행위이며 세련된 말로는 표현할 수 없다.
- 전쟁터에서는 영웅이란 것이 존재하지 않는다. 누구의 아들이거나, 누구의 아버지일 뿐이다.
- 패전(敗戰)같이 비참한 것은 없지만, 승전(勝戰) 또한 비참하다.

전진[前進] 앞으로 나아감.

전진 ↗

- 기관차는 기차에 속도가 붙었다고 객차를 떼어내지 않는다. 속도가 있어도 계속 끈다. 부단한 노력과 전진만이 최고를 유지할 수 있다.
- 나는 천천히 걸어가는 사람이다. 그러나 뒤로는 가지 않는다.
- 살아 있는 물고기는 물결을 타고 올라가고, 상한 물고기는 물결을 따라 내려간다.
- 실수와 패배는 우리가 전진하기 위한 훈련이다.

자

전통[傳統] 지난 시대에 이미 이루어져 계통을 이루며 전하여 내려오는 양식.

전통 ↗

- 전통만 고집하는 행위나 전통을 거부하려는 행위는 모두 잘못이다. 전통은 그대로 고수할 수만도 없고 잊어버릴 수만도 없는 모순적인 것이다.
- 전통이란 불의의 사태를 예방하는 집단적인 노력이다.
- 전통이란 한 민족의 즐거운 추억이다.

절망[絕望] 바라볼 것이 없게 되어 모든 희망을 끊어 버림.

절망 ↗

- 계속되는 절망은 없다.
- 인류 최대의 적은 질병이 아니라 절망이다.

- 자신의 잘못을 꾸짖으라. 그러나 절망은 하지 말라!
- 절망은 어리석은 자의 결론이다.
- 절망은 우리들의 전진을 가로막는다. 절망은 우리들의 희망을 좀 먹는다. 절망은 우리들의 강한 의지를 꺾어 눕힌다. 절망은 우리들의 연약한 힘은 견디기 어렵게 만든다. 이런 까닭에, 절망은 인간에게 있어서 죽음보다 더 무서운 현상인 것이다.
- 절망이란 죽음에 이르는 병이다.
- 희망은 어려움을 가능으로 만들고, 절망은 어려움을 불가능으로 만든다.

절약[節約] 함부로 쓰지 아니하고 꼭 필요한 데에만 써서 아낌.

- 돈지갑의 밑바닥이 드러났을 때의 절약은 이미 늦다.
- 절약 없이는 누구도 부자가 되지 않으며, 절약하는 자 치고 가난한 자는 없다.
- 절약은 불필요한 비용을 피하는 과학이며, 또 신중하게 우리의 재산을 관리하는 기술이다.
- 절약은 커다란 수입이다.
- 절약이란 돈을 가치 있게 쓰기 위한 보다 차원 높은 대비책이다. 열심히 벌고 제대로 쓰자!

절제[節制] 정도에 넘지 아니하도록 알맞게 조절하여 제한함.

- 백병의 약보다 야식을 삼가라!
- 사람의 욕심이란 채우려 들면 들수록 한도 끝도 없는 것이다. 이 욕심을 채우는 방법은 딱 하나밖에는 없다. 욕심을 줄이고 절제하는 것이다.
- 절제하지 못하는 사람은 자유인이 되지 못한다.

절주[節酒] 술 마시는 양을 알맞게 줄임.

- 건강을 위해 축배 하는 것은, 질병을 위해 축배 하는 것이다.
- 교실에서 한 말과 찻잔과 술잔을 기울이면서 하는 말이 똑같아야 한다.
- 외모는 거울로 보고, 마음은 술로 본다. 옛날과는 달리 취중에 한 말도 인사고가에 들어간다.
- 적당히 마셔라. 술 취하면 비밀과 약속을 지키지도 못하게 된다.

젊은이 나이가 젊은 사람.

- 노인은 과거에 살고, 젊은이는 미래에 산다.
- 늙은이는 잊어 먹기 잘 하고, 젊은이는 분별이 없다.
- 젊은 사람 치고 자신도 언젠가는 죽는다고 믿고 있는 사람은 거의 하나도 없다.
- 젊은이들은 타산적일 만큼 많이 알지 못한다. 바로 그러니까 젊은 세대는 노상 불가능한 일에 도전하며 그것을 이룩한다.

젊음 젊은 상태. 또는 젊은 기력.

- 내 젊음이 내 노력으로 받은 상이 아니듯, 내 늙음도 내 잘못으로 받은 벌이 아니다.
- 배움을 멈추는 자는 나이에 상관없이 늙은 사람이다. 반면에 끊임 없이 배우는 자는 누구나 젊다.
- 성장과 발전하려는 마음이 젊음을 유지한다.
- 시작은 젊음이 있기에 할 수 있다.
- 젊다는 것은 경험과 지식이 부족하다는 것이 아니라, 낡은 사고에 물들지 않았다는 것이다.
- 젊은 사람들은 과거가 부족하기 때문에 편협하다.

- 젊음은, 아무것도 하지 않고 놔두는 것보다는 낭비하는 것이 좋다.

정리 **정리**[整理] 흐트러진 상태에 있는 것을 질서 있는 상태가 되게 함.

- 마음 편히 자유롭게 살고 싶다면, 먼저 주변에 있는 불필요한 것부터 정리하라!
- 정리를 잘 하는 사람은 말도 잘 한다.
- 흩어져 있는 정보를 자주 정리할수록 아이디어는 풍부해 진다.

정보 **정보**[情報] 수집한 자료를 도움이 될 수 있도록 정리한 지식.

- 강한 자가 약한 자를 잡아먹는다. 하지만, 정보사회는 빠른 자가 늦은 자를 잡아먹는다.
- 먼저 들어온 정보일수록 머릿속에 남아서 오랫동안 지워지지 않는다.
- 무소식은 희소식이 아니다. 정보사회 스피드사회 이기 때문에…… 희소식이 희소식이다. 과거엔 전화도 청색, 백색이었고, 편지나 엽서도 며칠 후에 도착되던 시대에나 어울리는 말이다.
- 빠르면 살고 느리면 죽는다. 정보력은 양, 질, 속도이다. 아무리 좋은 정보도 속도가 느리면 가치를 잃게 된다.
- 이겨놓고 싸우는 방법은 정보이다.
- 이미 많은 사람이 아는 정보는 더 이상 정보가 아니다.
- 인생에 가장 성공적인 사람은 대체로 가장 훌륭한 정보를 가지고 있는 사람이다.
- 정보 입수에 떨어진 사람은 경쟁의 대열에서 낙오되는 시대이다. 정보 입수에 뒤떨어지면 통장 잔액이 줄어든다.
- 정보가 부족한 곳에서는 억측이 억측을 부르고 불안에 찬 소문이 떠돈다. 소문은 불확실한 정보이다. 정확한 정보의 공유는 조직의 필수 영양제이다.

- 정보는 많은 것만이 최선이 아니고, 양보다는 질의 확실성이 중요하다. 정확도가 낮거나 확인할 수 없는 정보는 아무리 모아놔도 참고요인 밖에는 안 된다.
- 정보는 읽기 쉬워야 한다. 알기 쉬워야 한다. 정확한 문장이어야 한다.
- 정보는 지금 당장 도움이 되는 정보, 관련성이 약간 떨어지는 정보, 잘은 모르지만 왠지 주의를 끄는 정보로 분류한다.
- 정보란 결과를 낳는 재료이다.
- 정보를 모은 후 잘 버리는 것도(내용별, 시간별…….) 중요한 기능이다. 이것이 안 되면 효율성은 떨어진다.
- 정보시대는, 집단이 아니라 어떤 한 개인이 사회의 원동력이 되는 시대다.
- 정보와 돈은 조국을 모른다.
- 정보화 사회는 시간 경쟁의 시대이다.
- 정보화시대는 컴퓨터와 전화만 있으면 안방에서 모든 일이 가능하다.
- 주머니에 돈을 넣는 것보다 머릿속에 생각을 넣는 것이 더 좋다.
- 지위를 빼앗으려 하는 부하에게는 손바닥(정보)을 보이지 마라!
- 확신이 서지 않을 땐 더 많은 정보를 수집하라!
- 흩어져 있는 정보를 자주 정리할수록 아이디어는 풍부해 진다.

정부[政府] 입법, 사법, 행정의 삼권을 포함하는 통치 기구.

- 어떠한 정부도 정부가 없는 것보다는 낫다.
- 우리가 자연환경을 보존하기 위해 정부와 싸우지 않으면 안 된다는 것은 어처구니없는 일이다.
- 정부란 커다란 아기와 같아서 식욕은 왕성하지만, 배설에 대해서는 책임을 지지 못한다.

정상[頂上] 산 따위의 맨 꼭대기. 그 이상 더없는 최고의 상태.

- 영예의 정상은 미끄러운 곳이다.
- 우리 모두 정상에서 만납시다! 정상은 대통령이 되고, 사장이 되는 것이 아니다. 자기 일에 최선을 다하고 자기분야에 최고가 되는 것이다!
- 정상은 거만을 허락하지 않는다.
- 피라미드는 정상부터 만들어지지 않았다.

정신[精神] 육체나 물질에 대립되는 영혼이나 마음.

- 몸보다 정신이 나태해지는 것이 훨씬 더 무섭다.
- 성장은 25세 전후에 마무리되지만, 정신적, 인격적 성숙은 평생에 걸쳐서 이뤄진다.
- 시간이 지날수록 육체는 약해지고 늙고 죽어간다. 그러나 정신은 강해지고 성숙해지고 다시 태어난다.
- 신체를 단련하라. 그래야만 당신의 정신이 단련될 수 있다.
- 우리가 보내는 시간은 크게 사회생활, 사생활, 정신생활의 세부분으로 나눌 수 있다. 성공한 사람은 사회생활과 사생활 이외에도 정신생활을 중요하게 생각한다.
- 위대한 사람들이란, 정신력이 어떤 물질적인 힘보다 강하다는 것을 알고 있는 사람을 말한다. 그들은 생각이 세계를 지배한다는 것을 잘 알고 있다.
- 힘에는 물리적인 힘이 있고 정신적인 힘이 있다. 어느 힘이 더 센가? 물론 후자이다.
- 힘으로 정신에 맞서는 것은 손으로 햇빛을 가리는 것과 같다. 아무리 덮으려고 해도 새어나오기 마련이다.

정열[情熱] 가슴속에서 맹렬하게 일어나는 적극적인 감정.

● 정열은 불이다. 그래서 없어서는 안 되지만 또 그만큼 위험하다.

● 정열의 불꽃을 태우지 않는 청년시절을 보낸 사람은, 경험이란 것을 갖지 못한 노인이 된다.

● 꾸짖을 때에 내용은 예리하되 표현은 부드럽게 하라. 칭찬할 때에 내용은 구체적이되 표현은 정열적으로 하라!

● 정열적인 사랑을 해보지 못한 사람은 인생의 절반, 그것도 아름다운 쪽의 절반이 가려져 있는 것이다.

정의[正義] 진리에 맞는 올바른 도리.

● 호랑이가 사람을 죽이면 사람들은 그것을 재난이라고 하고, 사람이 호랑이를 죽이면 사람들은 그것을 스포츠라고 한다. 범죄와 정의와의 차이도 이것과 비슷한 것이다.

● 진실은 반드시 따르는 자가 있고, 정의는 반드시 이루는 날이 있다.

● 힘이 주인 노릇하는 자리에서는 정의는 고용살이다.

정직[正直] 마음에 거짓이나 꾸밈이 없이 바르고 곧음.

● 당신이 정직하고 솔직하면 상처받을 것이다. 그래도 정직하고 솔직해라!

● 불이익이 있다하더라도 정직하라. 그것이 최고의 호감을 갖게 하는 것이다.

● 속이고 이기느니보다, 영예롭게 지는 편이 좋다.

● 솔직함이라는 것은 전 세계에서 유일한 종교다.

● 오래 지속되는 행복은 오직 정직한 것에서만 발견할 수 있다.

● 우리는 정직으로부터 쾌락보다 더 많은 이익을 얻는다. 명예를 무시하고 돈을 번 사람들은 종종 그들의 명예를 회복하기 위해서 많

은 돈을 지불해야 한다.

- 자녀를 정직하게 기르는 것이 교육의 시작이다.
- 정직만큼 부유한 유산도 없다.
- 정직은 가장 좋은 책략이다.
- 정직은 가장 확실한 자본이다.
- 정직은 최선의 방법이고 방책이다.
- 정직을 잃은 자는 더 이상 잃을 것이 없다.
- 정직이야 말로 최고의 처세술이다.
- 정직하고 즐겁게 살며, 사욕을 버리고 조국을 사랑하도록 자식들에게 가르쳐라. 그들이 모두 다 워싱턴 같은 위인은 못 될지라도 틀림없이 워싱턴 같은 사람을 그들의 통치자와 지도자로 선택하는 그런 사람들은 될 것이다.
- 정직하다는 것이 가장 좋은 판매책이다.
- 정직하지 못한 친구는 분명한 적보다 나쁘다.
- 정직하지 않으면 요행으로 사는 삶이다.
- 정직한 인간은 신이 창조한 가장 고상한 작품이다.
- 정직함은 신이 주신 가장 날카롭고 무서운 무기 이다.
- 정직함을 결코 타협의 대상으로 삼지 마라. 인간관계를 맺고 있는 사람들을 늘 기억하라!
- 하늘에 계신 분에게 통하는 유일한 길은 기도이고, 사람에게 통할 수 있는 유일한 길은 정직이다.
- 하루만 행복하려면 이발소에 가고, 1주일만 행복해지고 싶거든 결혼을 하고, 1개월 정도라면 차를 사고, 1년 이라면 새 집을 지어라. 그런데 평생토록 행복하기를 원한다면 정직한 인간이 되라!

정체성[正體性] 변하지 아니하는 존재의 본질을 깨닫는 성질.

- 당나귀가 여행을 떠났다고 해서 말이 되어 돌아올 수 있는 것은 아니다.

- 당신이 무슨 일을 하는가는 당신이 누구인가보다 덜 중요하다.
- 당신이 현재 소유하고 있는 것이 아니라, 당신이 현재 가지고 있는 것으로 당신의 무엇을 하는지에 따라서 당신의 진짜 가치가 결정된다.

정치[政治] 나라를 다스리는 일.

- 가장 훌륭한 대통령을 뽑겠다는 어리석은 생각을 하지 마라. 오히려 가장 해를 적게 미칠 대통령을 뽑겠다고 생각하라!
- 나라를 멸망케 하는 가장 확실한 방법은 선동정치가에게 권력을 맡기는 일이다.
- 민주주의는 투표가 아니라 공정한 개표로 가늠하는 것이다.
- 선거만 끝나면 노예제가 시작된다.
- 전쟁에서는 오직 한 번 죽지만, 정치에서는 여러 번 죽는다.
- 정치의 본질은 적과 동지의 구별에 있다.
- 정치인의 유머 한마디는 몇 개 사단의 파괴력과 맞먹는다. 심심치 않게 벌어지는 국회에서의 추태도 유머 감각의 부재 때문이다.
- 한 가지 거짓말은 거짓말이고 두 가지 거짓말도 거짓말이나, 세 가지 거짓말은 정치이다.

정치인[政治人] 정치를 맡아서 하는 사람.

- 소금은 제 몸을 녹여야 짠맛을 내고, 촛불은 제 몸을 태워야 빛을 발한다. 빛과 소금 같은 정직하고 사심 없는 정치인을 만나고 싶다.
- 정치인과 연예인의 공통점은? 카메라 앞에서 포즈를 바꾸는 것은 선수라는 점이다.
- 정치인은 자신이 한 말을 믿지 않기 때문에, 다른 사람들이 자신을 믿으면 놀랜다.
- 책임을 통감하는 이들은 있지만, 죄책감을 가진 자는 없다.

제스처[gesture] 말의 효과를 더하기 위하여 하는 몸짓이나 손짓.

● 말로 다하지 못했다면, 몸짓으로 커버하라!

● 연극적인 제스처는 금물이다. 특히 고별식 등의 엄숙한 장면에서의 제스처는 금물이다.

● 제스처가 좋다고 해서 똑같은 제스처를 몇 번이고 되풀이하면 눈에 거슬린다.

● 제스처는 아주 중요한 요소다. 강사의 제스처는 그 내용을 강조하는 의미뿐 아니라 흐트러진 것을 집약시켜 청중의 머릿속으로 넣어주는 커다란 역할이다.

● 제스처는 오른손보다 왼손으로 하는 편이 자연스럽다. 부드럽기 때문에⋯⋯.

● 제스처는 장군의 지휘봉이다. 다양한 제스처의 기술을 터득하라. 자연스러워야 한다. 같은 동작을 반복하지 않는다. 내용과 맞는 동작을 연출해야 한다. 시선과 동작을 일치시켜야 한다. 손가락으로 특정인을 지목하지 않는다. 너무 힘이 들어가거나 너무 부드러운 제스처는 금물이다.

조심[操心] 잘못이나 실수가 없도록 말이나 행동에 마음을 씀.

● 깃발이 높을수록 요동이 심하고, 탑이 높을수록 무너지기 쉽다.

● 나이를 먹었다고 해서 현명해지는 것은 아니다. 조심성이 많아질 뿐이다.

● 불분명한 태도로 거래하는 사람을 주의하라!

● 짖지 않는 개와 소리 없이 흐르는 물을 조심하라!

조직[組織] 목적달성을 위해 여러 개체나 요소를 모아 집단을 이룸.

● 우리의 주변이나 우리가 속해 있는 조직은 위선으로 가득 차 있을

경우가 많다. 그러나 위선도 하나의 조직 역할을 하게 된다.

- 우수한 인재들을 발굴해서 계약하고 유지하는 것이 조직의 성공에서 핵심이다.
- 조직력이 없는 사람은 대성하지 못한다.
- 조직문화는 구호가 아닌 실천이다.

조화[調和] 서로 잘 어울림.

조화 ↗

- 개울 바닥에 돌이 없다면, 시냇물은 노래를 부르지 않을 것이다.
- 공기 중에 어느 정도 불순물이 있어야 더욱 아름다운 노을이 생긴다.
- 모든 사람이 나와 같아야 한다는 생각은 어리석은 생각이다. 튀는 사람의 행동도 그대로 받아들여질 때 직장은 더욱 윤기 있고 활기 있어질 것이다.
- 밀가루와 물과 베이킹파우더와 팥을 함께 모아 놓으면 저절로 찐빵이 되는 것이 아니다. 종합은 이렇게 그저 모아 놓는 것이 아니라, 서로 결합하여 조화를 이루는 새로운 창조이다.
- 예쁜 부분들을 그저 다 끌어 모아 놓는 다고해서 예쁜 여자 얼굴이 되는 것이 아니다. 조화와 화합이 돼야 예쁜 얼굴이 된다.

자

종교[宗敎] 절대자 대한 믿음을 통해 삶의 의미를 추구하는 문화 체계.

종교 ↗

- 세상에 누구도 자기를 구원할 만큼 선한 이가 없고, 하나님이 구원할 수 없을 만큼 악한 자도 없다.
- 종교가 없는 과학은 절름발이요, 과학이 없는 종교는 맹인이다.
- 종교는 말이 아니고 실행이다.
- 종교는 방법이 아니고 생활이다.
- 종교의 싸움은 악마의 수확이다.

좌절[挫折] 마음이나 기운이 꺾임.

- 성공에는 실패가 내장되어 있기에 사소한 실수에 좌절하지 말아야 한다. 실패란 성공이라는 진로를 알려주는 나침반이다.
- 실패가 자신을 좌절시키지 못하게 하라. 실패는 교훈을 줄 뿐이다.
- 좌절 금지! 실패는 경험일 뿐이다.
- 좌절의 체험은 약이 되나 좌절의 추억은 영양가가 없다.

죄[罪] 양심이나 도리에 벗어난 행위.

- 부모에게 죄를 지으면 빌 곳이 없다.
- 인간은 자신이 저지른 죄에서 결코 자유로울 수 없다. 다만 죄를 인정하고 되풀이하지 않도록 노력할 뿐이다.
- 작은 구멍이 배를 침몰시키고, 죄 한 가지가 사람을 파멸시킨다.
- 죄 있는 자는 세상 사람이 모두 자기를 욕하고 있는 걸로 보인다.
- 죄는 처음에는 손님이다. 그러나 그대로 두면, 손님이 그 집 주인이 되어 버린다.
- 죄는 취소 될 수 없다. 용서 될 뿐이다.
- 죄를 범한 자는 아무도 쫓아오지 않는데도 도망친다.
- 죄를 짓기 때문에 악한 것이 아니라 악하기 때문에 죄를 짓는 것이다.
- 죄의식 같은 건 아홉 시 뉴스 한 번만 보면 싹없어진다. 이런 시대에 자원 봉사자는 더욱 빛난다.
- 칼이 날카로워도 죄 없는 사람은 베지 못한다.
- 하나의 법이 생기면, 하나의 죄도 생긴다.

주관[主管] 어떤 일을 책임을 지고 맡아 관리함.

- 나란 존재는 사막의 모래알 일지도 모르지만, 내 인생에서의 역사

는 내가 주인공이다.
- 자신의 생각대로 살아야 한다. 그렇지 않으면 결국 자기가 사는 대로 생각하게 된다.

죽음 죽는 일. 생물의 생명이 없어지는 현상.

- 관 뚜껑이 일단 한번 닫히고 나면, 한 사람에 대한 판결은 끝이 나는 것이다.
- 나의 모든 과업을 끝마쳤을 때엔 죽음이 즐거운 여행이 될 것이다.
- 사람들이 웃는다고 해서 삶이 경박한 것이 아니듯, 사람들이 죽는다고 해서 삶이 재미없는 것은 아니다.
- 사람의 죽음은, 죽는 사람 자신보다는 살아 있는 사람의 문제이다.
- 사랑은 무엇이나 가능케 한다. 돈은 모든 것을 이긴다. 시간은 모든 것을 먹어치운다. 그리고 죽음은 모든 것을 끝내준다.
- 살아 있다는 습관이 붙어 버렸기 때문에 우리는 죽음을 싫어한다. 죽음은 모든 고민을 제거시켜 주는데도 말이다.
- 알차게 보낸 하루가 편안한 잠을 제공하는 것처럼, 알찬 생애가 평온한 죽음을 가져다준다.
- 언제나 죽을 각오로 있는 사람만이 정말 자유로운 인간이다.
- 우리가 마지막으로 입는 옷에는 호주머니가 없다.
- 이 세상에 죽음만큼 확실한 것은 없다. 그런데 사람들은 겨우살이 준비하면서도 죽음은 준비하지 않는다.
- 인생은 여행이며 죽음은 그 종점이다.
- 죽은 사자라면 토끼조차도 그 갈기를 물고 장난한다.
- 죽음. 이 세상에서 유일한 평등이다.
- 죽음에 대해 깊이 생각할 필요는 없지만 항상 죽음을 가까이 두고 봐야 한다. 그러면 삶 전체가 더 의미 있고 즐거워진다.
- 죽음으로써 모든 비극은 끝나고, 결혼으로써 모든 희극은 끝난다.
- 죽음은 오랜 수면이다. 수면은 짧은 죽음이다. 수면은 가난을 달

래 주고, 죽음은 가난을 없애 준다.

- 죽음은 위대한 의사이다. 어떤 견디기 어려운 슬픔과 질병을 치료해 준다.
- 죽음의 문턱에 다다라서야 전혀 살지 않았음을 깨닫게 된다.
- 죽음이라는 것은 태어나는 것과 마찬가지로 자연스러운 일이다.
- 한 명의 죽음은 비극이지만, 백만 명의 죽음은 통계이다.
- 한 사람을 죽이면 그는 살인자다. 수백만 명을 죽이면 그는 정복자이다. 모든 사람을 죽이면 그는 신이다.
- 항상 죽음을 준비하라. 그러기 위해서는 언제나 선하게 살아야 한다.

준비 →

준비[準備] 미리 마련하여 갖춤.

- 기회는 반드시 찾아온다. 준비가 안 된 자에겐 잠자고 있을 때 오고, 준비가 된 자에겐 눈을 부릅뜨고 있을 때 온다.
- 꿀밤이나 이마를 손가락으로 퉁기더라도, 입김을 '하~'하고 준비한다. 하물며 성공을 원하는 사람이 성공 준비를 안 하고 성공을 바란다면 범죄행위다. 성공은 예감이 아니고 과학이다.
- 나이 들어 따뜻하게 지내고 싶으면, 젊은 시절에 난로를 준비해 두어야 한다.
- 남보다 먼저 내일을 준비하는 사람이 성공한다.
- 높고 험한 언덕을 오르려면, 처음에는 서서히 걸어야 한다.
- 대개 하고 싶은 말을 미리 준비하지 않으면, 쓸데없는 말까지 장황하게 늘어놓게 된다.
- 맑은 날 지붕을 고쳐 놓아야 비가와도 걱정이 없다.
- 목마르기 전에 미리 우물을 파 두어라!
- 무엇보다도, 준비하는 것이 성공의 비결이다.
- 미래는 준비하는 사람의 것이다.
- 성공한 사람들을 보면 공통점이 있다. 그것은 항상 준비를 잘하는 것이다. 일을 시작하기 전에 준비하고, 일을 하면서 다음에 할 일

을 준비한다.

- 성공한 사람은 이유가 있고, 성공은 준비하는 자에게만 온다.
- 아무리 원대한 목표라도 의욕만 가지고는 이룰 수 없다. 목표를 이루기 위한 사전작업 즉, 철저한 분석과 준비 없이는 곤두박질치는 결과를 가져오고 만다.
- 아무리 좋은 날씨라도 밤이 오지 않을 수 없다.
- 오직 철저하게 준비한 사람에게만 승리의 여신이 찾아온다. 하지만 잘 모르는 사람들은 그것을 '행운'이라고 부른다.
- 유비무환의 정신을 일상화하라!
- 이 세상에 죽음만큼 확실한 것은 없다. 그런데 사람들은 겨우살이 준비하면서도 죽음은 준비하지 않는다.
- 전날 밤에 일을 준비해 두면, 다음 날 그냥 시작해서 하는 것보다 시간을 반으로 줄일 수 있다. 그리고 노력도 훨씬 적게 든다.
- 준비가 기회를 만나는 것, 그것이 바로 행운이다.
- 준비가 돼 있지 않은 상태에서 여가시간이 급증하면 걱정만 덩달아 많아질 뿐이다.
- 준비되지 않은 기회는 위험하다.
- 준비된 노년은 무엇보다 큰 축복이지만, 준비되지 않은 노년은 큰 재앙이다. 그것은 기업과 국가에도 마찬가지다.
- 준비에 실패하면, 실패를 준비하는 것이다.
- 지금 당신의 자리가 안락하고 따뜻하다면, 바로 지금이 이동을 준비해야 할 시간이다.
- 철저한 준비가 곧 실력이다.
- 학생이 준비되었을 때 스승이 나타난다.
- 험한 언덕을 오르려면, 처음에는 천천히 걸어야 한다.

즐거움 즐거운 느낌이나 마음.

- 나는 한 번도 부자가 되려고 발버둥을 쳐 본적이 없다. 언제나 나

는 삶의 즐거움을 찾아 도전했으며, 지금도 마찬가지다.

- 똑똑한 자는 열심인자를 못 따라가고, 열심인 자는 즐기는 자를 못 따라간다.
- 사람은 명예와 지위의 즐거움은 알면서도, 이름 없고 평범하게 지내는 참다운 즐거움은 알지 못한다.
- 인생에서 추구하는 것이 두 가지가 있다. 하나는 원하는 것을 얻는 것이고, 그 후 그것을 즐기는 것이다. 가장 현명한 사람은 두 번째를 달성한다.
- 진정한 즐거움은 고통의 대가를 지불하여 얻어야 한다.

증오[憎惡] 아주 사무치게 미워함.

- 격렬한 증오는 미워하는 이보다 자신을 더 밑으로 가라앉게 한다.
- 다른 이를 증오함으로 치르는 대가는, 자신을 덜 사랑하게 되는 것이다.
- 사랑은 우리가 실수를 보지 못하게 하고, 증오는 우리가 선행을 보지 못하게 한다.
- 자기를 다른 사람의 처지에 놓아보면, 남에게 느끼는 질투나 증오가 없어질 것이다. 또 다른 사람을 자기의 처지에 놓아보면 거만이나 자아도취가 줄어들 것이다.
- 증오는 그 마음을 품는 자에게 다시 돌아간다.
- 증오는 사람을 일그러지게 한다.
- 증오는 질질 끌면서 하는 자살과 같은 것이다.
- 증오는 하늘 보고 침 뱉기요, 자기 꼬리를 스스로 무는 것이다.
- 증오도 사랑처럼 눈을 멀게 하는 것이다.
- 증오란 스스로 얻는 체벌이다.
- 증오란 쥐를 잡으려고 집을 태우는 것과 같다.
- 증오의 감정에 사로잡힌 자는 이성을 잃어버린다.

지각[遲刻] 정해진 시각보다 늦게 출근하거나 등교함.

- 시간은 결코 지각하지 않는다. 다만 사람이 그렇게 할 뿐이다.
- 지각을 해서 가뜩이나 미안해하는 사람에게 야단을 치면 역효과만 날 뿐이다. "가끔 가다 일찍 오기도 하게!"라고 한마디 하는 게 더 효과적이다.
- 지각하는 직원에게…… "자네 왔으니 이제 다 왔군!"

지금[只今] 말하는 바로 이때.

- '다음엔 잘 해야지!'는 안 된다. 왜냐면 지금 잘하지 않으면 다음을 약속 받을 수 없다.
- 당신에게 가장 중요한 때는 지금 이고, 가장 중요한 일은 지금 하고 있는 일이고, 가장 중요한 사람은 지금 만나고 있는 사람이다.
- 세상에서 가장 중요한 것은 '지금' 최선을 다하는 것이다.
- 지금은 두 번 다시 재현되지 않는다.
- 지금이라는 말은 성공을 위한 마법의 말이지만, 다음이라는 말은 실패라는 말과 동의어이다.
- 한 번 만난 인연을 인맥으로 바꾸는 것은 지금부터다.

지도자[指導者] 남을 가르쳐 이끄는 사람.

- 당신이 만약 지도자라면, 당신의 승리는 당신 팀의 승리라는 결과를 통해서만 올 것이다.
- 성공을 향한 경쟁에서는 지도자의 속도가 전체의 속도를 결정한다.
- 유능한 지도자는 동기부여에 능하다.
- 장사꾼이 아닌 참된 지도자 상을 갖고 있어야 한다.
- 지도자는 남으로 하여금 일을 할 기분이 되도록 해 주어야 한다.
- 지도자는 장애물을 치워주고, 지침과 방향을 제시하며, 정서적인

온도조절 장치를 설치한다. 지도자는 사람들이 최대한 능력을 발휘하도록 돕는다.

- 지도자는 진실을 말해주는 사람이어야 한다.
- 지도자란 절망에서 희망으로 연결해주는 다리와 같은 존재다.

지식[知識] 배우거나 실천을 통하여 알게 된 명확한 인식이나 이해

- 군사력과 마찬가지로 경제적 영향력도 날이 갈수록 지식에 바탕을 두고 있다. 첨단기술은 지식의 응결체이다.
- 돈으로 모든 것을 살 수 없으며, 두툼한 돈지갑도 언젠가는 빈털터리가 되게 마련이다. 그러나 지식은 그렇지 않다. 얼마든지 더 만들어 낼 수 있다.
- 살아있는 사람에게서 빼앗을 수 없는 것은 지식이다.
- 석유와 지식의 근본적인 차이점은, 석유는 쓸수록 줄어들지만 지식은 사용할수록 더 많이 창조된다는 점이다.
- 섣부른 지식은 위험한 것이다.
- 세련되고 고상한 지식을 비축하라. 현명한 사람은 고상한 지식을 비축하여 무장하고 있다.
- 아는 것이 적으면, 사랑하는 것도 적다.
- 아는 게 많다고 모두 지도자가 되는 것은 아니다. 아는 게 많으면 어떤 지도자를 따라야 할지 선택하는 데는 도움이 된다.
- 아는 만큼 말하고, 아는 만큼 웃는다.
- 열 가지를 안다고 자랑하는 지식보다는 단 한 가지를 알아도 자기 것으로 만들어 활용할 줄 아는 지식, 그것이 진정한 지식이며 가치 있는 것이다.
- 우리는 가장 모르는 것을 가장 잘 믿는다.
- 중요한 것은 지식의 양이 아니다. 그중에서 가장 가치 있는 것이 무엇인지 찾을 수 있어야 한다.
- 지식에 투자하는 것이 가장 이윤이 높다.

- 지식은 끝이 없다. 아무리 많이 아는 사람이라도 조금 아는 사람 보다 더 많이 안다고 말할 수 없다.
- 지식은 밀봉가기 어렵다. 퍼져 나간다.
- 지식을 지혜롭게 활용해서 상품화 하라. 지식만 갖고는 안 된다.

지옥[地獄] 죄를 짓고 죽은 사람들이 구원을 받지 못하고 끝없이 벌받는 곳.

- 마음은 천국을 만들 수도 있고 지옥을 만들 수도 있다.
- 멸시 당한 여성의 분노만큼 맹렬한 것은 지옥에도 없다.
- 일을 즐겁게 하는 자는 세상이 천국이요, 일을 의무로 생각하는 자는 세상이 지옥이다.
- 지옥 중에서도 가장 고통스러운 지옥은, 천국이 내다보이는 창문 이 있는 지옥이다.
- 지옥으로 가는 길은 쉽다. 눈을 감고서라도 갈 수 있을 정도이다.
- 지옥이란 인간이 희망을 잃어버린 상태를 말한다.

지적[指摘] 꼭 집어서 가리킴. 허물 따위를 드러내어 폭로함.

- 상대방의 잘못을 함부로 지적하거나 비난해서는 안 된다. 자신의 잘못을 인정하고 고치는 데에도 때로는 평생이 걸린다.
- 잘못을 지적하는 행위는 결코 내게 이로운 결과를 가져오지 않는 다는 점을 명확히 알아야 한다.
- 지적은 간단하게, 칭찬은 길게 하라!

지혜[智慧] 사물의 이치를 빨리 깨닫고 사물을 정확하게 처리하는 정신적 능력.

- 가난은 때론 최고의 지혜로움을 준다.
- 갖고 있지 않은 것을 한탄하지 말고, 갖고 있는 것에 감사할 줄 아 는 사람이 지혜로운 사람인 것이다.

- 거만한 자를 책망하지 마라. 그가 너를 미워할까 두렵다. 지혜 있는 자를 책망하라. 그가 너를 사랑하리라!
- 경험을 쌓아 올린 사람은 점쟁이보다 더 많은 것을 알고 있다. 경험이 쌓일수록 말수가 적어지고, 지혜를 깨우칠수록 감정을 억제하는 법이다.
- 과학은 아무리 발달해도 지혜가 아니고 상식이다. 지혜란 지식과 판단력과 통찰력이 조화된 것이다.
- 급한 일 보다 중요한 일을 먼저 할 수 있는 지혜를 길러라!
- 나의 생각을 물을 때 '잘 모른다!'고 대꾸함으로서 피해 가는 것이 지혜로 울 때가 있다.
- 너무 재치를 부리지 마라. 지혜로운 것이 더 중요하다.
- 다른 사람의 말을 무조건 듣지 않는 것은 옹고집쟁이일 뿐이다. 그렇다고 너무도 다른 사람의 말을 잘 듣는 사람은 줏대가 없다. 경우에 따라 다른 사람의 말을 취사선택해 들을 수 있는 사람만이 진정으로 지혜로운 사람이다.
- 사랑이 없는 젊은이와 지혜가 없는 노인, 이들은 실패한 인생이다.
- 산다는 것은 움직이는 것이요, 움직이는 데는 방향이 있어야 한다. 지혜는 행동에 방향을 준다.
- 상사에게는 충고를 하지 말고, 제안을 해서 같은 결론에 이르게 해야 한다.
- 상사의 논리에서 오류를 찾아내는 것은 명석함이요, 그것을 말하지 않는 것은 지혜로움이다.
- 상처를 입고 있어도 다시 일어서는 지혜가 있다면, 상처는 오히려 인생의 보물이 된다.
- 아는것을안다하고모르는것을모른다하는것이곧아는것이다.
- 앞에 가던 수레가 뒤집어지는 것을 보고 뒤에 따라가던 수레는 조심한다. 현명한 사람은 먼저 사람의 실패를 귀담아 들었다가 앞으로 닥칠 일을 막아낸다.
- 어리석은 듯 슬기로운 것이 지나치게 똑똑한 것보다 낫다.

- 우리들은 성공보다 오히려 실패에서 많은 지혜를 배운다.
- 위급한 때일수록 힘보다는 지혜가 필요하다.
- 인내와 지혜는 분리될 수 없는 것이다.
- 인생은 짧은 담요와 같다. 끌어당기면 발끝이 싸늘하고, 내려덮으면 어깨 근처가 싸늘하다. 그러나 지혜로운 사람이라면 무릎을 구부려 아주 쾌적한 하룻밤을 보낸다.
- 줄곧 깎고 있으면 칼날이 무디어진다. 줄곧 지껄이고 있으면 지혜도 무디어진다.
- 지식이 많다고 지혜로운 사람은 아니다. 배운 지식으로 인해 오히려 오만하게 되어 지혜를 잃는 경우가 있다. 지혜의 첫걸음은 자기가 미흡하다는 것을 아는 데 있다. 그런데도 불구하고 한껏 오만을 떠는 것은 지식만 있었지 지혜가 없는 까닭이다.
- 집 안에 노인이 하나도 없다면, 한 사람 빌려와라!

직업[職業] 생계를 유지하기 위하여 종사하는 일.

- 사람의 천성과 직업이 맞을 때 행복하다.
- 세상에는 천한 직업은 없고, 다만 천한 사람이 있을 뿐이다.
- 어떤 직업을 선택하든지 스스로 좋아서 미쳐야 한다. 인간은 자유의지를 가진 존재이기 때문에 자기가 좋아서 할 때 가장 높은 성과를 거두게 된다.
- 어떤 직업이던 직업 자체는 미래가 없다. 오직 당신에게 미래가 있을 뿐이다.
- 이 세상에는 사람의 머릿수만큼 직업이 존재한다.
- 자신이 가장 관심을 가지고 있는 주제를 선택하고, 그것을 자신의 직업으로 삼으면 된다.
- 직업에 너무 몰두하면, 직업에 의해 황폐해지게 된다.
- 현대인에게 있어서 가장 결핍되어 있는 것은, 자기 직업에 대한 애정이다.

자

직업

직원

직원[職員] 일정한 직장에 근무하는 사람을 통틀어 이르는 말.

- 경영에서 가장 큰 실수는 직원들을 충분히 칭찬해 주지 않는 것이다.
- 직업에는 귀천이 없다. 하지만 직원은 귀천이 있다.
- 직원과 오너의 차이는 직원은 오너가 있을 때 굳은 일을 하지만, 오너는 직원이 없을 때도 굳은 일은 한다. 직원 중에 오너가 없어도 굳은 일을 하는 사람이 있다면, 그는 가까운 장래의 오너이다.

직장

직장[職場] 사람들이 일정한 직업을 가지고 일하는 곳.

- 직장 생활은 완벽을 추구하는 곳이 아니다. 더 높은 타율을 추구하는 것이다.
- 직장생활에서 벌어들인 수입으로 빌딩을 구입하고 백만장자가 된 사람은 단 한 사람도 없다. 직장에서 얻어야 할 것은 무엇인가? 그것은 커리어와 노하우다.
- 직장에서 주는 봉급만큼만 일하겠다는 사람은, 적은 액수의 급여를 받고 열심히 일하는 사람들을 향해 어리석다고 비아냥거리기도 한다. 그러나 어리석은 자는 바로 그 사람이다.

진리

진리[眞理] 참된 이치. 또는 참된 도리.

- 돈이 말을 할 때 진리는 침묵을 지킨다.
- 우리 생활에 유익하다면, 그것이 진리이다.
- 진리는 적과 자기편을 초월한다.
- 진리를 드러내는 가장 확실한 증거는 단순함과 명백함이다. 거짓은 항상 복잡하고 소란스러우며 말이 많다.

진실[眞實] 거짓이 없는 사실.

- 거짓은 단거리를 달리지만, 진실은 마라톤을 달린다.
- 나에게 진실이 있다면 모든 사람이 다 형제자매이다. 내가 진실을 잃으면 형제자매, 부모, 자식 간도 원수가 된다.
- 뛰어난 거짓말쟁이가 아니라면, 진실을 말하는 것이 최선의 방책이다.
- 사교의 비결은 진실을 말하는 것이다.
- 소문은 빨리 퍼지지만, 진실만큼 오래 가지는 않는다.
- 애교는 사람의 눈을 즐겁게 하고, 진실은 사람의 마음을 즐겁게 한다.
- 어떤 일을 하든지 거짓말로 순간의 어려움을 피하기보다는, 진실을 따르는 것이 문제를 가장 빠르게 해결하는 열쇠이다.
- 우리가 진실이라고 부르는 상당수 혹은 대부분은, 합의에 의해 옳은 것으로 인식된 것들이다.
- 진실 이상 상대를 감동시킬 수 있는 것은 없다.
- 진실성이 결여된 칭찬은 아첨일 뿐이다.
- 진실은 반드시 따르는 자가 있고, 정의는 반드시 이루는 날이 있다.
- 진실은 우리가 무엇을 해야 하는지 알려주지 않을 때도 있지만, 우리가 해서는 안 되는 일을 항상 알려준다.
- 진실을 모르면 바보요, 진실을 알고도 거짓을 가르치면 범죄다.
- 진실한 말 한마디는 웅변과 같은 가치가 있다.
- 최고의 무기는 진실한 마음이다. 진실한 말은 화려한 미사여구 이상의 감동을 준다.
- 하나의 진실을 말살하려고 들 때마다 두 개의 진실이 생겨난다.

진심[眞心] 거짓이 없는 마음.

- 길이 멀어야 말의 힘을 알 수 있고, 날이 오래 지나야 사람의 마음

을 알 수 있다.
- 대화란 것은 마음에서부터 우러나오지 않으면, 자음과 모음의 조합일 뿐이다.
- 마음에서 나온 말이 마음으로 들어간다.
- 사람을 사귈 때 진심으로 대하지 않는 것은 아무 생각 없이 벌집에 손을 집어넣는 것과 같다.
- 잘못을 진심으로 뉘우치면 진실성을 인정받는다.

질문[質問] 모르거나 의심나는 점을 물음.

- 길을 열 번 물어보는 것이 한 번 길을 헤매는 것보다 낫다.
- 남이 싫어할 질문은 인간관계를 망치는 주범이다. 그 중에서도 호기심을 충족시키기 위한 질문은 남을 극도로 불쾌하게 만든다. 멋대로 짐작한 바를 확인하려고 던지는 질문은 더욱 불쾌하다.
- 묻지 않는 자는 무식으로 끝난다.
- 상대의 말에 질문을 하면 경청의 표시이다.
- 어리석은 질문이란 없다. 어리석은 대답이 있을 뿐이다.
- '예!', '아니오!'로 대답할 수 있는 질문은 피하라. 이런 질문은 대화의 장애가 될 소지가 많고 대화의 연결을 방해한다.
- 인간 심리란 참으로 야릇하여, 상대방보다 의견을 먼저 말하면 상대방은 그 의견에 대해 부정적인 감정을 갖기 쉽다. 그러므로 의견을 말하기보다는 질문을 하는 것이 낫다.
- 질문은 전부 현명하다. 다만 어리석은 대답만 있을 뿐이다.
- 질문은 처음에 누구나 대답할 수 있는 것부터 시작한다.
- 질문이 간단할수록 답은 어려워진다.
- 한 번 실수하는 것보다, 두 번 물어보는 것이 더 낫다.
- 현명한 대답은 현명한 질문에서 비롯된다. 질문이 좋을수록 결과도 좋다.

질투[嫉妬] 다른 사람이 잘된 것 따위를 공연히 미워하고 깎아내림.

- 자기를 다른 사람의 처지에 놓아보면, 남에게 느끼는 질투나 증오가 없어질 것이다. 또 다른 사람을 자기의 처지에 놓아보면 거만이나 자아도취가 줄어들 것이다.
- 질투는 사랑의 짝이다. 악마가 천사의 짝인 것처럼…….
- 질투는 천 개의 눈을 가지고 있지만, 그 가운데 한 개의 눈도 올바로 보이지 않는다.
- 질투는 항상 사랑과 더불어 태어난다. 그러나 반드시 사랑과 함께 죽는 것은 아니다.
- 질투를 느껴 본 적이 없다고 말하는 사람을 믿지 말 것. 결코 사랑을 해본 적이 없다는 뜻이니까…….

짐 챙기거나 꾸려 놓은 물건. 수고로운 일이나 귀찮은 물건.

- 내 어깨의 짐은 무겁고, 남의 어깨의 짐은 가벼워 보인다.
- 돈에 대한 이야기, 돈에 대한 생각, 돈을 버는 방법들은 살아 갈 때뿐인 것이고 어느 시절에는 벗어두고 떠날 짐들이다.
- 자원해서 짊어지면 무거운 짐도 무거운 줄 모른다.
- 지고 가는 짐 중에 제일 무거운 짐은 원한의 짐이다.
- 파트너십이란 서로에게 힘이 되는 관계이다. 서로에게 짐이 된다면 그건 적이다.

짐승 사람이 아닌 동물을 통틀어 이르는 말.

- 말이 있기에 사람은 짐승보다 낫다. 그러나 바르게 말하지 않으면 짐승이 그대보다 나을 것이다.
- 이 세상에서 혼자 살려면 신이 되던가, 짐승이 되던가, 어느 한쪽을 택해야 한다.

- 인간의 가슴에서 희망을 떼어 보라. 그는 한 마리의 짐승에 불과하다.
- 인간이 짐승이 되면, 짐승보다 더 나빠진다.
- 폭음(暴飮)은 어떤 사람은 어리석게 하고, 어떤 사람은 짐승으로 만들고, 어떤 사람은 악마로 만든다.

집중[集中] 한 가지 일에 모든 힘을 쏟아 부음. 한곳을 중심으로 하여 모임.

- 미터 단위로 보면 어렵지만, 센티 단위로 보면 쉽고 손아귀에 들어온다.
- 생각이 번져간다는 것은 잡념에 빠졌다는 것이다.
- 잡다한 것을 많이 알면 정작 알아야 할 것을 아는 데 장애가 된다.
- 장애인 가요제에선 시각 장애인이 좋은 성적을 거둔다. 왜냐하면, 눈에 보이는 게 없기 때문에 긴장을 하지 않는다.
- 집중할 수 없을 때는, 필요한 것 이외에는 몸 주위에 두지 않도록 한다.
- 침식을 잊을 정도로 미처 보지 못한 사람에게는 성공이란 먼 나라의 이야기다.
- 한 번에 한 가지일밖에 하지 않는 사람이 오히려 누구보다 많은 일을 한다.
- 호랑이에게 물려가도 정신만 차리면, 오히려 호랑이 가죽을 벗겨 올 수 도 있다.

집착[執着] 어떤 것에 늘 마음이 쏠려 잊지 못하고 매달림.

- 돈과 물건에 집착하면, 그 돈과 물건이 인간 존재보다 훨씬 중요한 것이 된다.
- 잃은 것에 집착하면, 더 큰 것을 잃는다.
- 집착에서 벗어나면 자유롭다.

- 집착을 사랑으로 착각하지 말자!
- 현재 가지지 못한 것에 미련을 가지고 집착하는 것은 시간 낭비이고 에너지 낭비일 뿐이다.

자

MEMO

차별화는 별난 짓이 아
니다. 가치가 올라가느
냐, 아니면 내려가느냐
를 따져야 한다!

● 멘트의 멘토

스피커(Speaker)가 모든 내용을 잘 숙지하고, 만반의 준비가 되어있어도 주변기기나
주변 환경이 도와주지 않는다면 큰 어려움을 겪는다. 다음의 사항은 사전에 점검을
해야 할 사항들이고, 멘토(Mentor)가 되어준다.

1. 주변 기기
1) 앰프 : 참석인원을 감안한 여유 있는 앰프용량.
2) 스피커 : 앰프용량과 어울리는 스피커와 스피커 방향.
3) 마이크 : 성능이 떨어지는 마이크는 오히려 방해를 한다.
4) 기타 : 빔 프로젝트, 영상자료, 교보재 등.

2. 주변 환경
1) 주제나 목적에 맞는 디스플레이.
2) 시선집중이 잘 되는 무대설치나 조명.
3) 출연진, 참가자 내빈 등의 배치나 순서.
4) 시간표(큐시트)에 의한 정확한 진행.

차별[差別] 둘 이상의 대상을 등급이나 수준 따위의 차이를 두어서 구별함.

- 경쟁은 누군가에게 상처를 주는 것이 아니라, 당신의 차별성을 강조하는 것이다.
- 남과 같이 생각하고, 남과 같이 행동하면 남 이상 될 수 없다.
- 성공하려면 남과 다른 나만의 개성을 가져야 한다. 남과 달라야 한다.
- 차별화가 아니다. 차등화(월등화) 해야 한다. 설명이 필요 없다.
- 차별화는 별난 짓이 아니다. 가치가 올라가느냐, 아니면 내려가느냐를 따져야 한다.

차이[差異] 서로 같지 아니하고 다름.

- 버스 안에서 운전기사가 틀어 놓은 시끄러운 음악에 짜증을 내게 되는 것은 당신의 수준이 운전기사의 수준과 다르기 때문이다.
- 사람들은 처음엔 서로 공통점을 찾는 것에서 시작하지만, 결국에는 차이점을 더 많이 발견하게 된다.
- 사람은 몇 가지를 제외하곤 다 비슷하다. 이 조금의 차이로 결정 지워진다.
- 아날로그 시대에는 일사불란에 동참하는 것이 가치였지만, 디지털 시대에는 차이가 곧 가치다. 전례를 흉내 내지 말고 전대미문(前代未聞)의 사건을 만들어야 한다.

착각[錯覺] 어떤 사물이나 사실을 실제와 다르게 지각하거나 생각함.

- 남자는 대부분 자기가 미남인 줄 알고, 여자는 대부분 자기가 뚱뚱한 줄 안다.
- 남자는 대부분 자기가 여자 친구에게 잘해준다고 생각하고, 여자는 대부분 자기가 그 남자의 유일한 여자인 줄 안다.

- 남자들은 못생긴 여자는 작업(?)하기 쉬운 줄 안다.
- 남편들은 살림하는 여자들은 집에서 노는 줄 안다.
- 대단히 잘생긴 코를 가진 사람은 모든 사람들이 자기 코에 관해 얘기한다고 생각한다.
- 대학생들 대학만 졸업하면 앞날이 확~ 필줄 안다.
- 부모들은 자식들이 나이 들면 효도할 줄 안다.
- 사람은 타인을 무시함으로 자신이 오를 수 있을 것으로 여기고 있다.
- 사랑이란 자기 상대는 다른 사람들과 다를 거라고 착각하는 것이다.
- 스스로 강하다고 생각하는 것보다 약한 것은 없다.
- 시어머니들은 아들이 결혼하고도 부인보다 엄마를 먼저 챙기는 줄 안다.
- 아내들은 남편이 회사에서 적당히 해도 안 잘리고 진급 되는 줄 안다.
- 아내들은 자기 남편은 젊고 예쁜 여자에 관심 없는 줄 안다.
- 아줌마들은 화장하면 다른 사람 눈에 예뻐 보이는 줄 안다.
- 아첨꾼이 한 소리를 듣고 자신이 멋진 사람이라고 생각하지 마라!
- 엄마들은 자기아이는 머리는 좋은데 열심히 안 해서 공부 못하는 줄 안다.
- 연애하는 남녀, 결혼만 하면 깨가 쏟아질 줄 안다.
- 육군 병장은 자기가 세상에서 제일 높은 줄 안다.
- 인간은 자신이 사랑하는 사람만은 완벽한 존재일 것이라는 착각에 산다.
- 장인장모들은, 사위들은 처갓집 재산에 관심 없는 줄 안다.

찬사[讚辭] 칭찬하거나 찬양하는 말이나 글.

차

찬사 ↗

- 사람들은 대개 훌륭한 패자에게 찬사를 보낸다. 그것은 자기편이

아니고 다른 편일 경우에 한해서이다.

- 성실한 한마디의 말은 백만 마디의 헛된 찬사보다 낫다.
- 찬사는 좋은 인간관계를 형성하는 데 필요한 접착제이다.

창의

창의[創意] 새로운 의견을 생각하여 냄. 또는 그 의견.

- 거의 모든 위대한 발견은 통상적으로 관련되지 않은 것들을 연관 짓는 관찰자로부터 시작되었다.
- 공부를 열심히 하여 실력이 있는 학생은 시험 날이 기다려지듯이, 창의력이 있는 사람은 미래가 기다려진다. 미래를 예측할 수는 없어도 준비할 수는 있다.
- 나의 가장 위대한 발견은, 사람들이 필요로 하는 것이 무엇인지를 알아낸 것이다.
- 내가 탐내는 것은 창의력이며, 내가 잃을까봐 겁내는 것도 창의력이다.
- '다들 그렇게 해요!' 이 말은 사람들을 불행으로 이끄는 가장 위험한 말 중 하나다.
- 다행히도 창의력을 발휘하는 로봇 컴퓨터는 앞으로도 나올 수 없다. 창의력 즉 아이디어를 내는 능력은 인간에게만 남겨진 소중한 자원이다.
- 당신이 조깅을 규칙적으로 하고 있다면 조깅을 하지 않는 사람보다 더 창의적인 일을 해낼 수 있는 가능성을 갖고 있다.
- 두 종류의 사람은 세상에서 절대로 출세하지 못한다. 하나는 명령에 순종하지 않는 사람이요, 다른 하나는 오직 명령한 것만을 순종하는 사람이다.
- 모방에 의해서 위대하게 된 사람은 아직 한 사람도 없었다.
- 상식에 얽매이지 않는 것이 창의력의 시작이다.
- 시간에 쫓기면 창의력은 흘러나오지 않는다.
- 시험 문제를 안다면 공부할 필요가 없다. 문제를 모르기 때문에

노력으로 준비를 하는 것이다. 미래를 알면 창의성을 키울 필요가 없다. 미래를 모르기 때문에 창의성으로 준비해야 한다.

- 연령별로 창의력에 관한 조사가 있었는데, 실제로 다섯 살 어린 이가 가장 뛰어나다는 결과를 얻었다. 세상에 관한 편견과 선입견이 없는 상태에서는 바라보는 것 자체가 질문이고 해답이 되는 것이다.

- 오직 출근만 일찍 하는 것이 장기라면 별 소용없다. 창의력과 통찰력이 없다면…….

- 웃는 사람은 창의력이 있다. 뚱한 사람은 창의력이 없다.

- 원단 부족으로 인한 디자인이 미니 스커트였다.

- 이제 상대를 따라잡기 위해 벤치마킹을 하는 시대는 끝났다. 완전히 새롭고 유일한 것, 전폭적인 것만이 살아남는다.

- 인류 역사상 훌륭한 업적을 남긴 사람들 가운데는 창의적인 한량들이 많았다.

- 입시위주의 획일적인 교육이 우리 아이들의 창의성을 말살시킨다.

- 자연을 모방하라!

- 잘 버릴 줄 아는 것 그것은 용기이자, 또 하나의 창조이다. 우린 너무 많은 욕심들을 들고 있다.

- 정답은 하나라는 생각을 버려라. 이대로가 좋다거나 지금까지도 별 문제가 없었다는 생각은 창의성을 저해한다. 정답은 하나가 아니며, 해결책도 다양할 것이라는 개방된 마음이 발상의 전환을 자극한다.

- 존재하는 모든 훌륭한 것은 창의력의 열매이다.

- 창의력. 두뇌의 힘이 근육의 힘보다 더 강하다.

- 창의력과 유연한 사고는 하루아침에 생겨나는 것이 아니라 학습과정을 통해 양성되는 것이다. '붕어빵식' 교육제도를 획기적으로 개혁해야 창의적인 인재를 배출하고 선진국과의 경쟁에서 유리한 고지를 차지할 있다.

- 창의력은 기업의 사활을 결정짓는 바로미터다.

차

- 창의력을 담아내지 못하면 도태될 수밖에 없다.
- 창의성은 인간을 게으르게 만드는 것에서 시작한다. 세탁기, 팩시밀리, 전화, 자동차등 모든 문명의 이기는 사람을 게으르게(편리하게) 해 주는 데서 나왔다.
- 창의적 기업가는 씨앗에서 거목을 본다.
- 팔리는 상품은 게으른 자의 발상에서 나온다.
- 평범한 것은 쓰레기에 불과하다.
- 하나의 기계는 100명의 평범한 사람의 일을 해낼 수 있다. 그러나 한명의 창의적인 사람의 일을 해낼 수 있는 기계는 하나도 없다.
- 하나의 훌륭한 머리가 백 개의 강한 손보다 낫다.
- 한 때는 말을 잘하는 것이 기술 중의 기술이었다. 그러나 현대는 창의력이 기술 중의 기술이다.

창조

창조[創造] 전에 없던 것을 처음으로 만듦.

- 기업에는 '원가 절감형'과 '개발형'이 있다. 원가 절감형은 특징이 없는 하청기업에 많다.
- 더 이상 본받을 만한 발전 모델이 없어지면, 그제야 자기 색이 나온다.
- 미래는 예측하는 것이 아니라 창조하는 것이다.
- 밀가루와 물과 베이킹파우더와 팥을 함께 모아 놓으면 저절로 찐빵이 되는 것이 아니다. 종합은 이렇게 그저 모아 놓는 것이 아니라, 서로 결합하여 조화를 이루는 새로운 창조이다.
- 버리는 일부터 시작하라. 쓸데없는 것을 소유하지 않는 일도 경쟁력이다. 잘 버리는 것도 창조다.
- 사람들은 자아를 아직 발견하지 못했다는 말을 흔히 한다. 그러나 자아는 발견하는 것이 아니라 스스로 창조하는 것이다.
- 외웠는가? 따라할 수 있을 것이다! 외우지 못했는가? 창조할 수 있을 것이다!

- 재미와 창조는 동전의 양면이다.
- 창조는 실수를 너그러이 용서하는 것이다. 예술은 어떤 실수를 계속해야 하는지 아는 것이다.
- 창조의 모든 행위는 기존 것의 무시나 파괴에서 시작이 된다.
- 창조적 파괴를 해야 건설이 된다.
- 창조적인 것도 이익을 주면 예술이고, 해를 끼치면 범죄이다.
- 창조적인 사고는 건설적인 동시에 파괴적이다.
- 창조적인 사람은 매일 새롭게 뜨는 태양을 보지만, 그렇지 않은 사람은 어제 떴던 태양을 볼뿐이다.
- 창조적인 파괴가 가장 먼저 찢어 버려야 할 것은 어제의 시간표이다.

책[册] 종이를 여러 장 묶어 맨 물건.

- 같은 책들을 사랑하는 사람들이 맺은 우정처럼, 빠르게 뭉치는 우정은 다른 곳에선 볼 수 없다.
- 같은 책을 읽었다는 것은, 사람들 사이를 이어주는 끈이 된다.
- 나는 독서를 못하는 왕이 되기보다는, 비록 초라한 골방이지만 책이 가득찬 방이 있는 가난뱅이가 되겠다.
- 나쁜 책보다 더 나쁜 것은 없다.
- 단 한 권의 책밖에는 읽은 적이 없는 사람을 경계하라!
- 돈이 가득 찬 지갑보다는 책이 가득 찬 서재를 가지는 것이 훨씬 좋아 보인다.
- 명강사나 훌륭한 비즈니스맨은 독서광이다.
- 모든 책을 믿는다면, 책이란 없느니만 못하다.
- 방 안에 책이 없으면, 몸에 정신이 없는 것과 같다.
- 사람의 품격이 그가 읽는 서적으로 판단되는 것은, 마치 그가 사귀는 벗으로써 판단할 수 있음과 같다.
- 사람이 만든 책보다, 책이 만든 사람이 더 많다.

- 생각지 않고 읽는 책은, 씹지 않고 먹는 음식과 같다.
- 인생은 한 권의 책과 비슷하다. 바보들은 그것을 아무렇게나 넘겨가지만, 현명한 사람은 차분히 그것을 읽는다. 왜냐하면 그들은 단 한번밖에 그것을 읽지 못한다는 것을 알고 있기 때문이다.
- 읽지 않고 덮어둔 책은 휴지 뭉치에 불과하다.
- 좋은 책을 읽고 몸을 버렸다는 어느 소녀의 이야기를 들어본 적이 없다.
- 좋은 책을 읽는다는 것은 과거의 가장 훌륭한 사람들과 대화하는 것이다.
- 좋은 책을 읽지 않는 사람은 글을 읽을 줄 모르는 사람보다 나은 것이 없다.
- 지금까지 세계 전체는 책의 지배를 받아 왔다.
- 집은 책으로, 정원은 꽃으로 가득 채워라!
- 창조적 직업을 가지고 있는 성공한 인물들의 공통점은 책을 미친 듯이 좋아한다는 것이다.
- 책만큼 매력적인 친구는 없다.
- 책은 발명을 돕고, 발명이 사람을 돕는다.
- 책은 펴보지 않으면, 얇은 나무 조각이나 다름없다.
- 책이 없는 궁전에 사는 것보다, 책이 있는 마구간에 사는 것이 낫다.
- 책이 없는 방은 영혼이 없는 육체와 같다.
- 책이란 우리 마음속에 얼어붙은 바다를 깨는 도끼다.

책망[責望] 잘못을 꾸짖거나 나무라며 못마땅하게 여김.

- 거만한 자를 책망하지 마라. 그가 너를 미워할까 두렵다. 지혜 있는 자를 책망하라. 그가 너를 사랑하리라!
- 꾸짖을 때에 내용은 예리하되 표현은 부드럽게 하라. 칭찬할 때에 내용은 구체적이되 표현은 정열적으로 하라!
- 칭찬은 남들이 있는 앞에서, 책망은 남모르게 해야 한다

책임[責任] 맡아서 해야 할 임무나 의무.

- 나에게 일어난 일의 대부분은 나에게 책임이 있다. 사람은 자신의 고통을 다른 사람이나 외부 환경 탓으로 돌리려고 한다. 하지만 자신을 고통에 빠뜨리는 것도, 그 속에서 구해내는 것도 결국은 자기 자신임을 알아야 한다.
- 남이 나를 주목하지 않는다고 해서 자기의 책임을 완수하지 않는 것은 자기 손해이다.
- 사람들이 집단으로 있을 때는 행동에 대한 책임은 희석된다.
- 사람으로 태어났다는 것은 바로 책임을 진다는 것이다.
- 사람은 맡은 역할에 대한 합당한 구실을 해야 한다.
- 양치기가 많으면 양치는 일이 소홀 해 진다.
- 자기만이 자기를 책임질 수 있다.
- 자유는 책임을 의미한다.
- 장사는 돈벌이가 목적이 아니다. 생산자와 소비자 사이에서 책임을 다하는 것이 상인의 사명이다.
- 책임감을 갖는 다는 것은 제멋대로의 발상과 제멋대로의 행동을 버리는 것이다.

처세[處世] 사람들과 사귀며 살아감. 또는 그런 일.

- 가난한 때는 가난 때문에 불안했지만, 풍요로운 세상이 되자 그 풍요로움 때문에 또 헤매게 된다.
- 가난한 사람은 덕으로, 부자는 선으로 이름을 떨쳐라!
- 가는 자는 쫓지 말지며, 오는 자는 막지 마라!
- 가능하면 모퉁이 자리를 차지할 것.
- 가슴으로 풀어야 할 문제에 머리를 쓰지 마라!
- 거짓말을 해서는 안 되지만, 또한 진실을 전부 말해서도 안 된다.
- 교실에서 한 말과 찻잔과 술잔을 기울이면서 하는 말이 똑같아야

한다.

- 군대가 강하면 멸망하고, 나무가 단단하면 부러진다.
- 군자는 싸움을 피하지만, 싸우면 반드시 이긴다.
- 군자는 행동으로 말하고, 소인은 혀로 말한다.
- 굳이 직장에 들어가기 싫으면 스스로 사장이 되면 된다. 사업 계획서를 잘 만들면 누군가가 투자한다.
- 굶어 죽는 자는 거의 없다. 맛있는 것을 너무나 많이 먹고 일하지 않기 때문에 병들어 죽는 자가 훨씬 더 많다.
- 권투나 무술을 배우는 사람들은 눈을 뜨고 보는 것을 가장 먼저 훈련받는다.
- 그 사람과 같은 입장에 서보지 않았거든, 그 사람을 비난하지 마라. 남의 입장을 충분히 이해한다는 것은 성공의 첫걸음이다.
- 그 사람은 오늘만 만나고 다시 만날 일이 없다고 생각해서는 안 된다. 어디서 어떻게 다시 만날지 모르는 것이니, 은혜와 의리는 널리 베풀수록 좋다. 내일 다시 보지 않으리라 생각하고 원수를 만들어서는 안 된다.
- 그냥 해보지 말고, 완전하게 하라!
- 다른 사람들이 제각기 박사가 되려고 기를 쓴다고 초조해 하지 마라. 사람들이 모조리 박사가 되면 마지막 남은 청소부는 재벌이 될 테니까…….
- 사람이 거부할 줄 아는 것은, 인생의 커다란 처세술이다.
- 손해 본 일은 모래 위에 새겨 두고, 은혜 입은 일은 대리석 위에 새겨두라!
- 신사처럼 처신하면 신사 되고, 거지처럼 처신하면 거지된다.
- 요즘 처세론. '마음을 비워라! 하지만, 주머니는 채워라!'
- 전문가인 것처럼 행동하면, 사람들이 진짜로 그렇게 믿어줄 것이다. 그러다 보면 실제로 전문가가 된다.
- 중요하지도 않은 말을 몇 번씩 되풀이하는 사람은 계획이 없고 결단력도 없는 사람이다. 하고 싶은 말을 논리 정연하게 하는 것도

처세의 한 방법이다.

천성[天性] 본래 타고난 성격이나 성품.

천성 ↗

- 늑대는 이빨을 잃어버려도, 그 천성은 잃지 않는다.
- 습관은 제 2의 천성으로, 제 1의 천성을 이긴다.
- 이 세상에 천성이 부지런한 사람은 아무도 없다. 단 부지런하게 행동하는 사람이 있을 뿐이다.

천재[天才] 선천적으로 타고난 뛰어난 재주. 또는 그런 재능을 가진 사람.

천재 ↗

- 천재들이 새로운 시도를 좋아하는 것은 그들의 재능 때문이라기보다는 실패를 두려워하지 않는 남다른 천성 때문이다.
- 게으른 천재보다 꾸준한 굼벵이가 더 많은 일을 한다.
- 굳은 인내와 노력이 없었던 천재는 이 세상에 존재하지 않았다.
- 반복이 천재를 낳는다.
- 역경(逆境)은 천재를 드러내고, 순경(順境)은 천재를 감춘다.
- 천재는 오직 대단한 인내력에 의해서 만들어 진다.

차

천직[天職] 타고난 직업이나 직분.

천직 ↗

- 국민은 각자 자기의 천직에 전력을 다해야 한다. 이것이 조국에 보답하는 길이다.
- 자신의 천직을 아는 사람은 행복하다. 일과 인생의 목적을 동시에 발견했기 때문이다.
- 부모란 하나의 중요한 천직이다.

철학[哲學] 인간과 세계에 대한 근본 원리와 삶의 본질을 연구하는 학문.

- 철학의 최후 목표는 자유인이 되는 데 있다.
- 철학이란 정장을 하고 나온 상식이다.
- 철학자란 자기가 일찍이 겪지 못한 어려운 문제를 안고 고민하는 다른 사람들을 위해서 이래라 저래라 충고하는 사람이다.
- 해결할 수 없는 문제에 대한 이해할 수 없는 대답, 그것이 철학이다.

청년[靑年] 신체적, 정신적으로 한창 성장하거나 무르익은 시기에 있는 사람.

- 아름다운 청년들은 자연의 산물이다. 그러나 아름다운 노인은 인생의 뛰어난 걸작이다.
- 영원한 청년이라고 하는 것은 끊임없이 미래를 향해 앞으로 나가는 사람이다.
- 죽을 때까지 청년의 정신을 지녀라!
- 청년에게 권고하고 싶은 것은 다음 세 마디뿐이다. 즉, 일하라, 더욱 일하라, 끝까지 일하라!
- 청년은 미래가 있다는 것만으로도 행복하다.

체력[體力] 육체적 활동을 할 수 있는 몸의 힘.

- 상상력도 체력 싸움이다.
- 인생에 있어서 중요한 일은 크나큰 목표를 세우는 것과 동시에 그것을 이룩할 수 있는 능력과 체력을 갖는 일이다.
- 자신의 체력 한계에 도전해 보라. 내 힘이 어디까지 미치는지 아는 것도 큰 재산이다.
- 체력은 능력이다.

최선[最善] 가장 좋고 훌륭함. 또는 그런 일.

- 나에게 최선을 다한다고 칭찬하지 마라. 그것은 모독이다. 그것은 기본적인 거니까…….
- 내 생애 최고로 행복한 날은 미래에 있다. 단 오늘에 최선을 다하고 있을 때…….
- 매순간 최선을 다 하는 모습을 보이는 것이 매순간 성공의 찬스를 잡을 수 있는 최고의 무기이다.
- 배역이 문제가 아니다. 그 배역에서 어떻게 명연기를 하였는가에 따라서 인생의 가치가 결정된다. 명배우가 언제나 임금님 역할을 하는 사람이 아니라 악한도 되고 걸인 역할도 해치우는 명연기자라는 것을 알 필요가 있다.
- 부자가 되고 높은 사람이 되는 것만이 결코 성공이 아니다. 자기 일에 최선을 다하는 자세가 성공이다.
- 성공에는 어떤 트릭도 없다. 나는 내게 주어진 일에 최선을 다하는 것이다.
- 실패한 고통보다 최선을 다하지 못했음을 깨닫는 것이 몇 배 더 고통스럽다.
- 열심히 살아야 한다. 우리의 인생이 여름방학 보다 짧다.
- 영원히 살 것처럼 꿈을 꾸고, 내일 죽을 것처럼 오늘을 살아라!
- 재미있기 때문에 최선을 다 할 수 있다.
- 참신한 발상은 그 사람이 최선을 다해 일하고 있을 때 나온다.
- 피할 수 없는 것은 이기든지 즐기든지 해야 한다. 완벽하게 처리할 수 있도록 최선을 다하라. 그러면 시간을 채운다.
- 피할 수 없으면 즐기자!

추억[追憶] 지나간 일을 돌이켜 생각함.

- 사랑이 아름다운 이유는 기억을 추억으로 만들어 준다는 것이다.

- 전통이란 한 민족의 즐거운 추억이다.
- 젊은이는 희망에 살고, 노인은 추억에 산다.

충고

충고[忠告] 남의 결함이나 잘못을 진심으로 타이름.

- 노인의 충고는 겨울철 햇볕처럼 밝기는 하나 따뜻하게 하지는 못한다.
- 많은 사람이 충고를 받지만, 오직 현명한 사람만이 충고의 덕을 본다.
- 상사에게는 충고를 하지 말고, 제안을 해서 같은 결론에 이르게 해야 한다.
- '열심히 일하라.'는 충고를 듣는 것은 부끄럽다. 하지만 충고를 따르지 않는 것은 더 부끄러운 일이다.
- 좋은 충고는 등대와 같다.
- 충고는 남이 모르게 하고, 칭찬은 공공연히 하라!
- 충고는 서서히 조금씩 하는 것이 확실한 효과를 거둔다.
- 충고는 좀처럼 환영받지 못한다. 더구나 그것은 가장 필요로 하는 사람들이 그것을 가장 싫어한다.
- 충고란 할 때는 말로 주고 싶고, 받을 때는 되로 받고 싶은 법이다.
- 충고를 할 때는, 가능하면 짧게 하라고 충고 한다.
- 훌륭한 충고보다 값진 선물은 없다.

친구

친구[親舊] 가깝게 오래 사귄 사람.

- 가난할 때 사귄 친구가 친구다.
- 가치 있는 적이 될 수 있는 자는, 화해하면 더 가치가 있는 친구가 될 것이다.
- 겨울 바다와 좋은 친구의 공통점은 별로 특별한 게 없다는 것이다. 하지만 겨울 바다와 좋은 친구가 좋은 것은, 항상 변하지 않고 그 자리에 있다는 것이다.

- 결점이 없는 친구를 가지려고 하면 평생 친구를 가질 수 없다. 거울 속에 가장 좋은 친구가 있다.
- 결코 절교하지 마라. 떨어져 나간 친구는 가장 나쁜 적이 될 수 있다. 친구와 결별해야 할 때가 오면 우정이 저절로 서서히 식도록 하라. 이는 서로 분노를 폭발하면서 매듭짓는 것보다 낫다.
- 곤경에 빠졌을 때의 친구야말로 참다운 친구이다.
- 그가 진실한 친구라면, 어려울 때 당신을 도와줄 것이다.
- 나를 비판하는 사람을 친구로 만들어라!
- 나의 친구는, 나를 동정하는 자가 아니라 나를 돕는 자이다.
- 낯선 사람의 백 마디의 모략보다도 친구 한 마디의 말이 깊은 상처를 남긴다.
- 내가 성공하면, 가짜 친구들과 진짜 적들을 얻게 될 것이다.
- 다른 타입의 친구끼리 신뢰하고 서로 협력한다면 뜻밖의 성과가 나온다.
- 당신의 친구는 친구를 가지고 있고, 그 친구에게는 또 친구가 있고 또 친구가 있다. 그러므로 친구에게 말을 할 때는 조심해서 해야 한다.
- 돈 빌려달라는 것을 거절함으로써 친구를 잃는 일은 적지만, 반대로 돈을 빌려줌으로써 친구를 잃는 일은 많다.
- 돈도 권력도 없이 좋아진 사람은 평생 친구가 되는 경우가 많다.
- 두 사람 사이에 침묵마저 편안하다면 그들은 진정한 친구이다.
- 뒤에서 칭찬해 주는 이가 좋은 친구이다.
- 만인의 친구는 누구의 친구도 아니다.
- 먹고 마실 때는 친구가 많다. 그러나 위급한 일에는 친구가 없다.
- 모든 것이 잘 되어 갈 때 친구를 만나는 것은 쉽고, 역경에 처해서는 매우 어렵다.
- 무지한 친구만큼 위험스런 것은 없다. 차라리 현명한 적을 갖는 것이 낫다.
- 변치 않는 벗을 구하려는 자여! 그대는 묘지로 가라!

차

- 부자 친구가 초대하면 가는 것이 좋고, 가난한 친구는 초대하지 않더라도 이따금 찾아가 보라!
- 불성실한 친구는 입에 꿀을 바르고 가슴에 칼을 품는다.
- 불성실한 친구를 가질 바에야 차라리 적을 가지는 편이 낫다.
- 빌리지도 말고, 빌려주지도 마라. 돈도 잃고 친구도 잃는 경우가 자주 있기 때문이다.
- 사람에겐 친구와 고독이 아울러 필요하다. 여름과 겨울, 낮과 밤, 운동과 휴식이 필요하듯이…….
- 사람의 품격이 그 읽는 바의 서적으로 판단되는 것은, 마치 그 사귀는바 벗으로써 판단할 수 있음과 같다.
- 사람이 너무 현명하면 친구가 없다.
- 사랑하는 사람들은 서로 믿어야 하고, 친구들은 서로 이해해야 한다.
- 생각이 깊지 못한 친구만큼 위험한 것은 없다.
- 선한 벗의 화난 얼굴은, 악한 벗의 웃는 얼굴보다 낫다.
- 세상에는 세 가지 타입의 친구가 있다. 너를 사랑하는 친구, 너를 잊어버리는 친구, 너를 미워하는 친구가 그것이다.
- 소식을 전하고 싶은 친구가 있으면 지금 연락을 하라. 오늘이 지나면 친구가 아주 멀리 떠날지도 모른다.
- 순탄한 환경은 친구를 만들고, 역경은 친구를 시험한다.
- 쓸데없는 친구를 사귈 바에는 혼자서 살아라!
- 아내를 고를 때에는 계단을 한 걸음 내려가고, 벗을 고를 때에는 계단을 한 걸음 올라가라!
- 애매한 벗이기보다는 뚜렷한 적이 되어라!
- 어떤 사람 하나만 보고는 사람 됨됨이를 알 수 없다. 그러나 그 사람의 친구들을 보면 알 수 있다.
- 어려울 때 친구가 진정한 친구이다.
- 연하의 친구는 배울 수 있는 것이 가득한 보물창고이다.
- 오래 찾아야 하고 쉽게 발견되지 않으며 유지하기도 힘든 것이 친

구이다.

- 운명은 친척을 만들어 주지만, 선택은 벗을 만들어 준다.
- 원수의 거짓된 키스보다 친구에게 얻어맞는 것이 낫다.
- 이익과 손해를 따지며 벗을 사귀면 원한을 사게 된다.
- 인생을 되돌아 볼 때 무엇보다 중요한 것은 내가 외로울 때 얼마나 많은 친구들이 곁에 있었는가 하는 것이다
- 인생이란 우리들 자신이 만드는 것임과 동시에 우리가 선택한 친구에 의해 만들어지는 것이기도 하다.
- 입원하고 한참 지나면 아무도 찾아오지 않는다. 그럴 때 진정한 친구가 나타나는 법이다.
- 자기 부모를 섬길 줄 모르는 자와는 친구로 삼지 마라. 왜냐하면 그는 인간의 첫걸음을 벗어났기 때문이다.
- 자신의 마음을 열지 않는 한 누구도 친구가 되려하지 않을 거다.
- 재물을 보고 사귄 친구는 재물이 떨어지면 발을 끊는다.
- 적을 만들기 원한다면 내가 그들보다 잘났다는 사실을 증명하면 된다. 그러나 친구를 얻고 싶다면 그가 나보다 뛰어나도록 만들어라. 친구보다 뛰어난 척 하지 마라. 그를 잃게 된다.
- 적을 벗으로 삼을 수 있는 사람은 유능한 인물이다.
- 적의 적은 친구가 될 수 있다.
- 좋은 길동무는 여정을 짧게 한다.
- 좋은 벗을 만든다는 것은 큰 자본을 얻음과 같다.
- 진정한 친구란 그 사람과 같이 그네에 앉아 한마디 말도 안하고 시간을 보낸 후 헤어졌을 때, 마치 당신의 인생에서 최고의 대화를 나눈 것 같은 느낌을 주는 사람이다.
- 진짜 친구는 내가 풍족할 때는 초대를 받아야 찾아오고, 어려울 때는 초대받지 않아도 찾아온다.
- 참다운 친구를 가질 수 없는 것은 비참하리만큼 고독하다. 친구가 없으면 세상은 황야에 지나지 않는다.
- 참다운 행복을 만드는 것은 다수의 친구가 아니라 소수의 선택된

훌륭한 친구들이다.

- 참된 벗은 또 하나의 나다.
- 참된 친구가 아니려거든 차라리 적이 되라!
- 천 명의 친구들? 그것은 적다! 단 한 명의 원수? 그것은 많다!
- 철이 철을 날카롭게 하는 것 같이 친구가 그 친구의 얼굴을 빛나게 한다.
- 친구 없는 인생은, 증인 없는 죽음이다.
- 친구가 너무 많다는 것은 친구가 전혀 없다는 뜻이다.
- 친구가 없는 삶은, 지켜보는 이 없는 임종과 같다.
- 친구는 나의 기쁨을 배로 늘려주고, 슬픔을 반으로 줄여준다.
- 친구는 부동의 표다.
- 친구는 자기 자신에게 주는 선물이다.
- 친구를 가까이하라. 그리고 적은 더 가까이하라!
- 친구를 가지지 못한 사람은 그 일생을 반 밖에 맛보지 못한 셈이다.
- 친구를 갖는 것은 또 하나의 인생을 갖는 것이다.
- 친구를 고르는 데는 천천히, 친구를 바꾸는 데는 더욱더 천천히 하라!
- 친구를 만들자면 긴 세월이 걸린다.
- 친구를 보면 그 사람을 알 수 있다. 친구는 '제2의 나'이기 때문이다.
- 친구를 분류할 때. 남자들은 정상적인 친구와 이상한 친구, 약은 친구와 변태 같은 친구 등 종류도 다양한데, 여자는 딱 두 종류로 분류한다. 자기보다 예쁜 친구와 못생긴 친구…….
- 친구를 얻는 유일한 방법은 스스로 완전한 그의 친구가 되는 것이다.
- 친구를 용서해 주는 것보다 적을 용서해 주는 것이 더 쉽다.
- 친구를 잃을 때마다 우리는 조금씩 죽어간다.
- 친구를 잃지 않는 최상의 길은, 친구에게 아무 빚도 지지 않고 아무것도 빌려주지 않는 일이다.
- 친구를 칭찬할 때는 널리 알도록 하고, 친구를 책망할 때는 남이

모르게 한다.
- 친구에게서 돈을 빌리거나 꾸어줄 때, 친구와 돈 중 어느 것이 더 중요한지를 생각하라!
- 친구의 결점을 찾는 자에게는 좋은 친구가 없다.
- 친구의 비밀은 아는 것은 좋지만, 말해서는 안 된다.
- 친구의 사랑을 판단하는 참된 기준은 말이 아니라 행동이다.
- 친구의 잔치에는 천천히 가되, 친구의 불행에는 서둘러 가라!
- 친구이기 때문에 함부로 대해도 된다고 지레짐작하지 마라. 가까운 사이일수록 더 세련되고 정중하게 행동해야 한다.
- 친구한테 속지 않으려고 애쓰는 것보다도 차라리 친구한테 속는 사람이 행복하다. 친구를 믿는다는 것은 설사 친구한테 속더라도 어디까지나 나 자신만은 성실했다는 표적이 된다.
- 풍요로울 때는 친구들이 나를 알아본다. 궁핍할 때는 내가 친구를 알아본다.
- 한 사람의 진실한 친구는 천명의 적이 우리를 불행하게 만드는 그 힘 이상으로 우리를 행복하게 만든다.
- 한 친구를 만족시킬 수 없는 사람은, 인생에서 성공했다고 할 수 없다.
- 한 친구를 얻는 데는 오래 걸리지만, 잃는 데는 잠시이다.
- 함께 겨루는 운동 친구가 있으면 몇 살이 되어도 젊게 살 수 있다.
- 행복할 때 친구를 알아보기는 어렵지만, 불행할 때 원수를 알아보기는 쉽다.
- 흐르는 물이 지나치게 맑으면 물고기가 살지 않듯이 사람도 지나치게 영리하면 친구가 생기지 않는다.
- 힘 있을 때 친구는 친구가 아니다.

친숙[親熟] 친하여 익숙하고 허물이 없음.

- 보통 사람들은 다른 사람으로부터 지위, 일, 재산에 관한 이야기

보다는 약간의 사생활을 밝히는 쪽에 친밀감을 느낀다.

- 필요 이상으로 친한 척하면, 경박함을 느끼게 된다.
- 학창시절의 인적 관계는 사회인이 되어서도 유지된다. 그러나 학생 기분을 업무에 반영시키는 것은 곤란하다(너무 친숙한 선후배 관계).

친절[親切] 대하는 태도가 매우 정겹고 고분고분함.

- 모욕은 잊어버리되, 친절은 결코 잊지 말아라!
- 아름다운 입술을 갖고 싶다면, 친절한 말을 하라!
- 아름다움은 눈만을 즐겁게 하지만, 친절한 태도는 영혼을 매료시킨다.
- 친절도 성공의 자산이다.
- 친절은 사소한 배려에서 나타난다.
- 친절이란 귀먹은 사람이 들을 수 있고, 눈먼 사람이 볼 수 있는 언어이다.
- 친절하게 받는 전화와 단정한 인사는 백화점이 갖는 경쟁력이 아니다. 이것은 기본이기 때문이다. 친절한 것은 자랑이 아니라 그렇지 않은 것이 오히려 부끄러운 것이다.
- 친절한 말은 효과가 크며 밑천이 안 든다.

침묵[沈默] 아무 말도 없이 잠잠히 있음.

- 깊은 사랑은 침묵을 재촉한다. 큰 소리로 자랑스럽게 그것을 지껄이는 사람에게는 숭고한 마음이 깃들어 있지 않다.
- 때로는 침묵으로 자녀를 벌하라. 체벌보다 더 효과적이다.
- 마음에도 없는 말을 하기보다 침묵하는 쪽이 차라리 그 관계를 해치지 않는다.
- 말해야 할 때를 아는 사람은 침묵해야 할 때도 안다.

- 비이성적인 사람의 물음에 대한 가장 좋은 대답은 침묵이다.
- 사람들은 모두 말을 잘하는 법을 배운다. 그러나 정작 배워야 할 것은 침묵해야 할 때와 침묵하는 방법이다.
- 시의적절한 침묵은 말보다도 훨씬 강한 힘을 갖고 있는 웅변이다.
- 아무 것도 말할 필요가 없을 때 침묵은 분별력 있는 웅변이다.
- 어떤 것도 침묵만큼 권위를 강하게 하지 않는다.
- 어리석은 자라도 침묵을 지키고 있으면 성인(聖人)과 같이 보인다.
- 어리석은 자에게는 침묵보다 더 좋은 것이 없다. 이 사실을 안다면 그 사람은 이제 어리석지 않다.
- 언어는 위대하다. 그러나 침묵은 더욱 위대하다.
- 입을 열면 침묵보다 뛰어난 소리를 하고, 침묵보다 못한 것일랑 침묵하라!
- 자기 자신도 지킬 수 없는 자기의 비밀을 남이 지켜주길 바라는가? 자기 입으로 말하지 않으면 귀신도 모른다.
- 적재적소에서 말하는 것에 비하면, 적재적소에서 침묵을 지키는 것은 두 배나 더 가치가 있다.
- 지나친 침묵은 무관심이다.
- 친구 사이에 진실한 대화는 침묵이다. 중요한 것은 말을 하지 않는 것이 아니라 말할 필요가 없다는 것이다.
- 침묵도 멘트다.
- 침묵에는 자석과 같은 힘이 있다.
- 침묵은 대화보다 강한 메시지를 전한다.
- 침묵은 대화의 안전지대이다.
- 침묵이 불쾌할 때가 있기는 하지만, 말로 인한 불쾌감보다는 덜하다.

침착[沈着] 행동이 들뜨지 아니하고 차분함.

- 바쁘다고 서두를 때 빨리 가는 한 군데가 있다. 그곳은 바로 공동

묘지이다.

- 중요한 면담을 하기 전에는 반드시 생리적 현상을 먼저 해결하라. 그래야 침착하게 대화에 응할 수 있는 것이다. 마음의 침착성을 위해선 우선 신체의 침착이 필요하다.

칭찬

칭찬[稱讚] 좋은 점이나 착하고 훌륭한 일을 높이 평가함.

- 결혼은 외교와도 같기 때문에 칭찬에 능숙하게 될 때까지 결혼해서는 안 된다.
- 경영에서 가장 큰 실수는 직원들을 충분히 칭찬해 주지 않는 것이다.
- 꾸짖을 때에 내용은 예리하되 표현은 부드럽게 하라. 칭찬할 때에 내용은 구체적이되 표현은 정열적으로 하라!
- 남에게 칭찬을 받고나서, '원 천만의 말씀을……' 하고 말하는 것은 또다시 칭찬을 받고자 하는 속셈의 표현이다.
- 남을 지나치게 칭찬하면 자신의 평판이 떨어진다. 무턱대고 칭찬해 주는 일은 현명하지 못하다.
- 남을 칭찬함으로써 자기가 낮아지는 것이 아니다. 도리어 자신을 상대방과 같은 위치에 놓는 것이 된다. 남편을 왕으로 만들면 아내는 왕비가 되듯이…….
- 남을 험담하면 어휘력이 빈약해지고, 남을 칭찬하면 머리도 좋아진다.
- 너무 자주 상담을 구하는 이는 은근히 칭찬을 기대하고 있는 자이다.
- 다른 사람에게 칭찬을 듣고 싶다면, 스스로 자신의 칭찬을 늘어놓지 말라!
- 듣기 좋은 말은 아직도 무료이다.
- 멋진 칭찬을 들으면 그것만 먹고도 삼일은 살 수 있다.
- 모든 사람을 칭찬하는 사람은 그 누구도 칭찬하지 않는 거나 마찬

가지이다.

- 모든 이에게 칭찬을 받을 필요는 없다.
- 사람들은 꾸중을 듣거나 책망을 받으면 자신의 능력발휘를 10분의 1밖에 하지 못한다. 반대로 칭찬을 받으면 10배의 능력이 나온다.
- 사람들은 비판을 요구한다. 그러나 그들은 사실상 칭찬을 원할 뿐이다.
- 사람은 자신의 자존심을 높여주는 사람에게 호의를 베풀지만 반대로 자존심을 깎아 내리는 사람에게는 악의를 품는 감정순환의 법칙에 따라 행동한다. 만약 칭찬할 점이 전혀 없다면 아무 말도 하지 않는 것도 좋은 방법이다.
- 살다 보면 간혹 칭찬을 해야 할 일이 생긴다. 그럴 때는 아낌없이 칭찬을 하라. 아부와 칭찬은 분명히 다른 것이다.
- 선행은 당연시하고, 악행에만 비난하는 것은 인간관계를 역행하는 것이다.
- 스스로 자신을 칭찬하는 자는 자기 외에는 아무것도 보지 못하는 사람이다.
- 앞에서 남을 즐겨 칭찬하는 사람은 또한 뒤에서 남을 즐겨 헐뜯는다.
- 옛날부터 칭찬은 마법의 지팡이라고 불렀다.
- 올바르게 칭찬해 주는 것이 비난하는 것보다 어렵다.
- 원래 겸손한 사람일수록 칭찬을 좋아하는 법이다. 칭찬을 받고 싶어서 일부러 겸손하게 행동하기 때문이다. '저는 아직 멀었다. 운이 좋았을 뿐입니다.' 하며 입을 열 때마다 겸손하게 말하는 사람이 있는데, 그런 사람일수록 칭찬에 기쁨을 감추지 못하는 법이다.
- 인간관계에는 중요한 법칙이 있다. 그 중에서도 상대를 칭찬하는 것을 습관화 할 수만 있다면 모든 분쟁은 피할 수 있다.
- 인간의 최고의 교육은 칭찬이다.

차

- 자기 자랑을 좋아하는 사람은 칭찬해줘라!
- 자기를 칭찬하는 일이라면 마귀는 추종을 불허한다.
- 자신에게 하는 칭찬을 부정하는 자는, 다시 한 번 그 칭찬을 듣기 위해서이다.
- 재산이 많은 사람이 그 재산을 자랑하고 있더라도, 그 돈을 어떻게 쓰는지 알 수 있을 때까지는 그를 칭찬하지 마라!
- 지적은 간단하게, 칭찬은 길게 하라!
- 참된 삶을 사는 사람에게는 다른 사람의 칭찬이 필요치 않다.
- 책망이나 충고는 남모르게 하고, 칭찬은 남들 앞에서 공공연히 알게 하라!
- 칭찬. 실로 이것만큼 아름다운 것은 세상에 없다. 연애도, 사업도, 예술도, 일도, 모든 미덕도 결국은 이 아름다운 말을 듣기 위해 존재한다.
- 칭찬과 보상(報償)이 승리의 역사를 만든다.
- 칭찬도 연습이고, 습관이다.
- 칭찬은 둔재를 천재로 만든다.
- 칭찬은 사람들로 하여금 자신이 인정받고 있음을 알게 하는 가장 쉬운 방법이다.
- 칭찬을 받은 경우에는 앵무새작전이 가장 효과적이다. 다시 말해 상대방을 똑같이 칭찬해주는 것으로, 서로에게 좋은 인상을 줄 수 있다.
- 칭찬을 얻기 위한 목적으로 행동하지 말라. 행동의 결과가 칭찬이 되게 하라!
- 칭찬이라는 것은 금이나 다이아몬드 같이 흔치 않을 때 비로소 가치가 있다.
- 칭찬할 때는 큰소리로, 비판할 때는 작은 소리로 하라!
- 현명한 사람은 그가 없는 때에 칭찬하라. 그러나 여성은 맞대 놓고 칭찬하라!

카드로 사면 한번만 생각
하지만, 현찰로 사면 두
번 생각하는 이유를
아는가?

● 멘트와 제스처

멘트는 들려주는 것만이 전부가 아니다. 보여주는 것도 있어야한다. 화면을 통하거
나 현장에서의 멘트는 말소리와 함께 제스처(몸짓!)에 신중해야 한다. 절제되고 잘 만
들어진 제스처는 멘트에 힘을 실어주지만, 그렇지 않으면 부동의 자세가 더 낫다. 제
스처란, 의미를 전달하거나 강조하기 위해서 몸의 어떤 부문을 의도적으로 움직이
는 것을 말하는데, 그 의미는 마임(Mime)이라고 할 수 있다.

'침묵도 멘트인가?'라는 질문이 자주 나오는데, 의사전달이라는 것에는 공통점이 있
으나 멘트는 언어를 통해서 하는 것이고, 침묵은 제스처를 통해 하는 것이므로 침묵
을 멘트라고 할 수 없다. 침묵은 제스처와 함께 멘트가 아닌, 마임에 속한다.

● 바디 존(Body Zone)

인간에게는 누구나 자신의 몸 주위에 '보디 존'이라는 일종의 자기 방어를 위한 행
동권이 있다. 그 행동권에 가깝거나 침범하는 사람에게는 경계심을 갖는다.

1. 근접 개인 공간: 0~75Cm. 인간의 자기공간으로 연인, 부모, 자식, 친한 친구 사이
   에는 이 공간이 침해되더라도 경계심을 갖지 않으나 그 외 사람에게는 경계심을
   갖는다.
2. 사회업무 공간: 1m~1.2m(전방 1.2m, 후방 1m). 사업상의 고객, 직장상사, 가정주
   부와 배달원 등의 생활에서 이뤄지는 접촉의 거리다.

MEMO

타협이란, 하나의 케이크를 서로가 자기 것이 큰 것처럼 보이도록 기술적으로 가르는 예술이다!

● **멘트의 주의사항**

사람이 만나면, 서로 어떤 신호와 자극을 주고받는다. 이 신호와 자극이 긍정적이고 희망적인 사람이 있고, 부정적이고 절망적인 사람이 있다. 좋은 멘트는 전자이어야 가치가 있다.

1. 내용

1) 멘트를 준비할 때의 자세는 마치 낚시꾼이 낚시하러 갈 때와 흡사하다. 자신이 좋아하는 음식보다는 물고기가 좋아하는 먹이를 가지고 가듯이, 청중이 원하고 좋아하는 멘트를 준비한다.

2) 청중이나 그 집단의 추앙을 받는 대상에 대한 비하발언은 사고의 원인을 제공하게 됨으로 적극적으로 피한다.

3) 멘트는 청중을 압도할 수도, 지루하게 할 수도, 혼란하게 할 수도 있다. 따라서 청중이 공감해야 하며, 각 연령층에 적합해야 한다.

2. 발성

1) 말의 고저, 강약, 장단을 생각하며 말한다(음악이 아름다운 이유).

2) 호흡은 문장의 띄어쓰기에 해당함으로 조절을 잘 해야 한다(토씨 하나로 달라지는 것이 멘트다). 비교: '오늘은 아주 아름답군요!' vs '오늘도 아주 아름답군요!'

3) 멘트는 간결할수록 좋다(피카소는 단지 3가지의 색으로 불후의 명작을 남겼고, 베토벤도 단지 7음절로 훌륭한 곡을 남겼다).

3. 멘트의 주의 사항

1) 모임의 목적과 참석 대상 그리고 시간과 장소를 감안하여 각 연령층에 적합해야 한다.

2) 전하고자 하는 의도와 취지를 바로 세워 청중이 공감하는 멘트의 방향을 세워야 한다.

3) 멘트는 주어진 여건과 상황에 따라 탄력성 있게 진행하되 가급적 짧은 것이 좋다.

타이밍[timing] 주변의 상황을 보아 좋은 시기를 결정함.

- 돈보다 때를 놓치는 것이 더 큰 손실이다.
- 똑같은 노력과 시간을 투입했는데도 성과가 다른 이유는 타이밍의 차이 때문이다.
- 밀짚모자는 겨울에 사라!
- 바보가 마지막에 하는 일은 현명한 자는 처음에 한다. 둘 다 같은 일을 하지만, 때가 다르다. 좋지 않은 때와 제때이다.
- 상대가 우리에게 저항감을 나타내면 그것은 필시 우리의 타이밍이나 접근 방식에 문제가 있기 때문이다.
- 알맞은 때의 바늘 한 땀이 아홉 바늘의 수고를 덜어준다.
- 참신하고 독창적인 것을 만들어 냈어도 그 동안 세상이 변해 버려서 애써 노력한 것이 수포로 돌아가 버릴 수 있다.
- 하루 공부하지 않으면 그것을 되찾기 위해서는 이틀이 걸린다. 이틀 공부하지 않으면 그것을 되찾기 위해서는 나흘이 걸린다. 1년 공부하지 않으면, 그것을 되찾기 위해서는 2년 걸린다.
- 햇빛이 비치는 동안에 건초(乾草)를 만들라!

타협[妥協] 어떤 일을 서로 양보하여 협의함.

- 진짜 중요한 일은 타협하지 않는다.
- 타협은 훌륭한 우산이지만 허술한 지붕이다.
- 타협이란 다른 한쪽을 얻으려고 자신의 긴요한 한 부분을 양보하는 것인데, 그러다간 종종 양쪽을 잃는 수가 있다.
- 타협이란 쌍방이 아무 쪽도 원하지 않는 것을 결국에 갖게 하는 계략이다.
- 타협이란 완승, 완패가 아니라 승 & 승 이다.
- 타협이란 하나의 케이크를 서로가 자기 것이 큰 것처럼 보이도록 기술적으로 가르는 예술이다.

태도[態度] 몸의 동작이나 몸을 거두는 모양새.

- 삶이란 우리의 인생 앞에 어떤 일이 생기느냐에 따라 결정되는 것이 아니라 우리가 어떤 태도를 취하느냐에 따라 결정되는 것이다.
- 아름다움은 눈만을 즐겁게 하지만, 친절한 태도는 영혼을 매료시킨다.
- 어떤 중역들은 성공한 사람처럼 행동함으로써 성공한다. 태도란 이렇게 중요한 것이다.
- 우리 세대의 가장 위대한 발견은 한 인간이 태도를 바꿈으로써 자기 인생을 바꿀 수 있다는 사실의 발견이다.
- 줄 때는 무엇을 주느냐가 문제가 아니고, 어떻게 주는지가 문제이다.
- 태도가 감정을 조절하고, 감정은 행동을 조절한다.
- 태도는 사실보다 훨씬 중요하다.

태만[怠慢] 열심히 하려는 마음이 없고 게으름.

- 젊었을 때 태만한 자는 늙어서 도적이 된다.
- 태만은 스트레스를 만들어 낸다.
- 태만은 실패의 동반자이다.
- 태만은 천천히 움직이므로 가난이 곧 따라잡는다.

태양[太陽] 태양계의 중심이 되는 항성.

- 사랑하고 사랑 받는다는 것은, 추운 겨울날 태양을 양쪽에서 쪼이는 것과 같다.
- 웃음은 인류로부터 겨울을 몰아내 주는 태양이다.
- 태양이 아침에 일찍 떠오르는 것은 밤이 꽃잎 위에 남겨 놓은 이슬을 마시기 위해서이다.

- 폭풍이 지나간 뒤에 떠오르는 태양이 아름답다.

통계[統計] 한데 몰아서 어림잡아 계산함.

- 분석만을 위한 통계는 사실을 왜곡한다.
- 통계는 정의(正義)를 대신할 수 없다.
- 평균은 위험한 통계 값이다.

투자[投資] 이익을 얻기 위하여 어떤 일이나 사업에 자본을 대는 것.

- 10년을 투자해야 이룰 수 있는 일을 시작하라. 평생을 걸쳐 해도 완성되지 못하는 것을 20대에 시작하라!
- 사운을 걸지 말고 초기 투자비용을 줄여라!
- 지식에 투자하는 것이 가장 이윤이 높다.

팀워크[teamwork] 팀이 협동하여 행하는 동작.

- 가장 약한 고리 하나가 사슬 전체의 강도를 결정한다.
- 각자가 자기의 문 앞을 쓸어라. 그러면 온 지구가 청결해 진다.
- 같은 일을 하는 두 사람의 의견이 언제나 일치한다면 그 중 하나는 쓸모없는 사람이다. 또 그들이 늘 다르기만 한다면 두 사람 다 쓸모없다.
- 같은 장사끼리는 화합이 안 된다.
- 개미 천 마리가 모이면 맷돌도 든다.
- 나 하나쯤 빠지면 어때. 이런 생각은 하지 마라. 그렇게 되면 자신만 퇴보하는 것이 아니라, 다른 사람들에게도 큰 피해를 주게 된다.
- 당신과 나는 날개가 하나밖에 없는 천사이다. 그래서 우리가 날기 위해서는 서로를 안아야 한다.

- 불만이 많은 동료와 함께 일하지 마라!
- 실공장이 문 닫으면 바늘공장인들 온전하겠는가? 세계적인 외과 의사도 구급차 기사가 없다면 사방 군데 구멍이 난다.
- 이끌어라, 아니면 따라가라. 이도 저도 아니면 한쪽으로 비켜서라!
- 팀워크는 한마음에서 시작한다.
- 팀원들의 재능과 장점에 감사하자. 당신의 팀에는 당신뿐만 아니라 다른 사람들도 있다. 팀워크란 바로 여기서 비롯된다.

MEMO

파트너십이란 서로에게 힘이 되는 관계이다. 서로에게 짐이 된다면 그건 적이다!

● 멘트와 유머

학생 중에 '왕따'도 심각하지만, 직장인 '왕따'도 만만치 않다. 이 둘의 공통점은 유머감각이 없다는 것이다. '왕따'는 결국 마음의 소통이 안 되고 있다는 것인데, 멘트에 유머가 없어도 소통에 문제가 생긴다.

유머감각이 없다고 하는 사람은 생각을 바꿔야 한다. 유머감각은 100% 후천적인 기능이다. 기능이라는 말은 반복과 학습으로 얻어진다는 뜻이다. 방송국에 가 보면, 개그맨 흉내를 내다가 개그맨이 된 사람이 많고, 가수 흉내를 내다가 가수가 된 사람이 많다. 흉내를 낸다는 것은 반복과 학습이 된다는 것이다. 지금까지 살면서 한 번이라도 웃은 경험이 있는 사람은 선천적으로 유머감각(Humor Sensor)을 갖고 태어났다. 그러기에 유머정보가 들어 왔을 때 반응(Reaction)보였던 것이다. 분석적으로 말하면, 유머감각이 없는 것이 아니라 유머정보가 없는 것이다. 훌륭한 유머리스트(Humorist)가 되려면, 많은 유머 리스트(Humor List)가 있어야 한다. 그리고 그 유머정보를 끊임없이 사용하고 활용해야 한다.

유머정보 무료신청 사이트: www.hifun.co.kr

파도[波濤] 바다에 이는 물결.

● 당신의 안전은 파도에 있지 않다. 당신의 파도타기 능력에 달려 있다.
● 유도와 파도타기의 공통점? 둘 다 상대의 힘과 기세를 자신에게 유리하게 이용한다는 것이다. 유도는 힘의 방향을 바꾸는 무술이다.
● 파도를 일게 하는 것은 신이다. 이 파도를 어떻게 타는 가는 당신에게 달려있다. 무슨 일이 일어나도 그건 나에게 달려있다.
● 파도타기를 잘하게 되면 말을 덜하게 된다. 당신의 행동과 태도가 대신 말해줄 테니까…….

파트너[partner] 상거래, 춤, 경기 등에서 둘이 짝이 되는 경우의 상대편.

● 나를 최고로 만드는 건 내가 아니다. 최고의 파트너이다.
● 중요한 일을 착수할 때 냉정함을 잃지 않는 사람과 손을 잡아라!
● 진정한 파트너십은 '리더십'과 '팔로워십'의 만남이다.
● 차세대 경영의 화두는 이제 리더십이 아니다 파트너십이다. 서로가 서로의 고민을 해결해 주는 공생적 파트너십이 답이다.
● 파트너십이 상대의 잠재력을 이끌어낸다. 토끼와 거북이가 손을 잡고 달리는 세계로!
● 파트너십이란 서로에게 힘이 되는 관계이다. 서로에게 짐이 된다면 그건 적이다.
● 합친 두 사람은, 흩어진 열 사람보다 낫다.

판매[販賣] 상품 따위를 팖.

● 판매에서 힘든 판매와 쉬운 판매라는 것은 없다. 단지 어리석은 판매와 현명한 판매가 있을 뿐이다.
● 판매원의 조급한 어프로치는 고객을 쫓는 결과를 초래한다.
● 판매원이 작업을 하고 있으면, 고객은 부담 없이 상품 공간에 접

근 해 온다.

패배[敗北] 겨루어서 짐.

- 나이를 먹은 다음에 지면? 저 녀석은 한물갔다는 말을 듣게 된다. 젊어서 지면? 풋내기라는 말을 듣는다. 그러므로 패배해서는 안 된다.
- 많은 사람들은 패배보다는 승리 때문에 파멸한다.
- 승리를 바라지 않는다면, 이미 패배한 것이다.
- 승리하면 조금 배울 수 있고, 패배하면 모든 것을 배울 수 있다.
- 실수와 패배는 우리가 전진하기 위한 훈련이다.
- 아무리 멋진 승리도 멋진 패배에는 이길 수 없다.
- 인간은 패배했을 때 끝나는 것이 아니라 포기할 때 끝나는 것이다.
- 인생에 있어서 승리만 있다면 그것은 인생이 아니다. 패배가 있기에 인생이 더욱 아름다워지고 인생다운 살만한 맛이 있는 것이다
- 패배는 상대나 상사나 심판이 정하는 것이 아니다. 패배는 내가 인정할 때 정해지는 것이다.

편견[偏見] 공정하지 못하고 한쪽으로 치우친 생각.

- 가난하기 때문에 바르고, 부자이기 때문에 옳지 않다고 할 수는 없다.
- 가난한 사람이 말하면 진실도 믿어주지 않지만, 간악한 부자가 말하면 거짓말이라도 믿어준다.
- 개는 모르는 것을 보면 짖는다. 사람도 자신이 모르는 것을 듣게 되면 그건 멍청한 생각이라고 한다.
- 남자는 늑대, 여자는 여우 그러나 늑대와 여우 모두 암수가 있다. 이러한 편견은 이미지화되었기 때문이다.
- 내 어깨의 짐은 무겁고, 남의 어깨의 짐은 가벼워 보인다.
- 사람은 자기가 보고 싶어 하는 것만 본다.

- 상식은 18세 때까지 후천적으로 얻은 편견의 집합이다.
- 아무리 편협한 고집쟁이라도 한때는 편견에 얽매이지 않았던 어린아이였다.
- 우리는 사물을 그대로 보지 않고, 우리가 보고 싶은 대로 본다.
- 이성이나 판단력은 천천히 얻어 지지만 편견은 무리를 지어 온다.
- 주관적으로 판단하지 말자. 한 가지를 보고 열 가지를 알 수도 있지만, 한 가지 때문에 열 가지를 놓치는 수도 있다.
- 편견은 무지의 자식이다.
- 폭탄은 제거할 수 있지만, 마음속의 편견은 쉽게 제거할 수 없다.

평가 **[評價]** 사물의 가치나 수준 따위를 평함. 또는 그 가치나 수준.

- 사람의 평가는 출발점에서 내려지는 것이 아니라 마지막에 무엇을 성취했느냐에 따라서 내려지는 것이다.
- 업적과 선행도 사람 눈에 띄지 않으면 공염불이다. 스스로 평가함과 동시에 남의 평가도 받아야 한다.
- 좋은 말만 한다고 해서 좋은 사람이라고 평가받는 것은 아니다.
- 한 사람에 의한 평가는 진정한 평가가 못된다.

평범 **[平凡]** 뛰어나거나 색다른 점이 없이 보통임.

- 나의 가장 큰 장점 중 하나는 완벽한 평범함이다.
- 모든 사람은 평범한 사람이다. 비범한 사람이란 그 사실을 아는 사람이다.
- 작은 일도 소홀히 여기지 마라. 평범한 것이 큰일을 이룬다.

평판 **[評判]** 세상 사람들의 비평.

- 부재함으로써 자신의 평판을 유지하라. 자리에 있으면 명성이 줄

고 자리에 없으면 명성이 늘게 된다. 실제 얼굴을 대할 때 보다 상상력이 평판을 더 좌우한다.

● 비즈니스에서는 평판이 가장 중요한 자산이다.
● 세상 평판이 좋지 않은 일에는 손을 대지 마라!

평화 ↗

평화[平和] 평온하고 화목함.

● 결코 선한 전쟁이 있을 수 없고, 결코 나쁜 평화도 있을 수 없다.
● 나 자신 이외에 평화를 가져다 줄 수 있는 것은 없다.
● 나는 가장 정당한 전쟁보다 차라리 부정한 평화를 취하련다.
● 바라는 것이 적을수록 평화가 많다.
● 불의와 타협해 얻은 평화는 오래 갈 수 없다.
● 양이 이리와 평화를 이야기함은 미친 짓이다.
● 왕이건 농부이건 자신의 가정에서 평화를 찾아낼 수 있는 자가 가장 행복한 사람이다.
● 평화는 전쟁이 없는 것이 아니라 덕이 지배하는 것이며, 관용과 이해와 공의가 편만한 것이다.
● 평화란 신이 인간에게 내리는 선물이 아니라, 인간끼리 서로 나누는 선물이다.
● 평화의 시작은 가정에서부터이다.

파

포기 ↗

포기[抛棄] 하려던 일을 도중에 그만두어 버림.

● 달성하겠다고 결심한 목적을 단 한 번의 패배 때문에 포기하지 마라!
● 보통 사람이라면 여기서 포기하겠지만, 나는 다르다.
● 삶이란 죽을 때까지 선택과 포기의 반복이다.
● 선택과 집중. 이야말로 오늘날 중요한 전략적 사고의 하나가 되었다. 무언가를 선택한다는 것은 무언가를 포기한다는 의미를 가지

고 있다.

- 성공하거나 아니면 포기하라!
- 세상에서 가장 위험한 것은 자포자기이다.
- 쉽게 성공하려고 하면, 쉽게 포기하게 된다.
- 이 세상에 실패자란 없다. 단지 포기자만 있을 뿐이다.
- 인간은 패배했을 때 끝나는 것이 아니라 포기할 때 끝나는 것이다.
- 인생에는 단 두 가지 규칙만이 존재한다. 첫째, 절대로 포기하지 말 것. 둘째, 첫 번째 규칙을 절대 잊지 말 것.
- 중도에 포기하는 것을 포기하면 큰 결실을 얻는다.
- 지금 여기에서 그만두면, 포기하는 것이 습관이 되어버린다.
- 포기하지 않으면 언젠가는 성공의 자리에 다다를 수 있다.
- 한번 포기하는 것을 배우면, 그것은 습관이 된다.
- 행복의 비결은 포기해야 할 것을 포기하는 것이다.

폭력

폭력[暴力] 거칠고 사납게, 무기나 힘으로 부당하게 억누르는 힘.

- 폭력으로 질서를 바로잡을 수 있다는 생각은 매우 위험하다. 폭력은 항상 또 다른 폭력을 낳기 때문이다.
- 폭력은 무능한 자들의 마지막 피난처이다.
- 폭력은 야수의 법칙이요, 비폭력은 인간의 법칙이다.
- 폭력은 어리석은 자들이 자신의 추종자들에게 강제로 일을 시키기 위한 도구에 지나지 않는다.
- 폭력을 사용해서 자신의 안전을 지키려는 사람은 자신의 안전은커녕 더 큰 위험에 빠지게 될 것이다.

표정

표정[表情] 마음에 품은 감정이나 정서 따위의 심리 상태가 겉으로 드러남.

- 말의 55%는 표정이 좌우한다.

- 명랑한 표정은 밥상을 진수성찬으로 만든다.
- 사람의 표정이란 타고나는 것이 아니다. 표정은 연륜이 우리 얼굴에 남기는 서명이다.
- 옷에는 신경 쓰면서 표정에 신경을 안 쓰면 반쪽짜리 성공이다.
- 잘 나가는 사람 표정부터 다르다.
- 표정은 가장 중요한 의복이다.
- 표정을 바꾸면 성공이 보인다. 그리고 목소리도 표정이다.
- 표정이 밝으면, 면역체계가 올라간다.

프로[professional] 어떤 일을 전문으로 하거나 그런 지식, 기술을 가진 사람.

- 남의 머리를 빌려 쓸 줄 아는 사람은 프로, 아니면 아마추어이다. 성공한 사람은 남의 머리를 자신의 파일과 정보로 쓰는 사람이다.
- 내가 하는 일에 대해서 나보다 더 잘하는 사람이 없게 하라!
- 당신이 지금 하고 있는 일의 대가가 되고 싶은가? 그렇다면 배우는 자세를 항상 잃지 마라. 그것이 진정한 프로의 자세다.
- 스포츠팬들이 이름 없는 선수에게 야유하는 법은 없다.
- 언제까지나 캐릭터 없는 불특정 다수로 머물 것인가, 아니면 캐릭터가 분명한 개성파 프로 인간이 될 것인가?
- 인간미를 풍겨라. 프리랜서는 프로다. 프로는 일만 프로가 아니라 인간관계에서도 프로여야만이 살아남을 수 있다.
- 전쟁과 프로의 세계에서는 2등 상은 없다.
- 진정한 프로는 자신이 하는 일을 직업 그 이상으로 생각한다.
- 프로 권투에선 은메달이 없다. 오직 세계 챔피언만이 있다.
- 프로는 1%의 시행착오를 없애기 위해 정렬을 쏟는다.
- 프로는 끝까지 철저하다.
- 한 발 앞서 나아가는 자는 성공하고, 뒤쳐지는 자는 불운을 탄식한다. 야구에서 일루 베이스의 아웃과 세이프 판정은 불과 30㎝ 이내라는 것이다. 그러나 결국 그 근소한 차이로 죽고 산다.

핑계 사실을 감추려고 방패막이가 되는 다른 일을 내세움.

- 남을 속이는 것보다 자신을 속이는 것이 더 나쁘다. 갖가지 핑계로 게으른 자신을 합리화하는 것만큼 어리석은 일은 없다. 자기 합리화가 반복되면 결국은 어떤 판단도 올바로 할 수 없게 된다.

- 대부분의 비평가들은 비평을 자신의 보호색으로 활용한다. 자신의 잘못을 남들이나 환경 탓으로 돌림으로써 스스로에게 면죄부를 주는 것이다.

- 모든 핑계와 걱정은 지금 주어진 일에 만족하지 못하고 있음을 스스로 고백하는 것이다.

- 불가능, 그것은 나약한 사람들의 핑계에 불과하다.

- 사람이라면 우주만물 중에서 거의 유일무이하게 핑계를 자유자재로 구사할 수 있는 존재이다.

- 실패의 99%는 항상 핑계를 대는 사람들에 의해 저질러진다.

하루의 삶속에서, 기분 좋은 시간이 길면 길수록 행복한 사람이다!

● 멘트의 역할

멘트는 에펠탑과 같은 커다란 철제 구조물을 완성시켜 주는 '볼트와 너트' 같은 존재다. 시의적절(時宜適切)한 멘트는 청중에게 금전보다 귀한 꿈과 용기를 주지만, 마음에 상처를 주는 멘트는 정신적인 살인행위가 된다.

여러 가지 역할

1. 촌철살인(寸鐵殺人)의 메시지이다.
2. 훌륭한 조연으로, 주연을 빛나게 한다.
3. 전체운영을 살리는 프로그램의 꽃이다.
4. 비행장의 관제탑(Controller) 역할은 한다.
5. 흩어져있는 청중의 마음을 한 곳으로 모은다.
6. 프로그램 사이사이를 부드럽게 연결시켜 준다.
7. 음식의 맛을 더 해주는 조미료와 같은 존재다.
8. 청중과 혼연일치(渾然一致)가 되도록 도와준다.
9. 어떤 일을 이해할 수 있도록 돕는 말(Comment)이다.
10. 짤막한 말로 지속적인 관심과 흥미를 유지시켜 준다.

멘트는 '언어 폭력'이 아닌, '언어 동력'이다!

하루 한 낮과 한 밤이 지나는 동안. 자정(子正)에서 다음 날 자정까지.

- 당신이 잠자리에서 일어나든 안 일어나든 하루는 시작된다.
- 미래의 가장 좋은 점은, 한 번에 하루씩만 온다는 것이다.
- 어느 비 오는 날 태어났던 하루살이는 이 세상은 눅눅한 곳이라고 기억되었고, 화창한 날에 태어났던 하루살이는 이 세상은 아름답고 화창한 곳이라고 기억되었다. 우리네 인생살이도 마찬가지가 아닐까?
- 우리의 하루는 옷가방과 같은 것이다. 그 옷가방은 크기가 똑같다. 하지만 어떤 사람들은 다른 이들보다 그들의 옷가방 속에다 더 많은 옷을 집어넣을 수 있다.
- 이 세상에 똑같은 날은 하루도 없다. 어제와 똑같이 보여도 오늘은 무엇인가 달라졌다.
- 이 세상에 쓸모없는 날은 단 하루도 없다.
- 하루하루를 보내는 것이 아니고 채우는 것이다.
- 하루하루를 어떻게 보내는가에 따라 우리의 인생이 결정된다.
- 현실을 받아들이고 매일매일 주어지는 하루를 열심히 사는 것이 최선의 길이다. 오늘의 두통거리는 내일이 되면 기억조차 하지 못할 사소한 일이 되고 말 것이다.

행동[行動] 몸을 움직여 동작을 하거나 어떤 일을 함.

- 가장 많이 말하는 사람은 항상 가장 적게 행동하는 사람이다.
- 간절하고 절박한 마음이 있어도 행동이 없으면 소용없다.
- 말만하고 행동하지 않는 사람은 잡초로 가득 찬 정원과 같다.
- 병이 건강보다 더 전염이 잘되는 것처럼, 우리는 다른 사람의 좋은 행동보다 나쁜 행동을 본받기가 더 쉽다.
- 사람들은 당신의 말을 의심할지 모르나, 당신의 행동은 믿을 것이다.
- 사람의 본성은 다 같지만 행함으로 차이가 난다.

- 산다는 것은 호흡하는 것이 아니라 행동하는 것이다.
- 산은 올라오는 자에게만 정복되는 것을 알라!
- 숙고하라. 하지만 때가 되면 과감하게 행동하라!
- 신념과 행동이 다를 때 행복은 있을 수 없다.
- 심사숙고는 많은 사람이 하는 일이고, 행동은 한 사람만이 하는 일이다.
- 야구 배트를 어깨에 걸치고만 있으면 결코 타점을 올릴 수 없다.
- 어떤 상황에서건 늘 사장이 행동할 것 같은 방식으로 행동하라!
- 우리가 우리의 행동을 결정하는 것처럼, 우리의 행동이 우리를 결정한다.
- 움직임과 행동을 혼동하지 마라. 움직임은 동물이 하는 것이고, 행동은 사람이 하는 것이다. 움직임은 의도되지 않은 것이고, 행동은 의도된 것이다. 행동은 목표와 결부되어 있다. 그렇지 않으면 막연한 움직임일 뿐이다.
- 원하는것을하기 위해서,가끔 원하지않는것을해야할때가있다.
- 이뤄지지 않은 일이란 아직 시도하지 않은 일일뿐이다.
- 일단 부딪쳐보라. 가만히 두려움에 떠는 것보다 훨씬 나은 선택일 것이다.
- 적극적이고 싶으면 적극적인 것처럼 행동하라!
- 정성 들여 부지런히 땅에 씨를 뿌리는 자가, 수천 번 기도만하여 얻은 자보다 더 풍성한 종교적 결실을 얻는다.
- 지금 나이 두 번 다시 안 온다. 하고 싶은 거 있으면 하라!
- 초 6이 중1 보다 더 어른스런 데가 있다. 중 3과 고 1은 중3이 더 어른스럽다. 숫자가 사람의 행동에 영향을 준다.
- 행동으로 자신을 규정하라!
- 행동의 씨앗을 뿌리면 습관의 열매가 열리고, 습관의 씨앗을 뿌리면 성격의 열매가 열리고, 성격의 씨앗을 뿌리면 운명의 열매가 열린다.
- 행동이 늘 행복을 가져다주지는 않을지도 모른다. 그러나 행동이

하

없으면 행복도 없다.

- 행동이 따르지 않는 신념은 무의미하다.
- 행동이 말보다 설득력이 있다
- 행위의 옳고 그른 것에 대해서 의심이 생길 때는 행동치 마라!
- 혼자 있을 때에도 부끄럽지 않게 행동하는 것이야말로 최상의 생활이다.

행복[幸福] 생활에서 충분한 만족과 기쁨을 느끼어 흐뭇함.

- 가장 좋은 선물은 모두가 서로를 감싸주는 행복한 가정이다.
- 나는 내가 가지지 못한 것을 보고 불행하다고 생각한다. 그러나 다른 사람들은 내가 가진 것을 보고 행복하리라 생각한다.
- 나약하고 게으르며 목적도 없는 사람들에게는 행복한 일이 결코 일어날 수 없다.
- 남을 행복하게 할 수 있는 자만이 행복을 얻는다.
- 내가 만약 자식을 낳게 된다면, 난 자식에게 '훌륭하거나, 똑똑하거나, 출세해라.'라는 말보다는 '행복한 사람이 되라.'는 딱 한마디 말만을 해 주고 싶다.
- 네 잎 클로버의 꽃말은 행운. 세 잎 클로버의 꽃말은 행복. 우리는 세 잎 클로버들을 짓밟고 네 잎 클로버만 찾는 어리석은 존재다.
- 당신이 분을 품는 매 시간마다 행복을 동시에 잃게 된다.
- 당신이 잘 하는 일이라면, 무엇이나 행복에 도움이 된다.
- 대부분의 사람들은 자기가 마음먹은 만큼 행복하다.
- 돈이 당신을 대부호로 만드는 것은 아니다. 왜냐하면 건강이니 행복이니 안전이니 하는 것은 돈으로 살 수 없기 때문이다. 대부호는 행복한 사람들을 말하는 것이다.
- 딸기가 딸기맛을 지니고 있듯이, 삶은 행복이란 맛을 지니고 있다.
- 사람들은 자기가 행복해지기를 원하는 것보다 남에게 행복하게 보이려고 더 애를 쓴다. 남에게 행복하게 보이려고 애쓰지만 않는

다면, 스스로 만족하기란 그리 힘든 일이 아니다. 남에게 행복하게 보이려는 허영심 때문에 자기 앞에 있는 진짜 행복을 놓치는 수가 많다.

- 사람들은 행복을 찾아 세상을 헤맨다. 그런데 행복은 누구의 손에든지 잡힐 만한 곳에 있다. 그러나 마음속에 만족을 얻지 않으면 행복을 얻을 수 없다.

- 사람을 대함에 있어 너무 지나치게 엄격한 행동을 하지 말고, 좀더 너그럽고 부드러운 말투로 관대하게 하는 것이 복을 받는 일이다. 남을 이롭게 함은 자기를 이롭게 하는 근본이 되는 것이다. 이것이 행복의 기초이다.

- 사람의 천성과 직업이 맞을 때 행복하다.

- 사람이 얼마나 행복하게 될 것인지는 자기 결심에 달려있다.

- 성공 법칙보다 행복 법칙에 눈을 돌리자.

- 성공은 행복의 열쇠가 아니다. 그러나 행복은 성공의 열쇠이다.

- 아무 것도 바라지 않는 사람은 행복하다. 왜냐하면 실망 할 것이 없기 때문이다.

- 어떠한 행복 속에도 불행은 숨어있다. 반대로 어떠한 불행 속에도 행복은 숨어있다.

- 오래 지속되는 행복은 오직 정직한 것에서만 발견할 수 있다.

- 우리가 행복한 사람이 되기를 원한다면, 그것은 쉽게 이루어질 수 있다. 그러나 만일 우리가 남들보다 더 행복한 사람이 되기를 원한다면, 그것은 항상 어려운 것이다. 왜냐하면 우리는 항상 자신보다는 남들이 더 행복하다고 생각하기 때문이다.

- 우리는 남이 행복하지 못한 것은 당연하다고 생각하고, 자기 자신이 행복하지 못한 것은 납득하지 못한다.

- 우리는 우리가 가지고 있는 것들이 없어지고 나서야 비로소 그런 것들이 우리에게 있었다는 사실을 깨닫는다.

- 우리들은 타인의 행복을 부러워하고, 타인은 우리의 행복을 부러워한다.

하

- 웃음은 스트레스의 마침표이고, 행복의 느낌표이다.
- 원하는 것을 소유할 수 있다면 그것은 커다란 행복이다. 그러나 그보다 더 큰 행복은 우리가 갖고 있지 않은 것을 원하지 않는 다는 것이다.
- 이 세상에서 가장 행복한 사람은 일하는 사람, 사랑하는 사람, 희망이 있는 사람이다.
- 이 세상에서 당신을 행복하게 해줄 수 있는 사람은 단 한 사람밖에 없는데, 그것은 바로 당신 자신이다.
- 인간은 자기가 행복하다는 것을 알지 못 하기 때문에 불행한 것이다.
- 인간의 행복은 어쩌다 얻게 되는 큰 재산보다는 매일매일의 작은 이익에서 생긴다.
- 인간이 불행한 것은 자기가 행복하다는 것을 모르기 때문이다.
- 인간이 이 세상에 존재하는 것은 부자가 되기 위함이 아니라 행복하게 살기 위해서이다.
- 인생에 있어서 최고의 행복은 우리가 사랑받고 있다고 하는 확신이다.
- 인생의 모든 행복은 우리의 손이 닿을 수 있는 곳에 은밀하게 숨어 있다.
- 잊을 줄 아는 것은 기술이라기보다는 행복이다.
- 재물을 스스로 만들지 않는 사람에게는 쓸 권리가 없듯이, 행복도 스스로 만들지 않는 사람에게는 누릴 권리가 없다.
- 좋은 집보다 좋은 가정을 만들어라. 호화주택에서 싸우며 사는 것보다 오막살이에서 사이좋게 사는 것이 행복이다.
- 최상의 행복은 1년이 지난 뒤에 연초의 자기보다 더 좋아졌다고 느끼는 것이다.
- 하루의 삶속에서 기분 좋은 시간이 길면 길수록 행복한 사람이다.
- 행동이 늘 행복을 가져다주지는 않을지도 모른다. 그러나 행동이 없으면 행복도 없다.

- 행복에 있어 장애물은 더 큰 행복을 바라는 것이다.
- 행복에는 날개가 있다. 따라서 그것을 붙들어 둘 수는 없다.
- 행복에는 두 가지가 있다. 욕망을 줄이든가, 가지고 싶은 것을 더 가지면 된다. 그 어느 편도 좋다.
- 행복은 과소와 과다의 중간역이다.
- 행복은 나누면 배가 되고, 슬픔은 나누면 반이 된다.
- 행복은 무엇보다 건강 속에 있다.
- 행복은 종착역에 도착했을 때 발견되는 것이 아니라, 여행 중에 발견되는 것이다.
- 행복은 주머니에 있지 않고, 우리들의 마음에 있다.
- 행복은 항상 그대가 손에 잡고 있는 동안에는 작게 보이지만, 놓쳐보라! 그러면 곧 그것이 얼마나 크고 귀중한가를 알 것이다.
- 행복은 희망만 있으면 싹이 튼다.
- 행복을 느끼고 싶다면 사랑할 대상을 찾아라!
- 행복을 사냥하다가 그것을 얻게 되었다면, 그것은 마치 할머니가 그녀의 잃어버린 안경을 찾은 것과 같은 것이다. 그녀의 안경은 그녀의 코 위에 걸쳐져 있었다.
- 행복을 자신에게서 찾지 못하면 어디서도 찾을 수 없다.
- 행복을 즐겨야 할 시간은 지금이다. 행복을 즐겨야 할 장소는 여기다.
- 행복의 근원은 감사함에서 나온다.
- 행복의 비결은 포기해야 할 것을 포기하는 것이다.
- 행복의 비결은 필요한 것을 얼마나 갖고 있는가가 아니라, 불필요한 것에서 얼마나 자유로워져 있는가 하는 것이다.
- 행복이 가지는 불행은 부족함이 없다는 것이고, 불행이 가지는 행복은 희망을 가질 수 있다는 것이다.
- 행복이란 미래의 물질적 풍요에 있는 것이 아니라, 현재의 마음가짐을 터득할 때 비로소 이 문제는 해결될 것이다.
- 행복이란 습성(習性)이고 습관(習慣)이다. 그것을 몸에 지니는 것

하

이 좋다.

- 행복하게 되기 위해서는 두 가지 길이 있다. 욕망을 줄이든가 소유물을 줄이든가 어느 쪽이라도 좋다.
- 행복하기에 웃는 것이 아니다. 웃어서 행복한 것이다. 슬퍼서 우는 것이 아니다. 울어서 슬픈 것이다.
- 행복한 가정이란 빨리 찾아 온 천국과 다름없다.
- 행복한 사람은 가진 것을 사랑하고, 불행한 사람은 가지지 못한 것을 사랑하는 사람이다.
- 행복한 사람이 되는 길은, 다른 사람들을 행복한 사람으로 만드는 것이다.
- 행복해지는 방법은 아주 간단하다. 그냥 나는 행복하다고 생각하면 된다.
- 현재의 삶에 만족하지 못한다면, 그것은 엉뚱한 곳에서 행복을 찾기 때문이다.

행운[幸運] 좋은 운수. 또는 행복한 운수.

- 당신이 행운을 잡으면 반드시 불행에 빠지는 사람이 있다.
- 실력이 있어야 행운도 따라온다.
- 오직 철저하게 준비한 사람에게만 승리의 여신이 찾아온다. 하지만 잘 모르는 사람들은 그것을 '행운'이라고 부른다.
- 준비가 기회를 만나는 것, 그것이 바로 행운이다.
- 행운아란 요행을 바라지 않고 힘껏 뛴 사람들을 말한다.
- 행운은 사람에 따라서 맛있는 음식도 되지만 소화불량에 걸리기도 한다.
- 행운이란 열심히 일하는 사람을 찾아간다.
- 현명하고 용감한 사람은 자신의 행운의 건축가이다.

허세[虛勢] 실속이 없이 겉으로만 드러나 보이는 기세.

- 사람이 허세를 부리는 것은 그만큼 충실하지 못하다는 증거다. 자신에 대해 강한 자부심을 갖고 있다면, 꾸밀 필요가 없는 것이다.
- 허세가 많은 사람은 그만큼 자신이 없는 사람이다. 매사에 자신이 있는 사람은 자기 자신을 뽐내지도 않거니와 절대 허세를 부리지 않는다.
- 허세에는 한 번 속지 두 번 속지 않는다.

허영[虛榮] 자기 분수에 넘치고 실속이 없이 겉모습뿐인 영화(榮華).

- 남자의 오기나 의리라는 말은 실은 허영의 경쟁이다.
- 자기를 칭찬하는 것은 허영심이고, 자신을 책망하는 것은 소심함이다.
- 자신의 내면에 만족하지 못할수록 자신을 겉으로 더 크게 보이려 애쓰는 법이다.
- 자신이 그런 가치가 없는 데도 무용훈장을 달고 만족해하는 사람은 허영심이 강한 인간이다.
- 하늘의 별만을 바라보는 사람은, 자기 발아래의 아름다운 꽃을 느끼지 못한다.
- 허영심에서 오는 슬픔은 아무도 동정하지 않는다.
- 허영의 가장 고상한 형태가 명예욕이다.

허풍[虛風] 실제보다 지나치게 과장하여 믿음성이 없는 말이나 행동.

- 자기의 가치가 얼마라고 떠벌리는 사람일수록 대개 그 이하의 가치밖에 없다.
- 자연스러움보다 더 굉장한 것은 없다. 나는 항상 자연스럽고 간단한 사람만이 위대한 사람이라고 생각한다. 오직 자기 자신에 대한

확신이 없는 사람만이 허풍을 부린다.

- 허수아비는 아무리 험악해보여도 한 마리의 참새도 잡지 못한다.
- 허풍쟁이와 거짓말쟁이는 서로 사촌간이다.

험담[險談] 남의 흠을 들추어 헐뜯음.

- 남을 나쁘게 험담하는 것은 살인보다는 더 위험한 일이다. 왜냐하면 살인은 한 사람만을 죽이지만 험담은 세 사람을 죽이는 일이 되기 때문이다. 즉, 말하는 사람, 험담의 대상이 되는 사람, 그리고 듣는 사람이다.
- 남을 험담하면 어휘력이 빈약해지고, 남을 칭찬하면 머리도 좋아진다.
- 불평을 말하고 험담을 입에 올리는 사람이 성공한 사례는 없다.
- 사람들의 좋은 점을 잘 보는 사람은 그만큼 여유롭고 선량한 것이다. 누구를 험담했으면 그 험담을 들은 사람은 당신을 경계하거나 멀리 한다. 왜냐면 자가가 도마 위에 오르지 않기 위해서 이거나 그 사람을 험담을 하고 다녔기 때문이다.
- 성공의 비결은 남의 험담을 결코 하지 않고 장점을 들추어 주는데 있다.
- 수다 떨기를 좋아하는 혀는 손버릇이 나쁜 사람보다 더 나쁘다. 유령을 만났을 때 도망치듯 험담으로부터 도망치라!
- 앞에서 남을 즐겨 칭찬하는 사람은, 또한 뒤에서 남을 즐겨 헐뜯는다.
- 애인과 헤어진 친구에게 절대로 헤어진 사람의 험담을 하지 마라. 친구가 다시 그 그에게 돌아가 사랑에 빠질 가능성이 많으니까…….
- 중상모략이나 헛소문은 진실보다 빨리 전해지지만, 진실만큼 오래 머물지는 못한다.
- 험담을 말한 사람을 만나자! 그 사람과 친해질 수 있는 절호의 기회다.

혀 동물의 입 안 아래쪽에 있는 길고 둥근 살덩어리.

- 곰은 쓸개 때문에 죽고, 사람은 혀 때문에 죽는다.
- 붓은 마음의 혀이다.
- 사람의 혀는 뼈가 없어도 사람의 뼈를 부러뜨릴 수 있다.
- 아주 좋다고 하면 혀보다 좋은 것이 없고, 아주 나쁘다 하면 혀보다 나쁜 것이 없다.

혁신[革新] 묵은 풍속, 관습, 조직, 방법 따위를 완전히 바꾸어서 새롭게 함.

- 시간을 전략적 자원으로 활용하라. 이것이 혁신경영의 핵심이다.
- 혁신 대상은 전부다.
- 혁신은 슬로건을 외치고, 선포식을 한다고 해서 되는 것이 아니다. 혁신은 사람이 바뀌어야 되는 것이다.

현명[賢明] 어질고 슬기로워 사리에 밝음.

- 개는 잘 짖는다고 좋은 개가 아니요. 사람은 말을 잘 한다고 현명한 사람이 아니다.
- 남을 아는 사람은 지혜 있는 사람이지만, 자기를 아는 사람이 더욱 현명한 사람이다.
- 똑똑한 남자는 여자의 생일만 기억하고 나이는 기억하지 않는다. 멍청한 남자는 여자의 나이만 기억하고 생일은 기억하지 않는다.
- 만난 사람 모두에게서 무언가를 배울 수 있는 사람이 세상에서 가장 현명한 사람이다.
- 사람이 너무 현명하면 친구가 없다.
- 사랑을 하면서 동시에 현명할 수는 없다.
- 시간이 있을 때 바보는 방황을 하고, 현명한 사람은 여행을 한다.
- 앞에 가던 수레가 뒤집어지는 것을 보고 뒤에 따라가던 수레는 조

심한다. 현명한 사람은 먼저 사람의 실패를 귀담아 들었다가 앞으로 닥칠 일을 막아낸다.

- 어리석은 사람의 노년은 겨울이지만, 현명한 사람의 노년은 황금기이다.
- 애써 영리해 보이려고 하는 사람은 적들이 파놓은 함정에 빠진다. 그보다는 현명한 편이 낫다.
- 어제의 일로써 현명해지는 것은 쉽다.
- 인생에서 추구하는 것이 두 가지가 있다. 하나는 원하는 것을 얻는 것이고, 그 후 그것을 즐기는 것이다. 가장 현명한 사람은 두 번째를 달성한다.
- 자기 자신을 현명하다고 생각하는 인간은 그야말로 바보이다.
- 현명한 사람은 기회를 찾지 않고 기회를 창조한다.
- 현명한 사람은 말이 행동을 앞지르는 것을 두려워한다.
- 현명한 사람은 불행도 작게 처리해 버린다.
- 현명한 사람은 스스로 알기 위해 배우지만, 어리석은 사람은 남에게 자랑하기 위해 배운다.
- 현명한 사람은 여유 있게 인생을 보냄으로써 장수한다.
- 현명한 사람은 자기 자신에게 의문을 품지만 어리석은 사람은 남들만 의심한다.
- 현명한 사람은 적으로부터 많은 것을 배운다.
- 현명한 사람은 지식에 자만하지 않고, 남이 요청할 때 비로소 입을 연다.
- 현명한 사람이 되려거든 사리에 맞게 묻고, 조심스럽게 듣고, 침착하게 대답하라!
- 현명한 사람일수록 자신의 무지를 태연하게 드러내 보인다.
- 현명한 사람이란 어떤 사람인가? 모든 것에서 배우는 사람이다. 강자란 어떤 사람인가? 자기를 이기는 사람이다. 부자란 어떤 사람인가? 자기의 운명에 만족하는 사람이다.
- 현명한자는 가난을 기회로 만든다.

- 현명해지기란 무척 쉽다. 그저 머릿속에 떠오른 말 중에 바보 같다고 생각되는 말을 하지 않으면 된다.
- 화를 낼 줄 모르는 것은 바보이고, 화를 내지 않는 것은 현명한 사람이다.

현재[現在] 지금의 시간.

현재

- 나는 내가 태어나기 전에는 존재하지 않았다. 그리고 나는 내가 죽고 난 뒤에는 존재하지 않는다. 지금 존재한다. 지금은 금중에서 가장 비싼 금이다.
- 미래를 믿지 마라. 과거는 땅 속에 묻어버려라. 다만 현재에 살고 현재에서 행동하라!
- 사랑한다는 것은 과거에서도 미래에서도 불가능하다. 사랑한다는 것은 현재 이 순간에서만 가능하다.
- 진정한 싸움은 현재 여기에 있다. 현재야말로 미래의 성공과 실패를 결정하는 순간이다.

혈기[血氣] 피의 기운이라는 뜻으로, 힘을 쓰고 활동하게 하는 원기.

혈기
하

- 자신의 혈기를 참지 못하는 자는 성벽이 없는 도시와 같다.
- 혈기가 방에 들어오면, 지혜는 슬그머니 도망간다.
- 혈기를 품으면 팝콘처럼 언제 터질지 예측할 수 없다.

협동[協同] 서로 마음과 힘을 하나로 합함.

협동

- 기러기들은 날아갈 때 한 줄 혹은 V자 형으로 무리를 이루어 날아간다. 그것은 기러기가 혼자 날아갈 때보다 힘이 71%나 줄어든다. 그 때문에 기러기들은 혼자 날지 않고 떼를 지어 날아다닌다.
- 두 사람의 지혜가 한 사람의 지혜보다 낫다.

- 벌들은 협동하지 않고는 아무것도 얻지 못한다. 사람도 마찬가지다.
- 아무리 위대한 사람도 다른 사람의 협력 없이 그 실력을 발휘할 수 없다.

협상[協商] 어떤 목적에 부합되는 결정을 하기 위하여 여럿이 서로 의논함.

- 거의 거저라고 해도 협상할 때는 상대가 처음 부른 가격에서 항상 깎아야 한다는 사실을 잊지 마라!
- 두 마리 개가 뼈다귀를 가운데 놓고 협상을 벌이는 것을 본 적이 있는가? 인간은 짐승과는 달리 협상을 함으로써 상상할 수 없을 정도로 엄청난 결과를 창출해낼 수 있다.
- 모든 협상 자는 두 종류의 이해관계를 갖고 있다. 협상 내용과 인간관계이다. 따라서 협상 시 상대방의 체면을 생각해야 한다.
- 상대방이 못마땅할 때, 불평을 하는 대신에 대안을 제시하라!
- 아이가 우는 것도 협상이다. 우유를 주거나 기저귀를 갈아 줘! 그러면 울음을 멈출게…….
- 양보는 협상이 아니다. 그렇다면 협상은 주고받기give and take의 문제인가? 반드시 그런 것은 아니다. 넓은 의미에서 주고받기라고 할 수 있겠지만, 더 주고 덜 받는 다면 협상이 아니다.
- 이제 대결의 시대는 가고, 협상의 시대가 왔다.
- 임무는 협상을 성공적으로 이끄는 것이지, 상대의 성격적인 결함을 고치는 것이 아니다.
- 절대로 협상하지 말아야 할 때는 다음과 같다. 시간이 없을 때, 몹시 피곤할 때, 누구와 싸웠을 때, 성적으로 흥분해 있을 때, 심각한 고민이 있을 때, 무척 따분할 때, 어디론가 멀리 가고 싶을 때.
- 현명한 옵션을 개발하면 협상력이 생긴다.
- 현명한 해결책이란 입장이 아니라 이해관계를 조정하는 것이다.
- 협상가로서 절대로 하지 말아야 할 행동을 바로 상대방이 처음 제시한 조건을 덥석 받아들이는 것이다

- '협상에서 누가 이겼냐?'는 질문은 어리석은 질문이다. 협상은 이기고 지는 것이 아니다. 모두가 승자가 되어야 한다. 마치 '결혼에서 누가 이기는 것일까?'를 묻는 것과 같다.
- 협상에서 상대방의 협박에 굴복하지 않으려면 거래 선을 다양화해야 한다. 그래야 피해를 최소한으로 줄일 수 있다.
- 협상에서 협박이 나오기 시작하면 협상이 깨질 확률이 높아진다.
- 협상의 묘미는 상대가 원하는 것이 무엇인가를 찾아내는 과정이다. 여러분이 상대가 원하는 것을 가지고 있다면 협상은 얼마든지 가능하다.
- 협상이란 쌍방이 아무 쪽도 원하지 않는 것을 결국에 갖게 하는 타협이다.
- 협상할 때는 터프하게 나가라. 강하게 나간다 함은 의지가 단호함을 의미한다.

형제[兄弟] 형과 아우를 아울러 이르는 말.

형제

- 완벽한 형제를 원하는 사람은, 영원히 외동아들로 남아 있어야 한다.
- 형제는 잘 두면 보배, 못 두면 원수가 된다.
- 형제들을 서로 비교하지 마라. 개성을 존중할 때 건강한 라이벌 의식이 생겨난다.
- 형제들이 집안에서는 서로 다투는 일이 있지만, 외부에서 침략해 오면 일치단결해서 외세를 물리친다.
- 형제만 한 친구도 없고, 형제만 한 적도 없다.

하

호기심[好奇心] 새롭고 신기한 것을 좋아하거나 알고 싶어 하는 마음.

호기심

- 호기심이 강하면 무슨 일에든 흥미를 가지게 된다.
- 호기심이 없으면 의심도 없다. 사색한다는 것은 의심과 대답을 한다는 말이다.

- 호기심이란 그저 나중에 배우거나 키우는 것이 아니라 원래 가지고 있는 성질 중의 하나다.

화[火] 몹시 못마땅하거나 언짢아서 나는 감정.

화 ↗

- 화는 상대방에게도 해롭지만 자신에게 더 큰 해를 끼친다.
- 화를 내면 호르몬에서 독소가 나온다. 그 독소는 건강에도 치명적이기 때문에 화를 많이 내는 사람들은 낙천적인 사람보다 일찍 죽을 확률이 그만큼 높다.
- 화를 내지 마라. 그대가 화나 있는 1분마다 60초간의 행복을 잃는다.
- 화를 낼 줄 모르는 것은 바보이고, 화를 내지 않는 것은 현명한 사람이다.
- 화살은 가슴을 찌르고, 화는 마음을 찌른다.
- 화에 집착하며 매달리는 것은 다른 누군가에게 뜨거운 석탄을 던지겠다는 심산으로 자기 손에 그것을 꼭 쥐고 있는 것과 같다. 결국 화상을 입는 사람은 당신이다.

화술[話術] 말을 잘하는 슬기와 능력.

화 술 ↗

- 가볍게 던진 말 한마디가 상대방에게는 협박으로 들릴 수 있고, 그로인해 상황이 악화되는 법이다.
- 가슴을 살찌게 하려는 자는 가슴으로부터 말해야 한다.
- 가장 훌륭한 대화는 언쟁을 피하는 것이다.
- 경청을 하고, 말허리를 끊지 마라!
- 다른 사람들은 침착하고 조리 있게 이야기를 하고 있는 것 같지만, 사실은 그들도 떨고 있다. 그것을 듣는 사람이 모를 뿐이다. 화술의 귀재라 일컬어지는 명사조차도 많은 사람들 앞에서 이야기할 때는 떨고 있다.

- 성공하기 위해서는 말을 잘 해야 한다는 이유로 화술이나 명연설법 등을 배우고 익히지만, 사실 말이란 누구에게 배워서 하는 것이라기보다 진실한 내면에서 우러나오는 것이다.
- 성난 파도처럼, 잔잔한 물결처럼 변화 있는 화법을 구사하라!
- 유명 인사들의 화술의 특징은, 빨리 듣고 싶어 가벼운 흥분 상태에 빠져 있는 청중들을 의도적으로 애태움으로써 자신의 페이스로 이끌어간 것이다.
- 이야기를 범죄영화처럼 구성하라. 최대의 호기심이 최고의 설득 전략이다.
- 화술에 능숙한 사람은 형식에 구애되지 않는다.
- 화술에 능한 사람은 상대의 의향을 살피면서 말을 한다.
- 화술은 중요하나 화술만이 능사가 아니다. 제 1은 능력이고, 제 2가 화술이다.

화장실[化粧室] '변소'를 달리 이르는 말로, 대소변을 보는 곳.

화장실 ↗

- 남자가 화장실을 가는 이유는 용변, 그것 한 가지 뿐이다. 그러나 여자는 화장실을 사교의 장 혹은 치료의 장으로 사용한다.
- 인간은 예전의 원시 조상들과 마찬가지로 여전히 화장실 가는 일은 면제받지 못했다.
- 화장실 안에서의 자투리 시간을 어떻게 보내느냐에 따라서 다이아몬드를 생산하기도 하고, 돌을 생산하기도 한다.
- 화장실은 일회용이 아니다. 우리가 다시 찾을 곳이다.

하

화제[話題] 이야기할 만한 재료나 소재.

화제 ↗

- 화제가 풍부하면 누구에게나 부담을 주지 않는 친근한 존재가 된다.
- 화제를 바꿀 시기는 ① 하나의 화제가 너무 오래 지속될 때. ② 비슷한 이야기로 화제가 연결되어 분위기가 술렁 될 때. ③ 의논이

나 감상적인 이야기가 나올 때. ④ 관심이 없는 화제. ⑤ 누군가 기분을 상하게 할 때. ⑥ 이야기가 도중에 탈선, 중단될 때.
- 화젯거리가 없어지면 남의 비밀을 들춰낸다.

화합[和合] 화목하게 어울림.

- 두 여인을 화합시키기 보다는 유럽 전체를 화합시키는 편이 쉽다.
- 서로가 자신의 잘못을 인정하지 않으면 화해가 이루어지지 않는다.
- 예쁜 부분들을 그저 다 끌어 모아 놓는 다고해서 예쁜 여자 얼굴이 되는 것이 아니다. 조화와 화합이 돼야 예쁜 얼굴이 된다.

환경[環境] 직접 또는 간접으로 영향을 주는 자연적 조건이나 사회적 상황.

- 앞으로 수십만 년 후에 인류가 아닌 다른 동물에 의해 새로운 문명이 들어선다면, 인류의 멸망원인은 무분별한 환경 파괴로 생긴 환경호르몬의 영향으로 2세를 낳지 못했기 때문일지도 모른다.
- 우리가 자연환경을 보존하기 위해 정부와 싸우지 않으면 안 된다는 것은 어처구니없는 일이다.
- 인간은 환경을 창조하고, 환경은 인간을 창조한다.
- 향수 상점에 들어가서 향수를 사지 않아도, 나왔을 때에는 향수의 향기가 난다.

회피[回避] 몸을 숨기고 만나지 아니함.

- 어려운 일을 기피하면 돌아오는 것은 빈약한 보상이다.
- 우리는 힘든 일, 어려운 일을 피하려고 한다. 그러나 피해서 성공하는 법은 있을 수 없다. 후퇴하면서 승리하는 전쟁이란 이 세상 어디에도 있을 수 없는 것이다.
- 회복의 유일한 길은, 그 일을 회피하지 않고 다시 시작하는 것이다.

화합

환경

회피

효도[孝道] 부모를 정성껏 잘 섬기는 일이나 도리.

- 내 자식들이 해 주길 바라는 것과 똑같이 부모에게 행동하라!
- 노인을 공경하지 않는 젊은이의 노후는 결코 행복할 수 없다.
- 부모에게 지은 죄는 빌 곳이 없다.
- 야심이 있으면 뭐하나, 훈련이 안되어 있는데……. 목표가 있으면 뭐하나, 실천이 없는데……. 효심이 있으면 뭐하나, 부모가 안 계시는데…….
- 자기 부모를 섬길 줄 모르는 자와는 친구로 삼지 마라. 왜냐하면 그는 인간의 첫걸음을 벗어났기 때문이다.
- 천하의 모든 물건 중에는 내 몸보다 더 소중한 것이 없다. 그런데 이 몸은 부모가 주신 것이다.
- 한 부모는 열 자식 거느려도, 열 자식은 한 부모 못 거느린다.
- 한 아버지는 열 아들을 기를 수 있으나, 열 아들은 한 아버지를 봉양키 어렵다. 부모님이 우리의 어린 시절을 돌봐주셨으니, 우리도 부모님의 여생을 돌봐드려야 한다.
- 효도는 모든 일의 시작이고 끝이다.

후회[後悔] 이전의 잘못을 깨치고 뉘우침.

- 결혼을 하면 후회가 막심하지만, 안 하면 후회가 극심하다.
- 과거 때문에 현재와 미래까지 자투리 인생을 만들지 말아야 한다.
- 과거는 잊어버리고 다른 일에 몰두 하자, 이것이 고민의 해결이다.
- 과거에 집착하지 마라. 열린 마음으로 변화를 받아들여라. 나중에 웃는 자가 진정한 웃음을 웃는 자라고 생각하지 마라. 지금 웃는 자가 행복하다. 그냥 크게 웃자!
- 말을 안 해서 후회하는 일보다는 말을 해버렸기 때문에 후회하는 일이 더 많다.
- 매순간 충실하게 살기 위이해서는 후회를 마음속에 담아 두어서

는 안 된다. 후회는 사람을 뒤로 끌어당긴다.
- 무덤에서는 후회할 수 없다.
- 인간은 누구나 잠깐만 하면서 미루고, 그리고 미룬 것을 후회한다.
- 후회란 과거에 대한 집착이다. 그것은 사람들의 행동을 지연시킨다.

훈련 ↗

훈련[訓鍊] 기본자세나 동작 따위를 되풀이하여 익힘.

- 가만히 앉아서 홈런을 치겠다는 허황된 꿈은 버려야 한다.
- 거친 바다가 유능한 선원을 만든다.
- 걷기 전에 기는 것부터 배워야 한다.
- 말을 훈련하는 데는 몇 주면 되는데, 사람을 훈련하는 데는 인내와 노력으로 수년이 걸린다.
- 모두 뛸 수는 있지만, 선수가 되는 것은 아니다. 훈련과 연습을 해야 된다.
- 무슨 일이든 익숙해지면 아무 것도 아니다.
- 보약을 먹었다고 금메달 따는 것은 아니다. 몸을 움직여 훈련을 해야 한다.
- 불은 강한 쇠를 만들고, 역경은 강한 사람을 만든다.
- 야심이 있으면 뭐하나, 훈련이 안되어 있는데……
- 작은 새가 처음으로 나는 것을 배우는 것은, 강한 형제에게 밀려서 둥지에서 떨어질 때이다.
- 잔잔한 바다에서는 누구나 배를 조정할 수 있다. 잔잔한 바다에서는 좋은 뱃사공이 만들어지지 않는다.
- 훈련에는 시간과 노력 및 돈이 필요하다. 그러나 그러한 훈련은 결과적으로 시간과 노력과 돈을 절약하게 하는 셈이 된다.

휴식 ↗

휴식[休息] 하던 일을 멈추고 잠깐 쉼.

- 계속해서 잘 되면 힘들어서 견딜 수 없다. 실패는 신이 준 유급휴

가이다.

- 긴장은 습관이다. 휴식 또한 습관이다.
- 때로 푹 쉬도록 하라. 한 해 놀린 밭에서 풍성한 수확이 나는 법이다.
- 매일 아침 6시에서 밤 12시까지 일을 하는 사람은 큰 성공을 거둘 수 있다. 그는 또한 아내보다 먼저 세상을 뜬 뒤에, 자기 아내의 새 남편에게서 두고두고 고맙단 소리를 듣게 될 것이다.
- 삶의 휴식은 대나무의 마디다. 마디가 있어야 높이 올라가고 태풍이 불어도 부러지지 않는다.
- 오늘 아무 일도 하지 않았다는 것이 실은 뭔가를 한 것이다.
- 오래 살려면 게으름을 피워라. 한계에 도달할 때까지 절대로 일하지 마라!
- 일을 바꾸는 것은 일종의 휴식이다.
- 일을 빨리 끝내기 위해선 쉬어야 한다.
- 재충전을 위해 멈추면 훨씬 더 멀리 가게 될 것이다.
- 학습을 할 때 주기적인 휴식은 두뇌의 기능을 크게 강화한다.
- 휴식이란 단순히 쉬는 것만은 아니다. 휴식은 우리의 지친 몸을 수리하는 기능을 담당하고 있다
- 휴식이란 회복이지 아무것도 하지 않는다는 것이 아니다.

흥미[興味] 흥을 느끼는 재미.

- 사람이 일에 흥미를 갖지 않는 한 그 방면에 성공할 수 없다.
- 호기심이 강하면 무슨 일에든 흥미를 가지게 된다.
- 흥미를 끄는 세부지식으로 상대를 놀라게 하라. 상대가 모르는 지식이 설득을 낳는다.

희망[希望] 앞일에 대하여 어떤 기대를 가지고 바람.

- 갓 태어난 모든 아기는 아직도 신이 인간에 대하여 절망하고 있지

않다는 메시지를 가지고 태어난다.

- 강이 막혔다고 포기해서는 안 된다. 강 위에는 배가 있고, 배 안에는 사람이 있기 때문이다.

- 건강을 지닌 사람은 희망을 가지고 있지만, 희망을 가진 사람은 모든 것을 가지고 있다.

- 고기를 낚으러 가는 노인의 가슴 속엔 언제나 어린 소년이 들어 있다.

- 구름 뒤에 태양이 있고, 소나기 후에 햇살이 있다.

- 나의 비장한 무기는 아직 내 손안에 있다. 그것은 희망이다.

- 나이가 몇 살이든 자기 자신 속에 희망을 품고 있는, 그리고 희망들을 하나씩 실현시켜 나가는 사람은 누구나 자신이 노인이라고 느낄 수가 없다.

- 만일 그대가 어떤 입장이나 사람을 향해 희망이 없다고 단정 짓는다면, 이는 신을 문전박대(門前薄待)하는 것이다.

- 먹는 것, 입는 것이 부족하다고 부끄러워할 필요는 없다. 어떠한 희망을 갖고 있느냐가 문제이다.

- 무지개는 잡을 수 없기에 신비롭고, 세월은 붙들 수 없기에 소중하다. 그래서 오늘은 희망이다.

- 보다 많은 것을 가지려는 것보다, 보다 적게 희망하는 것을 선택하라!

- 불행을 고치는 약은 오직 희망 밖에 없다.

- 수확할 희망이 없다면 농부는 씨를 뿌리지 않으며, 이익을 얻을 희망이 없다면 상인은 장사를 시작하지 않는다.

- 신은 이 세상의 여러 가지 걱정거리에 대한 보상으로 우리에게 희망과 수면을 주셨다.

- 인간의 가슴에서 희망을 떼어 보라. 그는 한 마리의 짐승에 불과하다.

- 인간이 위대한 것은 언어가 있다는 것이고, 특히 이 언어에 희망과 용기를 넣어 전달한다는 것이다.

- 젊은이는 희망에 살고, 노인은 추억에 산다.
- 지도자란 절망에서 희망으로 연결해주는 다리와 같은 존재다.
- 지옥이란 인간이 희망을 잃어버린 상태를 말한다.
- 희망 없이 빵을 먹는 것은 천천히 굶어서 죽는 것이다.
- 희망에 넘쳐 여행하는 것은 목적지에 도달하는 것보다 훨씬 좋다.
- 희망은 가난한 사람들의 빵이다.
- 희망은 모든 자살 충동을 파괴하는 막강한 무기이다.
- 희망은 사람을 성공으로 이끄는 신앙이다. 희망이 없으면 아무 것도 성취할 수 없다.
- 희망은 어둠을 저주하는 것이 아니고, 촛불을 밝히는 것이다.
- 희망은 어려움을 가능으로 만들고, 절망은 어려움을 불가능으로 만든다.
- 희망은 절대로 당신을 버리지 않는다. 다만 당신이 희망을 버릴 뿐이다.
- 희망은 훌륭한 자극제요, 약효가 좋은 강장제고 해독제이다.
- 희망이 결여되어 있는 자는, 살아 있는 가장 가련한 인간이다.
- 희망이 없는 자는, 절망도 없다.

하

청중을 사로잡는

멘트대백과

초판 1쇄 2012년 11월 11일

●

엮은이 - 전승훈
펴낸이 - 채주희
펴낸곳 - 해피 & 북스

●

서울시 마포구 신수동 448-6
출판등록 - 제10-1562호(1985. 10. 29)

●

TEL - (02)323-4060, 6401-7004
FAX - (02)323-6416
e-mail - elman1985@hanmail.net

●

값 15,000원

잘못된 책은 바꾸어 드립니다.

●

놀이와 행사
(상담 및 게임도구 랜탈, 구입시 연락처)
우150-805
서울시 영등포구 양평동1가 163번지 3층
TEL(02)2068-2088, 010-5282-5840
www.hifun.co.kr   www.salfevent.com